Die äußere Geschichte des Römischen Rechtes

von

Dr. Friedrich Wilhelm von Tigerström,
Professor der Rechte an der Königlich Preußischen Universität
zu Greifswald.

Mit einem Anhang
über die Fortbildung und Bearbeitung des Römischen Rechtes
seit Justinian.

Berlin,
gedruckt und verlegt bei G. Reimer.
1841.

Vorrede.

Bei dieser äußeren Geschichte des Römischen Rechts, welche nicht erst in unseren Tagen gründliche Bearbeitung gefunden hat, ist das Einzelne nach den von Hugo und anderen Zeitgenossen gewählten vier Perioden zusammengestellt, weil die vorzutragenden so verschiedenartigen Gegenstände einzeln am wenigsten aus entscheidenden Grundgesichtspunkten abgeleitet werden können. Bachs ausführliche Erörterungen der äußeren Rechtsgeschichte ist auch gegenwärtig neben den Bearbeitungen der neuesten Zeit nicht ohne großen Werth, wenn auch, abgesehen von einzelnen Irrthümern und Mängeln, manches für die Rechtsgeschichte Unerhebliche bisweilen den Zusammenhang und die Uebersicht stören sollte. Aber am wenigsten sind bisher die äußeren Momente, welche auf die Ausbildung des Römischen Rechtes wirkten, in ihrem eigentlichen Zusammenhange und ihrem Grunde nach hinreichend gewürdigt worden. Diese nemlich, wiewohl sie denselben Zweck betreffen, sind verschiedenartig nach dem verschiedenartigen Bedürfnisse der Zeit, und das Einzelne kann nicht genügend verstanden werden ohne eine genaue Würdigung der Zeit, welche dasselbe hervorbrachte. Nur insofern kann hier das Einzelne als dienend und abhängig erscheinen, so verschiedenartig es auch immerhin sein mag, niemals die spätere Zeit ohne genaue Kenntniß des Früheren und Ursprünglichen, dennoch aber jedes Zeitalter selstständig und für sich gewürdigt werden. Von diesem für die äußere Rechtsgeschichte allein erheblichen Gesichtspunkte ausgehend, werden wir überdies so manche Mißverständnisse mit Sicherheit zu beseitigen im Stande sein, welche noch der gegenwärtigen Doctrin oder erst dieser angehören. Mit Recht durfte dabei übergangen werden, was mehr den Römischen Antiquitäten oder selbst der Römischen Geschichte zukommen mußte, wiewohl manche Vorgänger auch hierüber sich ohne Grund weitläuftig verbreitet haben.

Schließlich ist eine, wenn auch nur kürzere, Uebersicht der späteren Fortbildung und Bearbeitung seit Justinian hinzugekommen. Dieses schien nach dem Vorgange vieler Anderer, wie durch die Sache gerechtfertigt, und jene als bloße Fortsetzung, welche gewiß nicht von geringerem Interesse sein darf, konnte hier in der That nicht füglich entbehrt werden.

Greifswald, im September 1838.

Inhalts-Verzeichniß.

Einleitung.

Erste Periode.

Von Roms Erbauung bis zu den 12 Tafeln.

v. Jahr 1—300 oder 750—450 v. Chr.

Zweite Periode.

Von den 12 Tafeln bis auf Cicero.

v. Jahr 300—650 oder 450—100 v. Chr.

Dritte Periode.

Von Cicero bis auf Alexander Sever.

v. Jahr 650—1000 oder 100 v. — 250 n. Chr.

Vierte Periode.

Von Alexander Sever bis auf Justinian.

v. Jahr 1000—1300 oder 250—550 n. Chr.

Anhang.

Fortbildung des Römischen Rechts seit Justinian bis auf unsere Zeiten.

Einleitung.

§. 1.

Allgemeine Uebersicht.

Die äußere Geschichte des Römischen Rechts begreift die Umstände, welche in der Reihe der Jahrhunderte zur allmäligen Ausbildung des Römischen Rechtes beigetragen haben. In diesem Sinne gehört hierher nicht bloß eine Zusammenstellung der Quellen ihrer äußeren Bedeutung nach, wie die Veranlassung derselben, und eine allgemeine Berücksichtigung ihrer Resultate, sondern die verschiedenartigsten Umstände, die Verfassung und sonstige Einrichtungen, die öffentlichen Verhältnisse der Römer, selbst das Volksleben, die Bildung des Volkes und der Einzelnen ist für die Ausbildung des Römischen Rechtes von sehr wesentlichem Einfluß geworden. Wie Rom, so entwickelte sich nemlich das Römische Recht durch sich selbst, nach dem Bedürfnisse der Zeit, von den untersten Bedürfnissen und einem durchaus einfachen Anfang zu jenem complicirten Ganzen, in welchem es als ein völlig durchgebildetes und auf Grundsätzen der Vernunft basirtes Recht erscheint [1]), und eben aus diesem Grunde kann die

1) Diese Anforderung an das Römische Recht machte schon Cicero (Cic. de offic. I, 28.). Ebenso netmen auch die späteren classischen Juristen bei ihrer Begriffsbestimmung (z. B. l. 1. pr. §. 1. D. de just. et jur.) und sonst darauf Rücksicht.

spätere Zeit auch in rechtlicher Hinsicht nur durch die frühere in ihrem Zusammenhang richtig gewürdigt werden. Aber vor allem muß grade die älteste Zeit richtig aufgefaßt werden, um für die späteren Zeiten einen sicheren Anhaltspunkt gewinnen zu können. Das älteste Römische Recht ist in dem Römischen Volksleben gegründet, aus demselben hervorgegangen, es beruht auf ursprünglichen Gewohnheiten und Gebräuchen [2]). Eben diese sind von dem entschiedensten Einfluß für alle Institute, welche bei den Römern selbst schon ursprünglich zur Existenz kamen [3]). Das ursprüngliche Recht in seinem ganzen Zusammenhang erscheint als ein Inbegriff bereits ohne Gesetzgebung vorhandener Grundsätze des Römischen Volkes, welche sich nach natürlichen Ansichten desselben behaupteten, erhielten und nur durch sich selbst weiter entwickelten; die älteste Gesetzgebung bezog sich nur auf dieses und ist im ganzen unerheblich zu nennen. Mochten auch die Höheren in Rom, welche bald allein bei ihrem so großen Uebergewicht das Recht handhabten, eine genauere Kenntniß von jenen Gewohnheiten und Gebräuchen für eine spätere Zeit besitzen [4]), jedenfalls waren es nur dieselben so übereinstimmenden Gesichtspunkte, welche für das ursprüngliche Rom

2) Diese ursprünglichen Gebräuche betreffen besonders die Formalitäten, wie sie sich bei den einheimischen Rechtsinstituten und im rechtlichen Verfahren vorfinden, welche bei dem eingewanderten Römischen Volke theils hergebracht zu sein scheinen, theils aber nach ihren Ansichten für nothwendig erachtet, von den Juristen der damaligen Zeit in Gemäßheit der Volksthümlichkeit erfunden (l. 2. §. 6. D. de orig. jur.) oder auch nur umfassender zur Anwendung gebracht wurden. — Vergl. meine innere Geschicht. d. Röm. Rechts §. 17.

3) Vergl. meine innere Geschichte d. Röm. Rechts §. 13 ff.

4) Wenigstens wird für eine spätere Zeit ausdrücklich erwähnt, daß nur die *pontifices*, freilich auch wegen des Einflusses der Religion auf die Rechtshandlungen, eine genaue Kenntniß des Rechtes und deren Handhabung besaßen. l. 2. §. 6. D. de orig. jur.

zur Anwendung gebracht wurden, welche eben auch später nur für die Anwendung genauer bestimmt und erweitert wurden [5]). Durch das schon früh [6]) recipirte *jus gentium* erlangte freilich das ursprüngliche Recht eine vielfache Erweiterung, allein auch die nachfolgende Interpretation und Gesetzgebung schloß sich im Ganzen mehr dem gewohnten, ursprünglichen, dem zur Anwendung gebrachten, nicht so dem fremden recipirten Rechte an. Dennoch behauptete sich beides in der Reihe der Jahrhunderte neben einander, die Interpretation bestimmte die gegenseitige Anwendung genauer [7]), während es an gründlicher und durchgreifender Gesetzgebung in den ersten Zeiten nach den 12 Tafeln noch sehr fehlte. Mehr als alle sonstigen Rechtsquellen [8]) hat in einer Reihe von Jahrhunderten die Auctorität des Prätors geändert, gemildert und erweitert, der einem späteren Bedürfniß, wie es sich zu seiner Zeit ergab, nach beßtem Dafürhalten abzuhelfen suchte. Auch noch zur Zeit der Kaiser und selbst noch in der neusten Zeit, zur Zeit des Kaisers Justinian, äußerte das Volksleben den entschiedensten Einfluß auf die Gesetzgebung [9]), welche selbst immer durchgreifender, und häufig,

5) Das ursprüngliche Gewohnheitsrecht bezeichnen die späteren Schriftsteller, wie die classischen Juristen als *consuetudo*, insbesondere durch den Ausdruck *mores*, und es wird noch von ihnen als eine Hauptquelle des geltenden Rechtes erwähnt, l. 32. pr. D. de leg. l. 33. 35. u. 40. D. eod. vergl. Quinct. J. O. V, 3. Gell. N. A. XX, 1. Aber erst sie haben die Gültigkeit desselben dadurch zu erklären gesucht, als sei dasselbe vom Römischen Volke, was nach Römischer Verfassung ursprünglich sich nur allein durch Gesetz verpflichten konnte, stillschweigends (*tacito consensu* oder *rebus ipsis et factis*) gebilligt worden. Ulp. fr. pr. u. §. 4. l. 32. §. 1. D. de legib. §. 1. J. de jur. natur. Cic. de invent. II, 22.

6) Nemlich durch die XII Tafeln, was auch nicht dem mindesten Bedenken unterliegt. Durch jene sind aber zugleich die bis dahin geltenden Gewohnheiten als Gesetz bestätigt.

7) l. 2. §. 6. D. de orig. jur. l. 2. §. 2. u. 12. D. eod.

8) Dahin gehören die *leges*, *Senatusconsulta* und *Plebiscita*.

9) Selbst bei allmäliger Wegräumung des früher allgemein Geltenden.

wenn gleich bei redlichem Willen, nur ein Erzeugniß bloßer Machtvollkommenheit war. Aber jene schöne Blüthe des Römischen Rechtes, das eigentliche Resultat der neuesten Anwendung, verdanken wir den Römischen Juristen eines späteren Zeitalters, nemlich einer wissenschaftlichen Fortbildung alles Vorhandenen, wie sie mit gediegenem Scharfsinn und logischem Tact so consequent gefördert wurde, wenn auch alle Strenge des ursprünglichen Rechtes und alle ursprünglichen Formalitäten nach und nach und erst für die neueste Zeit vollständig gewesen sind.

§. 2.

Behandlungsweise der äußeren Rechtsgeschichte.

Wenn es auch in Deutschland nicht an Bearbeitern der äußeren Geschichte des Römischen Rechtes gefehlt hat [1]), seitdem überhaupt das Studium des Alterthums erwachte und von jeher dieselbe als nothwendig zum Verständniß des Römischen Rechtes ist anerkannt worden, so ist doch die Art der Behandlung bei den verschiedenen Verfassern eine verschiedene gewesen. Im 17ten Jahrhundert gab es mehrere Bearbeitungen dieses Abschnittes der Geschichte in zusammenhängender und nach Art der Geschichte fortlaufender Darstellung. Im 18ten seit Thomasius wurde der Stoff zum Zweck des academischen Unterrichtes bearbeitet, jedoch früher gemeinhin in Verbindung mit der deutschen Rechtsgeschichte, während Zweck, Plan und Anordnung im einzelnen bis auf unsere Zeit verschiedenartig waren [2]). Die schon von Bach [3]) versuchte Bearbeitung der äußeren Rechtsgeschichte nach

1) Vergl. Hugo Lehrbuch der Geschicht. des Römischen Rechts bis auf Justinian. 10te Ausg. S. 29 ff. Zimmern Geschichte des Röm. Privatrechts bis Justinian. Bd. I. §. 1.

2) Die einzelnen Gesetze finden sich früher gewöhnlich chronologisch oder auch wohl alphabetisch, erst in neuerer Zeit nach Materien zusammengestellt.

3) Historia jurisprudentiae Romanae quatuor libris comprehensa. Die fünfte bei weitem verbesserte Ausgabe erschien von Aug. Cornel. Stockmann 1796.

Perioden und wie sie, freilich in anderer Art, nach Gibbon von Hugo [4]), Mackeldey [5]) und Anderen gewählt wurde, scheint den Vorzug zu verdienen; und wenn von Anderen [6]) die entgegengesetzte Methode befolgt ist, so scheint dies mehr in einem besonderen Zweck [7]), theils aber in der Verbindung der äußeren Rechtsgeschichte mit der inneren und selbst mit den Institutionen des Römischen Rechts, wobei dieser Abschnitt der Geschichte bloß als kürzere Einleitung in Betracht kam, seinen Grund zu haben. Perioden erleichtern die Uebersicht, sollten sie auch nach bloß äußeren Umständen gewählt werden, und sich selbst nicht nach Gründen der Nothwendigkeit im einzelnen bestimmen lassen. Und es darf zur richtigen Würdigung der verschiedenen Ereignisse am wenigsten die Zeit derselben als gleichgültig und überflüssig erachtet werden. Anders als bei der inneren Rechtsgeschichte, mit welcher aber dieser Abschnitt, genau genommen, in keiner besonderen Verbindung steht [8]), läßt sich hier das Verschiedenartige nach Perioden am beßten übersehen. Es ist der Geist der Zeit, welcher verschieden in den verschiedenen Zeiten und nur nach einzelnen Abschnitten zweckmäßig angegeben werden kann, der über die Fortbildung des Rechtes im einzelnen bestimmt und auf alle verschiedenen Momente der Fortbildung gleichmäßig zurückwirkt, während eine zusammenhängende Dar-

4) In seinem Lehrbuch der Gesch. des Römisch. Rechts. Nach denselben Perioden ist zugleich auch die innere Geschichte behandelt.

5) Lehrbuch des heutigen Römischen Rechts, Einleitung, zweiter Abschn.

6) S. Schweppe Römische Rechtsgesch. u. Rechtsalterthümer. Erste Hauptabth. Zimmern Gesch. des Röm. Privatrechts bis Justinian. Bd. I. Erste Hälfte.

7) Zimmern a. a. O. §. 1.

8) Grade aber schon vor Hugo ist eine Verbindung der inneren Geschichte, welche freilich dabei nur in einzelnen schwachen Umrissen gegeben wurde, mit der äußeren Geschichte üblich geworden, wie sie selbst auch bei bloß oberflächlichen Angaben mit anderweitigen Abschnitten der Rechtswissenschaft verbunden wurde.

stellung des Einzelnen diesen nothwendig übersehen läßt. So ist eine richtige Würdigung jener Schulen der Römischen Rechtsgelehrten [9]) undenkbar, ohne die Zeit, für welche sie bestanden, im Zusammenhang aufzufassen [10]), aber auch die 12 Tafeln, das Hadrianische Edict, das Valentinianische Citirgesetz, die Theodosische Abfassung und selbst die justinianische Compilation sind durchaus abhängig von der Zeit, in welcher sie zur Existenz kamen. Diese aber ist eine durchaus verschiedenartige, wie die Resultate verschiedenartig sind, so sehr sie auch denselben Zweck betreffen. Die einzelnen Arten der Gesetze, das prätorische Edict, bleiben unverständlich ohne genaue Kenntniß der früheren Römischen Verfassung. Nach diesem scheinen aber die von Hugo gewählten Perioden den Vorzug zu verdienen. Sollten sie auch im einzelnen weniger zweckmäßig erscheinen, so sind sie doch die bis jetzt bekannten und gewohnten [11]). Die erste Periode von Roms Erbauung bis zu den 12 Tafeln, vom Jahr 1 bis 300 oder 750 — 450 v. Chr. ist der Zeitraum, wo sich das Römische Recht frei von aller fremdartigen Einmischung im ursprünglichen Sinn und Geist, nach Ansichten und Gebräuchen des Römischen Volkes bestimmte, denn das später so wichtige 12 Tafelgesetz macht den Schluß dieser Periode. Die in diesem Zeitabschnitt nur mangelhafte Gesetzgebung unter Königen und später Consuln enthält nur Einzelnes in Betreff jener Gewohnheiten. Die zweite Periode von den 12 Tafeln bis auf Cicero, vom Jahr 300 — 650 oder 450 — 100 v. Chr., ist die Zeit, wo sich neben dem jus gentium das jus civile nach

9) Welche zur Zeit des Kaisers August beginnen.

10) Eben so würde aber eine in sich oder nach einzelnen Unterabtheilungen zusammenhängende Darstellung der verschiedenen und in den verschiedenen Zeiten für Rom in Betracht kommenden Juristen für die Geschichte nicht anders unerheblich sein, als ein bloßes Namenregister Römischer leges.

11) Hugo vergleicht sie einer Kindheit, einem Jünglingsalter, der vollen Manneskraft und Alterschwäche.

dem Bedürfniß des Staates kräftig entwickelte, insbesondere durch Interpretation, denn die Gesetzgebung hat nur geändert, wo es einer Aenderung bedurfte, was grade am meisten durch den Prätor geschah. In die dritte Periode von Cicero bis Alexander Sever, vom Jahr 650—1000 oder vom Jahr 100 vor Chr., fällt die wissenschaftliche Ausbildung des Römischen Rechtes durch die Juristen, welche mit diesem Zeitraum völlig abgeschlossen ist. Das zum größten Umfang herangewachsene Römische Reich hatte auch in rechtlicher Hinsicht das Bedürfniß auf das Höchste gesteigert, welchem abzuhelfen grade die Juristen den mächtigsten Antrieb erlangten, wenn auch schon in so manchem der Staat entartete. Auch die Gesetzgebung mußte dem Bedürfniß gemäß mächtiger einschreiten, anfangs ebenfalls noch der Prätor. Die Gesetze [12]), und besonders die Senatusconsulta, werden in dieser Periode ungleich wichtiger und durchgreifender als vorher, weil die Kaiser mit Umsicht ihren Beschlüssen Eingang zu verschaffen suchten, denn die selbstständigen Bestimmungen der Kaiser sind meist nur bloße Entscheidungen. Die dritte Periode, wie Schilling vorschlägt [13]), bis Constantin fortzuführen, dafür sprechen freilich die vielen Umänderungen, welche seit diesem Kaiser in kirchlicher Hinsicht und durch die Verlegung der Hauptstadt herbeigeführt wurden, aber nur bis Alexander Sever reicht die Fortbildung des Rechts durch die Juristen, welche für die Geschichte wichtiger, als alle spätere Veränderungen. Die vierte Periode von Alexander Sever bis Justinian, vom Jahr 1000—1300 oder vom Jahr 250—550 nach Chr., zeigt den Verfall des Staates, der Geistesbildung, und somit der Rechtswissenschaft. Durch jenen Verfall war die Rechtsanwendung nothwendig eine sehr unsichere geworden, so daß man selbst zu der schlechtesten Aushülfe seine Zuflucht nehmen mußte [14]). In dieser Verlegenheit erforderte um so mehr

12) Leges oder Plebiscita gleichviel.

13) Bemerkungen über Römische Rechtsgeschichte S. 14 ff.

14) Dahin gehört das Valentinianische Citirgesetz.

ein dringendes Bedürfniß Rechtssammlungen und Gesetzbücher, worin alles Geltende vorgefunden wurde, welchem jedoch abzuhelfen erst dem Kaiser Justinian vollständig gelungen ist. Die Gesetzgebung war von dem an sich so unsicheren und oft schwankenden Willen des Kaisers abhängig [15]), dennoch hat sie so manches Durchgreifende und Zeitgemäße geliefert [16]). Nun kommen hinzu die Bestimmungen in Betreff der Religion und was sich von den ursprünglichen Gewohnheiten bei einem so erweiterten Reiche, zumal bei veränderter Hauptstadt und ganz veränderter Lage der Dinge, als unzweckmäßig und störend seit längst für die Anwendung gezeigt hatte, daher nicht mehr beachtet und außer Gebrauch gekommen war, das konnte durch den gesetzgebenden Willen des Kaisers um so mehr ohne Bedenken verändert und aufgehoben werden.

§. 3.

Quellen.

Zu den Quellen [1]) gehören hier ebenso, wie bei der inneren Geschichte des Römisches Rechtes, theils die urkundlich uns aufbewahrten Ueberbleibsel des Römischen Alterthums, theils die aus den früheren und späteren Zeiten vorhandenen Schriften juristischen oder nichtjuristischen Inhalts, aber auch die früheren und späteren Rechtssammlungen selbst mit ihren öffentlichen Bestätigungsurkunden. Zu den Urkunden gehören und sind die wichtigsten die Bruchstücke der *tabula*

15) Man erwäge nur die Geschichte der Scheidungsgründe.

16) Vor allem aber die Gesetzgebung des Kaisers Justinian.

1) Vergl. Haubold institutiones juris Romani literariae. Tom. I. pars. 2. p. 217 ff. Dessen Anleitung zur genaueren Quellenkunde des Römischen Rechts im Grundriß. Leipzig 1818. Hugo Röm. G. S. 3 ff. Gründler Handbuch der Röm. Rechtsgeschichte. Band I. §. 8—11. Zimmern Rechtsgeschichte. §. 2—8. Schweppe Röm. Rechtsgeschicht. §. 6 ff. Spangenberg Einleitung in das Röm. justin. Rechtsbuch. S. 8 ff.

Heracleensis [2]), die bisher sogenannte *lex de Gallia Cisalpina* [3]) oder *lex Rubria* [4]), die *lex Servilia de repetundis* [5]), endlich die *obligatio praediorum* sg. *tabula alimentaria* oder *Trajani* [6]). Ferner mögen das *SCtum de imperio Vespasiani* [7]) *de bacchanalibus* [8]), 2 *SCta de aedificiis negotiationis causa non diruendis* [9]) und einzelne *edicta* eines *prae-*

2) Vergl. Hugo civil. Magaz. Bd. 3. S. 340 ff. Fragmentum legis Romanae in aversa tabulae Heracleensis parte, notis criticis et commentario illustravit G. Th. L. Marezoll, Gött. 1816. H. Ed. Dirksen observationes ad tabulae Heracleensis partem alteram, quae vulgo aeris Neapolitani nomine venit, Berol. 1817. Desselben civil. Abhandlg. B. 2. Nr. 2.

3) Hugo civil. Mag. Bd. 2. S. 431 ff. Dirksen diss. proponens observationes ad selecta legis Galliae Cisalpinae capita. Berol. 1812. Die neue Edition von P. de Lama erschien Parma 1820.

4) G. Fr. Puchta civil. Abhandlg. Leipzig und Berlin 1823. Nr. 2. Hugo civil. Magaz. Bd. 6. S. 123 ff.

5) Fragmenta legis Serviliae repetundarum ex tabulis aeneis primum conjunxit, restituit, illustravit Cl. Aug. C. Klenze. Berol. 1825.

6) Hugo civil. Magaz. Bd. 2. S. 432 ff. Die beste Ausgabe: Fr. Aug. Wolf von einer milden Stiftung Trajans, Berl. 1808. Nach dem Original edirt von P. de Lama, Parma 1819 und zuletzt von E. Spangenberg jur. Roman. tabulae negotiorum solennium, modo in aere, modo in marmore, modo in charta superstites, Lips. 1822. p. 307 sq. Vergl. Quaestio antiquaria de pueris et puellis alimentariis, specim. tria ed. Chr. Henr. Paufler. Dresd. 1809.

7) Welches im 14ten Jahrhundert auf dem Capitol zu Rom jedoch verstümmelt auf einer ehernen Tafel gefunden, und oft edirt ist. S. besonders L. Metastasii lib. sing. de lege regia. Rom. 1757. A. G. Cramer comm. de vita et legislatione Vespasiani. Jen. 1785. p. 20—53. Chr. Savii or. in legis regiae patronos Ultraj. 1798.

8) Aus dem Jahre Roms 568. Es wird jetzt in Wien aufbewahrt; und ist wiederholt edirt worden. Abgedruckt in M. Aegyptii de bacchanalibus, Neap. 1729 fol. findet es sich nach Drakenborch's Ausgabe in mehreren Ausgaben des Livius.

9) Aus dem Jahr der Stadt 801 und 809. Sie befinden sich auf einer ehernen, unter den Ruinen von Herculanum ausgegrabenen,

fectus urbi und *Praetorio* [10]) hier namentlich ausgezeichnet werden. Unter den vorhandenen juristischen Schriften ist für die äußere Rechtsgeschichte in Betreff der älteren Staatseinrichtungen die Rechtsgeschichte des Pomponius, welche sich in den Digesten aufbewahrt findet [11]) grade am wichtigsten [12]), wiewohl auch die sonstigen juristischen Schriften, namentlich die Fragmente Ulpians, die Institutionen des Gajus u. s. w., auch die Paraphrase des Theophilus vielfach in Betracht kommen. Unter den nicht juristischen Schriften sind auch hier die Römischen und Griechischen Classiker zu nennen, die in ihren geschichtlichen und sonstigen Werken über die Römische Verfassung, die Römischen Staatseinrichtungen und in rechtlicher Hinsicht vielfach genauere Auskunft geben. Unter den Griechen geben Polybius, Dionys von Halicarnaß, Dio Cassius und Plutarch die reichste Ausbeute. Unter den Römern sind die Geschichtschreiber, Livius besonders für die ältere Zeit, Sueton für die frühere Zeit der Kaiser, auch Tacitus von Bedeutung. Nächst diesen ist Cicero durch seine verschiedenen Schriften überaus wichtig. Mag er bei seinen einzelnen Vertheidigungen partheiisch genannt werden, so ist er doch die sicherste Quelle über so verschiedene Institute und Einrichtungen, welche bereits zu seiner Zeit vorhanden waren. Auch Gellius gibt eine reiche Mittheilung alterthümlicher Notizen, überhaupt sind die Redner, Philosophen, die Grammatiker und die Scholiasten mehr oder weniger von wesentlicher Bedeutung. Ebenfalls die *scriptores rei agrariae*, *rei rusticae* und

---

in Neapel aufbewahrten Tafel. Abgedruckt in Reinesii inscriptt. VII, p. 475.

10) S. auch Haubold l. c. §. 99.

11) Als l. 2. D. de orig. jur.

12) Sexti Pomponii de origine juris et omnium magistratuum et successione prudentium fragm. ed. Chr. G. Haubold. Lips. 1792.

rei militaris [13]). Zu diesen kommen verschiedene Schriftsteller der neueren und neuesten Zeit, besonders aus der Zeit des Kaisers Justinian [14]). Für die nachjustinianische Zeit gehören hierher die Angaben der griechisch-römischen Rechtsgelehrten und sonstiger Verfasser, das griechisch-römische Recht und dessen Bearbeiter. Mit Bezugnahme auf das Canonische Recht dürften hier Justinus Martyr, Tertullian, Ignatius, Cyprian, Eusebius, Sozomenus, Isidor u. a. genannt werden, wenn wir auch diejenigen Quellen übergehen wollen, welche für die spätere Bearbeitung des Römischen Rechtes in Betracht kommen [15]).

§. 4.

Literatur.

Von Bearbeitern der äußeren Geschichte des Römischen Rechts [1]) giebt es außer den bloß einzelne Gegenstände derselben behandelnden Verfassern eine so große Menge, daß es schwer würde, die Einzelnen auch nur einigermaßen nach ihrem Werthe zu charakterisiren. Zudem weichen die einzelnen Verfasser durch

---

13) Hygin, Apponus Urbilus, Stacius Siculus, Varro, Columella, Vegetius u. a.

14) Unter diesen mag eine erst in der letzten Hälfte des vorigen Jahrhunderts aufgefundene Schrift eines Schriftstellers kurz nach Justinian nicht übersehen werden: Joann. Laurentius Lydus de magistratibus reipublicae Romanae libri tres, ed. J. D. Fuss, praes. C. B. Hase. L. B. 1812.

15) Vergl. Chr. Gottl. Haubold institutiones juris Romani literariae Tom. I. Lips. 1809. Gust. Hugo Lehrbuch der civilistischen Literairgeschichte. Berlin 1812. Unter dem Titel: Lehrbuch der Gesch. des Römisch. Rechts seit Justinian. Berl. 1812 und wiederholt. Friedrich Carl v. Savigny Geschichte des Römischen Rechts im Mittelalter. 6 Bände, wovon 1829 der Anfang einer englischen Uebersetzung erschienen ist.

1) Vergl. Zipenii bibliothec. jur. real. cum supplem. v. historia juris et historia litteraria.

Verschiedenheit ihres Zweckes, ihres Plan's, schon durch den Umstand, daß sie diese Geschichte mit der deutschen Rechtsgeschichte oder anderen Abschnitten der Rechtswissenschaft in Verbindung brachten [2]) oder aus der inneren Geschichte einzelnes im Zusammenhang, oder abgesondert, oder dieselbe im Ganzen hinzunahmen; so wie durch die Art der Behandlung durchaus von einander ab. Dennoch können unter den älteren Bearbeitern die wichtigeren und die neueren an diesem Orte nicht übergangen werden. Am wichtigsten sind für unseren Gegenstand diejenigen Verfasser, welche die äußere Geschichte entweder ausschließlich, oder in Verbindung mit der inneren behandelt haben. Die äußere Geschichte ausschließlich betreffen: Aym. Rivallius histor. jur. civil. lib. V. Mogunt. 1527 u. öft. — Jac. Gothofredus manuale juris L. B. 1684. Genev. 1710. Par. 1806 und in dessen opp. min. ed. Trotz p. 1237. — Ge.

2) Genau genommen ist hier schwer eine Gränze zu ziehen. Zu diesen gehören unter anderen: Burch. Gotth. Struv historia juris Romani canonici feudalis criminalis et publici. Jen. 1718. — Jo. Salom. Brunquele historia juris Romano-Germanici. Jen. 1727. Amstel. 1730. 1736. 1740. Francof. 1747. — Jo. Gottl. Heineccius historia juris civilis Romani ac Germanici, Hal. 1733. Lugd. Bat. 1740, ed. Jo. Dan. Ritter ibid. 1743. Mit Noten von Jo. Mart. Silberrad und Kugler, Argentor. 1751. 1765. 1775. — Jo. Ad. Kopp histor. juris, quo hodie in Germania utimur, videlicet Romani, canonici, feudalis Longobardici, Germanici privati et publici. Marb. 1741. 1750. Mit Noten von Jo. Geo. Estor, Marb. 1768. — Joh. Heinr. Christ. v. Selchow Geschichte der in Deutschland geltenden fremden und einheimischen Rechte. Gött. 1767. 1773. 1778. 1793. — Carl Friedrich Walch Geschichte der in Deutschland geltenden bürgerlichen Rechte. Jena 1780. Joh. Friedr Reitemeier Encyclopädie und Geschichte der Rechte in Deutschland. Gött. 1785. — Wilh. Gottl. Tafinger Encyclopädie und Geschichte der Rechte in Deutschland. Erlangen 1789. — Christoph Christ. Dabelow Geschichte sämmtlicher Quellen des gemeinen deutschen positiven Rechts. Halle 1797.

Schubart de fatis jurisprudentiae Romanae. Jen. 1696, von Tilling. Lips. 1797 herausgegeben. — Chr. Gottfr. Hoffmann histor. jur. Roman. Tom. I. Lips. 1718. 1734. Tom. II. Lips. 1726. — Cl. J. de Ferriere histoire du droit Romain. Par. 1726. — Rud. Frid. Telgmann Einleitung zu der Geschichte der Röm. Rechtsgelehrsamkeit. Salzwed. 1730, Götting. 1736. Eine neue Ausgabe von Scheidemantel 2 Bd. 1780. — Jo. Aug. Hellfeld historia juris Romani, Jen. et Lips. 1740 [3]). — Ant. Terrasson histoire de la jurisprudence Rom. Lips. 1750. — Jo. Aug. Bach historia jurisprudentiae Romanae, Lips. 1754. 1765. 1775. ed. 5 mit Anmerkungen von Stockmann, 1796, ed. 6. 1806. Eine neue Ausgabe dieses schätzbaren Werkes wird von Schilling erscheinen. Außerdem betreffen diesen Verfasser Chr. Gottl. Haubold historia juris Romani tabulis synopticis secundum Bachium concinnatis illustrata, Lips. 1790. Ein Auszug aus Bach ist C. A. de Martini ordo historiae juris civilis ed. 3. Vienn. 1770. — Udalr. Oetti historia juris civilis, Styr. 1769. — Jo. Ant. Riegger historia juris Romani privati potissimum, Frib. Brisg. 1770. — Theod. Max. Zachariä Versuch einer Geschichte des Römisch. Rechts, Leipz. 1814. (Hierher gehört die dritte Abtheilung dieses Werks). — Christoph Christ. Dabelow Röm. Staats- und Rechtsgeschichte im Grundrisse, Halle 1818. — Berriat Saint Prix histoire du droit Romain, Par. 1821. — M. Dupin Abriß der Geschichte des Röm. Rechts von Romulus bis auf unsere Zeiten. Aus d. Franz. übersetzt. Ulm 1824. — W. A. Macieiowski historia juris Romani ed. 2. Varsov. 1825. — F. Mackeldey Lehrbuch des heutigen Röm. Rechts. Einleitung. 10te Ausg. 1833 [4]). Die äußere und innere

3) Auch Hellfeld hat seiner Römischen Rechtsgeschichte die Geschichte des deutschen und canonischen Rechtes hinzugefügt.

4) Die 11te Ausgabe ist nach des Verfassers Tode von Roßhirt 1838 erschienen.

Rechtsgeschichte zugleich ist von folgenden Verfassern behandelt worden: J. V. Gravina originum juris civilis libri III. Das erste Buch erschien Neapel 1701 und dann Leipzig 1704. Das Ganze zuerst Leipzig 1708, vermehrt durch eine Abhandlung de Romano imperio, Neap. 1713 und öfters, zuletzt von Gottfried Mascow, Leipz. 1737, und von Jo. Ant. Sergius, Neapel 1756—1758. — Das 44. Capit. von Gibbon's Geschichte der Abnahme und des Verfalles des Römischen Reiches, übersetzt und mit Anmerkungen versehen von Hugo, Gött. 1789. Ins Französische übersetzt von Guizot, von neuem durchgesehen und mit Anmerkungen von Warnkönig, als précis de l'histoire du droit Romain par Gibbon, Liége 1821. — Gust. Hugo Lehrbuch der Geschichte des Römischen Rechts bis auf Justinian. Zuerst Berlin 1790. Dann aber immer von neuem bearbeitet. Die 10te Ausgabe erschien 1826, zu welcher Fried. Ad. Schilling's Bemerkungen über Römische Rechtsgeschichte, als eine Kritik über Hugo's Lehrbuch der Geschichte des Röm. Rechts, Leipzig 1829 gehört. Hinterher ist noch die 11te Ausgabe erfolgt. Eine französische Uebersetzung dieses in Betreff der äußeren Geschichte des Römischen Rechtes achtbaren Werkes erschien Paris 1822; auch der Anfang einer lateinischen Uebersetzung unter der Leitung und mit Noten von Warnkönig, Amsterdam 1824. 1825. — Gottl. Hufeland Lehrbuch der Geschichte und Encyclopädie aller in Deutschland geltenden positiven Rechte. Der erste Theil enthält die Einleitung und die Geschichte des Römischen Rechts. Erste Abtheilg. Jena 1796. (unvollendet). — Chr. Aug. Günther historia juris Romani, Helmstad. 1798. — Albr. Hummel Handbuch der Rechtsgeschichte. 3 Bde. Gießen 1805. 1806. — Rousseau Geschichte d. Röm. Rechts (sehr unbedeutend). — Chr Gottl. Haubold institutionum juris Rom. privati historico-dogmaticarum lineamenta. Leipzig 1814. Als Vorläufer einer zweiten Ausgabe erschien darauf Leipzig 1821 eine epitome institutionum cet. mit den Fragmenten der 12 Tafeln und des prätorischen Edicts, die zweite Ausgabe wurde erst nach des Verfassers Tode besorgt von Ed. Otto, Leipz. 126. — Christoph Christ. Dabelow Römische Staats- und Rechtsgesch. im Grundrisse, Halle 1818. — C. A. Gründler Handbuch der Römischen Rechtsgeschichte. 1ster Bd. Bamberg 1821 [5]). — Lud. Pernice Grundriß der Geschichte, Alterthümer und Institutionen des Römischen Rechts, Halle 1821; umgearbeitet und mit einer Chrestomathie von Beweisstellen vermehrt, Halle 1824.— Albr. Schweppe Röm. Rechtsgeschichte und Rechtsalterthümer, Götting. 1822, um das doppelte vermehrt 1826 und nach des Verfassers Tode mit unbedeutenden Zusätzen von C. A. Gründler, Götting. 1832.— Sigm. Wilh. Zimmmern Geschichte des Römischen Privatrechts bis Justinian. (Nur die erste Abtheilung des ersten Bandes, Heidelberg 1826, gehört hierher) — Heinr. Rob. Stöckhardt Tafeln der Geschichte des Römisch. Rechts, Leipz. 1828 fol. — Ferd. Walter Geschichte des Röm. Rechts bis auf Justinian. Erste Lieferung (welche die Geschichte der Römisch. Verfassung enthält). Bonn 1834, u. s. w. Außerdem mögen noch erwähnt werden das System von Burchardi (1834) und Schilling's Lehrbuch für Institutionen und Geschichte des Römisch. Privatrechts.

5) Der erste Band enthält die Geschichte des Römischen Staats, dessen Verfassung und Staatsrecht. Der zweite Band soll die äußere Rechtsgeschichte enthalten.

Erste Periode.

Von Rom's Erbauung bis zu den 12 Tafeln. v. Jahr 1—300 oder 750—450 v. Chr.

§. 5.

Staatsverfassung.

Für die älteste Zeit [1]) finden sich in Rücksicht der Staatsverfassung wie sonst im einzelnen unter den Angaben der Schriftsteller nicht bloß Widersprüche, sondern auch Dunkelheiten, weil die Schriftsteller, welche hier zu berücksichtigen, in viel späteren Zeiten lebten, nach Sagen, welche oft ins Fabelhafte gehen, das Ueberlieferte aufzeichneten, aber einer fabelhaften Tradition sich leicht anschlossen, um den Ursprung des Volkes desto mehr verherrlichen zu können. Während hier die verschiedenen bis jetzt vorhandenen Conjecturen zu keinem sicheren Ziele führen können, sind sie selbst in rechtlicher Hinsicht von gar keiner Bedeutung. Im Rechte, so in Betreff der Verfassung, verdienen nur die Nachrichten unbedingten Glauben, welche sich für eine spätere zuverlässigere Zeit auch in ihren bestimmten Anwendungen bestä-

1) Vergl. Hugo Gesch. d. Röm. Rechts bis auf Justinian. 10te Ausg. S. 58—98. Bach histor. jurisprud. Roman. p. 1. sq. Ueber Roms älteste Einrichtungen und die älteste Verfassung bis zur Zeit der Republik s. Walter Gesch. d. Röm. Rechts. S. 11—37.

tigt vorfinden. — Ueber das älteste Rom sind Niebuhr's [2]) Ansichten verbreitet, wiewohl sie im einzelnen als unzulässig verworfen worden und Widerspruch gefunden haben. Sie können nur mit Vorsicht benutzt werden. Eine Reihe Veränderungen und rechtlicher Bestimmungen sind durch den Gegensatz des Römischen Volkes herbeigeführt; dieser hängt jedoch nicht mit der Verfassung zusammen, sondern ist nur aus der den Römern eigenthümlichen Härte und Strenge [3]) zu erklären, welche sich auf dieselbe Weise in allem ursprünglichen Rechte als characteristisch zeigt. Wenig glaubwürdig ist die Annahme, wonach jener zwischen Plebejern und Patriciern daurende Kampf aus einem Gegensatz zweier verschiedener Völker, des besiegten und des siegenden, entstanden sein soll, und die Annahme, daß die Patricier der etruscische Stamm, die Sieger, die Plebejer, dagegen der latinische Stamm und die Besiegten seien. Für beides fehlt es an historischen Beweisen [4]), und in der That finden wir im ursprünglichen Rom gar keine verschiedenartigen Elemente [5]). Das Recht, die Verfassungen sind einfach, aus den untersten Bedürfnissen hervorgegangen, frei von aller fremdartigen Einmischung, und ohne alle positive Einrichtung nach den Ansichten der Römer selbst und in Gemäßheit des

2) Röm. Geschichte. Th. I. 2te Ausg. 210 ff.

3) Wenn späterhin unterjochte Latiner in Rom nur als Plebejer aufgenommen worden sind, so kann dies die Sache um nichts glaubwürdiger machen; auch Ausgewanderte, Vertriebene aus benachbarten Städten, sogar Sclaven fanden in Rom als Plebejer eine Aufnahme, und ist am wenigsten mit dem in Widerspruch, was sich nach den vorhandenen Quellen über jenen Gegensatz ermitteln läßt. Rom suchte sich ohnehin auf jegliche Weise zu vergrößern. Vergl. Dion. Hal. II. p. 88. Tac. An. XI, 24.

4) Die Quellen selbst enthalten das grade Gegentheil.

5) Die Sprache, die Sitten und Gewohnheiten des Volkes, der Religionscultus und alles Andere ist völlig übereinstimmend für das ursprüngliche Rom, es finden sich keine Verschiedenheiten in Betreff des Einzelnen.

eigenen Bedürfnisses festgestellt. Beide haben sich durch die Zeit und nach den Anforderungen des Volkes unter den Römern, und schon zur Zeit der Könige, weiter entwickelt; und wenn unter den Gebräuchen der Römer selbst noch für spätere Zeiten sich einzelnes vorfindet, was mit Sitten und Gewohnheiten benachbarter Völker, namentlich der Etruscer [6]), jedoch auch selbst griechischer Völker [7]), eine Uebereinstimmung hat und mit einander verglichen werden kann, so erklärt sich dieses schon durch die Nähe, die vielfache Concurrenz der Römer mit benachbarten Völkern, aber es findet sich auch selbst unter ganz verschiedenen, und durchaus von einander getrennten, Völkern des Alterthums in einzelnen Sitten, Gebräuchen und Einrichtungen solche Uebereinstimmung, daß sie wenigstens mit einander verglichen werden können [8]), ohne zu einem sicheren Schluß über die Abstammung eines Volkes oder einzelner Theile desselben zu berechtigen [9]) — Mit obigem hat man das Eigenthum in Verbindung gebracht, als sei dieses nur den Latinern bekannt gewesen, wodurch sie zugleich am Grund und Boden gefesselt worden, was ohne Grund und gegen alle Geschichte ist, da grade das Eigenthum durch sich selbst bedingt ist bei jedem Volke ohne Unterschied und grade bei den Römern als das älteste Recht auch am Grund und Boden sich

6) Eine solche Uebereinstimmung ist namentlich in Rücksicht des Religionscultus wiederholt behauptet worden.

7) Man erwäge nur die den Römern eigenthümliche Haussuchung, welche *lance et licio* geschah; meine innere Geschichte des Römischen Rechts. S. 416 ff. — Auch die Sclaverei, jenes uralte Römische Rechtsinstitut, fand sich außerhalb Rom, meine innere Geschicht. des Röm. Rechts. S. 550; eben so die dem jus civile angehörende *patria potestas* Gaj. I, 55. Damit hängt es aber nicht zusammen, wenn später die griechische Bildung für die Gelehrten Roms entscheidend wurde.

8) So läßt sich die deutsche Leibeigenschaft bei sonstigen Verschiedenheiten mit der Römischen Sclaverei vergleichen. Beide sind das Resultat ursprünglicher Härte eines kriegerischen Volkes.

9) Gegen den etrurischen Ursprung der Patricier erklärt sich auch Schweppe Röm. Rechtsgesch. und Rechtsalterthümer. S. 32.

vorfindet, nachdem sie festen Fuß gewonnen hatten [10]). Dabei hat man zugleich verwechselt, als wenn das nach und nach eroberte Land (ager publicus) nur den Patriciern gehörig und von diesen anderweitig benutzt sei, während es als ein Eigenthum des Römischen Volkes von diesem benutzt, verpachtet und erst nach und nach Einzelnen als Eigenthum zugetheilt wurde [11]). Man hat selbst die 12 Tafeln mit jenem Gegensatz zusammengebracht, und diese als eine Capitulation der Stände ansehen wollen, obgleich eine ganz andere Veranlassung derselben einstimmig genannt wird [12]), der Gegensatz zwischen Plebejern und Patriciern durch diese um nichts geändert, vielmehr ganz auf dieselbe Weise fortdauert [13]), so sehr auch jenes älteste Grundgesetz durch eine mehr bestimmte und umfassendere Anordnung von Gesetzen die Gränzen der richterlichen Gewalt genauer bestimmt hat. — Nach der gewöhnlichen Ansicht, wie sie eben durch die Quellen bestätigt wird, ist Rom aus einer albanischen Colonie hervorgegangen [14]), mochte es selbst unter der Leitung des Romulus erst erbauet, oder von neuem eingerichtet worden sein [15]). Aber wie wir bestimmt hinzufügen können, das neue Rom, die eingeführte Colonie lebte ihren früheren Gewohnheiten, ohne eine bestimmte Verfassung herüberzubringen und ohne alle eigentliche

10) Siehe §. 6. und meine innere Geschichte §. 77.

11) S. meine innere Geschichte des Römisch. Rechts. §. 97. Meine Schrift über das frühere Verhältniß des Rechtes am ager vectigalis. Die richtige Ansicht findet sich jetzt auch bei Walter R. Rechtsgesch. S. 37 ff. u. öfters, und *Vuy* de originibus et natura juris emphyteutici Romanorum (1838).

12) Siehe unten §. 9.

13) Und zwar nach Jahrhunderten.

14) Dion. Hal. Lib. I. p. 35. vergl. Liv. I, 6. Flor. I, 1. Dion. Hal. I, 75 ff.

15) Dion. Hal. Lib. I. p. 59 ff. Varr. de L. L. p. 21. Fest. v. Romulum. Jedoch wird Rom's Erbauung für die Zeitrechnung der Römer wichtig und häufig erwähnt; der Geburtstag Rom's später stets feierlich begangen.

rechtliche Basis [16]), was daher für das eigene Bedürfniß nur selbst zu sorgen hatte.

§. 6.

Fortsetzung.

Wahrscheinlich vom Kriege her, den auch das neue Rom so fortdauernd zu den ersten Beschäftigungen zählte, blieb der Anführer, was er war. Grade diesen bedurfte auch die entstandene Colonie zu ferneren Eroberungen nothwendig, dem gleichzeitig Recht zu sprechen, die Religion zu handhaben oder zu leiten, aber auch manche Anordnungen und Einrichtungen im Innern überlassen oder übertragen werden mußten. Diesem nach [1]) hat durch Römische Verfassung nur das Volk als solches die eigentliche und entscheidende Stimme; es kann nichts ohne den Gesammtwillen des Volkes für dasselbe bestimmt und entscheidend werden [2]), und selbst die Leitung des Ganzen ist dem Volke und durch dasselbe dem Könige anvertraut [3]). In diesem Sinne

16) Vergl. auch l. 2. §. 1. D. de orig. jur.

1) Vergl. auch Polyb. VI. Dion. Hal. II. p. 79.

2) Eben darauf gründen sich die Volksversammlungen (*comitia*), in welchen allein ursprünglich die Gesetze berathen wurden, insofern nur durch den Willen des Einzelnen der Einzelne verbindlich, und für ihn eine rechtliche Verpflichtung des Gesetzes entstehen kann.

3) Nach Tacitus (An. XI, 22.) wurde schon dem Romulus wie den sonstigen Königen das imperium als ein Inbegriff der Volksgewalt, durch eine *lex Curiata* eingeräumt, weshalb eben nur durch eine lex Curiata, vom Junius Brutus veranlaßt, die Abschaffung der königlichen Gewalt bestimmt wurde. Auch die späteren Magistraturen erlangten vom Volke und durch die Wahl des Volkes das ihnen angewiesene imperium, durch welches jeder in seinem Wirkungskreise die dem Volke zustehende Gewalt auszuüben berechtigt wurde und weshalb namentlich der Prätor selbst Gesetzgeber. Eben so wurde noch den Kaisern nur durch den Gesammtwillen des Volkes

ist die älteste Verfassung nicht, was gemeinhin behauptet, monarchisch, sondern democratisch. Jede Entwickelung der späteren Zeit muß hiervon ausgehen, und nur dieser Gesichtspunkt ist für die Entwickelung des Rechtes nemlich durch Gesetzgebung wichtig. Rom hatte nach den vorhandenen Angaben 7 Könige nach einander, Romulus, Numa Pompilius, Tullus Hostilius, Ancus Marcius, Tarquinius Priscus, Servius Tullius, Tarquinius Superbus, welche in der angegebenen Bedeutung in Rom die höchste Leitung hatten[4]), und unter denen schon so manches von jenem Grundprincip aus genauer bestimmt und angeordnet wurde, so sehr sie auch durch Sinn und Charakter von einander verschieden waren. Dem Könige blieb nur die unbedingte Befugniß, wo das Volk nicht füglich bestimmen konnte, aber um der Willkühr desselben Schranken zu setzen, um etwanigen Anmaßungen desselben desto eher entgegentreten zu können, wurden bereits unter Romulus 100 der Aeltesten im Volke (*patres*) zur Mitberathung des gemeinsamen Beßten ausgewählt[5]), aus welchen als den Angeseheneren sich bald ein erblicher Stand unter den Römern bildete[6]), welcher bei der gewohnten Härte des Römischen

---

und jene vielfach erwähnte *lex regia* ihr imperium übertragen, wodurch der Einzelne im Staate verpflichtet wurde. Die spätere Erblichkeit der Kaiserregierung und so manches andere, was die neuere Zeit darbrachte, widerspricht der ursprünglichen Verfassung ganz.

4) Ueber die den Königen nach hetrurischer Sitte vom Romulus ertheilte Auszeichnung der 12 Lictoren mit ihren Stäben und Beilen, welche demnach auch auf die Consuln überging, siehe Dion. Hal. III. p. 195 sq. und X, p. 682. Ueber sonstige Insignien s. Plin. IX, 39. VIII, 48.

5) Liv. I, 8. Dion. Hal. II. p. 83. vergl. Liv. I, 17. u. 30.

6) Der spätere Name ist daher *patricii*, Patricier, als welche sie bald darauf nach Aufnahme der Sabiner und durch Tarquinius Priscus Tac. An. XI, 25. einen neuen Zuwachs erlangten. Ebenfalls ist die Bezeichnung *senatus*, von senex, der Sache gemäß, aber *senatores*

Volkes den niederen Theil desselben drückte, dadurch das so wichtige Clientelarverhältniß in Rücksicht der Verfassung und in rechtlicher Hinsicht so verschiedene Umstände veranlaßte, womit es eben zusammenhängt, daß auch die späteren Magistraturen anfangs nur aus diesem Stande gewählt wurden. Eben von den Patriciern soll Romulus, hart, grausam und stolz geworden durch glückliche Kriege, aus dem Wege geräumt sein [7]). Eine Vertheilung der Ländereien fällt in die allerälteste Zeit [8]) und schon Romulus soll das Römische Volk in *tribus* [9]) und Curien [10]), nach welchen dann das Volk als solches sich zu den öffentlichen Berathungen versammelte (*comitia*), vertheilt haben, so daß auch jede Curie ihren gemeinschaftlichen Gottesdienst verrichtete [11]). Zugleich aber bei dem religiösen Sinn der Römer und damit nichts ohne den Willen der

---

bezeichnet auch die Magistraturen (Dig. I, 9.), welche bei dem entschiedenen Uebergewicht anfangs und zunächst nur aus den Patriciern gewählt wurden, weshalb später jedenfalls zwischen patricii und senatores unterschieden werden muß, siehe auch §. 4. J. de jur. natur. Ueber die Nobilität des ordo senatorius s. Schweppe Römische Rechtsgesch. S. 301. Ganz ebenso bildete sich aber der Stand der equites und überhaupt erlangte so manches, was zunächst nur vorübergehend sein sollte, eine daurende Bedeutung.

7) Liv. I, 16.

8) Walter Röm. Rechtsgesch. S. 12. Bach histor. jurispr. Rom. p. 2.

9) Sie waren bestimmte Ableitungen nach Regionen, deren später 30 und zuletzt 35. Häufig findet sich erwähnt, daß 3 Volksabtheilungen anfänglich bei den Römern gewesen. Die Volksversammlungen nach Tribus mögen selbst späteren Ursprungs sein.

10) Daß das gesammte Römische Volk schon durch Romulus in 30 Curien getheilt sei, enthalten die Quellen ausdrücklich: l. 2. §. 2. D. de orig. jur. Dion. Hal. II, 7. Liv. I, 13. Fest. v. curia; es kann daher am wenigsten mit Niebuhr angenommen werden, daß sie sich bloß auf Patricier bezogen hätten.

11) Der Vorsteher einer Curie hieß *curio* und das Oberhaupt *curio maximus*. Walter a. a. O. S. 24.

Gottheit Wichtiges unternommen werde, soll er die Augure [12]), und außerdem die *haruspices* [13]) angeordnet haben. Eben weil das Kriegführen die Hauptbeschäftigung blieb, soll Romulus mit Bezugnahme auf jene Abtheilung der tribus 3000 Mann zu Fuß und 300 Reiter als *legio* ausgewählt haben. Jeder Einzelne von 1000 hieß *miles* und das Haupt der von den tribus zusammengebrachten Legion *tribunus* [14]). Außerdem waren von ihm 3 Centurien durch Vermögen und Eigenschaften ausgezeichnete Krieger, welche im Kriege zu Pferde dienten (*celeres*), zur Leibwache des Königs gebildet, die ihren eigenen Anführer (*tribunus celerum*) hatten [15]). Aus der Zahl der Reiter bildete sich für die spätere Zeit ein eigener Stand, welcher gleich dem Stande der Senatoren geachtet war (*equites*) [16]). Nach einem interregnum von 1 Jahr wurde Numa aus den Sabinern auf ihr Ansuchen zum König gewählt, der während seiner 43 jährigen Regierung bei religiösem Sinn dem kriegerischen Character der Römer entgegen wirkte, wie durch daurenden Frieden, so durch Religion das Volk bändigte, was ihm durch vorgespiegelte Verbindung mit der Nymphe Egeria um so mehr gelungen zu sein scheint [17]). Er führte den *Pontifex maximus* ein [18]) und veranlaßte ein jus divinum Ponti-

12) Liv. X, 6. An deren Spitze der *magister collegii.*

13) Dion. Hal. II, 22.

14) Dion. II, 7. Veget. II, 7.

15) Dion. II, 13. woraus später der *praefectus praetorio* l. 2. §. 19. D. de orig. jur. Ueber den späteren Zuwachs derselben: Liv. I. 30 u. 43.

16) Liv. II, 1. — Ohnehin mag hier nur noch für die Zeit des Romulus die Aufnahme der Sabiner und die Mitregentschaft des Königs derselben Titus Tatius erwähnt werden.

17) Liv. I, 18. 19. Dion. Hal. II. p. 122. Ueber einige, die Verehrung der Gottheit betreffende Gesetze des Numa, welche später erst gefunden und im Jahr 573 wegen Gefahr des Aberglaubens öffentlich verbrannt sein sollen, vergl. Liv. XL, 29. Plut. in Num. p. 74. Val. Max. I, 1, 12. Plin. H. N. XIII, 27.

18) Dion. Hal. II, 75. Liv. IV, 4. I, 20.

ficium, ordnete die *flamines* [19]), *feciales* [20]), die *virgines Vestales* [21]) und die *salii* [22]) an. Unter der Regierung des Tullus Hostilius wurden die Kriege mit den benachbarten Völkerschaften fortgesetzt, unter welchen der Krieg mit den Albanern auszuzeichnen [23]). Unter ihm wurden neue salii (*collini*) eingesetzt. Ancus Marcius, ein Enkel des Numa, friedliebend, wenn auch neue Kriege mit den Nachbarn geführt wurden, ließ das *jus fetiale* aufzeichnen [24]), erbaute ein *carcer*, die *Ostia* und richtete Salzwerke ein. Tarquinius Priscus, aus Tarquinii in Etrurien vom Volke zum König erwählt, wurde ebenfalls durch Krieg berühmt, vermehrte die Rittercenturien, wählte 100 neue Patricier und traf manche neue Einrichtungen, namentlich werden die Cloaken, die *tabernae* um das *forum*, die Gründung des Capitols und des *circus maximus* ihm zugeschrieben; auch stellte er zuerst große Spiele an. Er wurde getödtet durch die Söhne des Ancus Marcius. Sein Nachfolger Servius Tullius, human und unstreitig der beßte, ebenfalls durch manche neue Einrichtungen auszuzeichnen [25]), erweiterte die Stadt, führte den *census* nach Centurien ein [26]), worauf sich die *comitia centuriata* gründen und wobei sich die Theilnahme des Volkes an den öffentlichen Berathungen nach dem Vermögen des Einzelnen und dem Beitrag zu den öffentlichen Lasten bestimmte [27]). Die Entscheidung in Pri-

19) Liv. I, 20.

20) Dion. Hal. II, p. 131.

21) Liv. I, 20. Dion. Hal. II, 64. 65.

22) Liv. I, 20.

23) Liv. I, 22 ff.

24) Liv. I, 32.

25) Vergl. Ph. E. Huschke die Verfassung des Königs Servius Tullius, als Grundlage zu einer Römischen Verfassungsgeschichte (1838).

26) Liv. I, 42. 43. Genaueres bei Walter a. O. S. 31 ff.

27) Daß die Volkscomitien nach jenem Census erst später üblich geworden, und dieser selbst zunächst der Abgaben wegen veranlaßt wurde,

vatstreitigkeiten übertrug er besonderen Richtern, während er sich und dem Volke nur die Entscheidungen über Verbrechen reservirte [28]). In seinem Entschlusse, selbst die königliche Gewalt niederzulegen und eine Republik einzuführen [29]), wurde er gehindert durch den von seinem Schwiegersohn und Nachfolger erlittenen Tod. Tarquinius Superbus endlich behauptete sich mit Grausamkeit und Uebermuth. Hart gegen Patricier und Plebejer suchte er Gesetzlosigkeit einzuführen und die Gesetze seiner Vorgänger außer Kraft zu bringen [30]). Ihm wird die Erbauung des Capitols zugeschrieben. Wegen seines Sohnes Grausamkeit gegen die Lucretia wurde er mit seiner Familie von dem Volke verjagt nach einer *lex tribunicia*, welche *Brutus* als *tribunus celerum* bewirkte [31]). Drittehalb hundert Jahre hatten Könige regiert [32]) und vergebens suchten die Tarquinier den Thron wiederzuerlangen, der Name des Königs war dem Volke verhaßt, und dieses führte in Rücksicht der ursprünglichen Verfassung, wenigstens der Form nach, eine Aenderung herbei. Damit desto besser für das gemeine Beßte gesorgt werde, und um gegen Uebermuth eines Einzelnen gesichert zu sein, sollte nach dem Beschluß des Volkes die Leitung des Ganzen von nun an zwei jährlich zu wählenden Consuln (*consules*) übertragen werden [33]), diese auf ganz dieselbe Weise, wie die Könige, von dem Volke in den Comitien gewählt werden [34]), auch dieselben Insignien in Anspruch nehmen, über-

läßt sich wohl nicht bezweifeln; Cic. de republic. II, 31. Liv. I, 60. auch waren erst später eigene Censoren nothwendig geworden.

28) Dion. Hal. IV. p. 228.

29) Liv. I, 48.

30) Dion. Hal. IV. p. 245.

31) l. 2. §. 3. D. de orig. jur. Liv. I, 59. Dion. Hal. IV. p. 276 ff.

32) Die Vertreibung der Könige fällt in das Jahr der Stadt 244.

33) Vergl. Liv. II. init. l. 2. §. 16. D. de orig. jur. Flor. I, 9. Die ersten Consuln waren L. Junius Brutus und L. Tarquinius Collatinus Tac. An. XI, 22.

34) Vergl. Liv. I, 60. Später geschah die Wahl *in comitiis centuriatis*.

haupt dieselbe Macht, dasselbe Ansehen genießen [35]). Die früheren Behörden blieben neben den Consuln, nur daß das Bedürfniß noch anderweitige hinzusetzte. Schon zur Zeit der Könige wurde bei einer Thronerledigung ein *interrex* auf 5 Tage mit der ganzen königlichen Würde vom Senat gewählt [36]); der *praefectus urbi* zur Aufsicht über die Stadt bei Abwesenheit der Consuln aus der Zeit der Könige beibehalten, ebenso standen diesen 2 Quästoren zur Seite, wie sie schon die Könige zur Einsammlung der öffentlichen Einkünfte gehabt hatten [37]). Die Zeit der Gefahr veranlaßte den Senat zur Bestellung eines höchsten Machthabers (*dictator*) [38]). Zur Aufsicht über gewisse Gebäude wurden die *aediles plebis* angeordnet, welche eine Art von Polizeigewalt erlangten [39]), zur Entscheidung über Capitalverbrechen eigene *quaestores parricidii*, nachdem später die Consuln nicht ohne Befehl des Volkes den Blutbann ausüben sollten [40]). Die Angeseheneren im Volke drückten die Aermeren, die ohnehin schon durch die Kriege gedrückt waren, weil der Einzelne in jener Zeit nur auf eigene Kosten in das Feld zog. Es entstand Theurung, bei Habsucht Einzelner Wucher, und durch Härte gegen die Schuldner wurden diese, die Plebejer, zu Aufruhr und Auswanderungen veranlaßt. Das Volk wanderte auf den heiligen Berg (*mons sacer*) und nach dem Vorschlag eines *Sicinus* in Folge einer *lex sacrata* mußte es demselben nachge-

35) Cic. de leg. III, 3.

36) Liv. I, 17. Dion. Hal. II, 57.

37) Tac. An. IX, 22. VI, 11. l. un. D. de offic. quaestor. — Auch schon in die Zeit der Könige reichen die *duumviri sacris faciendis*, Dion. Hal. IV, 62. Einen *rex sacrificulus* zur Ausführung der Opfer, welche ursprünglich der König selbst besorgte, erwähnt Liv. II, 2.

38) l. 2. §. 18. D. de orig. jur. Gleichzeitig mit diesem kam der *magister equitum* vor. l. 2. §. 19. D. de orig. jur.

39) l. 2. §. 21. D. de orig. jur. Gall. N. A. XVII, 20. Dion. Hal. V, 90. Varr. de L. L. IV, c. 14.

40) l. 2. §. 23. D. de orig. jur.

geben werden, daß von ihnen gewisse Fürsprecher zur Wahrnehmung ihrer Gerechtsame gewählt würden, welche einen Widerstand gegen alles ausüben sollten, was von den Consuln, dem Senat u. s. w. ungerecht verfügt, und damit dieser Zweck desto sicherer erreicht werde, sollten jene Vertreter nur aus den Plebejern, von diesen nach den tribus und in den comitiis tributis gewählt werden, sie selbst das höchste Ansehen genießen (sacrosancti) [41]), aber bei allem und jedem, nur nicht gegen den Dictator, hindernd einzuschreiten im Stande sein [42]). Diese neue Magistratur (*tribuni plebis*) fällt in das Jahr 260, sie führte den Vorsitz in den Versammlungen der plebs und machte die Vorschläge bei den später so wichtigen Plebiscita. Tag und Nacht sollte ihr Haus offen sein [43]), sie keine Nacht außerhalb Rom verweilen [44]), sofern nicht dringende Umstände dieses nothwendig machten [45]).

§. 7.

Rechtlicher Zustand.

a) Gewohnheitsrecht.

Für die älteste Zeit entscheidet Gewohnheitsrecht, auf welches sich die ursprüngliche Gesetzgebung nur in einzelnen und besonders abändernden Bestimmungen bezog. Gewohnheit ist somit die eigentliche Grundbasis des Römischen Rechtes in dieser Periode. Es hat sich jenes ursprüngliche Recht nach den natürlichen Ansichten der Römer von selbst bestimmt, mochte auch die An-

---

41) Cic. de leg. III, 3.

42) Liv. II, 32. 33. III, 55. l. 2. §. 20. D. de orig. jur. Vergl. Walter a. a. O. S. 162 ff. Ihrer waren zuerst 5, Liv. II, 33; dann 10, Liv. III, 30.

43) Plut. qu. Romi. 80.

44) Gell. N. A. XIII, 12.

45) Sie zeichneten sich weniger durch äußeren Prunk aus, jedoch hatten sie *viatores* zur Vollführung ihrer Gewalt und um den Widerspenstigen ergreifen zu lassen (*prensio*).

wendung ursprünglich von dem **Könige** [1]) und dann erst von besonderen **Richtern** [2]) gehandhabt werden. An eine consequente Durchführung jener rechtlichen Gesichtspunkte kann jedoch erst für die spätere Zeit gedacht werden [3]). Grade das älteste Recht, wovon die Römer für die Anwendung ausgingen, war das **Eigenthum**, was nach der Vertheilung der Ländereien durch **Romulus** auch am Grund und Boden anerkannt war und den erforderlichen Schutz durch sich selbst bedingt [4]). Eben dieses Rechtsverhältniß wandten die Römer bei Härte des Charakters [5]) und fehlenden anderweitigen Rechts-Normen für jedes sonstige Abhängigkeitsverhältniß an. Der **Dienende** (*servus*) ist **Sache** seines Herrn; die **Kinder** sind **Sache** ihres Vaters, worauf die *patria potestas* [6]) gegründet; die **Frau** ist nur als **Sache** in der Gewalt ihres Mannes (*manus*) [7]). Bei **Verträgen** entschied das gegebene Wort in strengster Anwendung (*stipulatio*) [8]), welche volksthümliche Erfindung lange

1) Vergl. auch l. 2. §. 1. D. de orig. jur.

2) Nemlich seit **Servius Tullius** gab es **eigne Richter für Privatstreitigkeiten**. Dion. Hal. IV. p. 228.

3) Schon aus dem Grunde, weil es an einem eigentlichen Stande der **Juristen** für die älteste Zeit (vergl. Liv. III, 20.), zumal bei so entschiedenem Sinn der Römer für kriegerische Unternehmungen, durchaus fehlte.

4) Die freilich schon früh bei den Römern vorkommenden **Servituten** entstanden nach dem Bedürfniß Einzelner, und wurden aber nur nach der Absicht und nach bereits vorhandenen Rechtsgrundsätzen beurtheilt; **meine** innere Rechtsgesch. §. 95. Auch das Pfandrecht als *fiducia* ist eine uralte Römische Erfindung, wurde aber nur durch die solenne Eigenthumsübertragung begründet; **meine** innere Rechtsgesch. §. 101. Endlich die *superficies* und das *jus in agro vectigali* gehören einem fortgerückten Zeitalter an, vergl. **meine** innere Rechtsgesch. §. 97 und 100.

5) Wie viele andere Rechtsinstitute, so erklärt sich daher die gewiß schon uralte *occupatio bellica*.

6) **Meine** innere Gesch. des Röm. Rechts. §. 148.

7) **Meine** innere Gesch. d. Röm. Rechts. §. 133.

8) **Meine** innere Gesch. d. Röm. Rechts. §. 119.

beachtet wurde, aber auch für die älteste Zeit jedem sonstigen Vertrag entbehrlich machte [9]). Bei letztwilligen Bestimmungen brachte man die gewohnte Anordnung der Gesetze [10]), dann aber die Eigenthumsübertragung [11]) zur Anwendung, weil es noch an allen anderen Rechtsgrundsätzen fehlte. Diese Gesichtspunkte bilden die ursprüngliche Grundlage des ganzen Römischen Privatrechts, sie selbst blieben noch für späte Zeiten entscheidend, aber von diesen ist eine große Menge sonstiger rechtlicher Gesichtspunkte abhängig [12]). Dabei suchten die Römer bei Gewissenhaftigkeit und wie es so durchweg bei niederer Cultur unter allen Völkern des Alterthums vorgefunden wird,

---

9) Der Römische *contractus litteris* ist jedenfalls jünger, als die stipulatio, beruhet auf abweichenden Grundsätzen und unterscheidet sich wesentlich von jenem in seiner ganzen Bedeutung; meine innere Gesch. d. Röm. Rechts. §. 124 u. 125. Das *nexum* entstand durch Anwendung der solennen Eigenthumsübertragung bei Verträgen, welche mittelst Eigenthumsübergabe bewirkt wurden und betrifft nur die äußere Form des Vertrages. Meine innere Gesch. d. Röm. Rechts. §. 118. Außerdem hat sich aber die *solutio* im Geist der Römischen Ansichten entwickelt, meine innere Rechtsgesch. §. 104 ff.

10) Von der Sache heißt es *testamentum in comitiis calatis.*

11) Von der Form der mancipatio heißt es *testamentum per aes et libram*, welches unstreitig schon dieser Periode angehört. Die Form der Eigenthumsübertragung wurde der größeren Bequemlichkeit wegen üblich, womit es eben wohl zusammenhing, für die ganze Erbschaft den Begriff der Sache zu fingiren, weshalb auch diese als Ganzes in den gewöhnlichen Fristen usucapirt und als einzelne Sache vindicirt wurde.

12) z. B. die Eigenthumsübertragungen für die Frau bei Eingehung und Aufhebung der Ehe, wie sie auch sonst bei Begründung nnd Aufhebung der väterlichen Gewalt in Betracht kommen, wenn wir von der arrogatio absehen, bei welcher zugleich persönliche Rechte verschwanden und bisherige Opfer aufhörten. Sie selbst waren bei Uebertragung von Sclaven entscheidend. Die Freilassung der Sclaven bildete sich von jenem Grundprincip aus, sie selbst ist nur für die Freilassung aus väterlicher Gewalt angewandt; u. s. w.

auch in rechtlicher Hinsicht zu versinnlichen, was geistig vorgenommen wurde. In diesem Sinne sind die *mancipatio, in jure cessio* als Eigenthumsübertragungen, welche dann auch analog angewandt wurden, die *in jus vocatio* zur Ladung im Prozeß, die *vindiciae* beim Eigenthumsstreit und so viele andere Formalitäten, wie sie im ursprünglichen Rechte vorkommen, nur volksthümlich. Strenge Religiösität hat sich außerdem behauptet, wovon sich Anwendungen bei dem *sacramentum* im Prozeß, bei der *confarreatio*, zum Theil bei der *arrogatio* und bei dem Eide vorfinden. Nicht anders ist aber die den Römern eigenthümliche strenge Sittlichkeit auch in rechtlicher Hinsicht von Einfluß geworden. Die Liebe zum Ackerbau hat erst später einzelne Rechtsgrundsätze im Sinn des Römischen Volkes erzeugt. Endlich im Prozeß, wo sich die Hauptsache durch die nothwendige Rechtserörterung und Entscheidung schon von selbst bestimmte, mußte ursprünglich bei fehlender Organisation der Gerichte von der Parthei selbst vollführt werden, was später und zweckmäßiger durch Hülfe des Richters vollzogen wurde [13]). Im einzelnen bestimmte sich auch hier manches durch Gebrauch (*mores*) [14]) nach Ansichten des Römischen Volkes [15]). Dabei fehlte es beim Verfahren noch sehr an genaueren und bestimmten Regeln [16]), an welche man sich erst später gewöhnen mußte [17]). Die Oeffentlich-

13) So wurde von der Parthei selbst die Ladung vorgenommen, auf dem Wege der *in jus vocatio*, aber auch die *manus injectio* als die ursprüngliche Execution ging von der Parthei aus, auch die *pignoris capio* als eine Art von Auspfändung.

14) Dieser wird noch von Gajus bei den einzelnen legis actiones wiederholt erwähnt.

15) So die Bedeutung der *litis contestatio*, die Eigenthümlichkeit der procuratorischen Stellvertretung, welche auch für die Führung des Prozesses entscheidend wurde.

16) Vergl. l. 2. §. 1. D. de orig. jur.

17) l. 2. §. 6. D. de orig. jur. l. 2. §. 8. u. §. 12. D. eod.

keit und Mündlichkeit im Verfahren war von dem Römischen Volksleben abhängig.

§. 8.

b) Gesetzgebung.

Bei der so entschiedenen Richtung nach außen konnte nur der gefühlte Mangel Einrichtungen im Inneren hervorrufen, aus diesem Grunde kann an eine durchgreifende Gesetzgebung, um so mehr für die älteste Zeit, nicht gedacht werden. Sie bezieht sich auf jene Gewohnheiten, welche sie theils bestätigte, theils im einzelnen abänderte. Wie sonst der König nach der Grundverfassung des Römischen Reichs bei allen wichtigen Angelegenheiten von der Stimme des Volkes abhängig blieb, und das Volk nicht durch ihn verpflichtet werden konnte [1]), so galt als Gesetz nur für Alle, was das Volk als Ganzes ausdrücklich genehmigt hatte [2]). Der König, was sich ebenso auf die späteren Consuln bezieht, konnte zu den einzelnen Gesetzen nur den Vorschlag machen. In diesem Sinne waren die Gesetze unter den Königen, wie sie auch sonst als *leges regiae* [3]) bezeichnet werden, nur von dem gesammten Volke in den Comitien gebilligte Beschlüsse *(leges curiatae)* [4]) und diese zu Stande zu bringen, daran mußte dem Könige bei seinem an sich ursprünglich so unbestimmten Rechte nicht weniger

---

1) Die Comitien betreffen daher nicht allein die Gesetzgebung.

2) Demnach sind die ursprünglichen Gesetze nur *leges*, so genannt von der Annahme des Volkes in den Comitien. Ueber die betreffende Abfassung selbst vergl. Heineccius antiqu. Rom. syntagm. lib. I, 2. 2—14. Eine besondere Genehmigung des Comitialbeschlusses von Seiten des Senats kommt erst später durch Mißbrauch und gegen die ursprüngliche Verfassung vor; Liv. I, 17. vergl. Dion. Hal. II, 14. IV, 12. IX, 41.

3) Unstreitig so genannt, weil die Könige dazu den Vorschlag machten. In eben der Art sind die späteren leges ebenfalls von ihrem bestimmten Urheber benannt worden.

4) l. 2. §. 2. D. de orig. jur. Dion. Hal. II. p. 97.

gelegen sein. Gesetze, welche schon unter den Königen zu Stande kamen [5]), finden sich bei den späteren Schriftstellern vielfach erwähnt und zum Theil auch noch für spätere Zeiten entscheidend, sie dürfen deshalb am wenigsten bezweifelt werden, sind jener ältesten Zeit vollkommen entsprechend, ohne daß wir jedoch bei mangelhaften Angaben ein völlig zusammenhängendes Bild von dem damaligen Rechtszustande zu entwerfen im Stande wären. Schon unter Romulus [6]) soll ein Gesetz, wie über die *confarreatio* [7]) so über die Gewalt des Mannes in Betreff der Frau, und des Vaters in Betreff der Kinder zu Stande gekommen sein. Wichtige Rechte, wie sie sich aus einer so unbeschränkten Befugniß leicht ableiten ließen, waren unter anderen die *relegatio*, der Verkauf, das *jus occidendi* [8]), die *expositio* [9]), welche aber insbesondere nur bei den Kindern zur Anwendung gebracht werden konnten. Jedenfalls hatte nur der Mann seine Frau zu bestrafen [10]). Mit der Abhängigkeit der Frau vom Manne hängt ein anderes romulisches Gesetz zusammen, die Frau soll ihren Mann nicht verlassen [11]), wenn auch bei ursprünglicher Gewissenhaftigkeit [12]) bis auf die Zeit des Spurius Carvilius Ruga von den Männern die

5) Vergl. Dirksen Quellen des Römisch. Rechts I, 6.

6) Bach histor. jurisprud. Rom. p. 9. Hellfeld histor. jur. p. 4 sq.

7) Dion. Hal. II. p. 95. Vergl. Gell. N. A. XVIII, 6. Plut. quaest. Rom. 30.

8) Dion. Hal. II. p. 96.

9) Dion. Hal. II. p. 88. Unbedingt war es jedoch nur erlaubt, den *partus monstrosus* auszusetzen.

10) Dion. Hal. II. p. 95. Der Mann soll aber bei Verurtheilung seiner Frau die nächsten Angehörigen zuziehen (Dion. l. c.), so daß diese gemeinschaftlich auch noch für spätere Zeiten das entscheidende Gericht bilden.

11) Plut. vit. Romuli p. 31.

12) Nur aus gewissen bestimmten Gründen konnte gesetzlich der Mann seine Frau verlassen.

Ehe heilig gehalten wurde [13]). Besondere Bestimmungen sollen schon unter Romulus über die Erziehung der Kinder, über die von *puberes* einzugehende Ehe [14]), über die Enthaltsamkeit der Frauen [15]) erlassen sein, und wenn Niemand in Gegenwart von Frauen obscöne Dinge sprechen soll [16]), so ist auch dies der ursprünglichen strengen Sittlichkeit genau entsprechend. Genaueres scheint schon zu dieser Zeit über die Pflichten gegen die Eltern [17]) angeordnet zu sein, wie über das Patronatrecht [18]), während, wie jene Clientel, so auch die Schutzsuchung bei einem Patron als Vertreter bei der ursprünglichen Härte gegen die Niederen sich ohne Gesetzgebung von selbst bildete; das Patronatsverhältniß bezog sich ursprünglich gewiß nur auf freigelassene Sclaven, es ist dann erst auf die aus der väterlichen Gewalt entlassenen Kinder ausgedehnt. Das *parricidium* soll schon um diese Zeit gesetzlich ausgezeichnet worden, aber ebenfalls mag ein Gesetz gegen herrschenden Aberglauben [19]) nothwendig geworden sein. Dem ursprünglichen Sinn der Römer entspricht durchaus die Bestimmung wegen der Heiligkeit der Mauern [20]), welche man ebenfalls jener Zeit des Romulus zuschreibt und die später ganz entschieden rechtens ist. Weniger mit der ursprünglichen Religion zusammenhängend, scheint es aus dem Interesse

13) Siehe nur Gell. N. A. IV, 3. Val. Max. II, 14.

14) Dion. Hal. IX. p. 580.

15) Namentlich sollen Frauen nicht Wein trinken, was auch noch später durchaus verboten. Dion. Hal. II. p. 95. vergl. Val. Max. II, 1. VI, 3. Gell. N. A. X, 23. Plin. XIV, 13.

16) Plut. in Rom. 30.

17) Fest. v. plorare.

18) Der Patron soll seinen Clienten nicht hintergehen. Dion. Hal. II. p. 80. Fest. v. sacer. Macrob. Sat. III, 7. Serv. zu Virg. Aen. VI, v. 622.

19) Dion. Hal. II.

20) Plut. qu. Rom. 27. Plut. vit. Rom. p. 23. Vergl. l. ult. D. de ver. div. l. 1. D. eod.

der Höheren hervorgegangen zu sein, damit der Einzelne, welcher sein Leben für die Vertheidigung der Stadt opferte, dieses nur der Gottheit aufgeopfert zu haben schiene. Man suchte selbst die Römer von jeder städtischen Beschäftigung abzuhalten [21]), damit sie desto ungestörter das Kriegführen wie den Ackerbau zu ihrer Lieblingsbeschäftigung machten [22]). Der Sinn des Numa übte auf die nachfolgende Gesetzgebung einen ganz entschiedenen Einfluß und die Gesetze, welche unter ihm zu Stande kamen, wenigstens, soweit sie durch spätere Nachrichten uns erhalten, haben meistens eine religiöse Tendenz [23]). Zur besseren Cultur des Weines wurde die Amputation des Weinstockes angeordnet, wenigstens war ein Opfer von nicht gehörig gepflegtem Wein verboten [24]); nicht sollte mit Wein der Scheiterhaufen besprengt werden [25]). Es sollen nur *pisces squamosi* geopfert werden [26]), zur Abhaltung der theueren Seefische [27]),

21) Dion. Hal. II. p. 98.

22) Man hielt nemlich den Handwerker zum Kriegführen weniger geschickt, Liv. VIII, 20. Jedoch begünstigte Numa den Handwerksstand und theilte die Handwerker in collegia (Plut. in Num. p. 71), wiewohl dieser Stand noch später weniger geachtet blieb, Cic. de offic. I, 42. Sen. ep. 88.

23) Vergl. Hellfeld histor. jur. 18 sq. Bach jurispr. Rom. p. 10 sq. Dem Numa wird auch die Bestimmung des Jahres nach 12 Monaten zugeschrieben, während nach des Romulus Eintheilung das Jahr nur aus 10 Monaten bestand (Ovid. in fast. I, 27.), und ein Werk in 8 Büchern, das sich auf den Gottesdienst bezog (Dion. Hal. II. Liv. I, 20. Tac. An. III, 26.), und eben später nach einem SCtum verbrannt wurde, ob. §. 6. Note 15.

24) Plin. H. N. XIV, 12. vergl. Fest. v. sarpta vinea. Plut. in Num. c. 14. Ueber eine Bestimmung die *spolia* betreffend s. Fest. v. opima spolia. u. Plut. v. Marcell.

25) Plin. H. N. XIV, 12.

26) Plin. H. N. XXXII, 2. vergl. Fest. v. polluere.

27) Dirksen Quellen des Röm. Rechts S. 316.

keine *pellex* den Altar der Juno berühren [28]), zur Unterdrückung des unehelichen Zusammenlebens; aber vor allem die Gränze geheiligt sein [29]), welche man als Gottheit Terminus personificirte [30]), damit Gränzverwirrungen verhindert wurden [31]). Ein anderes Gesetz betraf die Heiligkeit des Eides bei fehlendem Beweise [32]). Vielleicht rührt auch vom Numa das Gesetz her, daß eine schwangere Frau nicht beerdigt werde, bevor das Kind ausgeschnitten [33]), um, wo möglich, das Leben des Kindes zu erhalten. Es wurden die *dies fasti*, *nefasti* und *intercisi* genauer festgesetzt [34]), welcher Gegensatz mit der Religion in inniger Verbindung stand. Außerdem gehören wohl hierher ein Gesetz über das Begräbniß des vom Blitz Erschlagenen [35]), über die Trauerzeit der Frauen [36]), über die väterliche Gewalt [37]) und das *parricidium* [38]). Dem Tullus Hostilius [39]) wird das Gesetz über die Ernährung der Dril-

28) Fest. v. pellices. Gell. N. A. IV, 3.

29) Dion. Hal. II. p. 133. Fest. v. Terminus.

30) Ovid. in fest. II, 4. 641.

31) Dieselbe Bestimmung blieb auch später entscheidend, bis sie von Caesar (l. 3. D. de term. mot.) und dann von Hadrian (l. 2. D. de term. mot.) gemildert wurde.

32) Serv. zu Virg. Aen. XII, 234. Gell. N. A. VII, 18. Dion. Hal. II. p. 134. Damit steht die Verehrung der *Fides* in Verbindung.

33) l. 2. D. de mort. infer. vergl. Dirksen Quellen d. Röm. Rechts. S. 327.

34) Macrob. Sat. I, 16.

35) Fest. v. occisum. vergl. Dirksen a. a. O. S. 324.

36) Plut. in Num. p. 71. Dion. Hal. II. p. 98. Dieser Punkt ist später der Gegenstand verschiedener Gesetze, deren Inhalt verschieden.

37) Das *jus vendendi* des Vaters wurde am filius familias verboten, wenn dieser sich mit Einwilligung des Vaters verheirathet hatte, Plut. in Num. p. 71.

38) Fest. v. parric. Auch hierüber hat die spätere Zeit verschiedene Gesetzgebungen.

39) Hellfeld l. c. p. 27 sq. Bach l. c. p. 12.

lingsgeburt von Staatswegen wegen Tapferkeit der Horatier zugeschrieben [40]), auch ein solches über Hochverrath [41]). Ancus Marcius und Tarquinius Priscus waren für die Gesetzgebung gewiß unerheblich [42]), aber Servius Tullius [43]) hat die besten Gesetze der Vorgänger bestätigt, theils neue eingeführt [44]). Das Gesetz über die *judicia* [45]) muß hier erwähnt werden, von ihm werden 50 Gesetze über Contracte und Delicte [46]), ein Gesetz *de incensis* [47]), über die Civität der Libertinen [48]), so wie ein solches, die öffentlichen und Privatländereien betreffend [49]), ausgezeichnet. Es sollte ferner gegen die ursprünglichen Ansichten, welche auch später wieder den Sieg davon trugen, Niemand der Schulden halber gefangen genommen werden und nicht die Person des Schuldners die verpflichtete bleiben, vielmehr die Gläubiger (foeneratores) sich mit dem Vermögen ihres Schuldners begnügen [50]). Tarquinius Superbus endlich, nur bemüht das Alte zu vernichten, um desto unbeschränkter schalten zu können, mag die Gesetzlosigkeit im hohen Grade begünstigt haben [51]) und

---

40) Dion. Hal. III. p. 160.

41) Liv. I, 26. Unstreitig sind unter ihm noch andere Gesetze zu Stande gekommen, vergl. Tac. An. XII, 8.

42) Ancus Marcius soll sich besonders auf die Gesetze des Numa beschränkt haben, vergl. Liv. I, 32.

43) Bach l. c. p. 13. Hellfeld l. c. p. 29 sq.

44) Dion. Hal. IV. p. 216 u. 228. Tac. An. III, 26.

45) Dion. Hal. IV. p. 228. vergl. Liv. I, 49.

46) Dion. Hal. IV. p. 216.

47) Liv. I, 44.

48) Der Freigelassene konnte als civis nur den Stand eines Plebejer erlangen. Dion. Hal. IV. p. 226. Die Mutter des Servius war selbst Sclavin. Flor. I, 6.

49) Dion. Hal. IV. p. 216.

50) Dion. Hal. IV. p. 215.

51) Ueber die Aufhebung der Gesetze des Servius Tullius s. Dion. Hal. IV. p. 245, vergl. Liv. I, 49.

von ihm bleibt nichts zu erwähnen übrig [52]). Jene Gesetze der Könige soll Sextus [53]) oder Publius [54]) oder Cajus [55]) Papirius, wahrscheinlich Pontifex, nach Vertreibung der Könige in 6 Büchern gesammelt haben, von denen die 5 ersten die leges sacrae des Numa, das 6te die das Civilrecht betreffenden Gesetze enthalten haben, welche Sammlung wiederholt als *jus Papirianum* oder *lex Papiria* [56]), auch ihrem Inhalte nach für eine nachfolgende Zeit erwähnt wird. Granius Flaccus zur Zeit des Cäsar commentirte jene Sammlung in seiner Schrift *de indigitamentis*, welche besonders von den religiösen Gebräuchen handelte [57]). Uebrigens existirten noch zu Cicero's Zeiten Commentare über die Gesetze und Einrichtungen der Könige *(commentarii regum)* [58]), aber der eigentliche Zweck und die Bedeutung jenes jus Papirianum, so wie die späteren Schicksale desselben, sind zweifelhaft. Die im Jahr 244 an die Stelle der Könige getretenen Consuln behaupteten wie sonst, so auch in Rücksicht der Gesetzgebung die den Königen zustehende Befug-

52) Ueber die vom Tarquinius bei schwereren Vergehungen eingeführte *poena culei* vergl. Val. Max. I. 1. 13. Dion. Hal. IV. p. 260. — Außerdem wird schon für die Zeit der Könige eine *lex Horatia* über die Testamentsfähigkeit der vestalischen Jungfrauen erwähnt. Gell. N. A. VI, 7. vergl. Plin. H. N. XXXIV, 6. Macr. S. I. p. 115. Varr. de L. L. V.

53) l. 2. §. 2. D. de orig. jur.

54) l. c. §. 36. D. de orig. jur.

55) Dion. Hal. III. p. 178.

56) Serv. zu Virg. Aen. XII. v. 836.

57) Vergl. l. 144. D. de V. S. Censor. de die natal. c. 3. Wovon ein langes Fragment bei Macrob. Sat. III, 11. — Vergl. Zimmern Geschichte des Röm. Privatrechts S. 85 ff. und die von Mackeldey Lehrbuch des heutig. Röm. Rechts S. 28 Note f. angegebenen Verfasser.

58) Cic. pr. Rabir. 5.

niß [59]). Wie königliche Edicte [60]) erwähnt werden, so konnten auch die Consuln ihren Willen in solchen öffentlich aussprechen [61]), an eine eigentliche Gesetzgebung durch diese, welche später für die Prätoren, aber nur aus dem Grunde so wichtig wurden, weil das Volk nicht mehr so durchgehends seinen Willen auszusprechen im Stande war, ist sicher noch nicht nach Vertreibung der Könige zu denken, zumal auch diese eben so außer Stande waren der Rechtspflege und den rechtlichen Anordnungen volle Sorgfalt zu gewähren. Deshalb blieb die Gesetzgebung durch leges die entscheidende, aber grade zu häufige Abhaltungen der Consuln bei gleichzeitiger Veraltung jener Gesetze der Könige [62]) scheinen die Rechtslosigkeit herbeigeführt zu haben, über welche nach Vertreibung der Könige geklagt wird [63]). Einzelne Gesetze, die jedoch mehr das Oeffentliche betreffen, sind demnach aus dieser Zeit zu erwähnen, namentlich die *lex Valeria de provocatione*, wodurch die Provocation von den Consuln an das Volk sanctionirt wurde [64]), die *lex Menenia Sextia*, die *lex Ateria Tarpeja* [65]),

59) Liv. II. init. l. 2. §. 16. D. de orig. jur.

60) Liv. I, 32 u. 44.

61) Dion. Hal. X. c. 1.

62) Siehe l. 2. §. 3. D. de orig. jur. Dion. Hal. X. p. 627. vergl. Liv. IX, 20.

63) Dabei mögen schon die ersten Consuln manche Gesetze der Könige als maßgebend erachtet haben, wie dies von den Gesetzen des Servius Tullius über die Contracte erwähnt wird, Dion. Hal. V. p. 278. vergl. Liv. II., auch ganz zuverlässig ist, daß das ältere Recht der Römer durch die 12 Tafeln ausdrücklich bestätigt sei.

64) Durch diese wurde die frühere Gewalt der Consuln (Dion. Hal. V. p. 292.) um vieles beschränkt, l. 2. §. 16. D. de orig. jur. Sie ist aus dem Jahre 245. Liv. II, 8.

65) Ueber die von den Magistraturen bei verweigertem Gehorsam zu verhängende Strafe (Dion. Hal. X. p. 674) vom Jahre 300, welcher jedoch schon andere Gesetze desselben Inhalts vorangingen, Plut. in vit. Public. — Dion. Hal. VII. p. 431. — Dion. Hal. IX. p. 556.

Publilia [66]), *Icilia* [67]) und andere [68]). Hierher gehört insbesondere, und ist am wichtigsten, die erste *lex agraria* ums Jahr 268 [69]).

§. 9.

Die 12 Tafeln.

Die nach Vertreibung der Könige vorhandene Rechtsunsicherheit [1]), wodurch auch bei sonst redlichem Willen die Gewalt der Consuln immer drückender werden mußte, kann als die eigentliche Veranlassung zu den 12 Tafeln [2]) nicht geleugnet werden. Eine durch jene eintretende richterliche Willkür wurde bei Theurung und Schuldenlast der Plebejer um so fühlbarer, was eben Unruhen und Unordnungen veranlaßte [3]). Im Jahr 293 erneuerten die Tribunen den Antrag, durch 5 oder 10 aus dem gesammten Volke auserwählte Männer ein neues geschriebenes Gesetz anfertigen zu lassen [4]), nachdem nemlich bereits im verflossenen Jahre der Tribun C. Terentillus Arsa auf die Wahl von 5 Männern zur genaueren Begrenzung der richterli-

66) Daß die Volkstribunen in comitiis tributis gewählt werden sollten, Liv. II, 56. — Die *lex sacrata* über die Einführung der Tribunen (Liv. II, 32.) gehört ebenfalls hierher.

67) Eine *lex Icilia* wird von Dion. Hal. VI. p. 432; eine andere von Liv. III, 32. erwähnt.

68) Ebenfalls gehören hierher diejenigen leges, welche sich auf die 12 Tafeln beziehen, unter denen die *lex Terentilla* die wichtigste.

69) Dion. Hal. VII. p. 544. Liv. II, 41. vergl. Val. Max. V, 7. Nemlich die *lex Cassia*.

1) l. 2. §. 3 u. 4. D. de orig. jur. vergl. Dion. Hal. X, 3.

2) Vergl. überhaupt: Bach histor. jurisprud. Rom. p. 23 sq. Hugo's Rechtsgeschicht. 10te Ausg. S. 85 ff. Schweppe Römisch. Rechtsgesch. ed. Gründler S. 77 ff. Zimmern Gesch. des Römisch. Privatrechts S. 92 ff. Walter Gesch. d. Röm. Rechts S. 90 ff. Mackeldey Lehrbuch d. heutig. Röm. Rechts S. 29 ff.

3) Liv. II. und III. init.

4) Liv. III, 10. Dion. Hal. X, 3. vergl. Liv. III, 31.

chen Gewalt angetragen hatte [5]). Aber auch jetzt behaupteten die Patricier, wiewohl mit Unrecht, daß eine Gesetzgebung nur von ihnen ausgehen könne; jedoch im folgenden Jahre vereinigte sich der Senat bei Genehmigung der plebs [6]) dahin, daß vorläufig 3 Abgeordnete (*legati*) [7]) erwählt wurden, die besseren Gesetze des Auslandes, insbesondere Griechenlands, kennen zu lernen, worauf alsbann erst die Gesetzgeber ernannt werden sollten. Im Jahr 302, nach Rückkehr der Gesandten [8]), verglichen sich nunmehr die Plebejer mit den Patriciern, und 10 Männer (*decemviri legibus scribendis*), alle aus den Patri-

5) Liv. III, 9.

6) Dion. Hal. a. a. O. und X, 58. 62.

7) Von *tres legati* spricht auch Zonar. VII, 18. und Pomponius in l. 2. §. 4. D. de orig. jur. erwähnt, freilich ungenau, der Gesetzgeber, durch welche das griechische Recht für Rom entscheidend wurde. Auch werden die Namen jener 3 Männer gleichmäßig angegeben, nemlich Sp. Posthumius Albus, A. Manlius und Sulpicius Camerinus.

8) Die Ausführung dieser Gesandschaft wird außerdem auf das zuverlässigste bestätigt, insbesondere durch die sonstigen genaueren Angaben, welche über die Abfassung der 12 Tafeln vorhanden sind. Dabei wurden die ausgezeichneten Gesetzgebungen des Auslandes überhaupt zur künftigen Benutzung verzeichnet, wiewohl besonders der griechischen und unter diesen der atheniensischen Erwähnung geschieht. Vergl. Tac. An. III, 27. Gell. N. A. XX, 1. Plin. Ep. VIII. ult. Amm. Marc. XVI, 5. Cic. pr. Flacc. Symmach. ep. III, 12. Athen. Deipn. VI, 106. auch Cic. de leg. II, 23. Gell. N. A. XI, 18. §. 10. J. de jur. natur. l. ult. D. fin. reg. l. ult. D. de colleg. Serv. zu Virg. Aen. VII, 695. — Von der Sendung nach Athen, um Solon's Gesetze mitzubringen: Liv. III, 31—33. Aur. Vict. 21. Oros. XI, 13. und dem großen Einfluß Solonischer Gesetze: Isid. V, 1. Amm. Marc. XXII, c. ult. Manche sonstige hierher gehörigen Angaben betreffen die einzelnen Lehren. Die Bedenklichkeiten der Neueren rücksichtlich dieser Thatsache sind sehr unerheblich, und wenn Cicero (de orat. I, 44.) behauptet, gegen das Römische Recht stehe das griechische sehr im Hintergrunde, so hat am meisten die Zeit hier vieles geändert.

ciern, wurden zur Abfassung des neuen Gesetzbuches niedergesetzt [9]), unter denen Appius Claudius als designirter Consul der erste war, neben welchem auch jene tres legati an der Abfassung Theil nahmen. In den Comitien gewählt, erlangten sie die höchste Gewalt, und blieben um so mehr unbeschränkt, als selbst die Tribunen, wie die sonstigen Magistraturen, für diese Zeit nicht ernannt wurden [10]), nur einer von ihnen abwechselnd sich mit der Verwaltung des Staats beschäftigte [11]). Zehn Tafeln kamen noch in demselben Jahre zu Stande [12]), theils nach den Gesetzgebungen fremder Völker, zu deren Erklärung man sich eines gewissen Hermodorus, welcher als Verbannter aus Ephesus in Rom lebte, bedient haben soll [13]), theils nach dem früheren einheimischen Rechte [14]). Eben weil man dabei mit größter Gewissenhaftigkeit zu Werke gegangen war, erlangte das neue Gesetz, was auch der Senat nur gut heißen konnte, in den Centurialcomitien unbedingte Bestätigung [15]). Man fand jedoch noch

9) Liv. III, 32., wobei sich jedoch die Plebejer bereits erlangte Rechte vorbehielten.

10) Dion. Hal. X, 56. XI, 6. Cic. de republic. II, 36. Liv. III, 32 sq. Diod. Sic. XII, 26. Zon. VII, 18. Isid. V, 1. l. 2. §. 4. D. de orig. jur.

11) Liv. III, 33. Dion. Hal. X, 56. Zon, VII, 18.

12) Liv. III, 34. Dion. Hal. X, 66. Zon. VII, 18. Cic. de republ. II, 36.

13) Auch diese Thatsache kann am wenigsten bezweifelt werden. Plin. H. N. XXXIV, 5. Strab. XIV, 25. l. 2. §. 4. D. de orig. jur. Eben seiner Tüchtigkeit wegen, wie es heißt, verbannt (Strab. l. c.), konnte er den mit dem griechischen Rechte weniger vertraueten Gesetzgebern wesentliche Hülfe leisten; und ihm zum Andenken war in Rom eine Statue errichtet, Plin. H. N. XXXIV, 5. Cic. Tusc. quaest. V. Diog. Laert. in vit. Heracl.

14) Dion. Hal. X, 66. l. 2. §. 24. D. de orig. jur. Ein Genaueres ergeben die einzelnen späteren Rechtsinstitute.

15) Dion. Hal. X, 66. Liv. III, 34. Zon. VII, 18. Cic. de republ. II, 36. Die Umsicht der decemviri lobt Cicero Cic. de orat. I, 44.

Stoff zu fernerer Gesetzgebung [16]) und Appius Claudius, der bis dahin die Volksgunst genossen [17]), wußte es zu bewirken, daß wiederholt decemviri für das Jahr 303 gewählt wurden, unter denen ebenfalls er als der erste [18]), wenn gleich, wie es scheint, auch einzelne Plebejer gewählt wurden [19]). Durch diese kamen noch 2 neue Tafeln hinzu [20]), allein bevor diese noch bestätigt waren, bewog Uebermuth und Zügellosigkeit jenes Appius Claudius, der sich eine daurende Gewalt anzumaßen strebte [21]), das Volk zu einer Auswanderung auf den aventinischen Berg [22]), was dann den Sturz des Decemvirats herbeiführte. Erst im dritten Jahre (305) wurde nach Niederlegung jenes Amtes die frühere Freiheit wieder hergestellt, von neuem wurden Volkstribunen gewählt und Consuln, als welche L. Valerius und M. Horatius [23]) jene 12 Tafeln publicirten [24]). Diese selbst aber sind in Erz gegraben und öffentlich so vor den rostris aufgestellt, daß Jeder sie lesen konnte [25]).

---

16) l. 2. §. 4. D. de orig. jur. vergl. Cic. de republ. II, 36.

17) Liv. III, 33. vergl. auch Liv. V, 3.

18) Liv. III, 34—36. Dion. Hal. 58—60.

19) Davon Dion. Hal. X, 58, während Livius (IV, 3. fin.) nur von Patriciern spricht.

20) Liv. III, 37 und 34. Dion. Hal. X, 60. Cic. de republ. II, 37. Macrob. Sat. I, 13. Oros. XI, 13. Zon. VII, 18. l. 2. §. 4. D. de orig. jur.

21) Liv. III, 21. Wobei ihm jedoch ebenfalls die Patricier nur entgegen sein konnten, Liv. III, 37.

22) Liv. III, 44 seq.

23) Liv. III, 54 sq.

24) Liv. III, 57. In diesem Sinne wurden sie von den Consuln hinzugefügt, Diod. Sicul. XII, 26.

25) Liv. III, 57. Diod. Sicul. XII, 26. Cyprian. ad Donat. II, 2. Dion. Hal. X, 60. In l. 2. §. 4. D. de orig. jur. werden jene tabulae, wohl nur ungenau, *eboreae* genannt.

§. 10.

Bedeutung und Inhalt derselben.

Durch dieses neue Staatsgrundgesetz mußte das frühere Recht eine sehr wesentliche, und dem Bedürfniß der Zeit entsprechende, Erweiterung erlangt haben, da sowohl durch gesetzliche Sanction der älteren Gewohnheiten und Aufnahme hierauf sich beziehender Gesetze, *jus civile*, als durch das bei weitem mehr ausgebildete Recht fremder Völker, das daher von den späteren Juristen immer nur als *jus gentium* bezeichnet wird, die Gränzen der richterlichen Gewalt fester bestimmt wurden. Es entstand ein durchgreifendes Grundgesetz, auch noch in späteren Zeiten *lex* schlechthin genannt [1]), von welchem noch Livius zu seiner Zeit sagt: in hoc immenso aliarum super alias acervatarum legum cumulo *fons omnis publici privatique est juris* [2]). Auch Tacitus lobt es [3]) und Cicero, welcher selbst in seiner Jugend die 12 Tafeln auswendig lernte [4]), während später das prätorische Edict eine wichtige Quelle des geltenden Rechtes geworden war, gibt denselben wegen Inhalt und Zweckmäßigkeit der Anordnungen einzig den Vorzug [5]). Die Bestimmtheit und treffende Kürze im Ausdruck wird häufig gerühmt [6]), wenn auch wegen Dunkelheit und Un-

---

1) In diesem Sinne, mit Bezugnahme auf jene 12 Tafeln heißt es *legitima* cognatio (collac. XVI.), *legitima* tutela (J. de leg. agn. tutel.), *legitima* conventio (l. 6. §. 7. D. de pact.), *legitima* poena (l. 7. §. 1. D. de cond. furtiv.), actio *legitima* (l. 22. §. 2. D. de aqu. et aqu. pluv.) u. s. w., wiewohl sie auch durch *lex decemviralis* und sonst auf verschiedene Weise bezeichnet werden.

2) Liv. III, 34. Vergl. Flor. I, 24.

3) Als *finis aequi juris*, Tac. An. III, 27.

4) Cic. de leg. II, 23.

5) Cic. de orat. I, 43 u. 44. 57. 13.

6) Dion. Hal. XI, 44. Cic. de republic. IV. Non. v. jurgium Diod. Sic. XII, 26. Gell. N. A. XX, 1.

billigkeit im einzelnen von Anderen getadelt [7]; selbst Justinian spricht von der Einfachheit des Gesetzes und einer demselben gebührenden Achtung [8]. Eben deshalb und wegen seiner fortdauernden practischen Bedeutsamkeit war es noch bei späteren Juristen ein Gegenstand der Interpretation. S. Aelius Catus [9], Lucius Aelius [10], Lucius Acilius [11], Antistius Labeo [12], vielleicht Valerius Messala [13], wahrscheinlich Servius Sulpitius Rufus [14], besonders aber Gajus [15], aus dessen dodecadelton noch mehrere Stellen in den Digesten aufbewahrt sind [16], waren Commentatoren desselben. Jedenfalls sind die 12 Tafeln eine Compilation des geltenden Rechtes, wodurch sicher die früheren Gesetze als solche, wie bei späteren Redactionen, ihre Bedeutung verloren, und wenn noch zur Zeit der freien Republik leges regiae erwähnt werden [17], so kann dies wohl nur auf den Ursprung der Gesetze

---

7) Was in der That für eine spätere Zeit im einzelnen immer mehr geschehen mußte; Quinct. J. O. III, 6. Tert. apol. 4. auch noch Gell. N. A. V, 15. XVI, 10. XX, 1. Selbst Cicero bemerkt anderswo, die beiden letzten Tafeln hätten fast lauter *iniquum jus* enthalten, Cic. de republ. II, 37.

8) §. 3. J. de leg. agnat. succ. l. 14. pr. C. de leg. hered.

9) l. 2. §. 38. D. de orig. jur. Seine Schrift *tripertita juris civilis* war noch zur Zeit des Pomponius vorhanden.

10) Cic. de leg. II, 23.

11) Cic. de leg. II, 23.

12) Gell. N. A. I, 12. VII, 15. XX, 1.

13) Fest. v. Tuguria und v. Sanates.

14) Fest. v. Pedem struit, Noxa, Sanates, Sarcito, Vindicia. l. 237. D. de V. S.

15) Ueber die *interpretes XII tabularum* vergl. noch Varr. de L. L. IV, 4. l. 21. D. de statulib. Cic. de leg. II, 25. Fest. v. vicinium.

16) Nemlich 20 Fragmente.

17) S. Liv. VI, 1. XXXIV, 6. Tac. An. XII, 8. Plin. H. N. XIV, 12. l. 2. D. de mort. infer. u. s. w.

bezogen werden [18]). Nur an die 12 Tafeln schloß sich die nachfolgende Interpretation, wie die hinterherige Gesetzgebung an, wie sie durch die Zeit veranlaßt wurde. Während die Interpretation, damals im Besitz der ersten in Rom [19]), alles in den 12 Tafeln Vorhandene zweckmäßig zur Anwendung brachte, und sei es für den Richter [20]) oder den Prozeßführenden [21]) nach dem Bedürfniß ordnete, wobei man sich auf Meinungen Anderer stützte [22]), das bereits Angenommene auf andere ähnliche Fälle anzuwenden suchte [23]), auf welche Weise noch in einer späteren Zeit, der Zeit der wissenschaftlichen Ausbildung, Unzähliges dem Römischen Rechte hinzukam [24]), so mußte die nachfolgende Gesetzgebung dort aushelfen, wo das Bestehende auf Härte und Unbilligkeiten führte; aber diese hat in Wirklichkeit fast nur die Schroffheiten des jus civile zum Gegenstand, nicht so das anfangs vielleicht noch weniger befolgte jus gentium [25]). Nach dem Bisherigen läßt sich das 12 Tafelgesetz nicht als eine Vereinigung beider Stände, als eine Capitulation beider mit einander [26]) ansehen, zumal in Wirklichkeit jener Gegensatz und die Streitigkeiten im Volke noch sehr lange fortdauerten [27]). Aber es läßt sich noch

18) Wenn auch Einzelnes oder Manches von den königlichen Gesetzen übergangen sein mag, so scheint dieses durch die neue Abfassung seine Bedeutung verloren zu haben.

19) Cic. de orat. I, 45. l. 2. §. 5 u. 12. D. de orig. jur. Jedoch erwähnt Cicero (de leg. II, 19.) die Bedeutung der *pontifices* sei im Ganzen nur untergeordneter Art.

20) Cic. de or. III, 38. Parad. VI, 3.

21) Val. Max. I, 7. Cic. de or. I, 38. Gell. N. A. IV, 2.

22) Cic. Top. 10.

23) Vergl. l. 19. D. de lib. et post. l. 18. §. 26. D. de muner. et honor.

24) Vergl. auch l. 40. D. de reb. cred. l. 78. §. 1. D. de pact. dotal. pr. J. de cod.

25) Dieses zeigt die Entwickelung der einzelnen Lehren aufs deutlichste.

26) Wie dieses nach Niebuhr's Annahme verbreitet worden ist.

27) Es blieb noch nach den 12 Tafeln die Ehe der Patricier mit

etwas Bestimmteres über den Inhalt der später verschwundenen [28]) 12 Tafeln angeben. Während die früheren Restitutoren nur auszeichneten, was aus einzelnen, freilich unzusammenhängenden, Angaben der späteren Schriftsteller als Inhalt derselben [29]), oder auch nicht angesehen werden konnte [30]), und danach selbst das System herstellten, wodurch freilich zu wenig sichere Resultate erlangt wurden: kann mit Grund als Inhalt

---

den Plebejern verboten, nicht hatten letztere Theil an den höheren Würden und Aemtern, in deren Besitz sich die Patricier als die Angeseheneren zu erhalten im Stande waren. Wenn wir auch die vielen sonstigen Gegensätze hier übergehen, welche sich erst nach und nach ausgeglichen haben, so zeigt grade die Anmaßung der Patricier bei Abfassung der 12 Tafeln, in welche die Plebejer nachgaben, wie wenig es für jetzt darauf abgesehen sein konnte, eine vollständige Ausgleichung zwischen beiden Ständen hervorzubringen.

28) Bei Verwüstung Rom's durch die Gallier im Jahr 364 gingen dieselben verloren, allein wiederhergestellt (Liv. VI, 1.) waren sie zur Zeit des Kaisers August vorhanden (Diod. Sic. bibl. hist. XII.), selbst noch im 3ten Jahrhundert der christlichen Zeitrechnung Cypr. ep. II, 5. Allein ihre unmittelbare Bedeutsamkeit hatten sie durch das prätorische Edict vielfach verloren, vollständig wohl durch die Redaction des *edictum perpetuum*, wodurch sie außer Kraft gesetzt, dann nur mittelbare Bedeutung behielten.

29) Ueber die früheren Restitutoren vergl. Brunquell histor. jur. pag. 47. Bach histor. jurisprud. Rom. p. 31. und Schweppe Röm. Rechtsgesch. S. 77. Am meisten ist unter jenen Jac. Gothofred in s. quatuor fontes juris civilis auszuzeichnen, der für die späteren Rechtsgeschichten und sonst unbedingte Auctorität erlangte; s. auch Mackelbey Lehrbuch S. 32. Note d.

30) Die neuesten Restitutionsversuche finden sich in Haubold jur. Rom. privat. hist. dogm. epit. Lips. 1821. p. 129 sq. und H. E. Dirksen Uebersicht d. bisherig. Versuche zur Critik und Herstellung des Textes der Zwölf-Tafel-Fragmente. Leipz. 1824. — Den Römischen Schriftstellern, welche wir hier benutzen, war es bei weitem am wenigsten darum zu thun, das Vorhandene wörtlich anzugeben, Schweppe Röm. Rechtsgesch. S. 83 ff.

der 12 Tafeln einmal angenommen werden, was aus jenen ursprünglichen Gewohnheiten sich daurend erhalten hat, wie es anderseits am wenigsten zweifelhaft sein kann, daß selbst alle Institute und Bestimmungen des *jus gentium* nur durch die 12 Tafeln recipirt wurden. Es läßt sich nemlich aus den späteren gelegentlichen Angaben vielfach nachweisen, daß die Institute des jus gentium in den 12 Tafeln enthalten waren [31]). Diese Institute des jus gentium aus dem prätorischen Edict ableiten zu wollen, etwa als wenn dieses anfangs nur der Nicht-Römer wegen vorhandene Recht bald auch für die Römer selbst geltend geworden wäre [32]), ist in der That höchst seltsam. Der praetor peregrinus entschied die Streitigkeiten der in Rom aufgenommenen fremden Völker, also der Römer, ein wirklicher Ausländer konnte nie nach Römischem Rechte beurtheilt werden, was erst später in Folge einer Fiction der Civität gedenkbar wurde; es ist für jene frühe Zeit des praetor peregrinus von einem prätorischen Rechte oder jus honorarium noch nicht die Rede, das aber immer bei den Römern nur im ausdrücklichen Gegensatz des jus gentium genannt wird; auch ist von einem besonderen Edict des praetor peregrinus niemals die Rede. — Die Geschichte der einzelnen Lehren gibt sehr interessante Beispiele, wie schon jene decemviri bei ihrer Compilation mit den einheimischen Gewohnheiten das fremde Recht in Verbindung gebracht, Manches abgeändert und selbstständig angeordnet haben [33]). Als Institute des ursprünglichen Civilrechts, welche auch nach Abfassung der

---

31) Dies ist namentlich der Fall beim Darlehn, Depositum, Kauf. Vergl. überhaupt meine innere Rechtsgesch. in Betreff der einzelnen Lehren.

32) S. Mackeldey Lehrbuch S. 38 und die daselbst Note b. angeführten Schriftsteller.

33) Ein ganz interessantes Beispiel liefert die Geschichte des *furtum*, siehe meine innere Gesch. d. Röm. Rechts §. 128. Bei manchen Lehren fehlt der genauere Zusammenhang.

12 Tafeln in Betracht kommen, dürfen außer den nach dem Römischen Bedürfnisse sich selbstständig entwickelnden Grundsätzen des gerichtlichen Verfahrens [34]), wovon auch noch von Gajus manches als Bestimmung der 12 Tafeln ausgezeichnet wird [35]), genannt werden im Sachenrecht die Lehre des Eigenthums mit ihren Erwerbarten, der *mancipatio* [36]), *in jure cessio* [37]), *usucapio* [38]), *lex* [39]) und dem diesem, ebenfalls in Verbindung mit ursprünglichen Solennitäten, gewährten Schutze [40]), wobei es zweifelhaft sein muß, ob schon von den Servituten und jener fiducia die Rede war. Im Obligationenrecht war sicher die *stipulatio* der überall entscheidende Vertrag, im einzelnen das *nexum* [41]); unzuverlässig scheint dieses in Betreff des contractus literis. Außerdem erhielt sich aus dem Civilrecht die *solutio* mit ihren strengen Wirkungen [42]). Im Familienrecht blieb die *manus* mit ihren Eigenthumserwerbarten entscheidend [43]), ebenso die Bedeutung der *patria potestas* und der Sclaverei. Die schon früher bekannte Freilassung *vindicta* [44])

34) Daß die Lehre der *in jus vocatio* ein Inhalt der 12 Tafeln, wie manches andere den Römischen Prozeß Betreffende, ist nach den vorhandenen Angaben der Römischen Schriftsteller nicht zweifelhaft.

35) z. B. in Betreff der *legisactio per manus injectionem* und *per pignoris capionem*, Gaj. IV, 21. 28.

36) Sehr Vieles von dieser erinnert an eine uralte Zeit, vergl. meine innere Gesch. d. Röm. Rechts §. 83.

37) Fr. Vat. §. 50. und meine innere Gesch. §. 84.

38) Gaj. II, 42. 47.

39) Ulp. XIX, 17. Auch die Eigenthumserwerbart durch *auctio* war volksthümlich und uralt.

40) Gaj. IV, 16 ff. spricht von einem ursprünglichen Verfahren. Schon in ursprünglicher Nothwendigkeit gegründet war der possessorische Schutz.

41) Fest. v. nuncupata.

42) Vergl Gaj. IV, 21.

43) Dabei blieb die Ehe zwischen Plebejern und Patriciern untersagt. Dion. Hal. X. c. pen.

44) Nemlich bei der Freilassung des *Vindicius*, Liv. II, 5.

blieb ebenfalls, und das auf Freilassung gegründete Patronatsrecht [45]). Im Erbrecht, das sich nur nach Römischen Ansichten entwickelt hat, blieben die ursprünglichen Formen der Testamente [46]), aber auch das Intestaterbrecht ist gesetzlich sanctionirt [47]), endlich sind auch einzelne früher ausgezeichnete Verbrechen ein Inhalt der 12 Tafeln [48]) und noch nachher bekannt, und das im Ganzen uns weniger interessirende *jus publicum* und *jus sacrum* fand sicher ebenso in den 12 Tafeln seinen Platz. Als Institute des *jus gentium*, welche daher mit allem Ursprünglichen in keiner Beziehung stehen [49]), und insgesammt einen mehr ausgebildeten Character haben, als das einheimische Recht zu jener Zeit, kommen verschiedene Formen des Eigenthumserwerbes, namentlich die *traditio*, die 4 *contractus re* [50]) (nur das einheimische foenus galt als eine besondere Anwendung des Darlehns), die 4 *contractus consensu* [51]),

---

45) Schon nach den 12 Tafeln galt der Patron als Erbe.

46) Insofern der letzte Wille ursprünglich als Gesetz ausgesprochen werden mußte, dann aber auch die Erbschaft als ein Eigenthum durch *mancipatio* übertragen wurde.

47) Die älteste erreichbare Quelle sind die 12 Tafeln.

48) Dahin gehört das *parricidium*.

49) Nur in Betreff dieser konnte gesagt werden, daß Solon großen Einfluß auf das Römische Recht gehabt habe, Amm. Marc. XXII. c. ult., daß die 12 Tafeln eine Uebersetzung der Solonischen Gesetze, Isid. in orig. V, 1., weshalb nach dem Urtheile Cicero's die attischen Gesetze zur Interpretation der 12 Tafeln benutzt werden müßten, Cic. de leg. II, 23. Jedoch dürfte eine von neueren Juristen vielfach versuchte Vergleichung des griechischen und Römischen Rechts (vergl. Bach histor. jurispr. Rom. p. 30.) schwerlich zu genügenden Resultaten führen; für die Römische Rechtsgeschichte kann die Entstehung jener Institute nicht weiter in Betracht kommen.

50) Ueber das *depositum*, *foenus* und *pignus* vergl. coll. X, 6. Paul. R. S. II, 12, 11. Tac. An. VI, 16. Liv. VII. — l. 238. §. 2. D. de V. S.

51) Das *emere* und *locare* wird von Gajus als Inhalt der 12 Tafeln erwähnt, Gaj. IV, 28.

endlich die 4 Delicte[52]) in Betracht, welche letztere jedoch mit einheimischen Gewohnheiten in Verbindung gebracht und schon gleich anfangs, wenigstens zum Theil, von den Decemvirn in ihrer Anwendung gemildert wurden. Außerdem gehören hierher die laxe Ehe, die elterliche Pflicht, die Tutel und Curatel[53]) freilich nur ihrem Hauptgesichtspunkte nach, denn auch hier entscheiden im Einzelnen Ansichten des Civilrechts. — Was aber das System der 12 Tafeln anbetrifft, nach welchem jene verschiedenen Materien bearbeitet wurden, so läßt sich mit Sicherheit keine genaue Ordnung herstellen[54]) und nur nicht bezweifeln, daß spätere Redactoren sich der Ordnung der 12 Tafeln als der bekannten angeschlossen haben. Darf von jenen späteren Erscheinungen, und abgesehen von den später hinzugekommenen Materien, ein Rückschluß gemacht werden[55]), so erschöpften die einzelnen Tafeln keineswe-

---

52) Während auch bei jenen 4 Delicten eine gleichzeitige Reception wohl nicht zu bezweifeln ist, zumal die später hinzukommenden Privatvergehungen nie mit diesem Namen bezeichnet werden, haben wir nur von der Reception des furtum nach griechischem Rechte bestimmte Nachricht. Meine innere Gesch. d. R. Rechts §. 128. Wie aber das furtum, so sind die sonstigen Delicte durch spätere Römische Gesetzgebung wesentlich verändert worden; daß von *damnum* und der *injuria* in den 12 Tafeln die Rede, ist ohnehin nicht zweifelhaft.

53) Vergl. meine innere Gesch. d. Röm. Rechts. — Die später verschwindende und nach ganz abweichenden Gesichtspunkten beurtheilte *tutela mulierum* ist aber nicht juris gentium.

54) Ueber die Stellung des Einzelnen in den 12 Tafeln besitzen wir nur wenige bestimmte Nachrichten, s. Schweppe Röm. Rechtsgeschichte S. 85 ff. Auch gewährt die Annahme, daß jedes der 6 Bücher in Gajus Commentar zu den 12 Tafeln je 2 Tafeln begriffen habe, nicht so große Zuverlässigkeit.

55) Nur von diesem Gesichtspunkte aus habe ich in meiner Schrift de ordine et historia Digestorum libr. duo (1829) zur Erklärung der Ordnung jenes edictum perpetuum und der darauf gegründeten Ordnung der Digesten ein mehr zuverlässiges Resultat gewinnen können.

ges einzelne Materien. Grade zuerst war vom Prozeß die Rede (tab. I.), was mit den vorhandenen Angaben jedenfalls übereinstimmt [56]); dann folgte das Privatrecht, das Sachenrecht, das Obligationenrecht, das Familienrecht und Erbrecht (tab. II.—V.) [57]), freilich mit einem Anhange (tab. VI.), wenigstens findet dieser sich hier in allen späteren Redactionen [58]). Ferner mochte von den Vergehungen (tab. VII.), von dem öffentlichen Rechte (tab. VIII u. IX.) und endlich von dem *jus sacrum* (tab. X.) die Rede gewesen sein, wenigstens entspricht dieses den späteren Systemen, wie den vorhandenen Angaben, und die heiligen Gebräuche, die Religion, standen noch später mit dem Rechte in genauester Verbindung, woraus sich eben der Einfluß der pontifices auf das Recht und dessen Handhabung erklärt [59]). Die letzten Tafeln (tab. XI. u. XII.), wie sich ohnehin aus ihrer Entstehung ergibt, enthielten bloße Nachträge, welche bei den späteren Rechtsbüchern dem Zusammenhang einverleibt wurden.

56) Cic. de leg. II, 4.

57) Hiermit stimmen zugleich die früheren Restitutionsversuche im Wesentlichen überein, vergl. Bach histor. jurispr. Rom. p. 34 seq. Hellfeld histor. jur. p. 42 seq. Brunquell histor. jur. p. 41 seq.

58) Namentlich mag hier von den Eigenthumserwerbarten gehandelt sein.

59) l. 2. §. 6. D. de orig. jur.

Zweite Periode.

Von den 12 Tafeln bis auf Cicero.
v. Jahr 300—650 od. 450—100 v. Chr.

§. 11.
Staatsverfassung.

Die Verfassung und Einrichtungen, wie sie sich bereits in der vorigen Periode nach dem Bedürfniß festgestellt haben, blieben auch nach den 12 Tafeln daurend dieselben, an der Spitze und zur Leitung des Ganzen die Consuln, zu den sonstigen Verrichtungen alle jene bereits ausgezeichneten Individuen. Das erweiterte Bedürfniß der Zeit hat nur im einzelnen die Zahl derselben vergrößert [1]) und andere

1) So wurden die 2 Quästoren um 2 vermehrt, welche den Consuln in die Provinzen folgen sollten, im Jahr 333, Liv. IV, 43. Tac. An. XI, 22. vergl. auch Walter Gesch. d. Röm. Rechts S. 161. 2 Quästoren blieben für das aerarium in Rom (*urbani*). Als Verwalter des aerarium hatten sie die *vectigalia* zu erheben, die insbesondere von den noch nicht vertheilten Ländereien in den Provinzen als Pacht erhoben wurden, Bach histor. jurispr. Rom. p. 108 u. 109. Nach Unterjochung von Italien kamen 4 andere hinzu, Liv. ep. XV.; dann später ernannte Sulla 20, Tac. An. XI, 22, und Julius Cäsar 40, Dio. Cass. XLIII. — Die Volkstribunen behaupteten sich in ih-

neue Magistraturen den bisherigen hinzugefügt. Auch hat der vorhandene Gegensatz des Volkes noch fortdaurend neue Kämpfe veranlaßt, welche nach und nach den Plebejern wie sonstige Rechte, so die Theilnahme an den öffentlichen Aemtern verschafften, und durch diese ist auch in Betreff der Gesetzgebung Neues herbeigeführt. Die Consuln waren die Anführer im Kriege, ihnen blieb die oberste Aufsicht im Frieden [2]), wenn gleich im Beirath der Höheren, des Senats oder der Patricier. Allein durch auswärtige Kriege beschäftigt, waren sie bald außer Stande, gleichzeitig eine Aufsicht in Rom zu führen und namentlich für die Rechtspflege die gehörige Sorge zu tragen [3]). Dies führte auf eine neue Magistratur, welcher ausschließlich die Handhabung der Rechtspflege übertragen wurde [4]). Nachdem bereits den früheren Aedilen, welche nur aus der plebs genom-

rer Gewalt, jedoch sollten nach einer *lex Atinia* nur *senatores* plebeji Tribunen werden, Val. Max. II, 2. Gell. N. A. XIV, 18. — Auch die Zahl der priesterlichen Würden wurde dem Bedürfniß gemäß vergrößert, wir finden ein *collegium Pontificum* und *augurum*, *quindecim viri sacris faciendis* zur Bewachung der sibyllinischen Bücher und Einsicht derselben. Hinzu kamen *tres viri epulones* Cic. de or. III, 19., welche später *septem viri*; Bach hist. jurispr. Rom. p. 83. — Auch später noch, wenn gleich nur ausnahmsweise, kam ein Dictator vor, l. 2. §. 19. D. de orig. jur. vergl. Walter a. a. O. S. 167, welche Würde nach Cäsar durch die *lex Antonia* verschwand (Cic. Phil. I, 2.), weil Sulla und Cäsar diese Gewalt mißbrauchten. Ebenfalls der *praefectus urbi* l. 2. §. 33. D. de orig. jur. und ein *interrex*, Liv. III, 8. IV, 43. V, 31. VI, 1. VII, 17. 21. VIII, 23.

2) Wiewohl ihre Macht auch späterhin beschränkt wurde, Bach histor. jurisprud. p. 74.

3) Von diesem Gesichtspunkt aus erklärt es sich hinreichend, weshalb nach den 12 Tafeln dem pontifex bei Handhabung des Rechtes eine so große Auctorität selbst daurend, wie Pomponius sich ausspricht (l. 2. §. 6. D. de orig. jur.), zu Theil werden konnte. Er selbst war ohnehin in geistlicher Hinsicht der höchste Richter.

4) l. 2. §. 27. D. de orig. jur.

men wurden (*aediles plebis*), freilich nur aus bloßer Herrschsucht der Patricier [5]) andere mit einem höheren Wirkungskreise [6]) (*aediles Curules*) aus der Zahl der Patricier an die Seite gestellt waren [7]), wurde im Jahr 388 ein eigner Vorsteher der Rechtspflege unter dem Namen Prätor für Rom angeordnet [8]), der in Rom bleiben, aber als College des Consuls unter denselben Auspicien in den Centuriatcomitien gewählt [9]), mit denselben Auszeichnungen [10]) dieselbe Gewalt bei der Rechtspflege ausübte, welche früher dem Consul ertheilt war. Der erste Prätor war M. S. Camillus, dem jedoch, wie vorher den Consuln, nur die Privatstreitigkeiten überlassen wurden. Die Entscheidung über Verbrechen blieb dem Volke oder besonderen Richtern noch eine Zeit lang vorbehalten und wurde erst später ebenfalls dem Prätor übertragen. Anvertrauet war dem Prätor auch sonst ausnahmsweise die cura ludorum [11]), das Vortragen der Briefe im Senat [12]), wie er auch die Consuln aus den Pro-

---

5) Wie Pomponius berichtet, wollten die Patricier durch diese neue Würde bloß einen Vorzug geltend machen, nachdem sie endlich den Plebejern eine Theilnahme am Consulat gestattet hatten, l. 2. §. 25 u. 26. D. de orig. jur.

6) Neben ihnen behielten die früheren *aediles plebis* nur die niederen Geschäfte, Liv. VI, 42. Cic. de leg. III, 3.

7) Nemlich um die Spiele zu halten, welche die aediles plebis verweigerten. Liv. VI, in fin. VII, 1. l. 2. §. 26. D. de orig. jur. Vgl. Walter a. a. O. S. 158. Die 2 *aediles Cereales* zur Aufsicht über das Getreide kamen durch Julius Cäsar hinzu, l. 2. §. 32. D. de orig. jur., und seitdem gab es 6 Aedilen, l. 2. §. 34. D. de orig. jur.

8) l. 2. §. 27. D. de orig. jur. Liv. VI, 42. VII, 1. Cic. de leg. III, 3. Vergl. Walter a. a. O. S. 148 ff.

9) Liv. VII, 1. Gell. N. A. XIII, 15. Plin. paneg. LXXVII, 4.

10) Sie hatten 6 Lictoren mit ihren fasces, Val. Max. I, 1. 9.

11) Juv. Sat. XI, 93.

12) Liv. XXXII, 31.

vinzen zurückberufen [13]), den Senat versammeln konnte [14]). Schon nach einigen Jahren, nemlich 408, wurde nach Aufnahme mehrerer Ausländer in Rom ein zweiter Prätor nothwendig, *praetor peregrinus* genannt [15]), im Gegensatz des ersteren, der hinterher als *praetor urbanus* [16]) bezeichnet wird. Und so wuchs die Zahl der Prätoren nach dem zeitgemäßen Bedürfniß der Römer, das nur um so größer wurde, weil auch die Provinzen ganz nach demselben Princip organisirt wurden [17]). Zur Handhabung der Rechtspflege benutzte der Prätor, alle Streitigkeiten selbst zu entscheiden außer Stande, auserwählte Privatleute *(judices)*, welche Rechtsverständige, aber nicht öffentliche Beamte [18]); gleich sonstigen Magistraturen hatte der Prätor ein besonderes Gefolge verschiedener Individuen zu den verschiedensten einzelnen Dienstleistungen [19]). Bereits vor dem Prätor, nemlich seit dem Jahr 310, nachdem die Consuln in mehreren Jahren den census

---

13) Liv. XXXII, 33.

14) Liv. XXXII, 26. — Ueberhaupt hatte der Prätor bei Abwesenheit der Consuln eine große Gewalt, Cic. ad fam. X, 12. Liv. XXIV, 9. Dio. Cass. LVIII.

15) l. 2. §. 28. D. de orig. jur.

16) l. 2. §. 27. D. de orig. jur.

17) Seit 526 kamen 2 hinzu, nachdem Sardinien und Sicilien Provinz geworden, Liv. ep. XX. l. 2. §. 34. D. de orig. jur. Das eroberte Spanien (556) und die *Narbonensis provincia* machte 2 andere Prätoren nothwendig, l. 2. §. 32. D. de orig. jur. Die von Sulla eingeführten *quaestiones publicae* erforderten 4 andere Prätoren, und so waren unter Julius Cäsar, der selbst noch 2 hinzufügte, im Ganzen 12 Prätoren (l. 2. §. 32. D. de orig. jur.), welche Zahl auch dann noch wiederholt vergrößert wurde.

18) Diese waren in Decurien abgetheilt, welche Cicero wiederholt erwähnt und ihre Zahl, welche ebenfalls dem Bedürfnisse gemäß wuchs, war schon zu dieser Zeit keinesweges eine geringe.

19) Der Inbegriff dieser Individuen bildet die *cohors praetoria*. Sie bestand theils aus Freunden und Bekannten, welche sich freiwillig anschlossen, theils aus Schreibern, Dollmetschern, Aerzten,

nicht hatten vornehmen können[20]), wurden zum Zweck der Schätzung 2 Censoren, zuerst auf 5 Jahre[21]), dann auf 1½ Jahre gewählt[22]), welche durch den ihnen angewiesenen Wirkungskreis bald eine Aufsicht über das Hauswesen wie über die Sittlichkeit der Römer übten, demnach auch den Senat[23]) und die Ritter ergänzten. Aber auch sie locirten die vectigalia und gewährten den öffentlichen Plätzen und Gebäuden einen Schutz[24]). Gleichzeitig mit dem Prätor, oder nicht lange nachher, wie Pomponius erwähnt[25]), wurde eine eigene Magistratur zum Vorsitz bei den Centumvirn erforderlich, welche *decemviri in litibus judicandis* jedoch auch nur *quinque viri*, oder *triumviri* waren. Unter ihrem Vorsitz waren die öffentlichen Ländereien zu verkaufen, zu verpachten oder zu assigniren, aber gleich jenen Centumvirn bildeten sie ein Volksgericht. Zu derselben Zeit kamen *quatuorviri* zur Aufsicht über die Wege[26]), *triumviri monetales*[27]), *triumviri capitales*[28]), welche letztere die Aufsicht über das Gefängniß führten, hinzu, eigene *quinque viri cis et ultra Tiberim*[29]), welche den Unfug zur Abendzeit in Rom unterdrücken sollten. Außerdem *triumviri nocturni*[30])

Ausrufern, Viatoren, Weissagern, Lictoren, *accensi* und sonstigen Dienern; siehe auch Walter a. a. O. S. 221. vergl. S. 169.

20) Liv. IV, 8.

21) Nemlich nach der *lex Aemilia* 320.

22) Liv. IV, 24. Das Amt konnte nach der *lex Marcia* nur einmal geführt werden, Val. Max. VI, 13.

23) Nach der *lex Ovinia* Liv. XXXIX, 42.

24) Liv. IV, 8. Cic. de leg. III, 3.

25) l. 2. §. 29. D. de orig. jur.

26) l. 2. §. 30. D. de orig. jur.

27) l. 2. §. 30. D. de orig. jur.

28) l. 2. §. 30. D. de orig. jur. Val. Max. VIII, 4.

29) l. 2. §. 31. D. de orig. jur. Liv. XXXIX, 14. So genannt, weil sich Rom später an beiden Ufern der Tiber ausbreitete.

30) Liv. IX, ult. Val. Max. VIII, 1.

und die *tribuni aerarii* [31]), durch welche die Quästoren den Sold auszahlten. Ausnahmsweise der *praefectus vigilum* [32]), der *praefectus annonae* [33]) bei eingetretener Theurung, *duumviri navales* [34]) zur Ordnung und Wiederherstellung der Flotte, *quinqueviri mensarii* [35]) zur Aufsicht über das foenus. Auf die Provinzen wurde dieselbe Verfassung und dasselbe Recht übertragen [36]), es gab *proconsules*, *propraetores*, ebenfalls *aediles*, in einer späteren Zeit heißen die Vorsteher *praesides provinciae* [37]).

§. 12.

Fortsetzung.

Das Bisherige erklärt sich aus dem wachsenden Bedürfnisse des Reiches, getrennt davon sind diejenigen Ereignisse zu würdigen, welche in dieser Periode durch den fortdaurenden Druck der Patricier, der Höheren im Volke, veranlaßt wurden.

31) Plin. H. N. XXXIII, 3.

32) l. c. §. 33. D. de orig. jur.

33) l. 2. §. 33. D. de orig. jur. Liv. IV, 12.

34) Liv. IX, 30. XL, 18.

35) Liv. VII, 21.

36) Dies ist als Regel anzusehen, mochten auch einzelne Ausnahmen gestattet werden, Cic. in Verr. II, 13. Liv. XXXIII, 31 u. 32. XLV, 25. Auch war das Edict für die Provinzen nicht verschieden von dem in Rom, Cic. in Verr. I, 16. Gaj. ad ed. provinc.

37) In Rücksicht der einzelnen Magistraturen mag hier nur noch bemerkt werden: sie wurden von dem gesammten Volke in den Comitien gewählt Gell. N. A. XIII, 15. Varr. de re rust. III, 2. 17. Cic. pr. Planc. 20. und zwar die höheren in den Centurial-Comitien, wofür erst seit Tiber die *ordinatio* durch den Kaiser im Senat vorkam, l. 57. D. de re judic. Jeder Magistrat mußte binnen 5 Tagen *in leges* schwören, Cic. ad div. III, 5. de fin. II, 22. ad Attic. I, 1. Liv. XXXI, 50. Auch kommt es nach den *leges annales* bei den Magistraturen auf ein gewisses Alter an, Schweppe Röm. Rechtsgesch. S. 346. Endlich war es unzulässig, mehrere Magistraturen zugleich zu bekleiden; Liv. VII, 42.

Durch die 12 Tafeln war eine festere Basis zur Entscheidung der Rechtsstreitigkeiten gegeben, es blieb die Härte der Patricier durch diese unbeschränkt. Der höhere Stand verweigerte daurend jede eheliche Verbindung mit den Niederen im Volke [1]), drückte die mit Schuldenlast überhäuften Plebejer, leistete einen Widerstand, so oft diese auf Aeckervertheilung unter die Aermeren antrugen, maßte sich unbedingten Anspruch auf alle öffentlichen Aemter und Ehrenstellen, und, was grade das Wichtigste, das Recht der Gesetzgebung an. Gegen diese und andere ungerechten Anmaßungen übten die Plebejer unter dem Schutz der Tribunen Widerstand, es entstanden häufige Uneinigkeiten, und eben diese führten nach und nach durchgehends zum Bessern. Das *connubium* erlangte die plebs schon durch die *lex Canuleja* im Jahr 309 [2]), Die frühere Schuldknechtschaft hörte auf durch die *lex Petilia Papiria* im Jahr 428 [3]), auch wurden die zu hohen Zinsen der foeneratores im Laufe der Zeit wiederholt gesetzlich verboten [4]). Die Aeckervertheilung wurde nachgegeben, es erlangte die plebs Theil an allen weltlichen Aemtern und Ehrenstellen, wie an den geistlichen Würden. Sie gelangte zur Quästur nach dem Jahre 333 [5]), zum Consulat seit dem Jahre 387 [6]), was die Patricier noch einige Jahre nach den 12 Tafeln hartnäckig verweigerten, indem sie die plebs nur an dem Amte der zur Aushülfe erfundenen *tribuni militum consulari potestate*, deren jedesmal

1) Sie war noch in den 12 Tafeln ausdrücklich verboten.

2) Liv. IV, 1.

3) Liv. VIII, 28. Seit welcher Zeit sich dann durch den Prätor zur Anspruchnahme des Vermögens ein besonderes Verfahren ausbildete, das sich noch zur Zeit der classischen Juristen vorfindet und woraus das neueste Verfahren hervorgegangen ist.

4) Durch die *lex Duilia Maenia* im Jahr 397 u. s. w. Liv. VII, 16. 27. 42.

5) Liv. IV, 43.

6) Durch die *lex Sextia Licinia*, Liv. VI, fin.

mehrere gewählt wurden, Theil nehmen ließen [7]). Sie gelangte zum Censorat seit 415 [8]), zur Prätur seit 418 [9]), zum Amt der Aedilen seit 388 [10]), zum Pontificat und Augurat seit dem Jahre 454 [11]), zum Decemvirat seit dem Jahr 386 [12]). Die Römische Staatsverfassung sicherte jedem im Volke die Theilnahme an der Gesetzgebung, und an ein unbedingtes Uebergewicht der Patricier als solcher ist auch bei den immer üblicher werdenden Centurialcomitien nicht zu denken. Allein auch hier finden wir, daß der Comitialbeschluß bald noch von einer besonderen Bestätigung des Senats (dem *auctores fieri* der *patres*) abhängig gemacht wurde, um definitiv zum Gesetz zu werden [13]) und grade die Entstehung der 12 Tafeln zeigt am

7) Jene kommen seit dem Jahre 310 vor, Liv. IV, 6. 7., und auch hinterher sind sie wiederholt gewählt worden theils aus Plebejern, theils aus Patriciern (Liv. III, 51.), bis auch den ersteren die Theilnahme an dem Consulat zugestanden wurde. Der Zahl nach waren sie 3, 4, höchstens 6, Liv. V, init. 8 waren im Jahre 352, und später, Liv. VI, 37. Pomponius erwähnt sogar, daß ihrer bisweilen 20 gewesen, l. 2. §. 25. D. de orig. jur.

8) Durch die *lex Publilia*, Liv. VIII, 12.

9) Liv. VIII, 15. Der erste prätorische Prätor war Q. Publilius Philo.

10) Darunter sind aber nur die curulischen Aedilen zu verstehen, Liv. VII, 1.

11) Durch die *lex Ogulnia*, Liv. X, 6. Die Theilnahme an den sonstigen priesterlichen Würden bestimmte die *lex Domitia* 650, Cic. agr. II, 7.

12) Durch die *lex Sextia Licinia* Liv. VI, 42. Auch die *judices* wurden zuerst ex ordine *senatorio* gewählt, dann aber auch aus den *equites* genommen, und erst später kommen sie aus allen Ständen vor.

13) Wiewohl dieses mit der Römischen Verfassung im Widerspruch steht, sich erst durch ungerechte Anmaaßung des Senats bildete, auch wohl nur unter Umständen geltend gemacht wurde, so findet es sich doch schon bei Liv. I, 17. vergl. Dion. Hal. II, 14. VI, 41., mithin für eine frühe Zeit erwähnt. Eben so blieb es noch für spätere Zeiten entscheidend, Dion. Hal. VII, 38. 39. IX, 41. X, 32. Cic. in Verr. V, 67.

beßten, wie sehr die Patricier sich ausschließlich das Recht der Gesetzgebung anmaßten [14]), während die Beschlüsse der plebs nicht berücksichtigt und nur für diese allein entscheidend blieben. Aus diesem Grunde kann es nicht befremden, wenn auch die plebs ihrerseits durch Widerstand sich ein gleiches Recht, ihren Beschlüssen eine gleiche Auctorität zu erkämpfen suchte, wiewohl wiederholt die allgemein verbindliche Kraft der plebiscita in den Comitien auf desfallsigen gesetzmäßigen Antrag gebilligt werden konnte, ohne daß die Patricier sich dem Gesetze unterwarfen. Zuerst wurde dieser Vorschlag im Jahre 305 auf Antrag der Consuln Horatius und Valerius genehmigt [15]), wiederholt im Jahr 416 auf Antrag des Dictators Publilius [16]), endlich bei Gelegenheit einer dritten Auswanderung im Jahr 465 auf Antrag des Dictators Hortensius, seit welcher Zeit dann erst die *plebiscita* ohne Widerspruch der Patricier für das gesammte Volk entscheidend wurden [17]). Nach die-

14) Insofern sie dem Antrag der plebs entgegneten, daß nur von ihnen Gesetze ausgehen könnten, was jedoch bei Abfassung der 12 Tafeln, wie es scheint, im zweiten Jahre nicht so streng genommen wurde.

15) Liv. III, 55. Dion. Hal. XI, 45. Diese *lex Valeria* oder *Horatia* bestimmte, *ut quod plebs tributim jussisset, populum teneret.* Sie als solche konnte nur in den Comitien zu Stande gekommen sein. Allein, daß die patres ihre ausdrückliche Bestätigung verweigert haben, zeigt die hinterherige Nichtbeachtung jenes Gesetzes.

16) Die *lex Publilia* enthält nur dasselbe, *ut plebiscita omnes Quirites tenerent,* Liv. VIII, 12.

17) Ueber diese *lex Hortensia* vergl. l. 2. §. 2. D. de orig. jur. §. 4. J. de jur. natur. Theoph. ad §. 5. 6. J. eod. Gaj. I, 3. Gell. N. A. XV, 27. Plin. H. N. XVI, 10. Ueber die im Jahr 467 zu Stande gekommene *lex Maenia*, wodurch auch in Betreff der in den Comitien vorzunehmenden Wahlen eine desfallsige Ausgleichung zu Stande kam, siehe Cic. in Brut. 14. und Zimmern Gesch. d. Röm. Privatrechts S. 71.

ser Ausgleichung [18]) mußte den desfallsigen Anforderungen des Senats, daß ihre Beschlüsse für das ganze Volk gelten sollten, schon von selbst nachgegeben werden [19]). Demnach finden wir seit dieser auch die *Senatusconsulta* als allgemein verbindliche Beschlüsse, und über ihre Gültigkeit ist kein Streit, wenn sie auch erst später bei größerer Schwierigkeit der Volkscomitien immer bedeutsamer wurden [20]).

§. 13.

Fortbildung des Rechts.

Die Fortbildung des Rechts ging von dem bereits Vorhandenen aus, nemlich von dem, was durch die 12 Tafeln als geltendes Recht in Betracht kam. Die Quelle des späteren Rechtes ist auch in dieser Periode theils Gesetzgebung, theils Gewohnheit [1]). Der Verfassung gemäß entwickelte sich das Recht fortwährend durch *leges*, in den Versammlungen des gesammten Volkes erlassen. Nicht anders, wenigstens seit dem Jahre 465, durch die Beschlüsse der plebs (*plebiscita*), welche ebenfalls leges schlechthin genannt werden. Endlich gibt es schon für diesen Zeitraum verschiedene von dem Senat allein zu Stande gebrachte Gesetze (*Senatusconsulta*). Der ursprünglich unmittel-

---

18) Ueber die endliche Ausgleichung der Stände vergl. auch Walter Röm. Rechtsgesch. S. 103—110.

19) Theoph. ad §. 5 u. 6. J. de jur. natur. Dion. Hal. VII, 18. Nach der Römischen Verfassung konnte bis dahin jede Berathung des Senats immer nur durch einen förmlichen Volksbeschluß gesetzliche Wirksamkeit erlangen, Dion. Hal. II, 14. X, 57. Polyb. VI, 14. Cic. pr. Flacc. 2. Val. Max. II, 2, 7.

20) l. 2. §. 9. D. de orig. jur. §. 5. J. de jur. natur. Theoph. ad h. l. Tac. An. IV, 6.

1) Ein besonderes Gewicht, wenigstens für die Zeit unmittelbar nach den 12 Tafeln, legt Pomponius auf die Interpretation des Vorhandenen, l. 2. §. 5. D. de orig. jur. Daß durch diese manches auch verdrehet sei, behauptet wenigstens Cicero, Cic. pr. Mur. 12.

bare Antheil des Senats an der Regentschaft [2]) mußte sich immer mehr verlieren, nachdem zu den verschiedenen öffentlichen Aemtern einzelne bestimmte Individuen als Magistraturen, und diese später auch aus den Plebejern gewählt wurden [3]). Die Gesetzgebung (*jus scriptum*) bezog sich jedoch mehr auf das Oeffentliche, als das Privatrecht. Die späteren Bestimmungen über den Religionscultus gingen von dem Pontifex Maximus aus, einzelnes in rechtlicher Hinsicht bestimmten die sonstigen Magistraturen, aber grade am wichtigsten für die Fortbildung des Rechtes wird schon in dieser Periode der Prätor, der als Magistrat durch sein imperium eine wahre Regentschaft in seinem Wirkungskreise ausübte. Der Prätor ist Gesetzgeber im eigentlichen Sinne des Wortes, eine Reihe der wichtigsten Bestimmungen sind nach und nach aus seinem Edict hervorgegangen, wiewohl dieselben sich erst durch die Zeit behauptet haben (*jus honorarium*). An eine wissenschaftliche Fortbildung des Rechtes durch Juristen ist in diesem Zeitabschnitt noch nicht zu denken, am wenigsten neben dem Prätor, welcher stets selbstständig und abändernd fortschritt. Jedoch erforderten schon die 12 Tafeln für die Anwendung eine genauere Erklärung, welche insbesondere auf das Gewohnte bezüglich als *jus civile* bezeichnet wird [4]), und sicher jenen gesetzlich sanctionirten Gewohnheiten eine vielfach erweiterte Anwendung verschaffte [5]). Jene Interpretation bezog sich ebenso auf das Verfahren, man

2) Wie sie zur Zeit der Könige jedenfalls vorhanden war.

3) Eine Reihe besonderer Vorrechte räumt Bach histor. jurispr. Rom. p. 85. dem Senat für diese Zeit ohne allen Grund ein.

4) l. 2. §. 5. D. de orig. jur.

5) Deshalb wird so vieles, was unstreitig späteren Ursprungs, von den classischen Juristen mit jenen *mores* in Verbindung gebracht (vgl. auch l. 12. §. 2. D. de jur.), und unstreitig erhielten die Institute des ursprünglichen Rechts nur durch Interpretation diejenige Anwendung, welche noch für spätere Zeiten entscheidend blieb. Dadurch sind selbst ältere Gesetze verändert und aufgehoben worden, Cic. de leg. II, 24.

gewöhnte sich der Bestimmtheit wegen an besondere Klagformen [6]). Diese *auctoritas prudentium*, wie sie von Pomponius genannt wird [7]), durch *disputatio fori* zu Stande gebracht, hatte eine rein practische Tendenz. Richter [8]) wie Prozeßführende, mochten häufig jene interpretes juris gewesen sein, und auch *res judicatae* einen Anhaltspunkt für spätere Entscheidungen geliefert haben [9]). Eine besondere Auctorität aber sollen gleich nach den 12 Tafeln die *pontifices* bei Interpretation und Handhabung des Rechtes sich angemaßt und fast 100 Jahre behauptet, sie selbst die eigentlichen Richter bestimmt [10]) und ihre Kenntniß geheim gehalten haben [11]). Dabei ist die Entscheidung

6) l. 2. §. 6. D. de orig. jur.

7) l. 2. §. 5. D. cit. loc.

8) Cic. pr. Cluent. 53.

9) Cic. Top. 5.

10) l. 2. §. 6. D. de orig. jur. Diesen Einfluß konnten sie sicher nur bei einer so genauen Verbindung der Religion mit dem Rechte, und weil die Consuln so häufig abwesend waren, behaupten. Vergl. Cic. de orat. I, 41 pr. Mur. 11. Quinct. J. O. III, 8.

11) Erst seit der Mitte des 5ten Jahrhunderts finden sich unter den Römern Juristen vom Fach, und schon gleich anfangs soll ein gewisser Cnej. Flavius, ein Mann von niederem Herkommen und Schreiber des Appius Claudius, sich bei dem Volke ein Verdienst dadurch erworben haben, daß er die vom Appius Claudius zusammengestellten Klagformen öffentlich mittheilte (*Jus Flavianum*), und dafür mit den ersten Ehrenstellen belohnt sein, l. 2. §. 7. D. de orig. jur. Liv. IX, 46. Cic. pr. Mur. 11. de orat. I, 41. ad Attic. VI, 1. Plin. H. N. XXXIII, 1. Gell. N. A. VI, 9. Val. Max. II, 5, 2. In diesem Sinne theilte 100 Jahre später (552), als bei erweitertem Prozeßgang noch andere Formulare nothwendig geworden waren, S. Ael. Catus ein ähnliches Werk (*Jus Aelianum*) mit, l. 2. §. 7. D. de orig. jur. Cic. Brut. 20. pr. Mur. 11. de or. I, 45. Plin. H. N. XXXIII, 2. Und so gab es noch fernere Mittheilungen von Formularen, die *actiones Manilianae* zu Kaufcontracten von *Manilius* Varr. de re rust. II, 5 und *Hostilianae*, von *Hostilius*, wahrscheinlich für Testamente, Cic. de orat. I, 57.

der Centumvirn, welche später auch unter dem Vorsitz der Decemvirn ein Volksgericht bildeten, in zweifelhaften Fällen nicht ohne Einfluß geblieben [12]).

§. 14.

Leges.

Die *leges*, aber auch die *Plebiscita* [1]) bilden eine Hauptquelle der Römischen Gesetzgebung. Beide betreffen bei weitem mehr die öffentlichen Verhältnisse der Römer, als das Privatrecht, und die auf letzteres sich beziehenden Anordnungen sind gemeinhin nur durch erstere herbeigeführt. Eine genaue Angabe der in diese Zeit fallenden leges findet sich bei Bach in chronologischer Ordnung [2]). Die wichtigeren derselben, insofern sie die Verfassung und jene öffentlichen Einrichtungen betreffen, sind bereits in einem früheren Zusammenhange erwähnt, manche sind überdies im ganzen von untergeordnetem Belange, wie ihre Bedeutung vorübergehend. Von manchen erfahren wir nach späteren Angaben nur den Namen, ohne über ihren eigentlichen Inhalt zu einer Zuverlässigkeit zu gelangen [3]), wenn auch einzelne

12) Während sehr häufige Entscheidungen derselben gedacht werden, hat sich durch sie das Recht der *querela inofficiosi testamenti* gebildet. Meine innere Gesch. des Röm. Rechts §. 41.

1) Jene nemlich kamen durch den Beschluß des gesammten Volkes auf Vorschlag der höheren Magistraturen (daher zunächst der Consuln) in den verschiedenen Comitien, welche gemeinhin auf dem *campus Martius* abgehalten wurden, zu Stande. Diese erlangten ihre Gültigkeit durch die *plebs* auf Antrag der Volkstribunen in jenen comitiis tributis, welche ebenso auf dem campus Martius, aber auch an sonst gelegenen Orten abgehalten wurden. Dabei berührt die Abfassung der leges auf manchen eigenthümlichen Gewohnheiten, welche bei Abfassung der Plebiscita nicht mehr vorkommen, vergl. Heineccius antiqu. Roman. syntagm. Lib. I. tit. 2. §. 15—17. und Bach histor. jurispr. Rom. Lib. II. cap. 1. §. 18.

2) Bach histor. jurispr. Rom. p. 127 ff. — Zu vergleichen sind: Hellfeld histor. jur. Rom. p. 212 ff. Brunquell histor. jur. p. 60 ff.

3) Bei manchen ist die Zeit zweifelhaft.

derselben für die innere Geschichte des Römischen Rechtes nicht unerheblich genannt werden können. Alle auch nur einigermaßen zu würdigen, würde an diesem Orte zu weit führen, auch unnöthig erscheinen, ein bloßes Namensregister um so mehr unbefriedigend sein [4]), und nur die das Römische Privatrecht betreffenden Gesetzgebungen dürfen nicht übergangen werden [5]). Auch diese sind aus dem verschiedenartigen Bedürfnisse einer fortgeschrittenen Zeit hervorgegangen, während die Zeit am besten es zeigte, wo bessernd oder abändernd gegen das Bestehende eingeschritten werden mußte. Im Ganzen gewährte jenes neue Grundgesetz der 12 Tafeln, zumal durch Aufnahme so mancher neuer Rechtsinstitute, dem Römischen Bedürfniß auch daurend eine ent-

4) Ihren Namen erlangten die leges, wie jene Plebiscita, von ihren Urhebern, was bei jenen SCta nicht anders der Fall war. Somit wurden die leges von den beiden Consuln genannt, z. B. die *lex Aelia Sentia*, *Papia Poppaea*, *Fusia Caninia*; aber auch von den sonstigen höheren Magistraturen, vom Dictator, Prätor, Censor; manche erlangten ohnehin auch von ihrem Inhalte besondere Beinamen, Heineccius l. c. I, 2, 13. Die Plebiscita haben ihren Namen von dem Tribunen, welcher sie veranlaßt, z. B. die *lex Aquilia*, *lex Cincia*, *Atilia*, *Atinia*, *Furia testamentaria*, die *lex Gabinia*, *Genucia*, *Sempronia* gegen den Zinswucher, die *lex Plautia* über die res vi possessae, die *lex Falcidia*. Brunquell histor. jur. p. I. c. 7. §. 10 ff. Schon jene ergeben genügend, welchen Einfluß grade die plebs unter Auctorität der Tribunen für die Ausbildung des Römischen Rechtes erlangt hat.

5) Vergl. Hugo Gesch. d. Röm. Rechts S. 348 ff. Manche Bedenklichkeiten finden sich auch hier in Rücksicht der Zeit. Von manchen wahrscheinlich dieser Zeit angehörigen Gesetzen kennen wir nicht den Namen und das Genauere; wiewohl sie noch für eine spätere Zeit als positive Bestimmungen bei den einzelnen Rechtslehren hervortreten, zum Theil auch wiederum modificirt durch anderweitige spätere Gesetze. So manches aus früheren Gesetzen Abgeleitete wird in den späteren Rechtsquellen nur gelegentlich insoweit erwähnt, als es noch für eine spätere Zeit Bedeutung hatte. Deshalb wird hier ein Streben nach Vollständigkeit verwerflich, jede Vollständigkeit in dieser Hinsicht aber immer nur Einzelheiten betreffen.

sprechende Basis. Zunächst das nach Römischen Ansichten, Bedürfnissen und Gebräuchen bestimmte Prozeßverfahren, wenn auch einzelnes durch die 12 Tafeln genauer bestimmt sein mag, dauert auch hinterher auf dieselbe Weise fort, und was der zeitgemäßen Gesetzgebung angehört, ist nach den vorhandenen Quellenzeugnissen nur folgendes. Die aus ursprünglichen Gewohnheiten hervorgegangene Execution durch *manus injectio* erlangte nach den 12 Tafeln durch verschiedene Gesetze eine noch umfassendere Anwendung, nemlich die *lex Publilia, Furia de sponsu*[6]), *Furia testamentaria, Marcia*[7]). Auch bezieht sich noch ein späteres Gesetz (*lex Petillia*) auf jenes Verfahren[8]). Auch die ursprüngliche Auspfändung *per pignoris capionem* ist durch Gesetzgebung in ihrer Anwendung erweitert worden[9]). Durch die *lex Pinaria* wurde genauer bestimmt, an welchem Tage der zur Untersuchung und Entscheidung der Streitsache nothwendige Richter bestellt werden solle[10]); — durch eine *lex Silia* und *Calpurnia* die Bestellung eines judex für gewisse Streitigkeiten ausschließlich angeordnet[11]), nachdem die Bestellung eines judex überhaupt für den Prozeßgang immer nothwendiger, und bis dahin wahrscheinlich nur der Prätor wählte, ob er selbst die einzelne Streitsache untersuchen und entscheiden, oder zu diesem Zweck einen judex bestellen wollte. Durch einzelne anderweitige Gesetze wurde das rechtliche Verfahren zeitgemäß erweitert und genauer bestimmt[12]). Aber eben so gehören in diesen Zeitab-

6) Gaj. IV, 22.

7) Gaj. IV, 23. Noch werden verschiedene anderweitige Gesetze erwähnt, Gaj. IV, 22. in fin. Auch eine *lex Aquilia* gehört hierher.

8) Gaj. IV, 25.

9) Meine innere Gesch. d. Röm. Rechts §. 34.

10) Gaj. IV, 15.

11) Gaj. IV, 19. Nemlich bei jener legisactio per condictionem, welche den späteren condictiones ihren Namen gab.

12) Dahin gehört die *lex Ovinia* über die judicia, quae imperio continentur.

schnitt diejenigen Gesetze, durch welche die *legis actiones* abgeschafft wurden [13]), denn das spätere Verfahren per formulas ist schon zu Cicero's Zeit das entscheidende [14]). Für das Sachenrecht ist nach den 12 Tafeln in der Hauptsache durch Gesetzgebung nur einzelnes genauer bestimmt worden. Eine *lex Licinnia* verbot die Veräußerungen, wodurch die Theilungsklagen vermieden werden sollten [15]). Die *lex Atinia* untersagte die Usucapion gestohlener Sachen [16]), wie es schon vorher durch die 12 Tafeln geschehen war; und dasselbe wurde durch die *lex Julia* und *Plautia* auf die jenen gleichstehenden res vi possessae ausgedehnt. Eine *lex Cincia* zu hohe Schenkungen, nachdem Verschwendungssucht bei glücklichen Kriegen und durch die erlangten Schätze des Auslandes bereits überhand nahm [17]). Die *lex Mamilia* über Grenzstreitigkeiten [18]) mag endlich noch als hierher gehörig erwähnt werden [19]). Unter den das Obligationenrecht betreffenden leges ist wohl die das Recht der

---

13) Vergl. Gaj. IV, 30. Gell. N. A. XVI, 10. Cic. de leg. agr. II, 20.

14) Aus diesem Grunde gehört nicht bloß die *lex Aebutia* hierher, welche wohl in das Jahr 520 fällt, sondern vielleicht auch jene beiden *leges Juliae*, obgleich der Zusammenhang jener leges selbst zweifelhaft und letztere, wenigstens eine derselben, gemeinhin in die Zeit Augusts gesetzt wird.

15) l. ult. D. de alien. judic. mutand. caus. Wahrscheinlich gehört sie in diese Zeit.

16) §. 2. 3. J. de usucap. l. 33. D. de usurpat. et usuc. Cic. in Verr. I, 42. Gell. N. A. XXVII, 7.

17) Sie wird in das Jahr 550 gesetzt, wo bereits durch Ueppigkeit die frühere Treue und Gewissenhaftigkeit verschwunden war, was auf die Trennung der Ehe so großen Einfluß hatte. Ueber jene lex Cincia vergl. Liv. XXXIV, 4. Tac. An. XI, 5. Cic. de or. II, 71. ad Attic. I, 2. Cat. maj. c. 4. Fest. v. muneralis. — Ulp. I, 2.

18) Ueber jenen Zwischenraum von 5 Fuß: Flacc. Sic. de cond. agror. Aggen. Urb. p. 53.; über die *arbitri:* Cic. de leg. I, 21.

19) Die *lex Scribonia* über die Unzulässigkeit der Servitutenverjährung wird wohl richtiger in die folgende Periode gestellt.

12 Tafeln ändernde *lex Aquilia* [20]) über widerrechtliche Beschädigungen am wichtigsten, auch hat sie bis auf die neueste Zeit ihre Anwendung behalten. Nach einer *lex Hostilia* durfte man im Namen eines Bestohlenen, der sich beim Feinde befand, die actio furti anstellen [21]). Die Lehre der Bürgschaft, die sich nach ursprünglichen und mangelhaften Gesichtspunkten entschieden wenigstens der Hauptsache nach entwickelt hat, veranlaßte verschiedene Gesetze, namentlich die *lex Cornelia*, *Apuleja*, *Furia de sponsu*, *Publilia* [22]). Im Personenrecht ist unstreitig die wichtigste jene *lex Laetoria* oder *Plaetoria* gegen die so häufig vorgekommenen Ueberlistungen der minores [23]) vom Jahr 490. Die Minorennität wurde durch dieses Gesetz auf das 25ste Lebensjahr festgesetzt [24]), mit Rücksichtnahme auf die Lehre der Römischen Rechtsgelehrten, welche das 100jährige Alter als das längste menschliche Lebensalter bezeichneten [25]). Gegen den Ueberlistenden ging eine öffentliche Anklage [26]), durch welche besondere Nachtheile erlitten wurden. Jene minores sollten nicht leiden [27]), der Gläubiger gegen sie keine Klage haben [28]), auch die zum Besten der minores durch den Prätor eingeführte in integrum restitutio bezieht sich auf jenes Alter [29]), wie auch

---

20) Cic. Brut. 34.

21) pr. J. per quos ager. poss.

22) Vergl. meine innere Geschichte d. Röm. Rechts §. 121. Eine Zuverlässigkeit in Rücksicht des Alters jener leges läßt sich wohl schwerlich ermitteln.

23) Cic. de offic. III, 15.

24) l. 2. C. Th. de donat. Daher wird sie *quina vicenaria* genannt, Plaut. Pseud. I, 3, 69.

25) Plin. H. N. VII, 48. Senec. de brev. vit. 3. l. 76. D. de jud. l. 56. D. de usufr.

26) Cic. de natur. deor. III, 30. de offic. III, 15.

27) Auch nicht durch eingegangene stipulatio, Plaut. Rud. V, 3, 24.

28) Plaut. Pseudol. I, 3, 69.

29) Dig. IV, 4.

die von dem Prätor anfangs nur für den Bedürftigen eingeführte cura [30]). Ferner gehört wohl hierher die *lex Atilia* über Ernennung der Tutoren durch den Prätor und die Mehrzahl der Tribunen; andere weniger erhebliche Gesetze hier zu übergehen [31]). Im Erbrecht ließ die *lex Furia testamentaria* nur gewisse nahen Angehörigen ein Legat über 1000 as empfangen, während im übrigen ein solches Legat mit dem vierfachen Ersatz belegt wurde [32]). Die *lex Voconia* im Jahr 585 beschränkte das Erbrecht der Frauen [33]) und hängt sicher nur mit den ursprünglichen Ansichten der Römer, die Frauen zum Besten ihrer nächsten Angehörigen zu beschränken, sehr genau zusammen [34]).

§. 15.

Senatusconsulta.

Nachdem durch Widerstand und verschiedene Gesetze die so unbedingte Gewalt des aus jenen senes hervorgegangenen Senats geschmälert und eine Ausgleichung mit den Plebejern zu Stande gekommen war, behauptete dieser sich dennoch neben dem niederen Volke und die Gültigkeit der vom Senat ausgesprochenen Beschlüsse (*Senatusconsulta*) [1]) blieb um so weniger be-

30) Eine andere *lex Laetoria:* Liv. II, 56. Dion. Hal. IX. p. 602.

31) Ob die *lex Mansia* (Ulp. V, 8.) in diesen Zeitraum gehört, ist nicht so unzweifelhaft.

32) Cic. pr. Balb. 8. in Verr. I, 42. pr. J. ad leg. Falcid. Theoph. ad h. l. Sie ist älter als die *lex Voconia.*

33) Cic. de republ. III, 10. Cic. in Verr. I, 42. 43. Ascon. ad h. l. Dio. Cass. LVI. pr. F. de leg. Falc. Sie enthielt, wie es scheint, verschiedene Bestimmungen, Einzelnes entwickelte sich nach dieser lex durch Interpretation (*Voconiana ratio*). Das Genauere ist jedoch verschiedenen Bedenklichkeiten unterworfen.

34) Ob die *lex Glicia* in diesen Zeitraum gehört, ist freilich zweifelhaft.

1) Vergl. Zimmern Geschichte d. Röm. Privatrechts Bd. I. §. 22 ff. Hugo Rechts-Geschichte S. 370 ff. Bach histor. jurisprud. Rom.

denklich, seitdem jene Plebiscita nachgegeben wurden [2]). Bei dem Rechte der Tribunen, überall einzuschreiten, wo etwas gegen das Interesse der plebs vorgenommen und beschlossen wurde, konnten jene Aussprüche des Senats dem allgemeinen Besten nicht mehr entgegenlaufen. Und jene Meinung des Senats wurde nur als solche, nicht als ein absoluter Befehl des Gesetzgebers ausgesprochen [3]). Konfirmirt aber von den Tribunen galten die Beschlüsse des Senats um so mehr jedem Gesetze gleich. Sie wurden als solche niedergeschrieben und in öffentlichen Archiven aufbewahrt [4]). Die unbegründete Annahme der älteren Juristen, als wenn die Senatsbeschlüsse erst seit der Zeit des Kaisers

---

p. 195 ff. Ueber die Senatsversammlung: Heineccius antiqu. Roman. syntagm. I, 2, 45 sq.

2) Weshalb denn später eben die Kaiser, um ihrem Willen desto leichter Eingang zu verschaffen, nemlich unter der Form des bis dahin Bestehenden, die Berathung des Senats wählten und somit ihren Willen als Senatsbeschlüsse sanctionirten.

3) Dier hier übliche Terminologie, welche sich auch noch unter den Kaisern findet, *Senatus censet*, *Patres censent*, *arbitratur Senatus*, *placuit*, *Senatus auctoritas* erklärt sich durch die früheren Bedenklichkeiten, welche ursprünglich der Gültigkeit jener Beschlüsse mit Recht entgegentreten mußten. Dadurch wird aber die verbindende Kraft derselben für eine spätere Zeit am wenigsten in Zweifel gesetzt. Daß sie erst noch durch besondere Observanz neben den Plebiscita Gesetzeskraft erlangt haben, wird durch Pomponius in l. 2. §. 9. D. de orig. jur. nicht bewiesen, sondern nur, daß dieselben seit jener Zeit sehr gewöhnlich wurden. Sie hatten vielmehr später dieselbe Gültigkeit, welche jene Plebiscita, und in diesem Sinne heißt es ebenfalls: *Senatus jubet atque constituit* (Gaj. I, 4.) wie: *legis vicem obtinet* SCtum, und ein Senatsbeschluß wird als *lex* geradezu bezeichnet (Gaj. I, 85.). Nur in dem angegebenen Sinne heißt es: „*Non ambigitur Senatum jus facere posse*" (noch in l. 9. D. de legib.).

4) Vergl. Liv. III, 55. VI, 35. Suet. Aug. 94. Tac. An. III, 51. Gell. N. A. XIV, 7. Man benutzte dabei das sonst gewöhnliche Material, aber um sie daurender aufzubewahren, nicht selten Erz oder Metall.

Tiber üblich geworden, ist seit längst widerlegt worden. Die Schwierigkeit der Volksversammlungen nemlich nöthigte schon früh dem Senat die Sorge für das gemeinsame Beßte zu überlassen [5]). Cicero schon nennt die SCta als eine Quelle des Rechts [6]), und bereits durch ältere Gesetze wurden einzelne Senatsbeschlüsse aufgehoben [7]). Dennoch sind sie in dieser Periode im Ganzen von untergeordnetem Belange, auch wohl aus dem Grunde, weil der Senat bei allen rechtlichen Bestimmungen bei weitem weniger als die plebs interessirte; aber auch sie betreffen mehr das Oeffentliche als das Privatrecht. Im Jahr 494 wurde die Beerdigung in der Stadt vom Senat untersagt [8]), in das Jahr 568 fällt das *SCtum de Bacchanalibus* [9]), vor das Jahr 585 ein SCtum über die ländliche Tribus der Libertinen [10]). Im Jahr 593 ist durch Senatsbeschluß die zu große Verschwendung bei Gastmählern verboten [11]), im Jahr 640 die Beerdigung der im Kriege Gefallenen an Ort und Stelle angeordnet [12]). Mehr das Privatrecht betrifft die Bestimmung, daß Sclaven nicht gegen ihren Herrn zur Folter gebracht werden sollen [13]), und ein SCtum über die, welche sich *pretii participandi causa* verkaufen ließen [14]), welche beide hierher zu gehören scheinen.

---

5) l. 2. §. 9. D. de orig. jur. vergl. Theoph. ad §. 5. J. de jur. nat.

6) Cic. Top. 5. de or. I, 57.

7) Plin. H. N. VIII, 17. Cic. de leg. II, 6. u. s. w.

8) Was schon die 12 Tafeln enthielten. Serv. zu Virg. XI, v. 205.

9) Liv. XXXIX, 8—19. Urkundlich auf einer ehernen Tafel befindet es sich jetzt in Wien, nach welcher es wiederholt herausgegeben ist.

10) Liv. XLV, 15.

11) Gell. N. A. II, 24.

12) Appian. de bell. civil. I. p. 637.

13) Tac. An. II, 30. vergl. Cic. pr. Mil. 22.

14) l. 3. D. quib. ad libert. proclam.

§. 16.

Edicta magistratuum.

Die ergiebigste Rechtsquelle in dieser Periode ist unstreitig das Edict der Magistraturen, namentlich des Prätors [1]), so sehr es auch über das Einzelne, was schon dieser Zeit angehört, an zuverlässiger Nachricht durchaus fehlt. Alles behauptete sich bei der vorübergehenden Gewalt der Magistraturen erst nach und nach und manches, was erst später daurend als Recht galt, mochte schon früher zur Anwendung gebracht sein, daher die späteren Angaben in Rücksicht der Entstehung des Einzelnen hier vielleicht mehr zweifelhaft genannt werden können, als bei allen anderen Rechtsquellen. Wie vieles aus den Edicten der einzelnen Magistraturen mag für eine spätere Zeit verworfen und unbeachtet geblieben sein, dennoch zeigt das neueste Recht am zuverlässigsten, wie umfassend der Prätor zur allmäligen Fortbildung des geltenden Rechtes mitgewirkt hat. Schon der König und dann die Consuln [2]), welche die höchste Gewalt vom Volke erlangten, waren berechtigt ihren Aussprüchen *(edicta)* Ansehen zu verschaffen, ebenso die späteren Magistraturen, nicht bloß der Prätor als Collegе der Consuln, durch die ihnen vom gesammten Volke übertragene Gewalt dazu im Stande. Diese aber mußte nach und nach um so entscheidender werden, als sehr bald auch schon der Senat oder die plebs außer Stande waren, bei jedem eintretenden Bedürfnisse ihre entscheidende Stimme zu äußern. Die einzelnen Magistraturen repräsentiren die Ge-

---

1) Vergl. Heineccius antiqu. Roman. syntagm. I, 2, 18 ff. Bach histor. jurispr. Roman. S. 202 ff. Hugo Gesch. d. Röm. Rechts S. 377 ff. Zimmern Gesch. d. Röm. Privatrechts. Erster Band. 1. Abth. §. 37 ff. und Mackelden Lehrbuch des heutigen Römischen Rechts §. 29 ff. Die neuere Literatur findet sich bei beiden letzteren angegeben.

2) Vergl. Gell. N. A. XIII, 15. Liv. II, 24.

walt des Volkes in dem ihnen angewiesenen Wirkungskreise, üben somit in diesem die den Einzelnen verpflichtende gesetzgebende Gewalt aus, und ihren desfallsigen Willen konnten sie nach dem früheren Vorgange nur durch Edicte aussprechen. Alle Aussprüche der einzelnen Magistraturen gelten demnach einem Gesetze gleich [3]), jedoch nur für die Dauer des Amtes, sofern sie nicht von dem Nachfolger ebenfalls zur Anwendung gebracht wurden. In diesem Sinne werden Edicte der Volkstribunen erwähnt [4]), wie Edicte der Priester [5]); nicht anders leges *Censoriae* [6]), welche in den Edicten der Censoren sich vorfanden, und insbesondere die Sittenpolizei [7]) und öffentliche Verpachtungen [8]) betreffen. Wichtiger ist das Edict der *aediles*

3) Der Inbegriff jener durch die Magistraturen eingeführten Gesetze ist das *Jus honorarium*. Die auf dem angegebenen Wege den Magistraturen zustehende gesetzgebende Gewalt selbst läßt sich durch dieses Resultat so vollständig beweisen, daß wir dieserhalb am wenigsten auf einzelne hierher gehörige Angaben zu verweisen brauchen. Noch von Justinian werden die Prätoren als *legislatores* bezeichnet, Nov. XXV. praef. Nov. XXVI. c. 1. §. 1.

4) Liv. II, 56. III, 34. Cic. in Verr. II, 41. Plin. XIII, 13.; von welchen jedoch in den neuesten Rechtsquellen nichts übrig geblieben ist.

5) Liv. XL, 37. Tac. Hist. II, 91.

6) Welche ebenso, wie es bei den prätorischen Gesetzen der Fall war, von den Nachfolgern zur Anwendung gebracht zu sein scheinen. Cic. in Verr. I, 55. Nep. Cat. 2. vergl. Varr. de re rust. I, 7. extr.

7) Sie verhinderten die Verschwendung bei Gastmahlen, Plin. H. N. XXXVI, VIII, 57. XIII, 13. XIV, 14. Sie forderten Strafe von denen, welche bis ins hohe Alter kinderlos geblieben waren (*aes uxorium*), Val. Max. II, 9, 1. Plut. Camill. princ. Auch eine von Ulpian erwähnte, die dos betreffende, *stipulatio tribunicia* (Ulp. VII, 3.) scheint hierher zu gehören. — Der *carnifex* sollte nicht in die Stadt kommen, Cic. pr. Rab. 5.

8) Gell. N. A. XV, 11. l. 15. D. de publ. et vectig. l. 203. D. de V. S. — Vergl. über sonstige Anordnungen: Plin. H. N. XXXIII, 4. Fest. v. product. Gell. N. A. XV, 2. Varr. de R. R. II, 1. fr. de jur. fisci §. 18.

Curules [9]) wegen der polizeilichen Aufsicht derselben, von deren Bestimmungen manches noch für das neueste Recht wichtig geblieben ist [10]). Erwähnt werden Bestimmungen der Aedilen über die *funera* [11]), über die Castration der Knaben, welche quadruplo bestraft wurden [12]), über das Werfen auf die Bühne. Andere Bestimmungen betrafen die Sicherheit der Wege und das Abschaffen beißender Thiere, den Verkauf von Thieren und Sclaven [13]). Bei weitem wichtiger als die Edicte der sonstigen Magistraturen ist aber das Edict der Prätoren. Grade dem Prätor war die Rechtspflege übertragen, er repräsentirte die Gewalt des Volkes sowohl bei Anwendung, als Anordnung der Gesetze, und seine Wirksamkeit wurde nur um so umfassender, als sich dieselbe auch über alle Provinzen erstreckte [14]).

---

9) §. 7. J. de jur. natur. Theoph. ad h. l. l. 31. D. de pact. l. 1. D. de ed. Aed. l. 2. de divers. temp. praescr. Gell. N. A. IV, 2. XIII, 13. Plaut. Capt. IV, 2, 44. — Vergl. auch Thibaut über die Aedilen und das aedilitische Edict, in dessen civilistische Abhandlung 1814. No. 8.

10) l. 27. §. 28. D. ad. leg. Aquil. — l. 1. §. 1. u. l. 38. pr. D. de ed. Aed. — l. 40. §. 1. u. l. 41, 42. D. eod. — Die einzelnen Bestimmungen wurden ebenfalls für die Provinzen entscheidend, Theoph. ad §. 7. J. de jur. natur. — Es heißt: *ajunt, jubent, volunt Aediles, noluerunt Justissimi Aediles, edicunt.* — Das Edict der Aedilen commentirten Ulpian (in 2 Büchern), ebenfalls Gajus (in 2 Büchern) und Paulus, welche in den Digesten citirt werden, auch Coelius Sabinus.

11) Ovid. in fast. VI. v. 663.

12) l. 27. §. 28. D. ad leg. Aquil.

13) l. 1. §. 1, 2. l. 25. §. 9. l. 38. D. de ed. Aed. l. 40. §. 1. l. 40. l. 42. D. de ed. Aed. Paul. R. S. I, 15. Gell. N. A. IV, 2.

14) Jeder Prätor konnte ein Edict aufstellen, ein Edict hatte der *praetor peregrinus* (Val. Max. I, 3, 2. Theoph. ad §. 7. J. de jur. natur. lex Gall. Cisalp. XX, 24.), besondere Edicte hatten die Prätoren in den Provinzen (vergl. Cic. ad Attic. VI, 1.), schon aus dem Grunde, weil alle auf gleiche Weise berechtigt waren. Aber dennoch waren die

§. 17.

Edictum Praetoris.

Die Wirksamkeit der Prätur erscheint um so wichtiger, als dieselbe nur nach dem Bedürfnisse der Einzelnen und der Zeit verordnete [1]). Der Prätor stand an der Spitze der Rechtspflege und hatte auf einem rein practischen Wege Gelegenheit, den Mangel des vorhandenen Civilrechts zu erfahren und gesetzgeberisch einzuschreiten zunächst im einzelnen und besonderen, wo es grade nothwendig wurde [2]). Auf diesem Wege konnte mit Sicherheit einem wirklichen Mangel abgeholfen werden; und aus diesem Grunde ist durchweg im Prätorischen Rechte eine größere Billigkeit, wenn auch nicht immer Vernunftgemäßheit, im Verhältniß zu dem bereits bestehenden Rechte unverkennbar, und konnte dieses noch für die neueste Zeit sich so daurend erhalten. Erst, was sich auf einem rein practischen Wege als practisch bedeutsam bewährt hatte, scheint für jenes Edict des Prätors (*edictum praetoris, edictum praetorium*) benutzt worden zu sein, dadurch auch ist die Annahme gerechtfertigt, daß das prätorische Edict nicht schon von den ersten Prätoren angeordnet, wenigstens erst für die spätere Zeit an Umfang und Bedeutsamkeit gewonnen habe [3]). Mochte immerhin manches

---

in den verschiedenen Edicten enthaltenen Bestimmungen gewiß sehr übereinstimmend, und sicher wurden die für Rom geltenden Edicte für die Provinzen durch Uebertragung entscheidend (Cic. ad Attic. VI, 1.), wie umgekehrt. Es darf aber nicht übersehen werden, daß so manches, z. B. die *longi temporis praescriptio*, nur unter den Prätoren in den Provinzen geltend werden konnte.

1) Vergl. auch Roßhirt über die Tendenz des prätorischen Edicts und das Verhältniß desselben zum Civilrecht. 1812.

2) Das Genauere gehört der inneren Geschichte des Römischen Rechtes an, und betrifft das Verfahren im Prozeß. Meine innere Gesch. d. Röm. Rechts §. 35. §. 50 ff. besond. §. 53.

3) Dabei geht aber wieder Schweppe (Röm Rechtsgesch. u. Rechtsalterthüm. §. 66.) unstreitig zu weit, wenn er eine Bedeutsamkeit des

aufgenommen werden, was sich bereits durch Gewohnheiten des Volkes festgestellt hatte [4]), durch die Aufnahme früherer Edicte (*edictum tralatitium*) [5]) erlangte das prätorische Recht jedenfalls für eine spätere Zeit größere Festigkeit, wie es auf diese Weise sicher auch für die Provinzen geltend gemacht wurde. Neue Zusätze (*edictum novum*) [6]) konnten dabei nach der Auctorität der Prätoren überhaupt am wenigsten ausgeschlossen werden, diese zu machen hatte vielmehr jeder Prätor das Recht. Aber die Anordnungen waren entweder solche, welche das ganze Jahr befolgt wurden (*leges annuae*) [7]), oder solche, welche erst im Lauf des Jahres hinzugefügt wurden (*edicta repentina*) [8]), und hiebei scheint Willkühr der Einzelnen keinesweges ausgeschlossen gewesen zu sein [9]), welche durch die Bestimmung der *lex Cornelia: ut praetores ex edictis perpetuis jus dicerent*

Edictes erst seit dem 7ten Jahrhundert annimmt. Sicher ließ das Bedürfniß sehr bald bei dem immerhin noch sehr mangelhaften Civilrecht bald eine Reihe der wichtigsten Erfahrungen auszeichnen, die nur von den Nachfolgern zweckmäßig benutzt zu werden brauchten. Aber die erst spätere, größere Wichtigkeit des prätorischen Edictes wird von Gajus (Gaj. IV, 11.) sehr bestimmt angedeutet.

4) Cic. de invent. II, 22.

5) Cic. ad divers. III, 8. Bei dieser Aufnahme des bereits Geltenden in spätere Edicte läßt sich der Ursprung der einzelnen Rechtssätze höchstens nur durch jene zufälligen Benennungen nach ihren Urhebern mit einiger Sicherheit annehmen, namentlich sind verschiedene Klagen nach ihren Erfindern genannt worden.

6) Cic. in Verr. I, 44.

7) Cic. in. Verr. I, 42. Es heißt in dieser Beziehung: „jurisdictio„nis *perpetuae* causa propositum," l. 7. pr. D. de jurisd.: „edicto „*perpetuo* . . praecipiuntur," l. 52. §. 6. D. de O. et A.

8) Es heißt ebenfalls: „*prout res incidit*," l. 7. pr. D. de jurisd.

9) Diese Willkür ist an sich und nach den vorhandenen Angaben der Quellen unleugbar. Neuere Juristen, und unter diesen schon Heineccius, sind nur darin zu weit gegangen, daß sie sich sogar gegen die Rechtmäßigkeit der Prätoren überhaupt so bestimmt aussprachen.

beschränkt wurde [10]). Die Edicte pflegten später bei dem Antritt des Amtes von den einzelnen Prätoren abgefaßt zu werden [11]), und nachdem sie zuvor von dem praeco in der Versammlung vorgelesen waren [12]), damit auch die Tribunen gegen sie ihr veto geltend machen konnten [13]), wurden sie *in albo (tabulae dealbatae)* [14]) so öffentlich ausgestellt, daß jeder im Volke sie lesen konnte [15]). Die Form, unter welcher die einzelnen Rechtssätze von dem Prätor aufgestellt waren, ist ganz der Sache angemessen, es heißt *dabo judicium*, *servabo*, *interdico*, *vim fieri veto*, *restituam*, *pollicetur Praetor*, *Praetor proponit* u. s. w. Die Thätigkeit des Prätors erstreckte sich auf Aufhebung, Erweiterung oder Ergänzung des Civilrechts [16]). Unzählige Klagen und Exceptionen sind nach und nach von dem Prätor angeordnet, die Interdicte sind von dem Prätor theils genauer bestimmt, theils eingeführt worden, die so wichtige, das frühere Civilrecht so wesentlich ändernde *in integrum restitutio* in ihren verschiedenen Anwendungen ist prätorischen Ur-

10) Die *lex Cornelia* fällt in das Jahr 687, während schon ein SCtum desselben Inhaltes im Jahr 586 zu Stande gekommen zu sein scheint. Das Gesetz schloß demnach die willkürliche Aenderung des einmal im Edict aufgenommenen Gesetzes während der prätorischen Amtsführung aus. Dio Cass. XXXVI, p. 19. Ascon. Paed. pr. Cornel. p. 629. Cic. in Verr. I, 42 ff. Auch schon früher wurde eine solche Willkür ausgeschlossen durch das Edict: *ut quod quisque juris in alterum statuerit, ut ipse eodem utatur;* vergl. Tac. An. II, 30.

11) Wobei zugleich jenes *jurare in leges* der einzelnen Magistraturen vorkam.

12) Cic. de fin. II, 23.

13) Cic. de offic. III, 20.

14) l. 1. §. 1. D. de edend. l. 1. C. de interd. §. 12. J. de act. Ueber jenes *album* selbst: Plaut. Pers. II, 2, 21. Suidas v. λεύκωμα. l. 7. D. de jurisd.

15) l. 2. §. 10. D. de orig. jur.

16) l. 7. D. de justit. et jur.

sprungs, ebenso die verschiedenen Anwendungen der *missio in possessionem*, und so viele einzelnen *cautiones*. Das Eigenthum erlangte mit Hülfe einer Fiction eine so nothwendige Erweiterung durch die *bonae fidei possessio*, auch das *in bonis* scheint hierher zu gehören, die *longi temporis praescriptio* ist prätorische Erfindung, das Pfandrecht erlangte als *hypotheca* eine so wichtige, als zeitgemäße Anwendung. Im Obligationenrecht gehören jene *praetoriae stipulationes* hierher, eine Reihe von *pacta* sind durch den Prätor klagbar geworden [17]). Im Familienrecht ist am wichtigsten die gewiß angemessene Erweiterung der *cura*, und dahin gehört wie die *cura minorum*, so viele sonstige Anwendungen jenes Schutzverhältnisses. In dem durchweg auf ursprünglichen Gewohnheiten gegründeten Erbrecht ist von dem Prätor eine durchgreifende Reform durch die *bonorum possessio* zu Stande gebracht, welche freilich das Vorhandene nicht aufgehoben hat, sondern nur eine Reihe zeitgemäßer Aenderungen enthält. Aenderungen und neue Anordnungen im Erbrecht enthalten das *beneficium abstinendi*, die *bonorum possessiones decretales*, außer manchen anderen eben so wichtigen Bestimmungen des Prätors. Schon zu Cicero's Zeit war das prätorische Recht die Hauptquelle des geltenden Rechtes, weshalb mit der Erlernung desselben der Anfang gemacht wurde [18]), eben seiner Wichtigkeit wegen ist es dann später von

17) Auch gehören hierher verschiedene Erweiterungen der Lehre vom *furtum*, die frühere Strafe des furtum *manifestum* ist auf das Vierfache ermäßigt worden. Die Strafe der *rapina* ist durch den Prätor zu den Zeiten der Bürgerkriege gemildert. Die ältere Strafe der injuria wegen des Muthwillens eines Einzelnen von dem Prätor geändert.

18) Cic. de leg. I, 5. Die 12 Tafeln, welche Cicero noch als Knabe answendig lernte, wurden später schon zu seiner Zeit weniger beachtet, Cic. de leg. II, 23. Sehr natürlich, weil durch das Edict, jene *viva vox juris civilis* (l. 7. D. de jurisd.), sich für die Anwendung so manches abweichend gestaltet hatte.

Servius Sulpitius [19]), A. Ofilius [20]) und Antistius Labeo [21]) commentirt worden [22]). Nur einzelne Edicte besitzen wir urkundlich [23]), manches jedoch ist von denselben in den Digesten aufbewahrt.

§. 18.

Römische Juristen.

Ist gleich vor Cicero, und auch eine ganze Zeit nach ihm, noch nicht von einer eigentlich wissenschaftlichen, mit Hülfe der Philosophie und Grammatik besonders vorbereiteten, Ausbildung des Römischen Rechts durch Juristen die Rede, so war dennoch der Einfluß der Juristen für die Anwendung des Rechtes sehr wesentlich [1]). Mochten auch zunächst und unmittelbar nach den 12 Tafeln [2]) nur pontifices eine genaue Kenntniß desselben besessen haben, so mußte doch, zumal bei einer späteren Trennung des jus pontificium von dem Civilrecht [3]),

19) „Libros duos ad Brutum brevissimos *ad Edictum* „*subscriptos* reliquit," l. 2. §. 44. D. de orig. jur. (l. 5. D. de instit. act.); wobei man vielleicht an einen zusammenhängenden Auszug aus dem geltenden prätorischen Rechte denken könnte.

20) „*Edictum Praetoris primus diligenter composuit,*" l. 2. §. 44. D. de orig. jur. — l. 1. D. si quis eum, qui in jus voc.

21) l. 1. §. 5. D. de fugitiv. Gell. N. A. XIII, 10.

22) Unrichtig ist es aber, wenn man auch den Commentar des Gajus ad edict. provinc. hierher rechnet, da dieser nur das spätere edictum perpetnum betrifft.

23) Einzelnes aus prätorischen Edicten jedoch findet sich außerdem in den Angaben der Classiker nicht selten, auct. ad Her. II, 13. Cic. in Verr. I, 48. II, 69. ad Attic. VII, 2. ad Quint. fratr. I, 1. 7.

1) Vergl. Heineccius antiqu. Roman. syntagm. I, 2, 28 sq. Bach histor. jurisprud. Roman. p. 217 sq. Hugo Gesch. d. Röm. Rechts S. 405 ff. Schweppe Röm. Rechtsgesch. u. Rechtsalterthüm. S. 139. Zimmern Gesch. d. Röm. Privatrechts S. 190 ff.

2) l. 2. §. 6. D. de orig. jur. vergl. Cic. de offic. II, 19. de leg. I, 4.

3) Das *jus pontificum* war später in den Commentaren der *pontifices* enthalten (vergl. Cic. pr. dom. 12. de leg. II, 19. 20. 21.

ein eigener Stand von Juristen [4]) Bedürfniß werden, wie ihre Thätigkeit schon für diese Zeit ausgezeichnet werden darf. Ihr Wirkungskreis als Richter *(judices)* und Advocaten *(patroni, causidici, oratores)*, in welcher letzterer Hinsicht grade die Rhetorik für die Römischen Juristen wichtig wurde, war erheblich und geachtet; aber auch insofern sie schon jetzt auf die Ausbildung des Römischen Rechtes Zeit und Mühe anwandten. Diese Thätigkeit der Juristen bestand in der Interpretation, welche schon die 12 Tafeln für die Anwendung so nothwendig erforderten [5]), wodurch grade besonders jene ursprünglichen Gewohnheiten, wie sie durch die 12 Tafeln recipirt waren, eine consequente Durchführung erlangt haben [6]). Noch mehr: diese Erweiterung des Vorhandenen geschah auf einem rein practischen Wege, indem das Bedürfniß der Anwendung dieselbe veranlaßte, und nur in diesem Sinne wird sie als *disputatio fori* [7]) bezeichnet. Die Juristen werden *juris periti*, *prudentes* genannt, *juris consulti*, insofern sie den Fragenden ihren Rath

---

Cic. Brut. 14.), in welchen jedoch auch manches vom Civilrecht berücksichtigt sein mochte (Dion. Hal. X. p. 627. Sen. ep. 108. Cic. de div. II, 18.). Zu Cicero's Zeit scheint es nur noch wenig von den Juristen beachtet zu sein, Cic. de orat. III, 33. vergl. Cic. in Brut. 42.

4) Eine juristische Thätigkeit läßt sich ebenso für die allerälteste Zeit der Römer, nemlich bei Anwendung jener uralten Gewohnheiten, nicht verkennen, so wenig auch davon in den späteren Nachrichten die Rede ist.

5) l. 2. §. 6. D. de orig. jur.

6) Eben deshalb konnte diese Interpretation als *jus civile* bezeichnet werden, l. 2. §. 5, 12. D. de orig. jur. Cic. de offic. III, 16. pr. J. de usuc. §. 3. J. de testam. ord. §. 3. J. de exhered. lib. §. 25. J. de leg. §. 9. J. de hered. qu. ab intest. l. 7. D. de bon. damnator. Paul. R. S. IV, 8, 3.

7) l. 2. §. 5. D. de orig. jur. Die Juristen ertheilten ihre Gutachten mündlich (l. 2. §. 5. D. cit. vergl. Cic. de or. I, 58.) auf dem *forum* (Cic. de orat. III, 33.), aber auch zu Hause (Cic. de orat. I, 46.) de leg. I, 3.

ertheilen, ihre Antworten heißen *responsa prudentum*, das Recht selbst, das sich durch ihr Ansehen feststellte, *auctoritas prudentum*. Weil das Recht sich durch die Erklärung der Juristen feststellte für die Praxis, finden jene selbst als *juris auctores* 8), *juris conditores* 9), *νομοθεται*, Erwähnung 10), ohne daß an ein Recht zur Gesetzgebung zu denken wäre 11). Freilich beschäftigten sich jene Juristen großentheils mit Anwendung und Feststellung bestimmter Formeln, wie sie noch der damaligen Zeit entsprachen und zu einem sicheren und regelmäßigen Rechtsgang leicht nothwendig waren 12), so daß Cicero bei einer schon mehr wissenschaftlichen Tendenz einen Juristen der früheren Zeit als *cantor formularum*, *formularius* bezeichnet, oder als *praeco actionum* 13), aber auch dieselben als *pragmatici* 14) zurücksetzt.

---

8) Vergl. l. 3. D. si pars hered. l. 39. D. de act. emt. l. 17. D. de jur. patr.

9) l. 25. C. de procur.

10) In dieser Hinsicht heißt es sogar, daß die Juristen dem Römischen Volke das Recht vorgeschrieben hätten, Cic. Cat. 9. de orat. III, 33. Gajus nennt die früheren Juristen: *ii, qui tum jura condiderunt*; obgleich die Ansichten der Juristen auch zu dieser Zeit, wie später, nur als rechtliche Gutachten von den Richtern benutzt wurden, und diese nicht gezwungen sein konnten, die Meinung eines Rechtsgelehrten als Recht anzunehmen, Cic. pr. Mur. 13. pr. Caec. 24. Dennoch waren jene Meinungen von großem Einfluß (Cic. Top. 17.), besonders wenn der Richter zweifelhaft war (Cic. de orat. I, 56.).

11) Für jenes durch die Juristen recipirte Recht, wie es sich durch ihre Vermittelung auch später noch entwickelt hat, finden sich ohnehin die Bezeichnungen: *jus receptum*, *consensu receptum* (pr. J. de adquis. per arrog.), *mos*, *mores*, *moribus receptum* nicht bloß insofern von den älteren Gewohnheiten die Rede ist, *sententiae receptae* (Fest. v. receptum l. 15. D. de V. O. l. 41. D. de reb. cred.), *jus commentitium* (l. 20. D. de poen.). Auch kann jenes: *quod sine lege vetustas comprobavit* u. s. w. nur hierauf bezogen werden.

12) Vergl l. 2. §. 6. D. de orig. jur.

13) Cic. de orat. I, 55. Eben solche Formulare zu Rechtsgeschäften wurden dann für die spätere Zeit wiederholt publicirt, ob. §. 13. Note 11.

14) Cic. de orat. I, 59.

Cicero selbst characterisirt die Thätigkeit seiner Vorgänger in einer dreifachen Hinsicht, ihre Beschäftigung bestand besonders in jenem *respondere*, oder einem *scribere*, oder *cavere* [15]), aber in jeder Hinsicht ist dennoch ihre Wirksamkeit practisch wichtig zu nennen, wenn auch die Schriften von den Gelehrten dieser Zeit nur von untergeordnetem Belange sind [16]). Jenes *respondere* enthält die Erklärung des vorhandenen Rechtes überhaupt, und nur die Geschichte der einzelnen Lehren kann in dieser Hinsicht lehren, wie wesentlich und bedeutsam jene ältere Interpretation für die nächste Ausbildung so vieler Lehren geworden ist. Ueberall finden sich analoge Anwendungen des in ursprünglichen Ansichten und Gewohnheiten gegründeten Civilrechts, und nur darüber herrscht einige Dunkelheit, wieviel grade erst nach den 12 Tafeln hinzugekommen sein mag. Ueberall mußte nach Analogien entschieden werden, sofern diese überhaupt zulässig waren, aber eben so auch bei fehlenden Rechtsgrundsätzen überhaupt suchte man durch eine Erweiterung des Vorhandenen auszuhelfen. So ist die *legitima patronorum tutela* nach den 12 Tafeln durch Interpretation hinzugekommen [17]), die procuratorische Administration durch Interpretation überall zur Anwendung ge-

15) Cic. pr. Mur. 12.

16) Die Kenntniß des Rechtes wurde zu dieser Zeit ebenfalls auf einem rein practischen Wege erlangt, indem man dem Respondiren erfahrener Juristen anhörte, um auf diese Weise den Gerichtsgebrauch kennen zu lernen (Cic. orat. 42.), während man die Rechtsbücher, zunächst die 12 Tafeln, dann aber besonders das Edict der Prätoren auswendig lernte (Cic. de leg. I, 5. II, 23.). Nur ausnahmsweise beschäftigten sich einzelne ausgezeichnete Juristen eigens damit, Andere in ihrem Fache auszubilden. Aber schon vor Cicero war die Philosophie, namentlich die stoische, eine Wissenschaft, welche außer anderen zur Erlernung des Rechtes mitgebracht wurde.

17) In den 12 Tafeln nemlich war nur von dem Erbrechte des Patrons die Rede, nicht auch von der nach sonstigen Regeln zu führenden Tutel. Gaj. I, 165. vergl. Gaj. I, 175. Ulp. XI, 3. pr. J. de leg. patron. tut. l. 3. pr. §. 4—7. D. de legitim. tutel.

bracht worden, wo nur von Führung fremder Geschäfte die Rede war [18]). Dahin gehört die *usucapio aedium* [19]), die vielleicht schon dieser Zeit angehörende *mortis causa donatio* [20]), die *institutio* und *exheredatio*, wie des *suus* so des *postumus* [21]), die *substitutio pupillaris* [22]), die Bedeutung der *heredes necessarii*, die *stipulatio Aequiliana*, die *regula Catoniana*, das Verbot der *donatio inter virum et uxorem* [23]), das Recht der *querela inofficiosi testamenti* [24]), die Erfindung der Fideicommisse und ihre formlose Anordnung in Codicillen [25]) und Unzähliges, überhaupt alles, was in dieser Zeit durch bloße Interpretation ohne Gesetzgebung hinzukam [26]). Jenes *scribere*

18) Dieselbe findet sich daher auf das zuverlässigste angewandt, wie bei Führung von Prozessen, so bei der Verwaltung der *dos* durch den Mann oder dessen Vater, der künftigen *dos* durch den Bräutigam, bei der Verwaltung des *paraphernum*, bei der Tutel und Curatel, welche letztere erst später abgesehen von bloßer Vermögensverwaltung einige Bedeutung erlangten.

19) Cic. Top. 4.

20) Welche man nach Analogie entweder der Legate, oder des Vertrags erklärte.

21) Der *postumus* konnte als solcher ursprünglich gar nicht eingesetzt werden, aber auch das Recht des präterirten *suus*, gegen das Testament aufzutreten, ist selbst ursprünglich in allen seinen Anwendungen nur aus Interpretation hervorgegangen. Das Kind galt vermöge der patria potestas schon beim Leben des Vaters als eine Person mit demselben.

22) Denn starb das Kind als *impubes*, so hatte es sich nicht über die Antretung erklären können, und der Vater sich nur nach den sonstigen Regeln einen *substitutus* ernannt.

23) l. 1. u. 3. pr. D. de don. int. V. et U.

24) Meine innere Gesch. d. Röm. Rechts §. 138. Die *quarta* legitima konnte erst später nach der *lex Falcidia* herüber genommen werden.

25) Meine innere Gesch. §. 204.

26) Außerdem ist die Bedeutung der *litis contestatio* als Vertrag, die fingirte Person der *hereditas* aus Interpretation hervorgegangen, ebenso die Fiction, daß der Erbe die Person des Erblassers

betraf die schriftlichen Arbeiten, welche Rechtsgelehrte für die Parthei übernahmen, häufig nemlich mußte der Einzelne zu jenem Beistand der Rechtsgelehrten Zuflucht nehmen, um in rechtlicher Hinsicht kein Versehen zu begehen. Sehr wichtig wurde die genauere Rechtskenntniß bei Anstellung von Klagen, Abschließung von Rechtsgeschäften, nachdem sich in jenem ursprünglichen Rechte überall bestimmte Formen durch Gebrauch befestigt hatten, welche von Einzelnen leicht unbeachtet blieben. Bei Anstellung der Klagen und Führung der Prozesse (*legis actiones*) wurde nach so manchen üblichen Formalitäten der Beirath eines Juristen um so nothwendiger, als das Recht dessen verloren ging, der nicht auf die vorgeschriebene Weise procesſirt hatte [27]). Auch bei den einzugehenden Rechtsgeschäften ohne Unterschied war die Gültigkeit von der gehörig beobachteten rechtlichen Form abhängig, bei der *stipulatio*, *literarum obligatio*, *nexum*, bei den *vindiciae mancipatio*, *in jure cessio*, *manus*, *adoptio*, *arrogatio*, *emancipatio*, bei Abfassung der Testamente [28]), bei jener *cretio* u. s. w. Endlich *cavere*

---

sei, weil ohnehin nicht die vorhandenen Rechte und Verbindlichkeiten des Erblassers auf den Erben bezogen werden konnten. Die Anordnung der Tutel und *libertas* durch letzten Willen ist nur eine Nachbildung der Anordnung der Legate. Die Bedeutung der *solutio* mit ihren verschiedenen Anwendungen ist Sache der Interpretation, die Anwendung der *vindiciae* auf die Erbschaft u. s. w., der *mancipatio* und *in jure cessio* außerhalb des Eigenthums, das Genauere der *manus*, der *patria potestas*, der *servitus* und so vieles andere gehört hierher.

27) Cic. de invent. II, 19.

28) Bei Abfassung von Testamenten bediente man sich häufig eines dritten, der den letzten Willen niederschrieb (*scriptor testamentarius*), bei den so scharf bestimmten Regeln der Erbeseinsetzung war der Einzelne sicher der Hülfe eines Rechtsverständigen sehr bedürftig. Auch bei Anordnung der Legate kam es noch zur Zeit der classischen Juristen so sehr auf die durch Interpretation und Gewohnheit entstandenen Formen der Gesetzgebung an.

begreift jene Vorsichtsmaaßregeln, welche nur die Juristen ertheilen konnten, um die Parthei durch *cautiones* rechtlich sicher zu stellen [29]), aber auch, um gegen Nachtheile, List und Betrug des Gegners zu schützen [30]). In der Hauptsache, der Interpretation des vorhandenen Rechtes, sind schon jetzt unter den Juristen manche Zweifel und Bedenklichkeiten laut geworden (*jus controversum*), dennoch behauptete sich auch jetzt schon manches selbstständig, wie nicht anders bei den Juristen der folgenden Periode, worauf sich die Ausdrücke, *observatur*, *placuit*, *obtinuit*, *fuit quaestionis et obtinuit*, *dubitabatur et plerisque placuit* u. s. w. beziehen. Aber anderseits finden sich nicht selten noch in der neuesten Compilation Ansichten älterer Juristen als völlig absurd und unhaltbar verworfen [31]). Von den Juristen dieser Zeit ist bei den classischen Juristen zur Zeit der Kaiser, welche meist nur ihre näheren Vorgänger berücksichtigen, nur ausnahmsweise noch die Rede, sie selbst sind für jene endliche Durchbildung des Römischen Rechtes, wie sie sich in den späteren Jahrhunderten und noch in den Digesten vorfindet, von gar keiner Bedeutung, so sehr auch durch sie in der Hauptsache jenen spä-

---

29) Sehr allgemein verbreitet ist die *cautio de rato*. Manche Cautionen betreffen den Prozeß.

30) Man erwäge nur die verschiedenen Stipulationen, um sich gegen das jus strictum der verborum obligatio im Voraus zu sichern, unter denen vielleicht die *stipulatio duplae* wegen Evictionsleistung, die auch ohnehin, um das edictum Aedilitium zur Anwendung zu bringen, vorkam, die wichtigste ist.

31) Manche Spitzfindigkeiten der Römischen Juristen werden schon für eine frühere Zeit getadelt, worauf jenes *summum jus, summa injuria*, Cic. de offic. I, 10. Ter. Heaut. IV, 4, 47. Colum. de re rust. I, 7. u. s. w. Tadelnd spricht sich Cicero (pr. Mur. 12.) aus, wiewohl die Juristen nach so verschiedenen Angaben schon vor Cicero sehr geachtet waren (Cic. de orat. I, 45. de offic. II, 19. Top. 17. vergl. Hor. Serm. I, 1, 9 u. 10. Epist. II, 1, 103. Tibull. I, 4 u. s. w.) und nur diese zu den ersten Ehrenstellen befördert wurden.

teren Juristen vorgearbeitet wurde. Manches, was anfangs, und gewiß so häufig nicht ohne Grund, streitig war, ist späterhin nicht mehr bestritten, manches wurde durch spätere Gesetzgebung mehr befestigt. In obiger Hinsicht mag aber hier noch folgendes im Zusammenhang angegeben werden. Ob die *partus ancillae* Frucht sei oder nicht, darüber war Streit unter Brutus und Manilius [32]; zwischen Crassus und Scävola darüber, ob die *substitutio vulgaris* als von selbst in der *substitutio pupillaris* enthalten angesehen werden könne, was besonders in der *causa Curiana* ausführlich verhandelt wurde [33]. Der Streit selbst dauerte bis auf Kaiser Marcus [34]. Streit war über das *jus postliminii* [35], auch darüber, ob der *censu* Manumittirte sogleich, oder erst bei eingetretenem *lustrum* frei sein könne [36], ob die Verbindung als *justae nuptiae* angesehen werden könne, wenn in Betreff der eingegangenen Ehe kein *repudium* vorgekommen war [37], ob das Testament bestehen könne, wenn der Sohn nicht instituirt, aber auch nicht *nominatim* exheredirt sei [38], ob der Erbe bei der fortgesetzten Persönlichkeit des Erblassers wegen eines Diebstahls klagen könne, welcher bereits vor der Antretung vorgekommen war [39].

32) Cic. de fin. I, 4. §. 37. J. de rer. divis. l. 27. pr. D. de hered. pet.

33) Cic. de orator. I, 39. 57. Quinct. J. O. VII, 6. 9.

34) l. 4. D. de vulg. et pup.

35) Cic. de orat. I, 40. Top. 8. l. 5. D. de captiv. et postlim. l. 17. D. de legat.

36) Cic. de orat. I, 40.

37) Cic. de orat. I, 40.

38) Cic. de orat. I, 38. Val. Max. VII, 7. vergl. Cic. de orat. I, 56.

39) Cic. ad div. VII, 22.

§. 19.

Fortsetzung.

Die Schriftstellerei [1]) enthielt der ursprünglichen Volksbildung gemäß zunächst nur bloße Zusammenstellungen [2]). Als den ältesten nach den 12 Tafeln [3]) nennt Pomponius einen gewissen Appius Claudius, welcher erblindet *Caecus*, früher aber *Crassus*, auch *Centimanus* genannt wird [4]). Nachdem er schon verschiedene Aemter geführt hatte, war er im Jahr 457 zum zweiten Mal Consul, und von ihm werden einzelne Einrichtungen erwähnt [5]). Er schrieb *actiones* [6]) und *de usurpationibus* [7]), seine Rede über den Pyrrhus war noch zu Cicero's Zeit vorhanden [8]). Nach ihm nennt Pomponius [9]) den Publius Sempronius, der im Jahr 450 Consul und wegen seiner Rechtskenntniß den Beinahmen *Sophus* erlangte [10]).

---

1) Die Literatur siehe bei Zimmern a. a. O., besond. S. 263 u. 264.

2) Vergl. oben §. 13. Note 11.

3) Freilich aus einer früheren Zeit nennt er den Papirius, welcher die Gesetze der Könige sammelte und den Appius Claudius, welchem die Leitung bei Abfassung der 12 Tafeln anvertrauet war, l. 2. §. 36. D. de orig. jur.

4) l. 2. §. 36. D. de orig. jur. Ueber seine Blindheit als Greis: Liv. ep. 13. Plut. in Pyrrho. Val. Max. I, 1. l. 1. §. 5. D. de postul. Er war ein Urenkel jenes Decemvirs.

5) l. 2. §. 36. Cicer. Brut. 14. 16. Liv. I, 9. und X, 1. IX, 29. Suet. Claud. 24. Dahin gehört nach Pomponius die *via Appia, aqua Claudia*, seine *oratio de Pyrrho in urbe non recipiendo.* Auch soll er den früher unbekannten Buchstaben R für S eingeführt haben.

6) l. 2. §. 36. D. de orig. jur. l. 2. §. 7. D. eod. Unstreitig ist hier dasselbe Werk gemeint, das von seinem Schreiber Flavius veröffentlicht wurde.

7) l. 2. §. 36. D. de orig. jur. Dieses Buch war zur Zeit des Pomponius nicht mehr vorhanden.

8) Cic. Brut. 16.

9) l. 2. §. 37. D. de orig. jur.

10) l. 2. §. 37. D. de orig. jur. Ueber sein Consulat und seine

Ihm folgte Tiberius Coruncanius, welcher Consul und zudem als plebejischer Pontifex um das Jahr 500 genannt wird. Nicht durch Schriften bekannt, stand er doch als practischer Jurist und erster Rechtslehrer in allgemeiner Achtung und starb in einem hohen Alter [11]). Berühmt als Jurist und Pontifex war P. Licinius Crassus mit dem Beinamen *dives*, welcher Consul im Jahr 549 [12]); P. Cincius Alimentus, Prätor von Sicilien im Jahr 542, schrieb *de officio juris consulti* [13]), *annales* [14]), *fastos* [15]), *de comitiis* [16]), *de consulari potestate* [17]), *de re militari* [18]), *mystagogicon* [19]) und *de verbis priscis* [20]). Publius Cornelius Scipio Nasica, Consul im Jahr 563, früher Prätor und schon früh als Quästor *vir optimus* genannt, war ein sehr angesehener Rechtsconsulent, daß ihm sogar von Staatswegen an der via sacra ein Haus eingeräumt wurde [21]). Auch sein Sohn Publius war Jurist und erhielt wegen seiner Einsicht den Namen Corculus [22]). Als Jurist wird auch genannt

---

sonstigen Würden: Liv. IX, 45. X, 9. u. 21. Er war der erste plebejische Pontifex.

11) l. 2. §. 35. u. 38. D. de orig. jur. Liv. ep. XVIII. u. XIX. Cic. de orat. III, 15. 33. Brut. 14. Cat. 9. Lael. 11. de natur. deor. II, 66. de senect. 9. de amic. 11.

12) Liv. XXX, 1. Cic. de orat. III, 33. de senect. 9.

13) Fest. v. subjici. u besond. v. nuncupata.

14) Liv. VII, 3. XXI, 38. Dion. Hal. I, c. 6. u. 74.

15) Macr. Sat. I, 12.

16) Fest. v. patricios.

17) Fest. v. praetor.

18) Gell. XVI, 4.

19) Fest. v. trientem tertium.

20) Fest. v. Rhodus, scenam, reconductae, peremere.

21) l. 2. §. 37. D. de orig. jur. Cic. de orat. III, 33. Liv. XXIX, 11. 14. XXXV, 1. 24. Val. Max. VII, 5. Cic. de harusp. respons. 13.

22) Cic. in Brut. 20. 58. Tusc. quaest. I, 9.

der als Gesandter nach Carthago gesandte Q. Mucius [23]). Zu derselben Zeit lebten als ausgezeichnete Juristen und Rechtslehrer die beiden Brüder P. und S. Aelius Pätus, welche beide zu hohen Ehrenstellen und zum Consulat gelangten [24]). Letzterer als der tüchtigere erhielt den Beinamen *Catus*, noch später blieb er sehr geachtet [25]) und schrieb *tripertita juris civilis* [26]) und *commentarii de jure civili* [27]). Ausgezeichneter Rechtslehrer war auch L. Acilius, mit dem Beinamen *sapiens*, welcher Commentare zu den 12 Tafeln lieferte [28]). Nicht von Pomponius erwähnt, daher wohl weniger ausgezeichnet, sind Serv. Fabius Pictor, welcher *de jure pontificio* schrieb [29]) und sein Zeitgenosse Quint. Fabius Labeo, welcher 564 Prätor, später Consul und Pontifex war [30]). Als Kenner des *jus civile* und *pontificium* wird T. Manlius Tor-

---

23) l. 2. §. 37. D. de orig. jur. Gell. N. A. X, 27. Liv. XXI, 18. Flor. II, 6.

24) l. 2. §. 38. D. de orig. jur. Von ihren Würden erzählt namentlich Livius an verschiedenen Stellen.

25) Cic. de or. I, 45. 48. Tusc. quaest. I, 9. de republ. I, 18. Val. Max. IV, 3. 7. vergl. Cic. de orat. III, 33. de senect. 9. ad div. VII, 22.

26) Jene Schrift (*Jus Aelianum*) enthält nach Pomponius (l. 2. §. 38. D. de orig. jur.) die 12 Tafeln, deren Interpretation, und die *legis actio* (*cunabula juris continet*). Sie wird wiederholt gelobt, Cic. ad div. VII, 22. Gell. N. A. IV, 1. Cic. Top. 5. Durch diese Schrift ist er als Erklärer des alten Rechts bekannt geworden (Cic. de leg. II, 23. l. 1. pr. 6. C. de commun. serv. manum.), sie war noch zu Pomponius Zeit vorhanden (l. 2. §. 38. D. cit.).

27) Cic. de orat. I, 56. — Gell. N. A. IV, 1. Cic. Top. 2. Varr. de L. L. V, 2. Ueber sonstige Schriften, deren Existenz jedoch geleugnet wurde: l. 2. §. 37. D. cit. Auch sollen von ihm Reden vorhanden gewesen sein.

28) l. 2. §. 38. D. de orig. jur. Cic. de leg. II, 23. Lael. 2.

29) Cic. Brut. 21. — Macrob. Sat. III, 2. Fest. v. puilia saxa.

30) Cic. Brut. 21. — Liv. XXXVII, 47. 50. XXXIX, 45. XL, 42.

quatus, welcher im Jahr 589 Consul, gerühmt [31]), aber ebenfalls gehören hierher C. Marcius Figulus [32]) und C. Livius Mamilianus Drusus [33]), welcher letzterer auch als Schriftsteller gelobt, im Jahr 607 Consul, noch in sehr hohem Alter und erblindet ein ausgezeichneter Rechtsconsulent war. Jedenfalls bedeutender war M. Porcius Cato [34]), dessen Consulat schon in das Jahr 559 fällt, von dem so manches gerühmt und verschiedene Schriften noch später erwähnt werden. Im höchsten Grade ausgezeichnet durch Geist und Verstand [35]) genoß er das größte Ansehen und gelangte zu den ersten Ehrenstellen [36]). Weil er das Censoramt mit großer Strenge bekleidet hatte, wurde er *Censorinus* genannt [37]), und starb erst im hohen Alter [38]). Er schrieb *origines* [39]) *de re rustica* [40]), *de disciplina militari* [41]) *de tribunis militum* [42]), *commentarii juris civilis* [43]), *responsa* [44]), und hinterließ eine große Menge

31) Val. Max. V, 8. 3. Cic. de fin. I, 7. Liv. ep. LVIII.

32) Val. Max. IX, 3. 2.

33) Cic. Tusc. qu. V, 38. Val. Max. VIII, 7: *utilissima monumenta composuit.* Vergl. l. 38. §. 1. D. de act. emt. vend.

34) l. 2. §. 38. D. de orig. jur.

35) Cic. Brut. 15. de orat. I, 37. III, 15. Liv. XXXIX, 40. Nep. Cat. 3.

36) Cic. de senect. 13. Brut. 15. Nep. Cat. 1. — Cic. de sen. 4. — Liv. XXXII, 7. de sen. l. c. — Liv. XXXIII, 49. Cic. in Brut. 15.

37) Liv. XXXIX, 40 sq. Serv. zu Virg. Aen. VI, 842. VIII, 670. Nep. Cat. 2.

38) Plin. H. N. XXIX, 1. Cic. Brut. 20. de senect. 10. 11. Liv. XXXIX, 40. Val. Max. VIII, 7.

39) Nep. Cat. 3. Cic. Brut. 17. 19. pr. Planc. 27.

40) Colum. I, 2. XI, 1. Serv. ad Virg. Georg. II, 95. I, 46.

41) Serv. ad Virg. Georg. II, 417. Veg. de re mil. I, 8. Plin. H. N. praef. vergl. Fest. v. peremere, procubitores, serra.

42) Non. v. proletarii.

43) Fest. v. mundus. Jedoch hat man auch diese Schrift seinem Sohne zugeschrieben.

44) Cic. de orat. II, 33.

orationes [45]), von denen Cicero mehr denn 150 gelesen zu haben erwähnt [46]). Juristischen Inhalts waren eigentlich nur jene *commentarii* und seine *responsa;* bei ihm, wie bei Brutus, tadelt Cicero jedoch die zu ausführliche Erörterung rein persönlicher und nicht zur Sache gehöriger Umstände [47]). Somit mag sein Sohn im ganzen noch mehr ausgezeichneter Jurist gewesen sein [48]) und wiewohl er schon im Jahr 600 als designirter Prätor vor seinem Vater verstarb [49]), soll er dennoch ausgezeichnete Schriften juristischen Inhalts hinterlassen haben [50]). Eben deshalb hat man die *regula Catoniana*, und was sonst in der justinianeischen Compilation vom Cato gesagt wird [51]), nur auf Cato den Sohn bezogen. Als Gründer des Civilrechts nennt Pomponius nächst ihnen Publius Mucius, Brutus und Manilius [52]), durch welche so viele andere schon eine gründlichere Rechtskenntniß erlangten. Publius Mucius

---

45) Eine *oratio de consulatu*, Gell. N. A. IV, 17. Serv. ad Virg. eclog. IV, 5., *de pecunia regis Antiochi*, Liv. XXXVIII, 55., *de dote*, Gell. N. A. X, 23., *de praeda militari*, Gell. N. A. II, 18. Non. v. fite., *de praeda in publicum referenda*, Prisc. VII, extr., *de foeneratione legis Juniae*, Fest. v. prorsus., *in Galbam*, Cic. Brut. 20., *in Qu. Flaminiam*, Liv. XXXIX, 42., *pro L. Turio contra Cn. Gellium*, Gell. N. A. XIV, 2. — Er schrieb auch *epistolicae quaestiones*, Gell. N. A. VII, 10., ein *carmen de moribus*, Gell. N. A. XI, 2., eine Sammlung scherzhafter Sentenzen, *ἀποφθέγματα*, Cic. de off. I, 29. Auch werden Briefe an seinen Sohn erwähnt.

46) Cic. Brut. 17.

47) Cic. de orat. II, 33. Jedoch war er wegen seiner Rechtskenntniß sehr geachtet, Liv. XXXIX, 40. Nep. Cat. 3. Quinct. J. O. XII, c. ult. Cic. de nat. deor. I, 37. III, 33.

48) Gell. N. A. XIII, 19.

49) Cic. de senect. 23. Gell. N. A. XIII, 19.

50) Gell. N. A. XIII, 19.

51) Vergl. §. 12. J. de adopt. l. 44. pr. D. S. M. l. 10. §. 1. D. de ed. Aed.

52) l. 2. §. 39. D. de orig. jur. „*qui fundaverunt jus civile.*"

genannt Scävola, war Tribun (613), Prätor (618), Consul (621), *pontifex maximus* (623)[53]. Er war Vater des späteren Quint. Mucius Scävola, welcher ebenso, als er selbst, wegen seiner Behandlung des *jus pontificium* in großer Achtung stand. Bei Rechtskenntniß zeigte er Scharfsinn als Redner, und hatte den Namen eines gerechten Mannes[54]; von ihm werden 10 Bücher juristischen Inhalts erwähnt[55]. M. Junius Brutus, welchen Pomponius nur *praetorius* nennt, soll 7 Bücher über das Civilrecht hinterlassen haben, wiewohl manche nur 3 derselben als ächt annahmen[56]; auch dem Cicero galt seine Auctorität[57]; M. (Manius) Manilius endlich war bereits im Jahr 605 Consul[58]) und wiewohl er arm verstarb[59]), wird dennoch seine Bereitwilligkeit gerühmt, in nicht juristischen Angelegenheiten Rath zu ertheilen[60]). Er hinterließ *tres libri juris civilis*, seine *Manilii monumenta* waren noch zur Zeit des Pomponius vorhanden[61]). Zu seinen Schriften gehören jene *Manilianae venalium vendendorum leges*[62]), oder *Manilii actiones*[63]), welche doch nur Formulare zu Kaufcontracten waren. Ein Bruder des Publius Mucius, der als ein sehr ausgezeichneter Jurist ge-

---

53) Cic. de fin. II, 16. ad Attic. XII, 5. — Cic. l. c. Liv. XL, 44. — Cic. in Verr. IV, 49. pr. dom. 34. Vell. Pat. II, 3. — Cic. ad Attic. XII, 5. de leg. II, 19. pr. dom. 53. de or. II, 12.

54) Cic. Brut. 28. pr. Planc. 36. vergl. de or. II, 70.

55) l. 2. §. 39. D. de orig. jur. vergl. Cic. de or. I, 56. Top. 4. u. 8.

56) Cic. de orat. II, 55. pr. Cluent. 51. l. 2. §. 39. D. cit.

57) Cic. Brut. 34. vergl. dial. de or. 34. Gell. N. A. VII, 15. und XVII, 7.

58) Cic. de or. III, 33. u. s. w.

59) Cic. parad. VI, 3.

60) Cic. de or. III, 33.

61) l. 2. §. 39. D. de orig. jur.

62) Cic. de or. I, 58.

63) Varr. de re rustic. II, 5.

rühmt wird, war P. Licinius Crassus Mucianus[64]) adoptirt von dem reichen P. Licinius Crassus[65]). Er war Consul im Jahr 623, auch *pontifex maximus*. Quint. Mucius Scävola, genannt Augur, war ein thätiger und ausgezeichneter Staatsmann[66]) wie durch Einsicht und Kenntnisse des Rechtes bewährt[67]). Er war im hohen Alter Lehrer des jungen Cicero, welcher nach dessen Tode sich an Scävola den Pontifex wandte[68]), Consul im Jahr 637. Ein Schüler jenes Pontifex Quint. Mucius Scävola[69]) war P. Rutilius Rufus, zugleich eifriger Stoiker[70]), welcher Consul im Jahr 649, aber sein Leben im Exil zu Smyrna endete[71]). Er schrieb *orationes*[72]), *libri historiarum* in griechischer Sprache[73]), über Scipio's Leben[74]) und über sein eigenes[75]); und muß überdies über das Recht geschrieben

64) L. 2. §. 40. D. de orig. jur. Cic. de or. I, 37. 56. Brut. 26. de senect. 14. Phil. XI, 8. Gell. N. A. I, 13. Liv. ep. LIX. Val. Max. III, 2. 12.

65) Nicht zu verwechseln mit *L. Licinius Crassus orator*. Cic. Brut. 39.

66) Cic. Phil. VIII, 10. pr. Rab. 7. Val. Max. III, 8. 5.

67) Cic. Brut. 26. de leg. I, 4. pr. Balb. 20. Val. Max. VIII, 12.

68) Cic. de leg. I, 4. Brut. 89. de amic. 1.

69) Cic. de offic. II, 13.

70) Cic. de offic. III, 30. Brut. 30. de or. I, 53.

71) l. 2. §. 41. D. de orig. jur. Cic. de orat. I, 53. Val. M. VI, 4. Vellej. Pat. II, 13. Er war wegen Partheisucht des *crimen repetundarum* angeklagt und verurtheilt worden als legatus des Proconsuls von Asien Qu. Mucius. In seinem Exil wurde er jedoch ehrenvoll gehalten, daß er sich aus demselben zurückzukehren standhaft weigerte. Er erlangte in Smyrna das Bürgerrecht und hier war er Lehrer des Cicero.

72) Suet. Aug. 89. Hier wird einer *oratio de modo aedificiorum* gedacht.

73) Liv. XXXIX, 52. init. Athenaeus IV, 20. VI, ult.

74) Isid. XX, 11.

75) Isid. l. c.

haben, weil er noch in den Digesten erwähnt wird [76]). Unter den sonstigen Juristen dieser Zeit muß noch L. Coelius Antipater, der Lehrer des Redners L. Crassus, genannt werden, welcher Redner, Historiker, aber auch als Jurist gelobt werden muß [77]). Auch noch A. Virginius [78]) Sextus Pompejus, des großen Pompejus Vaterbruder, als Jurist und Stoiker [79]), Quint. Aelius Tubero, der ebenfalls als Jurist und Stoiker berühmt, aber auch Consul gewesen sein soll [80]), vorzüglich aber der Redner L. Crassus, welcher Consul im Jahr 659. Eine neue Epoche bei Bearbeitung des Römischen Rechts begann unstreitig unter den nächsten Vorgängern und Zeitgenossen des Cicero durch Quint. Mucius Scävola [81]), der nacheinander Tribun (648), Aedil (650), Consul (659) wurde, aber auch Proconsul von Asien und zuletzt *pontifex maximus* [82]). Von Cicero wird er im höchsten Grade und in jeder Hinsicht gerühmt [83]), der selbst sich ihm nach dem Tode des Augurs Scävola als Schüler anschloß [84]). Er starb in

---

76) l. 10. §. 3. D. de us. et hab. l. 3. §. 9. D. de pen. leg. — l. 1. §. 2. D. de arb. caed. Vielleicht ist Gaj. IV, 35. (l. 1. §. 1. D. de bon. libert.) und fr. Vat. §. 1. auf ihn zu beziehen.

77) l. 2. §. 40. D. de orig. jur. Cic. Brut. 26. de or. II, 12. de leg. I, 2. ad Attic. XIII, 8. Gell. N. A. X, 24. u. s. w.

78) l. 2. §. 40. D. de orig. jur.

79) Cic. Brut. 47. de off. I, 6. de or. I, 15. III, 21. Phil. XII, 11. l. 2. §. 40. D. de orig. jur.

80) l. 2. §. 40. D. de orig. jur. Cic. Brut. 31. 47. de offic. I, 6. pr. Mur. 36. Gell. N. A. I, 22. Tac. An. XVI, 22. Val. Max. VII, 5.

81) Dem Sohne des Publius l. 2. §. 41. D. de orig. jur. Cic. de offic. I, 32. III, 15. in Brut. 89. Plin. H. N. VIII, 7. u. 27.

82) Cic. Brut. 43. — Cic. de offic. II, 16. Plin. H. N. VIII, 7. u. 27. — Cic. de offic. III, 11. Val. Max. VIII, 15. 6. — Cic. ad Attic. V, 17. — l. 2. §. 41. D. de orig. jur. Cic. de nat. deor. III, 32. Gell. N. A. V, 19.

83) Cic. Brut. 39. 40. de orat. I, 39.

84) Cic. Brut. 89. Obgleich er sich nicht eigentlich als Lehrer ausgab.

den Unruhen des Marius durch Mörders Hand (671)[85], während seines Lebens als Rechtsconsulent sehr hoch geachtet[86]. Unter seinen Schriften werden seine *libri juris civilis* in 18 Büchern[87], ein *liber singularis ὅρων* noch in den Digesten erwähnt. Von ihm ist die bekannte *cautio Muciana*. Zu ersteren schrieb Servius Sulpicius tadelnde Bemerkungen[88], Lätius Felix einen Commentar[89], ebenfalls Pomponius[90], woraus sehr viele Stellen in den Digesten excerpirt sind, und Modestin, aus welchem in den Digesten das 14te und 31ste Buch citirt werden[91]. Endlich ist auch von Büchern des Gajus ex Qu. Mucio die Rede[92]. Unter den vielen Schülern[93] jenes Quint. Mucius Scävola waren außer Cicero S. Papirius, C. Juventius[94], von welchen wir jedoch keine weitere Kunde haben[95], L. Lucilius Balbus[96] und besonders C. Aquilius Gallus[97]. Aquilius war Prätor zugleich mit Cicero im Jahr 688[98], und proponirte als

---

85) Cic. pr. Rosc. Am. 12. de nat. deor. III, 32. Vell. Pat. II, 26. Liv. ep. LXXXVI. Diod. Sicul. 37.

86) Cic. de or. I, 45.

87) l. 2. §. 41. D. de orig. jur. Gell. N. A. VII, 15. Die Lehre von den Verlassenschaften machte den Anfang.

88) Gell. N. A. IV, 1. l. 3. §. 6. D. de pen. leg. l. 30. pr. soc. l. 39. pr. D. de stat. lib. l. 76. §. 1. D. de furt. l. 25. §. 1. D. de V. S. Gaj. I, 188. III, 148. (§. 2. J. de societ.) l. 29. §. 1. D. de leg. 3.

89) Gell. N. A. XV, 27.

90) Nemlich in 39 Büchern. l. 202. D. de reg. jur.

91) l. 53. 54. D. de adquir. rer. dom.

92) Gaj. I, 188.

93) l. 2. §. 42. D. de orig. jur.

94) l. 2. §. 42. D. cit.

95) Vergl. jedoch Cic. Brut. 48.

96) Cic. Brut. 42.

97) l. 2. §. 42. D. de orig. jur.

98) Cic. Top. 7.

solcher die *formulae de dolo malo* [99]). Die *stipulatio Aquiliana* und eine Formel zur Einsetzung der postumi (*postumi Aquiliani*) rühren von ihm her. Von seinen vielen Schriften [100]) kennen wir keine, nicht einmal dem Namen nach, wiewohl sein Name oft in den Digesten vorkommt. Cicero lobt an ihm namentlich große Gewandheit im Respondiren, Biederkeit, Fleiß und Geschicktheit im Fache des Rechtes [101]), weshalb Cicero sich bei ihm nicht selten Rath erholte [102]).

§. 20.

Urkundliche Ueberreste aus dieser Periode.

Unter den urkundlichen Ueberbleibseln aus dieser Zeit [1]) verdienen noch einzelne juristische Urkunden, zumal manche derselben nicht im Zusammenhang angegeben werden konnten, schließlich einige Aufmerksamkeit. Als Volksschlüsse gehören hierher besonders die *lex Thoria agraria* vom Jahr 647 und die *lex Servilia repetundarum* von 654. Was wir von beiden besitzen, befindet sich auf 7 Bruchstücken einer großen Gesetztafel, welche auf der vorderen glatten Seite in der besseren Schrift die lex Servilia, auf der weniger fleißig geschriebenen die lex Thoria enthält. Von den Bruchstücken befinden sich 2 zu Wien, 4 zu Neapel, eins derselben ist wieder abhanden gekommen. Beide sind schon von älteren Juristen wiederholt herausgegeben, die neueste Ausgabe jener lex Servilia in 24 Capiteln ist von Klenze [2]) und jene lex Thoria zuletzt von Rudorff wieder-

99) Cic. de offic. III, 14. de natur. deor. III, 30.

100) l. 2. §. 43. D. de orig. jur. vergl. Gell. N. A. VII, 15.

101) Cic. Brut. 42. Er wurde daher oft zum Richter gewählt, Cic. pr. Caec. 27. Val. Max. VIII, 2. Um das Consulat hat er sich nicht einmal beworben, Cic. ad Attic. I, 1.

102) Cic. Top. 12. pr. Caec. 27. pr. Balb. 20.

1) Vergl. Zimmern Gesch. d. Röm. Privatrechts Bd. I. §. 3.

2) Fragmenta legis Serviliae repetundarum e monumentis restitutae 1825.

hergestellt und erläutert [3]). Auch mag jenes *Plebiscitum de Thermensibus* hier erwähnt werden [4]). Für das Privatrecht am wichtigsten sind unstreitig die Ueberreste jener *lex de Gallia cisalpina*, welche sich selbst *lex Rubria* zu nennen scheint [5]) und als plebiscitum wohl in den Anfang des 7ten Jahrhunderts gesetzt werden darf. Sie handelt von den Rechten der Einwohner und der Municipalobrigkeiten im cisalpinischen Gallien. Im Jahr 1760 unter den Ruinen von Velleja aufgefunden, wird sie jetzt im Museum zu Parma aufbewahrt. Von der dieselbe enthaltenden ehernen Tafel in 2 Spalten ist jedoch nur ein Bruchstück vorhanden, und wir besitzen nur cap. 20—22, zum Theil cap. 19 und cap. 23. Schon früher wiederholt herausgegeben [6]) ist sie in unseren Tagen von Hugo [7]) und noch später edirt [8]). Endlich darf für diese Zeit des Zusammenhanges wegen die ebenfalls nicht vollständig erhaltene sogenannte *tabula Heracleensis* hier berührt werden, da sie jedenfalls der Zeit der freien Republik angehört, so wenig wir auch über die Zeit der Entstehung bestimmte Nachricht haben [9]). Auch diese enthält einen Volksschluß und betrifft die Römische Polizei- und Municipal-Verfassung. Sie befindet sich auf der einen Seite einer metallenen Tafel in lateinischer Sprache, wovon zuerst im Jahr 1732 bei Heraclea ein Stück aufgefunden und nach Neapel gebracht wurde (*aes Neapolitanum*). Es war die Fortsetzung

3) Im 10ten Bande der Zeitschrift für geschichtl. Rechtswissenschaft von v. Savigny, Eichhorn und Göschen, und aus dieser besonders abgedruckt 1839.

4) Dirksen Versuche Abthl. 4.

5) Nemlich cap. 20. G. F. Puchta Civ. Abhdlg. 1823. No. 2.

6) Zimmern a. a. O. Note 12

7) Mit einer deutschen Uebersetzung. Civilist. Magaz. Bd. II. No. 20. Vergl. Dirksen observationes ad selecta legis Galliae cisalpinae capita 1812.

8) Von P. de Lama, Parma 1820.

9) Vergl. Dirksen civilist. Abhandlg. S. 144—157.

eines erst später bekannt gewordenen hierher gehörigen Bruchstückes, welches im Jahr 1735 nach England (*aes Britannicum*), und von dort erst im Jahr 1760 wieder nach Italien kam [10]). Beides ist zuerst von Mazochi in 12 Capiteln herausgegeben und mit einem ausführlichen Commentar versehen [11]), dann von Hugo mit einer deutschen Uebersetzung [12]), und Anderen edirt und commentirt worden [13]). — Von den Senatsbeschlüssen dieser Zeit besitzen wir das bereits oben erwähnte *SCtum de bacchanalibus* vom Jahr 568, das 1640 in einem Dorfe Calabriens auf einer ehernen Tafel aufgefunden jetzt zu Wien aufbewahrt wird [14]).

10) Letzteres ist besonders herausgegeben von Maittaire Lond. 1763 und F. C. Conradi in dessen parerga (Helmst. 1738) lib. III. p. 430 sq. 1740 wurde es von Muratori in seinen thesaurus aufgenommen.

11) Comment. in regii Herculanensis Musei aeneas tabulas Heracleenses, Nap. 1754. 1755.

12) Civilist. Magaz. Bd. III. No. 19.

13) Marezoll: Fragmentum legis Romanae in aversa tabulae Heracleensis parte (1816). — Dirksen: observat. ad tabulae Heracleensis partem alteram (1817). Das sog. aes Britannicum findet sich in seinen civil. Abhandl. Bd. II, 2. — v. Savigny in der Zeitschrift für geschichtl. Rechtswissenschaft Bd. IX. Heft 3. (S. 300 bis 378) hält die tabula Heracleensis für eine lex Julia municipalis oder allgemeine Städteordnung für alle gegenwärtige und künftige Gemeinden Römischer Bürger vom Jahr 709.

14) Ueber die Ausgaben: Zimmern a. a. O. Note 20.

Dritte Periode.

Von Cicero bis auf Alexander Sever.

v. Jahr 650—1000 od. 100 v.—250 n. Chr.

§. 21.

Staatsverfassung.

Nur noch zu Anfang dieser Periode blieb die frühere Verfassung, und Alles, was mit derselben zusammenhing, und für die Zeit bis zur Kaiserregierung [1]) ist nur das immer größer werdende Verderben hervorzuheben, das durch die Schätze des Auslandes für die Römer herbeigeführt war. Völlige Zügellosigkeit und Laster jeglicher Art nehmen immer mehr überhand. Sehr bald entstanden die Gegensätze im Inneren des in jeder Hinsicht entarteten Volkes, und Partheisucht behauptete sich unter jenen Triumviraten bei Unordnungen aller Art [2]). Allein durch Bürgerkriege erschöpft und außer Stande, die Freiheit zu ertragen, war das Volk genöthigt sich der Regentschaft des Einzelnen zu unterwerfen. Nachdem Antonius im Jahr 723 besiegt war, blieb Octavius der alleinige und ihm als Augustus wurde die Allein-

1) Vergl. Walter Gesch. d. Röm. Rechts S. 236—259.

2) Das Genauere über diesen so sehr beklagenswerthen Zustand ist bekannt, und kann an diesem Orte nicht weiter interessiren.

herrschaft einstimmig vom Volke übertragen [3]). Daß dieses durch Volksbeschluß geschehen mußte, lag tief in der Römischen Verfassung begründet, und es wird demnach in der That wunderbar erscheinen, wenn Viele der neuesten Juristen an jener so einstimmig erwähnten *lex regia* [4]) oder, wie sie ebenfalls genannt wird, *lex imperii* [5]), *lex Augusti* [6]), haben Anstoß nehmen wollen [7]). Die Gesammtgewalt des Volkes, nemlich wie sie bis dahin ebenso die verschiedenen Magistraturen ausgeübt hatten, und jene Regentschaft konnte in der That nur durch *lex*, jenen Beschluß des gesammten Volkes, erlangt werden und ganz dasselbe Recht des Volkes findet sich bei den Wahlen und bei Bestätigung jener Magistraturen. Die Regentschaft erstreckte sich zunächst nur auf bestimmte Jahre, wurde jedoch erneuert [8])

3) Nemlich im Jahr 727 (Dio. Cass. LIII. p. 507.), wobei der Senat ihm den Eid leistete. Einzelne Zusätze erlangte jene kaiserliche Gewalt erst hinterher, Dio. Cass. LIII. p. 590. p. 594. u. LIV. p. 604.

4) Dio. Cass. LIII. p. 507. l. 1. pr. D. de constitut. princip. §. 6. J. de jur. natur. const. Deo auctor. §. 7. vergl. l. 1. §. 11. D. de orig. jur. Gaj. I, 5. In demselben Sinne erwähnt Tacitus (Hist. IV, 3. u. 6.) ein *SCtum* über das *imperium* des Kaisers Vespasian, wovon ein Bruchstück auf einer ehernen Tafel auf dem Capitol zu Rom vorhanden ist. Gruter. inscript. p. 242. und seitdem in verschiedenen Rechtsgeschichten z. B. Heinecc. antiqu. Roman. syntagm. I, 2. fin. Unstreitig ist aber der Name auf die kaiserliche Gewalt zu beziehen.

5) l. 3. C. de testam.

6) l. 40. D. de manum. Auch jenes *Augustum privilegium* in l. un. §. 14. C. de caduc. tollend. mag hierauf zu beziehen sein.

7) Ueber die Ansichten der Neueren vergl. Hugo Gesch. d. Röm. Rechts. S. 655. Schweppe Röm. Rechtsgesch. u. Rechtsalterthüm. §. 70., besonders aber Zimmern Gesch. des Röm. Privatrechts §. 43., bei welchem letzteren sich auch die Literatur angegeben findet. Die richtige Ansicht hat jedoch schon Bach (histor. jurisprud. Roman. p. 267 sq.).

8) August nemlich ließ sich die Regentschaft nur auf 5 und 10 Jahre ertheilen, nach Ablauf derselben aber diese erneuern, Dio Cass. LIII.

und im Beirath des Agrippa und Mäcen [9]) gebrauchte August und seine Nachfolger die Vorsicht, alles Bestehende wenigstens dem Scheine nach zu erhalten, was dann erst später die Regentschaft erblich machte [10]). Es blieben die Consuln, Prätoren, Tribunen und die übrigen Magistraturen, auch der Pontifex Maximus, aber was sich durch die Alleinherrschaft des Kaisers sehr wesentlich änderte, sie konnten nicht mehr in dem ihnen übertragenen Wirkungskreise die höchste Gewalt behalten, blieben somit bloße Beamte des Kaisers. Und dieses bezieht sich nicht bloß auf Rom, sondern ebenso auf die Provinzen [11]). Alles war von der Gewalt des Einzelnen abhängig [12]), der Alleinherrscher (*princeps*, *imperator*, *Caesar*, *Augustus* u. s. w.) hatte die verschiedensten Insignien und Ehrenbezeugungen [13]), und so manches Neue mußte die

p. 506. und wiederholt. Dieses veranlaßte später bloße Feste der Quinquennalen, und Decennalen, schon seit Kaiser Tiber, welche bis auf Justin den jüngeren fortdauren.

9) Dio Cass. LII. init. u. p. 473. LIII. p. 507.

10) Ueber die Verfassung unter den Kaisern siehe Walter Geschichte d. Röm. Rechts p. 236—259.

11) Die Kaiser hatten somit in Wirklichkeit auch die Gewalt der *Proconsules* und *Propraetores*, weil die höchste Gewalt sich über das Römische Reich als solches erstreckte. Jedoch wurden auch diese als bloße Beamte und Untergebene des Kaisers beibehalten, nur nicht in den ausschließlich dem Kaiser eingeräumten Provinzen.

12) Diesemnach vereinigte die kaiserliche Befugniß nicht bloß die Gewalt aller Magistraturen in sich, sondern auch die des Volkes und des Senats in allen Beziehungen, der Kaiser durfte ebenso unbedingt über Krieg und Frieden bestimmen. Manches Einzelne noch weiter unten. Vergl. Schweppe Röm Rechtsgesch. und Rechtsalterthümer §. 171.

13) Vergl. Schweppe Röm. Rechtsgesch. §. 172. Auszuzeichnen ist auch die Heiligkeit und Unverletzlichkeit, Dio Cass. LIII, 12., weshalb das *crimen laesae majestatis*. — Jenes *princeps legibus solutus* aber (Dio Cass. LIII, 17. Tac. III, 5. XII, 2.) wie es auch noch in der neuesten justinianeischen Gesetzgebung erwähnt wird

Alleinherrschaft herbeiführen. Dahin gehört die Theilung der Provinzen mit dem Senat und dem Volke[14]), wodurch der Kaiser einen wichtigen Antheil an den öfentlichen Einkünften erhielt, wie ihm überhaupt ein Antheil an den öffentlichen Revenüen gestattet werden mußte[15]). Erst hiedurch wurde eine doppelte Staatscasse, die des Kaisers (*fiscus*) und des Volkes (*aerarium*) unterschieden[16]). Die kaiserlichen Provinzen wurden von dem Kaiser selbst durch den *legatus Augusti*, dessen Gewalt eine geringere als die des proconsul[17]), administrirt, die Provinzen des Volkes noch daurend durch proconsules regiert. Vorsteher der kaiserlichen Staatscasse war der *procurator Caesaris*, zuerst ein Freigelassener, dann ein eques, der ebenfalls in die Provinzen geschickt wurde, durch den der

---

(l. 31. D. de leg. u. öfter), ist schwer aus jener Alleinherrschaft abzuleiten, wiewohl es sich durch Gesetzgebung für einzelne Fälle wiederholt angeordnet findet.

14) Suet. Aug. 47. Dio Cass. LII. p. 482.). In dieser Hinsicht unterscheidet Gajus (II, 21. vergl. §. 40. J. de rer. devis.) praedia *tributaria* und *stipendiaria*. Erstere waren die kaiserlichen Provinzen, aber auch das Einkommen von jenen dem Volke verbliebenen Ländern wurde zur Erhaltung des Heeres verwandt. Die einzelnen dem Kaiser und dem Volke gehörigen Provinzen, wobei aber häufig eine Aenderung vorkam, finden sich bei Dabelow (Gesch. sämmtlich. Quellen des gemeinen deutschen positiv. Rechts 3te Abth. 1ste Periode. §. 30. Note a.) aufgezählt. Ueber die Verfassung von Italien und den Provinzen unter den Kaisern: Walter a. a O. S. 304 bis 340. Ueber die Verfassung von Rom: daselbst S. 301 bis 303.

15) Manche neue Abgabe wurde unter den Kaisern besonders zur Erhaltung des Militairs nothwendig. Auch ausnahmsweise konnten vom Regenten Steuern aufgelegt werden. Ueber die Abgaben unter den Kaisern vergl. Walter a. a. O. S. 346—351.

16) Bis sich beide in der Hand des Regenten als fiscus vereinigten. Walter a. a. O. S. 349.

17) Plin. ep. X.

Kaiser sich belangen ließ. Bald wurde dieser auch Richter, bisweilen vertrat er die Stelle eines praeses provinciae. Nur Aegypten hatte einen *praefectus Augustalis*[18]) und Alexandrien erhielt zur Handhabung der Rechtspflege den *juridicus Alexandriae*. Die Magistraturen wurden vom Kaiser ordinirt, was nur eine Folge der höchsten Gewalt des Kaisers[19]). Nur durch diese konnte der Kaiser in Betreff der Magistraturen willkürliche Aenderungen treffen und neue Beamte den bisherigen hinzufügen[20]). Die Gewalt der Consuln wurde geschmälert[21]), die Zahl der Prätoren nach dem Bedürfnisse vergrößert, während dem *praefectus urbi* ein Theil der Rechtspflege übertragen wurde[22]), die *praefectura morum* verblieb dem Kaiser, wobei die Censoren nicht aufgehoben wurden, die Quästur in Rom wurde den *praetores aerarii* übertragen[23]), wenn gleich die Quästoren noch unter den Kaisern fortdauern. Die Volkstribunen konnten in ihrer früheren Gewalt nicht noch neben dem Kaiser fortdauern, dennoch wurden sie später eine Zeitlang, wiewohl bloß zum Scheine, ernannt. Der *praefectus praetorio*, zunächst als Vorgesetzter der Leibwache (*praetoriani*), kam neu hinzu[24]), außerdem der *praefectus vigilum* an die Stelle der triumviri nocturni, welcher eine Cohorte Wächter un-

18) Tac. An. II, 59. XII, 60. Hist. I, 11.

19) Jedoch wurden die Wahlcomitien noch einstweilen theilweise beibehalten, Bach hist. jurispr. Rom. p. 278 u. 279.

20) Ueber die Obrigkeiten und Beamten unter den Kaisern vergl. Walter a. a. O. S. 285—289. und Bach histor. jurisprud. Rom. p. 277 sq.

21) Sie waren Oberbefehlshaber im Kriege, welche Gewalt mit der des princeps am meisten in Collision treten mußte.

22) Siehe Dio Cass. LII. p. 478. Tac. An. VI, 11. Suet. Aug. 33. Juv. Sat. XIII, 157. Dig. I, 12.

23) Dio Cass. LIII. p. 497. Suet. Aug. 24.

24) Dio Cass. LII. p. 480. Tac. An. IV, 1.

ter sich hatte [25]) und der *praefectus annonae* [26]), als ordentliche Magistraturen; außerdem die *quaestores candidati Principis* für die kaiserliche Staatscasse [27]). Auch die niederen Magistraturen wurden im Wesentlichen beibehalten, nur führte August den *vigintiviratus* ein [28]), die *curatores operum publicorum* [29]), *curatores viarum* [30]), *curatores aquarum* [31]), *curatores alvei Tiberini* [32]). Ausnahmsweise wurden *triumviri legendi Senatus*, Einzelne zur Musterung der *equites* u. s. w. gewählt [33]). Die Zahl der Senatoren wurde gewiß aus guten Gründen auf 600 vermindert [34]). Ebenso mußte dem Kaiser als Alleinherrscher die höchste Militairgewalt zustehen [35]). Um sich in seiner Herrschaft zu befestigen, war ein gut organisirtes Heer dem Kaiser eine große Hauptsache. Das schon früher [36]) organisirte Militair wurde mit neuer Disciplin versehen und in ein stehendes Heer verwandelt, was freilich neue Ausgaben veranlaßte. Die Seemacht wurde in 4 Flotten stationirt, das übrige Militair besonders an den Gränzen *(milites limitanei)*; auch wurden *viae militares* eingerichtet. Die kai-

25) Suet. Aug. 30. l. 1. l. 3. pr. D. de praef. vigil. l. 2. §. 33. D. de orig. jur. Auch sie hatten eine *jurisdictio*, l. 3. §. 1. 2. 5. D. de praef. vigil.

26) Suet. Aug. 37.

27) Dio Cass. LIV. l. un. §. 2. D. de offic. quaest.

28) Dio Cass. LIV. p. 540.

29) Suet. Aug. 37.

30) Suet. Aug. 37.

31) Suet. Aug. 37.

32) Suet. Aug. 37.

33) Dio Cass. LII. p. 478. Suet. Aug. 37.

34) Suet. Aug. 35. Dio Cass. LIV, 14. Ueber eine Ergänzung des Senats durch die *lex Senia* s. Tac. An. XI, 25.

35) Bach hist. jurisprud. Rom. p. 285. — Walter Geschichte des Röm. Rechts S. 340—345. — Schweppe Röm. Rechtsgesch. u. Rechtsalterthüm. S. 397.

36) Vergl. auch Bach l. c. p. 109 sq.

serliche Leibwache bildeten die *cohortes Praetorianae* [37]). Durch die vielen glücklichen Kriege [38]) wußte Kaiser August sich um so mehr in seiner Macht zu behaupten, und wenn auch einzelne Niederlagen [39]) erlitten wurden; so war dennoch der Staat unter August's weiser Regentschaft blühend zu nennen [40]).

Dem Kaiser Augustus folgte [41]) im Jahr 767 (13 nach Chr.) Tiberius, August's Stiefsohn, Schwiegersohn und Testamentserbe, jedoch ist seine Regierung weniger ausgezeichnet [42]); 790 (37 nach Chr.) Cajus Caligula, der noch nicht volle 4

37) Tac. An. IV, 5. Suet. Aug. 49. Dio. Cass. LV, 24. Eine Vergrößerung derselben trat ein unter Sever. Herod. III, 44. u. s. w. Dabei war der Kaiser ursprünglich und zunächst überhaupt nur von Freigelassenen umgeben, welche auch zu verschiedenen Staatsgeschäften gebraucht wurden, namentlich in den Provinzen. Erst später finden sich eigene Hofbeamte des Kaisers, unter dem Namen *comites*, weil sie ursprünglich den Kaiser ins Feld begleiteten.

38) Suet. Aug. 21. Tac. An. II, 1.

39) Suet. Aug. 23.

40) Einzelne weniger erhebliche Einrichtungen zu August's Zeit dürfen gewiß mit Grund übergangen werden, da es hier nur darauf ankommen kann, diejenigen Umstände nicht unberücksichtigt zu lassen, welche die gründliche Erklärung jener zur Fortbildung des Rechts so wichtigen Alleinherrschaft betreffen. Jedenfalls war August ein sehr sorgfältiger Regent (vergl. Suet. Aug. c. 28. u. ult. Tac. An. I, 11.), der aber manches Unglück in seiner Familie erlebte.

41) Vergl. über das Nachfolgende: Bach histor. jurisprud. Rom. 291 ff. auch Zimmern Gesch. d. Röm. Privatrechts §. 51. Die kriegerischen Unternehmungen der nachfolgenden Regenten sind für die Rechtsgeschichte unerheblich, und was in rechtlicher Hinsicht von einzelnen Kaisern ausgezeichnet werden könnte, gehört der inneren Geschichte des Römischen Rechtes an.

42) Er erbauete außerhalb der Stadt *castra praetoriana*. Suet. Tib. 37., welche auch mit dem Namen *praetorium* genannt werden, zur Aufnahme der bis dahin vereinzelten cohortes praetorianae. Zur Befestigung und Sicherung der kaiserlichen Gewalt diente die Einführung der *judicia majestatis*.

Jahre regiert hatte, als er getödtet wurde [43]). Vom Militair zum Kaiser gewählt, und dann erst vom Senat und dem Volke bestätigt wurde Tib. Claudius im Jahr 794 (41 nach Chr.) [44]). Ihm folgte Nero 807 (54 nach Chr.) [45]), dann Serv. Sulpitius Galba 822 (68 nach Chr.), M. Salvius Otho, der Mörder des Galba, welcher nur 95 Tage regierte, und A. Vitellius [46]). Nach diesen 3 durchaus schlechten Regenten erlangte der Staat eine Wiederherstellung unter Titus Flavius Vespasianus, 822 (70 nach Chr.) [47]) und seinem Sohne Titus, 831 (80 nach Chr.) [48]), dann folgte Domitianus im Jahr 834 (83 nach Chr.), welcher wie schon so viele Vorgänger getödtet wurde [49]), M. Coccejus Nerva im Jahr 849 (96 nach Chr.), Trajan, welcher den Beinamen *optimus* erlangte, im Jahr 850 (99 nach Chr.), Hadrian im Jahr 870 (117 nach Chr.), durch den so vieles Gute zu Stande kam [50]). Diesem folgte sein Adoptivsohn Antoninus Pius im Jahr 891 (138 nach Chr.), der in den Digesten *D. Pius* genannt wird, und dann M. Aurelius Antoninus im Jahr 914 (161 n.

43) Viele neue Abgaben wurden von ihm eingeführt Suet. Cal. 40. Er wollte die responsa der Rechtsgelehrten annulliren, um allein respondiren zu können, Suet. Cal. 34.

44) Außer Anderen gab er dem Collegium der Quästoren die *cura aerarii* wieder, Suet. Claud. 24. Wahrscheinlich starb er auf Veranlassung der Agrippina, seines Bruders Tochter, durch Gift (Sued. Claud. 44.); wurde jedoch nach seinem Tode unter die Götter erhoben, Suet. Claud. 55.

45) Er wurde verurtheilt und tödtete sich selbst, Suet. Ner. 49.

46) Ueber dessen Tod: Suet. Vitell. 18. Er regierte nur 8 Monate und 5 Tage.

47) Manche neue Abgaben wurden unter ihm nothwendig. Suet. Vespas. 16. 23. Seine Regierung dauerte nur 9 Jahre, er starb im 71sten Lebensalter.

48) Seine Regentschaft dauerte nur 2 Jahre, 2 Monate und 20 Tage.

49) Bekannnt ist sein Haß gegen die Christen.

50) Bach histor. jurisprud. Roman. p. 403 sq.

Chr.). Letzterer *philosophus* genannt, war Adoptivsohn des Antoninus Pius und wählte seinen Adoptivbruder L. Verus zum Mitregenten, daher *Antonius et Verus Augusti* oder *divi fratres*, wiewohl beide sich sehr unähnlich waren. Sein ebenfalls ihm sehr ungleicher Sohn Commodus, den er noch eine Zeitlang zum Mitregenten hatte, kam im Jahr 933 (180 nach Chr.) zur Regierung, nachdem dieser getödtet, Pertinax, der, wiewohl ein guter Regent, dennoch aus Partheisucht ermordet wurde. Didius Julianus, sein Urgroßvater war der Jurist Salvius Julianus [51]), kaufte sich von der kaiserlichen Leibwache die Regentschaft, allein außer Stande die contrahirte Summe zu bezahlen, ohnehin dem Senat verhaßt und völlig unfähig zur Regierung, wurde er im zweiten Monate schon getödtet. Nach ihm wurde L. Septimius Severus aus Africa Kaiser im Jahr 946 (193 nach Chr.); er räumte seine Gegner in der Regentschaft mit Glück aus dem Wege und bewirkte durch Strenge manches Nützliche für den Staat. Durch ihn kam eine neue Familie auf den Thron, aber sein kräftiges Einschreiten zeigte sich auch in seinen Rescripten wie sonst. Sein Sohn Antoninus Caracalla folgte im Jahr 964 (211 nach Chr.) schon von seinen Vater ernannt, ein wahres Ungeheuer. Er tödtete seinen Bruder P. Septimius Geta, den der Vater zum Mitregenten bestimmt hatte, mit eigener Hand, ebenfalls den Juristen Papinian als praefectus praetorio, weil er jenen Brudermord als Jurist nicht billigen oder rechtfertigen konnte [52]). Bei einer auswärtigen Unternehmung wurde er von einem praefectus praetorio M. Opilius Macrinus getödtet, welcher nach ihm, freilich durch Bestechung der Soldaten, zum Kaiser ernannt wurde im Jahr 970 (217 nach Chr.). Sein Sohn Diadumenianus, der von ihm zum Caesar und dann Augustus ernannt war, wurde nach einer Regierung von 14 Mo-

51) Capit. Jul. init.

52) Spart. Caras. 4.

naten mit ihm getödtet. Es folgte M. **Aurelius Antoninus**, ein Priester des Gottes *Elagabalus* in Syrien, weshalb er mit diesem Namen genannt wird, durch List und Bestechung der Soldaten im Jahr 971 (218 nach Chr.). Auch er wurde wegen seiner Schlechtigkeit nach 3 Jahren und 9 Monaten getödtet und in die Tiber geworfen [53]).

§. 22.

Fortbildung des Rechts.

Noch zu Anfang dieser Periode bildete sich das Recht auf die frühere Weise fort [1]). Und schon mit der Kaiserregierung, wiewohl die früheren Einrichtungen der Form nach fortbestehen, mußte, wie überhaupt, so für die Ausbildung des Rechts eine wesentliche Verschiedenheit eintreten. Nemlich die Gewalt aller Magistraturen und selbst des Pontifex, die Gewalt des Volkes war auf den princeps übergegangen. Er war nicht bloß höchster Richter, sondern zugleich **Gesetzgeber** *(constitutiones principum)*, wie jede Gewalt von ihm ausdrücklich bestätigt sein mußte, sofern sie rechtlich fortbestehen sollte. Die vorsichtige und schonende Regierung des Kaisers **Augustus** ließ jedoch dem Volke das Recht der Gesetzgebung, wie es bis dahin ausgeübt war, unbeschränkt [2]), und *leges* finden sich noch unter späteren Kaisern, bis die Versammlungen des Volkes als beschwerlich allmälig ganz, mithin durch sich selbst, verschwunden sind. Ebenfalls dauern die *SCta* unter den Kaisern nicht bloß fort, sie ge-

---

53) Dio Cass. LXXIX. p. 916. Herod. V, 8.

1) Durch Uebermuth hatte **Verschwendungssucht**, auch bei **Freilassungen**, **Verbrechen**, aber auch ein **sehr zügelloses Leben**, so daß namentlich die **eheliche Verbindung** so **sehr vermieden** wurde, im höchsten Grade überhand genommen. Dennoch fällt die jenen Uebeln entgegenwirkende Gesetzgebung erst in die Zeit des Kaiser **Augustus**.

2) Dio Cass. LII. — Nur sollte monatlich 2mal der Senat zusammentreten, nemlich calendis und idibus, Suet. Aug. 35.

winnen sogar an Bedeutung, weil die Kaiser ihrem Willen nach Genehmigung des Senats desto mehr Eingang zu verschaffen sich im Stande glaubten. Deshalb eben giebt es unter den früheren Kaisern eine große Menge jener SCta. Auch die Wahlversammlungen hat Tiberius vom Volke auf den Senat übertragen [3]). Jedoch findet sich gegen Ende dieser Periode nicht mehr die frühere Bedeutung des Senats, es werden die Beschlüsse desselben seltener, jemehr die alleinige Willkür des Kaisers siegte. Das prätorische Recht hatte unstreitig schon gegen Ende der Republik eine feste Gestalt gewonnen. Es mögen auch noch zu Anfang der Kaiserregierung einzelne Prätoren bei Antretung ihres Amtes ein Edict publicirt haben, aber sie theilten das Schicksal aller übrigen Magistraturen, blieben bloße Vorsteher der Rechtspflege. Wir wissen nichts, was spätere Prätoren dem Edicte vermöge eigener Auctorität hinzuge-

3) Tac. I, 15. Ueber den Sinn dieser Stelle sind von jeher die Meinungen der Juristen sehr verschieden gewesen. Daß nicht erst seit Tiber die SCta aufgekommen sind, läßt sich sehr zuverlässig beweisen (siehe auch Hugo Rechtsgesch. S. 370 ff.). Aber anderseits lassen sich die Worte „tum primum e campo comitia ad patres translata sunt" am wenigsten so erklären, als habe das Volk seit Tiber seine gesetzgebende Gewalt verloren. Wiewohl seit dieser Zeit wenigstens nicht erhebliche Gesetze des Volkes vorkommen, so ist hier nur von einem Rechte die Rede, das jetzt erst dem Senat ertheilt worden, während es früher von dem gesammten Volke ausgeübt wurde. Deshalb scheint jenes Recht nur auf die Wahlversammlungen bezogen werden zu müssen (Zimmern Röm. Rechtsgeschichte S. 74.). In den Volksversammlungen geschahen die Wahlen der Magistraturen, aber nachdem jene immer beschwerlicher und seltener, konnten auch diese, wie die vom Kaiser vorgeschlagenen Gesetze, vom bloßen arbitrium des Senats abhängig gemacht werden, bis kaiserliche Ordination allein entscheidend blieb. Nächst Tacitus (a. a. O.) gehören hierher: Suet. Tib. 30. Dio Cass. LVIII. Caligula bestätigte dem Volke das frühere Recht (Dio. Cass. LIX. p. 742. Suet. Calig. 16.), billigte aber bald wieder die Anordnung des Tiberius, (Dio Cass. LIX. p. 753.).

setzt hätten [4]). Es kam nur darauf an das prätorische Recht gesammelt zu haben, wie es für die Praxis bedeutsam geblieben war und dieses wurde durch jenes *edictum perpetuum* unter Hadrian erreicht. Es ist in der That nur ein grober Irrthum, wenn man dieses gemeinhin als eine Compilation des prätorischen Rechtes hat ansehen wollen, da es wirklich das gesammte damals geltende Civilrecht enthielt [5]). Eine sehr wichtige Quelle für die allmälige Ausbildung des Römischen Rechtes ist die Interpretation der Römischen Juristen. Die endliche Ausbildung des Rechts durch Interpretation, sofern sie für die neueste Zeit entscheidend geblieben ist, fällt in diese Periode, mit welcher sie völlig aufhört. Während das Verderben der Zeit zu Ende der Republik freilich wohl auch auf die Bildung der Juristen nur störend einwirken konnte, hatte dennoch jeder im Volke schon beim Eintreten der Kaiserregierung zu einer vollständigen juristischen Ausbildung Antrieb genug erlangt, durch die Versammlung, welche schon Kaiser Augustus zur Berathung wichtiger Angelegenheiten nothwendig hatte [6]). Und wie schon früher und zu allen Zeiten, so machte eben jetzt vorzugsweise die juristische Bildung zu den ersten Ehrenstellen fähig.

4) Zusätze bei der Compilation des edictum perpetuum gehören nicht hierher.

5) Ueber die verschwundene prätorische Gewalt: Cod. Theod. de praetor. Boëth. ad Cic. de consol. 3.: „Praetura magna olim potestas, *nunc inane nomen et senatorii census gravis sarcina.*"

6) August bestimmte halbjährliche Versammlungen zur vorläufigen Berathung über Gegenstände, welche dem Senat vorgelegt werden sollten, Suet. Aug. 35. vergl. l. 12. D. de adquir. hered. l. 46. D. de pact., wie sie hinterher jährlich vorkamen, Suet. Tit. 70. Spart. Hadr. 18. Es findet sich ein eigner Rath, *consilium, auditorium, consistorium*, zur Beförderung der dem Kaiser obliegenden Angelegenheiten, welcher daher wie bei der Gesetzgebung des Alleinherrschers, so bei den Entscheidungen in höchster Instanz von unbedingtem Einfluß wurde. S. meine innere Gesch. d. Röm. Rechts §. 36. Note 26.

Das gleichzeitige Streben nach logischer Bildung also wurde durch die Kaiser nur noch um so mehr veranlaßt, welche eben bei ihren Entscheidungen und rechtlichen Bestimmungen sich des Rathes gelehrter und ausgezeichneter Juristen nothwendig bedienen mußten. Aber erst gegen das Ende dieser Periode fällt die Zeit der classischen Juristen und die eigentliche Blüthe des Römischen Rechtes. Alles Vorhandene ist mit Gediegenheit, Scharfsinn und logischer Consequenz, auch mit Hülfe der Grammatik, für die Anwendung genauer bestimmt worden [7]).

§. 23.

Leges.

In diesem Zeitraum finden sich Volksbeschlüsse, leges oder plebiscita, in Menge; nicht bloß zu Anfang dieser Periode, sondern ebenso zur Zeit der Kaiser. Besonders aus der Zeit des Kaisers August, dessen wohlthätiger Regierung eine Reihe durchgreifender Gesetze angehört; für das Privatrecht sind manche bis auf die neueste Zeit wichtig geblieben. Unter den vielen Gesetzen, welche noch vor der Kaiserregierung zu Stande kamen, zum Theil veranlaßt durch das immer mehr um sich greifende

7) Es fehlt uns freilich an einem eigentlichen Maaßstab zur Vergleichung dieser sogenannten classischen Juristen mit den diesen unmittelbar vorangehenden zu Anfang der Kaiserregierung und gegen Ende der freien Republik. Unleugbar war bereits in der Hauptsache durch die Vorzeit alles genügend vorbereitet, daß sich schon bei gleichem Fortschreiten ein eigentliches und gründliches Detail zu Stande bringen ließ. Und es sind noch den classischen Juristen so manche Zweifel übrig geblieben, wie sich noch unter ihnen im einzelnen so manche Ansicht behauptete, welche sicher nicht daurende Gültigkeit erlangen konnte. Demnach mag vielleicht diesen als solchen eine zu unbeschränkte Anerkennung zu Theil geworden sein, aber das Resultat ihrer Interpretation wird dennoch unbedingt als Muster gelten können, weil weder unter den Römern, noch sonst, die Zeit zur Interpretation des Rechts ein mehr Genügendes hervorgebracht hat.

Verderben, betreffen die meisten ebenfalls das Oeffentliche [1]). Wichtig sind die *leges Corneliae*, wodurch über verschiedene Verbrechen bestimmt wurde [2]), die *leges Pompejae*, welche ebenfalls verschiedene Verbrechen betreffen [3]). Außerdem sind unter Julius Cäsar verschiedene *leges Juliae* erheblich [4]). In diese Zeit gehört die für das Privatrecht so einflußreiche *lex Falcidia* vom Jahr 714 [5]), die *lex Scribonia* vom Jahr 720 [6]), die *lex Julia et Titia* über die Bestellung der Tutoren vom Jahr 723 [7]); die *lex Fabia de plagiariis* [8]), die *lex Publicia* über das Spiel [9]), die *lex Rhodia de jactu* [10]) gehören unstreitig der Zeit der Republik an. Von den Gesetzen unter Kaiser August [11])

1) Ueber die hierhergehörigen leges vor August's Alleinherrschaft siehe insbesond. Bach histor. jurisprud. Rom. pag. 163 sq. Sie alle namentlich anzugeben, würde wenig belehrend sein, und der genauere Zusammenhang ist so oft zweifelhaft.

2) Bach l. c. p. 169 sq.

3) Bach l. c. p. 182 sq.

4) Bach l. c. p. 185 sq.

5) Dio Cass. XLVIII. p. 377. Tit. D. ad leg. Falcid. Die Worte des Gesetzes finden sich in l. 1. pr. D. h. t.

6) l. 4. §. 29. D. de usu et usufr.

7) pr. J. de Atil. tutor.

8) Cic. pr. Rabir. 3. Paul. Rec. Sent. V, 30, 6. Tit. D. ad leg. Fab.

9) l. 3. D. de aleator.

10) Tit. D. de leg. Rhod. de jact. besond. l. 9. D. h. t. Schon von Juristen zur Zeit der Republik, nemlich Servius Sulpicius und Ofilius finden sich Erörterungen über dieses Gesetz. l. 2. pr. und §. 3. D. h. t.

11) Siehe überhaupt: Bach histor. jurisprud. Rom. p. 303 sq. Ueber die leges unter August: Zimmern Geschichte d. Röm. Privatrechts §. 33 ff. Ob und in wie weit die einzelnen leges durch Auctorität des Kaisers veranlaßt worden sind, muß freilich dahin gestellt bleiben. Sie sind zum Theil durchgreifender, als die früheren. Durch die Gesetzgebung dieser Zeit wurde dem vorhandenen Verderben kräftig entgegengewirkt, und weil das Römische Recht überhaupt sich nur

ist die *lex Julia de adulteriis*, welche über verschiedene Gegenstände [12]), auch über den *fundus dotalis* [13]) handelt, vom Jahr 737; die *lex Aelia Sentia* vom Jahr 756 und die *lex Fusia Caninia* vom Jahr 761 [14]). Sehr erheblich für die damalige Zeit ist die *lex Julia* vom Jahr 757 und die *lex Papia Poppaea* vom Jahr 762, welche beide die Beförderung des ehelichen Lebens zum Hauptzweck hatten [15]); aber wenigstens durch letztere ist manches Andere bestimmt worden. Aus dem Jahre 763 ist die *lex Junia Velleja* über die Einsetzung der postumi [16]). Ebenfalls gehören zu den wichtigeren Gesetzen, welche unter Kaiser August zu Stande kamen, die *lex Julia de vi publica* [17]), die *lex Julia de vi privata* [18]), *lex Julia majestatis* [19]), die

nach Bedürfniß entwickelte, sind erst jetzt die verschiedensten Verbrechen gesetzlich verpönt worden.

12) Ihr Hauptinhalt war *de adulteriis*, aber sie handelte auch *de stupris, lenociniis* und überhaupt *de pudicitia*, Suet. Aug. 34. l. 9. C. de adulter. l. 29. §. 1. D. eod. Da grade das eheliche Leben so sehr in den Hintergrund getreten war, mußten die dadurch eingerissenen Vergehungen zunächst bestraft werden. Ueber die Strafe: Paul. R. S. II, 26. 14.

13) Tit. D. de fund. dot. Paul. R. S. II, 21. 13.

14) Durch beide wurde die Verschwendungssucht, welche sich so sehr bei Freilassungen offenbarte, bestimmten gesetzlichen Beschränkungen unterworfen, welche jedoch, wie jene gesetzlichen Bestimmungen über zu hohe Schenkungen, später unpractisch wurden.

15) Diese für das Privatrecht sehr wichtigen leges (s. Mackeldey Lehrbuch d. heutig. Röm. Rechts §. 37. Note 6.) haben für die neueste Zeit ihre Bedeutung verloren.

16) l. 29. D. de lib. et postum.

17) Paul. R. S. V, 26. 1. Tit. D. ad leg. Jul. de vi public.

18) Tit. D. ad leg. Jul. de vi privat. vergl. collat. IX, 2. Die usucapio der res vi possessae ist wahrscheinlich durch diese verboten, §. 2. J. de usucap.

19) Nicht zu verwechseln mit der *lex Julia de vi et majestate* unter Cäsar Cic. Phil. I, 9. Sie erlitt wiederholte Veränderungen und Zusätze, vergl. Suet. Tib. 58. Tac. An. I, 72.

leges Juliae judiciariae [20]), die *lex Julia de ambitu* [21]), die *lex Julia de sacrilegio, peculatu et de residuis* [22]), die *lex Julia de annona* [23]), die *lex Julia sumtuaria* [24]), vielleicht auch die *lex Julia* über die *cessio bonorum* [25]). Unter der Regierung des Kaisers Tiberius kommen hinzu die *lex Junia Norbana* über die latini Juniani [26]) vom Jahr 772, die *lex Visellia* über das Bürgerrecht des Latinus, welcher 6 Jahre in Rom unter den vigiles gedient hatte [27]) vom Jahr 777; unter Claudius die *lex Claudia* über die Tutel der Frauen [28]). Vielleicht ist unter Nero eine *lex Junia Petronia* über Abolition zu setzen [29]), eine *lex agraria* wird aus der Zeit des Nerva erwähnt [30]), endlich aus der Zeit des Trajan eine freilich ihrem Namen nach Bedenklichkeit erregende *lex Vectibulici* [31]). Nach dem Bisherigen ist aber am wenigsten die Ansicht der Neueren gerechtfertigt, als sei seit Tiber durch einen Machtspruch des Kaisers von keinen leges mehr die Rede, und es muß die positive Behauptung, daß unter den späteren leges in Wirklichkeit nur SCta verstanden wären, um so mehr seltsam erscheinen, als noch die classischen Juristen, Gajus und Ulpian, zu

20) Suet. Aug. 32. Macrob. Sat. I, 10. Nicht zu verwechseln mit den *leges Juliae judiciariae* unter Cäsar, Cic. Phil. I, 8. Suet. Caes. 40.

21) Suet. Aug. 34. Dio Cass. LIV. p. 531. Tit. D. de leg. Jul. ambitus (XLVIII, 14.).

22) Suet. Aug. 34. §. 9. 11. J. de public. jud.

23) Tit. D. de leg. Jul. de annona.

24) Suet. Aug. 34. Gell. N. A. II, 24.

25) l. 4. C. qui bon. ced.

26) Ulp. I, 10. u. s. w.

27) Ulp. III, 5.

28) Ulp. XI, 8. Gaj. I, 157. 171. vergl. Tac. An. XI, 13.

29) l. 24. D. de manum. l. 11. §. 2. D. ad leg. Corn. de sicar. l. 16. C. de adulter.

30) l. 3. §. 1. D. de term. mot.

31) l. 3. C. de serv. reipubl. manum.

ihrer Zeit die leges neben den SCta u. s. w. als Quelle des geltenden Rechtes aufzählen [32]). Das Recht des Volkes zur Gesetzgebung war auch noch zu dieser Zeit in Wirklichkeit vorhanden, wenigstens nicht aufgehoben, und nur die Schwierigkeit der Comitien hatte bereits die Gesetzgebung desselben in den Hintergrund treten lassen.

§. 24.

Senatusconsulta.

Nicht bloß zu Anfang dieser Periode noch behielt der Senat das Recht der Gesetzgebung, sondern eben erst zu Anfang der Kaiserregierung gewinnen die Beschlüsse desselben an Umfang und Bedeutung, nicht so sehr, weil die Gesetzgebung gegen so manche Mängel der Zeit hindernd einschreiten mußte, als weil grade der princeps die Genehmigung des Senats gern benutzte, um unter der Form des Bestehenden seinem Willen desto sicherer Eingang zu verschaffen. Deshalb war es grade so häufig der Kaiser, nicht mehr der Consul oder ein sonstiger Magistrat, welcher durch seine *oratio* im Senat einen Beschluß veranlaßte [1]). Solche *orationes* werden vielfach erwähnt und sind mit den betreffenden SCta häufig verbunden, auch werden jene SCta oft nur *orationes* genannt [2]); von jenen Vorträgen, welche zur Fassung jener Beschlüsse entweder von dem Kaiser selbst gehal-

32) Ulp. I, 3. — vergl. Ulp. VIII, 2—5.

1) Der Kaiser grade war es, welcher als Consul präsidirte Plin. paneg. 76. ep. II, 11., aber auch bei seiner tribunitischen Gewalt berechtigt war, Anträge zu machen, Dio Cass. LIV. Tac. An. I, 7. Suet. Tib. 23. Er konnte den Beschluß in der Art veranlassen, daß er den übersandten *libellus* zur Vertheidigung den gegenwärtigen Consuln überließ, l. 20. §. 5. u. 6. D. de hered. pet. Gewöhnlicher mochte es durch jene auch mit ausführlichen Motiven versehenen (Tac. An. IV, 37 ff. l. 22. D. de hered. pet.) *orationes* geschehen.

2) l. pen. D. ad SCtum Tertyll. l. 8. pr. D. de transact. l. 52. §. 10. D. pr. sec. l. 60. pr. D. de rit. nupt.

ten [3]) oder von den *quaestores candidati* in der Versammlung hergesagt wurden [4]). Ein Beschluß des Senats jedoch konnte bei jener höchsten Gewalt des Kaisers wohl nicht als gültig angesehen werden, bevor der princeps ihn gebilligt hatte [5]). Die SCta, wie die leges, beziehen sich daurend mehr auf das öffentliche, als das Privatrecht, und seit dem Jahre 650 bis zur Alleinregierung ist, wie vorher, nur Unbedeutendes auszuzeichnen [6]). Im Jahr 657 wurden durch Senatsbeschluß die Menschenopfer untersagt [7]), vom Jahr 677 ist ein Beschluß über die quästorischen Provinzen [8]). Außer anderen [9]) findet sich ein solches über die Aufhebung der Collegien vom Jahr 636 [10]), und für das Privatrecht am wichtigsten ist eine Bestimmung über den erlaubten Zins der *centesima* wahrscheinlich vom Jahr 703 [11]). Aus der Zeit des Kaisers August [12]) ist außer anderen das *SCtum Silanianum* über die Tortur der Sclaven vom Jahr 763 [13]), und denselben Ge-

3) Suet. Aug. 84.

4) Tac. An. XVI, 27. Suet. Tib. 6. l. 1. D. de offic. quaestor. Der Wille des Kaisers wurde dabei gewiß oft gradezu und mit Acclamationen sanctionirt, Plin. ep. IV, 9.

5) Tac. An. XIII, 26. Ueber den kaiserlichen Einfluß bei Abfassung jener Senatsbeschlüsse: Zimmern Gesch. d. Röm. Privatrechts §. 23.

6) Siehe darüber Bach histor. jurispr. Roman. p. 199 sq.

7) Plin. H. N. XXVIII, 1. XXX, 1.

8) l. un. §. 2. D. de offic. quaest.

9) Vergl. Cic. ad Quint. fratr. II, 3. Ascon. Paed. zu Cic. pr. Corn. p. 137. l. 1. u. 3. D. de colleg. — Cic. ad divers. XIII, 72. — Plin. H. N. VIII, 17. —

10) Asc. Paed. zu Cic. in Pison. p. 158.

11) Cic. ad Attic. V, 21.

12) Ueber die Senatsbeschlüsse zur Zeit der Kaiser s. Bach histor. jurisprud. Rom. p. 339 sq. und p. 424 sq.

13) Dio Cass. LIV. p. 533. Tac. An. XIV, 42. Tit. D. de SCto Silaniano.

genstand betraf ein anderes vom Jahr 765 [14]). In die Zeit des Tiber fällt das *SCtum Libonianum*, welches in Betreff des falsum ein Genaueres anordnete [15]), und viele andere gehören in diese Zeit, auch das *SCtum Persicianum* vom Jahr 737, welches eine nachträgliche Bestimmung zu jener lex Papia Poppaea enthielt [16]), und noch in dieselbe Zeit wird gemeinhin ein SCtum über den Quasi-Ususfructus [17]) gesetzt. Aus der Zeit des Claudius vom Jahr 795 ist das *SCtum Largianum* über den Vorzug der nicht *nominatim* exheredirten Kinder des Patrons an der Erbschaft der Latinen [18]), vom Jahr 798 der Beschluß über die *assignatio libertorum* [19]), vom Jahr 799 ein solcher *de aedificiis negotiationis causa non diruendis* [20]). Ein *SCtum Claudianum*, das einen Zusatz zur *lex Cincia* enthielt [21]), ist vom Jahr 800, in welches Jahr auch das *SCtum Macedonianum* [22]) fällt. Im Jahr 802 wurde durch Senatsbeschluß die Heirath mit des Bruders Tochter erlaubt [23]), wegen der Verbindung des Kaisers mit der Agrippina, im Jahr 805 durch ein *SCtum Claudianum* die

14) l. 13. D. de SCto Silan.

15) Die Worte desselben finden sich: collat. VIII, 7. l. 9. §. 3. D. ad leg. Cornel. de fals.

16) Ulp. XVI, 3. Suet. Claud. 23.

17) l. 1. 2. 8. D. de usufr. ear. rer. qu. us. consum. Schon von Sabinus und Nerva finden sich Erörterungen über dieses, l. 3. l. 5. §. 4. D. eod.

18) l. un. §. 12. 13. C. de Lat. lib. tollend.

19) l. 1. pr. D. de adsign. libert.

20) Welches urkundlich vorhanden ist.

21) Tac. An. XI, 7.

22) Tac. An. XI, 13. l. 1. D. ad SCtum Macedon. Genannt gegen die sonstige Regel wurde es von dem Vatermörder, der zu jenem Senatsbeschluß die Veranlassung gab; (l. 1. D. cit.) Theoph. ad J. quod cum eo qui in alien. potest. §. 7. Bestätigt wurde es vom Kaiser Vespasian, Suet. Vesp. 11.

23) Tac. An. XII, 6. Suet. Claud. 26.

Ehe einer Römerin mit einem fremden Sclaven bei Strafe untersagt [24]). Außerdem sind verschiedene *SCta Claudiana* aus dieser Zeit, ebenfalls das *SCtum Vellejanum* über die Bürgschaft der Frauen [25]). Unter Nero im Jahr 808 wurde verboten *ob causam orandam* Geschenke anzunehmen [26]), vom Jahr 809 ist das *SCtum Volusianum* de aedificiis negotiationis causa non diruendis [27]) und ein anderes dieses Namens [28]), vom Jahr 810 das *SCtum Pisonianum* oder *Neronianum* [29]), vom Jahr 814 das *SCtum Turpillianum* [30]), vom Jahr 815 das *SCtum Trebellianum* [31]) und vom Jahr 816 das *SCtum Memmianum* [32]). In dieselbe Zeit gehören außer anderen das *SCtum Calvisianum*, das sich auf die Ehen der Bejahrten bezog [33]), und das *SCtum Neronianum* über die Formen der Legate [34]). Unter den 3 nächsten Nachfolgern des Nero sind keine erhebliche Beschlüsse zu Stande gekommen, aus der Zeit des Vespasian ist das *SCtum Pegasianum* über die Anwendung der lex Falcidia bei Universalfideicommissen [35]),

24) Tac. An. XII, 53. Paul. R. S. II, 11. 2.

25) l. 2. §. 1. D. ad SCtum Vellejan.

26) Tac. An. XIII, 5. vergl. Suet. Ner. 17.

27) l. 52. D. de contrah. emt. Ebenfalls dieses ist auf einer ehernen Tafel befindlich unter den Ruinen von Herculanum ausgegraben und nach Neapel gekommen.

28) l. 6. D. ad leg. Jul. de vi priv. Ueber ein anderes SCtum aus demselben Jahre: Tac. An. XIII, 28.

29) Tac. An. XIII, 32. l. 3. §. 16. D. de SCto Silan. l. 8. pr. D. eod. Paul. R. S. III, 5. 5.

30) Tac. An. XIV, 41. l. 2. D. ad SCtum Turpill. l. 2. C. eod. l. 3. §. ult. D. de praevar.

31) §. 6. J. de fideicommiss. hered. l. 1. §. 2. D. ad SCtum Treb.

32) Tac. An. XV, 19. l. 51. §. 1. D. de leg. 2. l. 76. D. de cond. et demonstr.

33) Ulp. XVI, 4.

34) Ulp. XXIV, 11.

35) Ulp. XXV, 14. Paul. R. S. IV, 3. 1. §. 5. J. de fideicomm.

das *SCtum Plancianum* [36]) und *Vitrasianum* [37]). Unter Titus wurde verboten über dieselbe Sache mehrere Klagen anzustellen und den *status* des Verstorbenen über bestimmte Jahre hinaus anzufechten [38]). Aus der Zeit des Domitian ist das *SCtum Junianum* [39]) nemlich vom Jahr 837, aus der Zeit des Trajan das *SCtum Articulejanum*, *Rubrianum*, *Dasumianum* [40]) u. s. w., das *SCtum Apronianum* über die fideicommissarischen Erbschaften der civitates [41]). Unter Hadrian kamen noch mehrere zu Stande, von denen das *SCtum Tertyllianum* über das Erbrecht der Mutter [42]) am wichtigsten ist. Aus der Zeit des Antoninus Pius läßt sich nichts mit Bestimmtheit angeben, aber unter Marcus und seinem Bruder oder Sohne werden viele *orationes* oder *SCta* gesetzt. Hierher gehört das *SCtum Orphilianum* [43]) vom Jahr 931, ein SCtum über die Ehen der Senatoren [44]) und die Unzulässigkeit der Heirath mit den Mündeln [45]), das *SCtum Juncianum* [46]). Eine oratio des Pertinax über die Testamente wird erwähnt [47]), ebenfalls eine oratio des Septimus Severus über die Grundstücke der Minorennen, welche nicht verpfändet und veräußert werden

---

36) l. 59. §. 1. D. ad leg. Falcid. Ein anderes dieses Namens erwähnt l. 3. D. de agnosc. lib.

37) l. 30. §. 6. D. de fideicomm. libert.

38) Suet. Tit. 8.

39) l. 1. C. de collus. detegend. l. ult. C. eod.

40) l. 51. §. 7. D. de fideicomm. libert. l. 28. l. 36. D. eod. l. 51. §. 4. D. eod.

41) Ulp. XXII, 5. l. 26. D. ad SCtum Treb.

42) §. 2. J. de SCto Tertyll.

43) Ulp. XXVI, 7. §. un. J. de SCto Orph. Capit. Marc. 11.

44) l. 16. D. de sponsal.

45) l. 20. l. 60. D. de rit. nupt.

46) l. 28. §. 4. l. 51. §. 8. D. de fideic. libert.

47) Capit. Pert. 7. §. 7. u. 8. J. quib. mod. testam. infirm.

sollen [48]) und noch einzelnes unter den nächsten Nachfolgern [49]), unter denen die SCta ebenfalls nach und nach immer mehr verschwinden [50]).

§. 25.

Constitutiones principum.

Die erst für diesen Zeitraum und zwar seit der Kaiserregierung als Quelle des geschriebenen Rechtes hinzukommenden *constitutiones principum* [1]) sind eine Folge der durch jene lex regia entstandenen kaiserlichen Befugniß [2]). Durch die vom

48) l. 1. §. 1. D. de reb. eor. qui sub tutel. Eine oratio *de potioribus nominandis* wird auch von ihm erwähnt.

49) Vergl. l. 32. pr. D. de don. int. vir. et uxor. — l. 1. §. 2. D. de fugitiv. — §. 14. J. de succ. qu. ab intest. Theoph. ad h. l. l. 10. §. 3. C. de adopt. l. 66. C. de decur. et fil. — l. 3. C. de ind. vid. toll.

50) Auch späterhin, selbst noch von den christlichen Kaisern war die Competenz des Senats, freilich unter der Voraussetzung kaiserlicher Bestätigung (Symmach. ep. X, 23. u. VI, 62.), anerkannt. (l. 3. 8. C. de leg. l. un. C. de senatuscons. vergl. l. 2. C. Th. de cur. Calend. l. un. C. Th. de cret.) Erst nach Justinian ist sie von Leo als überflüssig durch die kaiserliche Gewalt aufgehoben, Nov. Leon. LXXVIII.

1) Vergl. Heineccius antiquit. Roman. syntagm. I, 2. 56 seq. Bach histor. jurisprud. Roman. pag. 365 sq. Hugo Gesch. d. Röm. Rechts S. 674 ff. Zimmern Gesch. d. Röm. Privatrechts §. 42. 44 ff. Bei letzterem findet sich auch die neueste Literatur angegeben.

2) Die acta des Sulla, welche das Volk im Voraus bestätigte (Appian de bell. civil. I, 98.), des Pompejus, welche nach dem mithridatischen Kriege (App. l. c. II, 13.) oder des Julius Cäsar, welche nach dessen Tode (App. l. c. II, 135.) vom Volke bestätigt wurden, darf man im Ernste nicht constitutiones principum nennen. Aber es ist doch anderseits kein so sonderliches Verdienst, wenn man gegenwärtig die constitutiones principum nicht mehr als erst seit Hadrian hinzugekommen ansieht. Die so vielfachen Angaben in Betreff der Bestimmungen früherer Kaiser machen dies völlig unzweifelhaft, und schon

Volke übertragene höchste Gewalt im Staate, welche bis dahin theilweise von den verschiedenen Magistraturen ausgeübt worden war, ist der Kaiser höchster Richter und Gesetzgeber, deshalb konnten nicht bloß die Richter, wo sie Bedenken trugen, sich die Meinung des Kaisers erbitten [3]), auch Einzelne in zweifelhaften Punkten in ihren rechtlichen Angelegenheiten sich dem Urtheil des Kaisers unterwerfen (*rescripta*) [4]),

---

seit Bach hätte billig Niemand daran zweifeln sollen. Jedoch hat Niemand, was hier die Hauptsache gewesen wäre, den eigentlichen Grund angegeben, warum im justinianischen Codex keine Constitutionen über Hadrian hinausreichen, und dieses, weil die Bedeutung des edictum perpetuum völlig verkannt wurde. Das *edictum perpetuum* (§. 26.) nemlich ist nicht eine Bearbeitung des prätorischen Rechtes, auch nicht bloß eine Zusammenstellung der zu Hadrian's Zeit noch geltenden prätorischen Edicte, sondern eine Compilation des gesammten damals geltenden Civil- und prätorischen Rechtes, für welche jene zu dieser Zeit geltenden leges, SCta u. s. w., ebenso auch die bereits unter den Kaisern hinzugekommenen constitutiones principum benutzt worden sind. Eben deshalb finden sich diese, wie sonst, so in den Commentaren jenes edictum perpetuum angeführt, durch dieselben für die Digesten erwähnt und erörtert, so daß diesemnach die theodosische und justinianische Constitutionensammlung, welche die geltenden, aber bis dahin zerstreuet liegenden kaiserlichen Bestimmungen zusammenfassen, nur diejenigen aufzunehmen brauchte, welche nach dem edictum perpetuum hinzugekommen waren.

3) Dig. XLIX, 1. Cod. VII, 61. Cod. Theod. XI, 29. Diese Relationen und Consultationen wurden so häufig, daß spätere Kaiser auf Beschränkung derselben Rücksicht nehmen mußten, dennoch wurde von Justinian selbst ausgesprochen, daß nur der Kaiser Zweifel und Dunkelheiten lösen könne, l. 12. §. 1. C. de legib. const. Tanta §. 18. 21. Dedit. §. 21. Nov. LXXXII. c. 14. Slav. CXIII. c. 1. pr. Früher konnte der Richter sich in solchen Fällen nur an den Magistrat wenden.

4) Solche auf dem Anfrageschreiben selbst ausgefertigte Entscheidungen des princeps heißen im eigentlichen Sinne *adnotationes* oder *subnotationes* l. 6. 7. C. de div. rescript. l. 1. C. de precib. imper. offerend. Dagegen die *sanctiones pragmaticae* waren practische Entschei-

wie auch die Beamten in ihren Geschäftskreisen theils auf geschehene Anfragen den Rath des Kaisers und die Entscheidung desselben (*epistolae*) [5]), theils ohne weitere Veranlassung von dem Kaiser eine besondere Instruction erlangten (*mandata*) [6]). Die bis dahin dem Volke zustehende Entscheidung in höchster Instanz machte die Appellation an den Kaiser zulässig, und der Kaiser war im Stande, als höchster Richter Recht zu sprechen (*decreta*) [7]). Endlich das Wichtigste, die Gesetzgebung war in die Hand des Kaisers gegeben und die vom Kaiser ausgegangenen Gesetze bezeichnete man unter dem schon früher allgemein üblichen Namen *edicta* [8]).

---

bungen nach reiflicher Erwägung und in ausführlicher Fassung, wie sie erst unter den christlichen Kaisern unter diesem Namen, aber nicht bloß dann, wenn sie an eine Corporation erlassen waren, vorkommen, Zimmern a. a. O. §. 42. Die Rescripte wurden später von dem *quaestor sacri palatii* oder *magister scriniorum* abgeschrieben und bei wichtigen Sachen vom *princeps* unterschrieben, l. 3. 7. de div. rescript. Nov. CXIV.

5) Der Name, wofür auch die Bezeichnung *litterae* l. 3. §. 1. D. de test. l. 31. D. de re jud., erklärt sich aus der hier gewöhnlichen selbstständigen Fassung dieser Antwortschreiben. Hierher gehört die so bekannte *epistola Hadriani* über die Mitbürgen l. 26. D. de fidejussor. §. 4. J. vod. Paulus jedoch leitet sie aus dem prätorischen Edict; Paul. R. S. I, 20, 1.

6) Cod. I, 15. Cod. Theod. I, 3. l. un. D. de offic. praef. Aug. l. 3. l. 19. pr. D. de offic. Praesid. l. 1. D. de colleg. l. 35. D. de poen.

7) Jenes *decretum* war überhaupt die Entscheidung eines Rechtsstreites, welcher gemeinhin eine Untersuchung (*cognitio*) voraufging: die Entscheidung konnte aber auch eine bloße *interlocutio* sein, l. 2. D. de his qu. in testam. delent. u. s. w. Hierher gehört das *decretum divi Marci*.

8) In späterer Zeit auch *edictalis, generalis lex, edictum generale* (l. 3. C. de leg. l. un. C. Theod. de strator. Cod. XII, 25.) *perpetuae* oder *perpetuo valiturae leges* (l. 6. C. de secund. nupt. l. 2. C. ubi qu. de curial. l. 6. C. de div. praed. urb.) u. s. w.

Aus dem Bisherigen ergiebt sich aber die verschiedene Bedeutung der kaiserlichen Bestimmungen schon von selbst. Nur die *edicta* konnten als eigentliche Gesetze gelten und eine allgemeine Anwendung finden, sofern sie sich nicht bloß auf einzelne Sachen oder Fälle oder einzelne Personen bezogen [9]). Die kaiserlichen Instructionen für Beamte konnten bloß einstweilen entscheidend sein, aber auch wiederholt werden; auch der Kaiser dieselben ein für alle Mal erlassen. Die kaiserlichen Decrete galten nur als Entscheidungen, welche aber zugleich als Erklärungen oder Entscheidungen über zweifelhafte Punkte als Gesetz befolgt werden konnten und ohnehin als Recht galten, wenn sie, wie es nicht selten der Fall war, im Geist der vorhandenen Gesetze erlassen waren, und dasselbe muß ebenso von den Rescripten gelten, sofern nicht bloß von einzelnen Ausnahmen die Rede war [10]). Eben deshalb konnten die Römischen Juristen bei ihrer Interpretation so häufig auch auf diese verweisen [11]) und diese bei der späteren Compilation des geltenden

9) Diese sogenannte *privilegia*, wofür eben in den neuesten Rechtsquellen so vielfache Beläge sich finden, waren entweder *favorabilia* oder *odiosa* und von beiden, obgleich sie allgemein publicirt waren, konnte keine analoge Anwendung gemacht werden. Manche Edicte wurden nur über eine einzelne Sache erlassen Plin. ep. X, 71.; manche hatten nur einen vorübergehenden Gegenstand oder kamen hinterher außer Gebrauch (l. 2. §. 1. D. de SCto Vellej.). Jene privilegia oder jura singularia waren entweder *generalia* z. B. das beneficium impetrandi dominii, inventarii, ordinis, divisionis, oder *specialia* z. B. die Ertheilung der Civität.

10) Die Kraft eines Gesetzes wird daher auch diesen wiederholt eingeräumt, Gaj. I, 5. l. 1, §. 1. D. de const. princ. l. 2. C. de div. rescript. Die technische Bezeichnung ist: *generalia rescripta* (l. 9. §. 2. D. de hered. inst.), *generaliter rescribere* (l. 89. §. 1. D. ad leg. Falcid. l. 3. §. 5. D. de furt.), *generalis epistola* (l. 1. §. 2. D. de fugit.).

11) Vergl. l. 9. §. 2. D. de hered. inst. l. 18. pr. D. de his qu. ut indign. l. 22. pr. D. ad SCtum Treb. l. 49. D. ad leg. Falcid.

Rechtes benutzt werden. Die Gesetzgebung der Kaiser, auch wo sie nicht von der Genehmigung des Senats abhängig gemacht war, erlangte von jeher eine größere Bedeutung durch den Rath erfahrener Juristen, welche die Kaiser um sich versammelt hatten, und schon für die älteste Zeit findet sich eine Reihe von erheblichen Edicten. Von August wird ein Edict über die Untersuchungen [12]), über die Unzulässigkeit, den Sohn als *miles* zu exheredieren [13]), über die verbotene Intercession der Frauen für ihre Männer [14]) und eine Anordnung über die Disciplin der Soldaten [15]) noch für die neueste Zeit erwähnt. Es sollten nicht Neubauten über 70 Fuß Höhe an öffentlichen Wegen gestattet sein [16]). Von Tiber werden einzelne gesetzliche Bestimmungen über die *leges sumtuariae* [17]) und die Bestrafung der Frauen durch das Hausgericht der Verwandten [18]) bemerkt. Vom Claudius ist das Verbot kranke Sclaven auszusetzen oder zu tödten [19]), durch ihn die Genehmigung des Curators bei der Arrogation des Curanden [20]) erforderlich, welche bis dahin nach der Bedeutung der cura unzulässig war, es sollte dem Sohne das *peculium profectitium* verbleiben, wenn das Vermögen des Vaters dem Fiscus zufiel [21]). Er verbot die Bürgschaft

12) l. 8. D. de quaestion.

13) Paul. R. S. III, 4. 10. l. 26. D. de liber. et postum.

14) l. 2. pr. D. ad SCtum Vellej. Ein anderes bei Suet. Aug. 32.

15) l. 12. §. 1. D. de re mil. vgl. Aug. 49. Veget. de re mil. I, 27.

16) Strab. V. p. 359. — Ueber eine Bestimmung *de limitibus* siehe Hyg. de limit. p. 181.

17) Suet. Tib. 34.

18) Suet. Tib. 35.

19) l. 2. D. qui sin. manum. ad libert. l. un. §. 3. C. de Latin. libert. toll. Suet. Claud. 25.

20) l. 8. D. de adopt.

21) l. 3. §. 4. D. de minor.

der Frauen für ihre Männer [22]), das *sibi adscribere* in Betreff eines Legates [23]) und ertheilte den Soldaten das *jus liberorum* [24]). Nero untersagte gewisse Arten von öffentlichen Spielen in den Provinzen [25]) und traf genauere Anordnungen für das Besitzthum in den Provinzen [26]). Auch ist eine Bestimmung über die Schiffe der Handelsleute [27]), über die Gebäude [28]) und die *leges cibariae* [29]) zu erwähnen. Vespasian bestimmte [30]), daß nicht mehr als 3 *legati* von den *civitates* gesandt werden sollten [31]). Von Titus finden wir ein Edict über die *delatores* [32]) und über die Testamente der Soldaten [33]); von Domitian ein solches über die Castration der Männer [34]), über die Unkeuschheit der Frauen [35]), über fiscalische Angelegenheiten [36]), gegen die Abolition nach dem *SCtum Turpillianum* [37]) und über die Besitzungen der öffentlichen Ländereien [38]). Durch Nerva's Bestimmung konnte den *civitates* legirt wer-

22) l. 2. pr. D. ad SCtum Vellej.
23) l. 15. D. ad leg. Cornel. de fals.
24) Dio Cass. LX. p. 681.
25) Tac. An. XIII, 31.
26) Tac. An. XIII, 51.
27) Tac. An. l. c.
28) Tac. An. XV, 43.
29) Suet. Ner. 16.
30) Ueber ein Edict des Vitellius siehe Tac. Hist. II, 92.
31) l. 4. §. 6. D. de legation.
32) Suet. Tit. 8. Plin. paneg. 34.
33) l. 1. pr. D. de test. milit.
34) Suet. Dom. 7. Ammian. Marc. XVIII, 4.
35) Suet. Dom. 8.
36) Suet. Dom. 9.
37) l. 2. §. 1. D. de custod. et exhib. reor.
38) Suet. Dom. 9. Sic. Flacc. de cond. agror. ed. Goes. p. 24. Aggen. Urbic. in Frontin. p. 59.

den [39]), die Castration wurde verboten [40]), die Heirath mit des Bruders Tochter untersagt [41]). Außerdem sollte der *status* eines Verstorbenen nicht noch nach 5 Jahren angefochten werden [42]), Testamente der Soldaten sollten in jeder Form gültig sein [43]), der Soldat über sein *peculium castrense* gültig testiren [44]) u. s. w. Von Trajan wird ein Edict über die *staterae adulterinae* [45]) und noch ein anderes [46]) in den Digesten erwähnt, ohnehin eine Bestimmung über die *delatores* [47]) und die Höhe der Gebäude [48]). Von Hadrian war das Edict

---

39) Ulp. XXIV, 22.

40) Dio Cass. LXVIII. p. 770.

41) Dio Cass. l. c. Eine andere hierher gehörige Bestimmung siehe bei Frontin. de aquaed. p. 253.

42) l. 4. pr. D. ne de stat. defunct.

43) l. 1. pr. D. de testam. mil.

44) pr. J. quib. n. est permiss. fac. testam. — Ueber eine andere Bestimmung: Dio Cass. LXVIII. p. 769.

45) l. 6. §. 1. D. de extraord. crimin.

46) l. 13. D. de jur. fisc.

47) Plin. paneg. 34.

48) Aur. Vict. vit. Traj. 13. Von Trajan unter anderen werden auch manche Rescripte erwähnt Plin. Ep. X, 27. 29. 31. 37. 41. sq. Aber von diesem Kaiser muß hier noch die sog. *tabula alimentaria* oder *Trajani* erwähnt werden, welche auf einer großen metallenen Tafel im Jahr 1747 unter den Ruinen von Velleja aufgefunden und ein von Trajan bestätigtes Verzeichniß über mehrere für eine zur Alimentation von Kindern hergeliehene Summe verpfändete Grundstücke enthält. Bereits früher edirt und erläutert ist sie in unseren Tagen wiederholt bearbeitet worden. Vergl. Hugo Civil. Magaz. Band II. S. 432 ff. F. A. Wolf von einer milden Stiftung Trajan's nach Inschriften 1808. Quaestio antiquaria de pueris et puellis alimentariis specim. III. ed. Chr. Henr. Paufler 1809. Nach dem Original herausgegeben von P. de Lama 1819, und zuletzt von Spangenberg juris Rom. tabul. negot. solennium mod. in aer. modo in marmore modo in charta superstites (1822) p. 307 sq.

über die schleunige Besitznahme der Erbschaft, damit die Entrichtung der *vicesima hereditatum* nicht verzögert werde[49]), was von Justinian aufgehoben, dennoch anderweitig im wesentlichen beibehalten wurde, ein Edict über die Entwendung beim Schiffbruch[50]), über die Relegirten und Deportirten[51]), über die Güter der *proscripti*[52]), über den Schatz[53]), Sclaven sollten nicht getödtet, sondern vom Richter verurtheilt werden, auch wurde der Verkauf derselben beschränkt[54]). Noch manche andere Gesetze, auch verschiedene *sententiae* und *epistolae* sind von diesem Kaiser[55]). Die *quarta divi Pii*, so wie bestimmte Vorschriften über die *arrogatio* des *impubes*[56]), sind von Antoninus Pius, welcher die Schenkung unter nahen Angehörigen auch ohne *mancipatio* zuließ[57]), die Beerdigung in der Stadt[58]), aber auch die *legata poenae nomine*[59]) untersagte. Er verbot die Verfolgung der Christen[60]). Durch Marc Antonin ist genaueres über die *cura minorum* zu Stande gekommen[61]), außer anderen[62]) die

49) l. 3. C. de ed. div. Hadr. toll.

50) l. 7. D. de incend. ruin. naufrag.

51) l. 28. §. 13. D. de poen.

52) l. 7. §. 3. D. de bon. damnator. Spart. Hadr. 18.

53) §. 39. J. de rer. divis. Spart. Hadr. l. c.

54) Spart. Hadr. l. c.

55) Letztere sind von dem Grammatiker Dositheus zu Ulpian's Zeit griechisch herausgegeben, vergl. Bach histor. jurisprud. Rom. p. 434 und 435. und Zimmern Gesch. d. Röm. Privatrechts §. 7. Aehnliche Sammlungen waren von Papirius Justus, wohl unter Marcus selbst, von Paulus und Ulpian veranstaltet.

56) Ulp. VIII, 5. l. 17. D. de adopt. §. 3. J. h. t.

57) l. 4. C. Th. de don. Paul. R. S. IV, 1. 11.

58) Cap. Pius 12.

59) Capitol. Pius 8. Pertin. 7.

60) Euseb. hist. eccles. IV, 13.

61) Capitol. Marc. 10.

62) Vergl. Capitol. Marc. 9. 11. 13.

professio natalium angeordnet[63]), auch einiges über das Gerichtswesen bestimmt worden[64]). Von Commodus findet sich nur ein Edict in den Digesten erwähnt[65]), einzelnes von Septimius Severus[66]) und von Caracalla wurde außer anderem[67]) die vicesima in eine *decima hereditatum* verwandelt[68]).

§. 26.

Edictum perpetuum.

Das prätorische Recht hatte schon vor dem Ende der Republik eine festere Gestalt gewonnen, aber sicher kann mit dem Aufhören der Republik an keine weitere Fortbildung durch jene Prätoren gedacht werden, denn die höchste Gewalt der Magistraturen war auf den Alleinherrscher übertragen und von einer besonderen Einräumung der früheren Berechtigung durch die Kaiser ist nirgends die Rede. Mochten auch die Prätoren zur Zeit der Kaiser noch eine Zeit beim Antritt ihres Amtes ein Edict nach dem geltenden Rechte aufgestellt haben, von neuen Zusätzen finden wir nichts[1]) und jede Fortbildung des prätorischen Rechtes konnte nur besonders durch den Kaiser oder

63) Capitol. Marc. 9.

64) Aurel. Vict. vit. Anton. 15.

65) l. 6. §. 1. D. de agnosc. vel alend. liber.

66) Tertull. apol. 4. Dio Cass. LXXVI. p. 869.

67) Vergl. l. 1. C. de his qu. in exil. dat.

68) Dio Cass. LXXVII. p. 874. Die früheren Befreiungen in dieser Hinsicht wurden aufgehoben. Dio Cass. l. c. collat. c. ult. Nur um eine größere Abgabe zu erlangen, soll allen Peregrinen im Römischen Reiche die Civität ertheilt sein, Dio Cass. l. c. l. 47. D. de stat. hom. Macrin stellte die *vicesima* wieder her, Dio Cass. LXXVIII. p. 893.

1) Nicht stehen entgegen l. 6. §. 1. D. de custod. reor. und l. 26. §. 7. D. ex quib. caus. major. l. 1. §. 13. D. de ventr., eben so wenig l. 3. D. de conjung. cum emancip. lib. ej.

durch Interpretation vor sich gehen. Es mußte bei dem regen Fortschreiten der Gesetzgebung, nachdem die ursprüngliche Quelle der 12 Tafeln als das eigentliche Gesetzbuch zum großen Theil veraltet, aber auch das später bei weitem wichtiger gewordene, immer noch zerstreuet liegende, prätorische Edict manche Aenderungen erlitten hatte, eine Redaction des geltenden Rechtes grade das wesentlichste Bedürfniß werden. Diese nemlich wurde unter Hadrian [2]) durch das *edictum perpetuum* [3]) bewirkt, welches neuere Juristen für eine Bearbeitung des prätorischen Rechtes haben ansehen wollen [4]), wiewohl das Gegentheil durch den nicht zweifelhaften Inhalt jenes edictum perpetuum völlig zuverlässig genannt werden muß. Zu diesem Unternehmen benutzte Kaiser Hadrian den Salvius Julianus [5]), der selbst ein ausgezeichneter Jurist [6]) und

2) Eutrop. VIII, 9. const. de confirm. Digestor. §. 18. l. 7. C. de incolis.

3) Vergl. Bach histor. jurisprud. Roman. p. 442 sq. Heineccius antiqu. Romanor. syntagm. prooem. 14 sq. Hugo Geschichte des Römisch. Rechts S. 723 ff. Schweppe Röm. Rechtsgeschichte und Rechtsalterthümer §. 68 ff. Zimmern Gesch. d. Römisch. Privatrechts S. 131 ff. Mackeldey Lehrbuch des heutigen Römisch. Rechts §. 42.

4) Diese Ansicht findet sich noch gegenwärtig allgemein verbreitet, so sehr auch im einzelnen verschiedene Meinungen geäußert worden sind.

5) Freilich nennt Aurelius Victor aus einem Irrthum den Kaiser Didius Julianus (Aur. Vict. de Caesar. 19.), allein sieh: Eutrop. VIII, 9. Paul Diacon. hist. misc. X, 20. constit. omnem reipublic. l. const. dedit. §. 18. Euseb. Chron. nr. 2147. u. l. 10. C. de cond. indeb. l. 7. C. de incol. u. s. w.

6) Verschiedene Lobeserhebungen dieses Verfassers finden sich noch im justinianischen Recht l. 5. C. de bon. qu. liber. l. 10. C. de cond. indeb. l. 15. C. de usufruct. et habitat. Nov. LXXIV. u. s. w. Ueber seine besondere Liebe zur Wissenschaft: l. 40. §. 5. D. de fideicomm. libert.

Sabinianer [7]) das übertragene Unternehmen vielleicht als Prätor [8]) zu Stande brachte [9]). Das Antiquirte wurde weggelassen [10]) und verändert, das Ueberflüssige gestrichen [11]), dabei einzelne neue Zusätze gemacht [12]), die Arbeit durch Kaiser Hadrian im Jahr 131 nach Chr. nach gehaltener *oratio* und ausgesprochenem Beschluß des Senats als Gesetz publicirt [13]). Grade die Hauptquelle des

---

7) l. 2. §. ult. D. de orig. jur. Daß Julian den Ansichten seiner Schule zu sehr gehuldigt habe, läßt sich nach l. 1. §. 1. D. de jur. fisc. nicht so unbedingt annehmen.

8) Daß er selbst Prätor war, ist gewiß l. 5. D. de manumiss. vindict.; ungewiß, ob er grade als Prätor diese Arbeit übernahm.

9) Eutrop. VIII, 9. Aurel. Vict. de Caesar. 19. Paul. Diacon. hist. misc. X, 20. const. dedit. §. 18. Tant. §. 18. Omnem. §. 1. l. 10. C. de cond. indeb. l. 10. C. de cond. indeb. Von einer bloßen Abfassung, nicht etwa von einer wissenschaftlichen Bearbeitung, sprechen die hierher gehörigen Stellen, und wenn jene Zusammenstellung eine kurze genannt wird (const. dedit. §. 18.), so bestimmt sich dies freilich durch den späteren Gegensatz der Digesten. Die Bezeichnung des Julian als *legum et edicti conditor*, in welchem Sinne auch *condidit edictum* vorkommt, bezieht sich darauf, ebenso: *edicti perpetui ordinator*, wobei man zugleich an eine neue Zusammenstellung erinnert wird. Zu vergleichen sind auch Heineccius histor. Edict. lib. 2. F. A. Biener de Salvii Juliani meritis in edictum Praetorium recte aestimandis 1809.

10) Vergl. l. 1. D. quod met. caus. l. 1. §. 1. D. commod.

11) Vergl. Gell. N. A. XI, 17.

12) l. 3. D. de conjung. cum emancip. liber. ej. Hierbei ist am wenigsten an eine Wirksamkeit der Prätur zu denken, sondern nur an einen zur Abfassung jenes Werkes gemachten Auftrag. Auch die Compilatoren der Digesten mußten verschiedene der Zeit angemessene Aenderungen für die neue Compilation treffen, ohne daß man deshalb an die Wirksamkeit der Prätoren erinnert wird.

13) De confirm. dig. §. 18. Dieser Umstand beweiset grade am zuverlässigsten die gesetzliche Kraft dieses Edictes.

geltenden Rechtes war zu dieser Zeit das Edict [14]), weshalb auch der Name für diese neue Compilation beibehalten zu sein scheint, nur mit dem Zusatz, der auf die Unveränderlichkeit der aufgenommenen Bestimmungen hindeutet [15]). Es enthält zugleich alle Bestimmungen, welche sich für die Provinzen durch die Auctorität der Prätoren ausgebildet hatten [16]), weil es als allgemeines Gesetzbuch ebenso für die Provinzen entscheidend wurde, es enthält gleichfalls die Bestimmungen, welche

14) Jenes Edict der Prätoren wird daher bei dieser Abfassung ausdrücklich erwähnt, Aurel. Vict. de Caesar. 19. l. 10. C. de cond. indeb.

15) Daß das prätorische Edict wenigstens seit dieser Zeit keine neue Zusätze durch die Prätoren erlangt habe, ist von den Neueren niemals bestritten worden. In Wirklichkeit hatte aber das edictum perpetuum als ein neues Gesetzbuch dieselbe Bedeutung, welche früher die 12 Tafeln und später die justinianeische Compilation. Eben deshalb, und weil die 12 Tafeln auch zu wissenschaftlichen Bearbeitungen mehr unbenutzt bleiben konnten, knüpft die spätere Interpretation, wie sie noch in den Digesten vorhanden ist, ihre Erörterung in unzähligen Stellen ausdrücklich an den Inhalt dieses Edictes und beruft sich auf dasselbe (vergl. l. 77. §. 29. D. de leg. 2.), wenn auch die einzelnen für das Edict benutzten Quellen den späteren Juristen zu ausführlichen Bearbeitungen nicht unzugänglich gemacht wurden, wie dieses für die justinianeische Compilation der Gesetze der Fall war. Auch die kaiserliche Gesetzgebung erwähnt jenes Edict als die vorhandene Quelle und sonst wiederholt (l. 13. C. de testam. l. 2. C. de success. ed. l. 2. C. de cond. insert. l. 2. C. de in jus vocand. l. 4. C. de his qu. vi met. l. 5. de appellat. l. 6. qu. admitt. ad bonor. poss. l. 8. de injur. l. 13. C. de transact. l. 7. C. de incol. u. s. w.). Die Digesten, wie der Codex, sind nach dem Plane des Edictes abgefaßt worden (l. 1. §, 5. C. de vet. jur. enucleand.).

16) Dieses ist nach den später zu erwähnenden Commentaren ad edictum nicht zweifelhaft; auch ist der Commentar des Gajus zu diesem Edict *ad edictum provinciale* betitelt. Eine besondere Abfassung des edictum provinciale, wie sie von so vielen der neueren Juristen angenommen wird, findet sich nirgends bestätigt.

durch das aedilitische Edict sich behauptet hatten [17]), auch alle Lehren des Civilrechts, soweit und in wie weit sie für die damalige Zeit wichtig blieben. Dabei hat Salvius Julianus sich dem bereits bekannten Systeme der 12 Tafeln angeschlossen, weil eben das Edict des Prätors nur einzelne Lehren enthielt; das System jenes edictum perpetuum ist jedoch durch die vielen Lehren, welche nach den 12 Tafeln und namentlich durch das prätorische Recht hinzukamen und am wenigsten an passenden Orten eingeschaltet werden konnten, im einzelnen verändert und verdorben worden. Die einzelnen Lehren haben ihre Titel und Rubriken [18]), außerdem finden sich in demselben jene *partes* [19]) als bloß äußere, nicht weiter mit dem System der einzelnen Lehren zusammenhängende Abtheilungen, deren es wahrscheinlich nicht 7, sondern 10 gab [20]), zum Andenken an jene ersten 10 Tafeln. Auch im Edict war zuerst vom Prozeß die Rede nach einer Einleitung, in welcher auch von den Magistraturen gehandelt wurde [21]). Zunächst war

17) Die entgegengesetzte Ansicht der Neueren ist unbegründet, es findet sich nirgends, daß das Edict der Aedilen als solches dem Edict bloß angehängt sei, sondern Justinian, indem er vom 21sten Buche der Digesten spricht, erwähnt gelegentlich, daß diese Materien im Edict erst an einer späteren Stelle Platz gefunden, const. omn. §. 4. was von der in jenem Buche Platz findenden Evictionsleistung gilt, während vom ädilitischen Edict im Obligationenrecht die Rede war. Meine Schrift de ordine et histor. Digestorum p. 204. Gajus, Ulpian und Paulus bearbeiteten das aedilitische Edict in besonderen Commentaren, nicht in ihren Erörterungen zum edictum perpetuum.

18) l. 1. D. de in integr. restit. l. 1. D. de reb. cred. l. 2. §. 3. D. de interd. l. 195. §. 3. D. de verbor. signif.

19) l. 3. D. und. legit. l. un. §. 1. D. ut ex legib.

20) Vergl. insbesondere meine Schrift de ordine et historia Digestorum p. 462 sq.

21) Es finden sich in meiner Schrift de ordine et historia Digestorum genauere Angaben auch über das Edict, worauf ich durchweg um

vom Verfahren, dann von den Beiständen der Partheien, nach welchen jedoch die ganze Lehre von der *in integrum restitutio* eingeschaltet wurde, endlich von den Richtern und dem *forum* die Rede [22]). Dann folgte das Privatrecht, und zwar in ganz gewöhnlicher Ordnung das Sachenrecht, Obligationenrecht, Familienrecht und Erbrecht. Im Sachenrecht fanden zunächst die Erbschaftsklagen einen Platz, welche ursprünglich als Eigenthumsklagen in Betracht kamen, weshalb um so mehr von den Römischen Juristen das Erbrecht als ein Theil des Sachenrechts behandelt wurde. Dann folgte unstreitig nach den 12 Tafeln, die Lehre des Eigenthums bei Gelegenheit der *rei vindicatio*, jedoch mit Ausschluß der Erwerbarten und der Gründe des Verlustes, das prätorische Eigenthum wurde demnächst bei Gelegenheit der actio publiciana hinzugefügt, ohnehin das *jus in agro vectigali* und die Lehre von den Servituten [23]). Das mit dem jus in agro vectigali so genau zusammenhängende Recht der superficies findet sich erst später bei Gelegenheit der Interdicte, das hier ebenfalls übergangene Pfandrecht, während nur vom Pfandcontract im Obligationenrecht gehandelt ist, in einem Anhange zum System des Privatrechts. Im Obligationenrecht ist die Ordnung bei weitem am schlechtesten, wegen der vielen Materien, die erst nach den 12 Tafeln hinzukamen. Es finden sich namentlich eine Menge Einschaltungen am unpassenden Orte. Zunächst ist hier von den Vergehungen, jedoch nur von ein-

---

so mehr verweisen zu müssen glaube, als bei den früheren Versuchen, die Ordnung des Edictes wiederherzustellen, sich im einzelnen so manches Unrichtige und Mangelhafte vorfindet. Vergl. über jene Einleitung das edictum perpetuum: meine angeführte Schrift §. 25—40.

22) Das Einzelne findet sich in meiner Schrift de ord. et histor. Digestor. p. 44—46. p. 53—57. p. 60—63. p. 69—71. p. 78. 79 sq.

23) Meine Schrift de ord. et histor. Dig. p. 89—91. p. 110—113. p. 115. 116.

zelnen späteren, nemlich den sogenannten Quasi Delicten, unter denen die Theilungsklagen eingeschaltet sind [24]), dann von den Contracten gehandelt. Mit den *contractus re* beginnend, hat Julian, jedoch wohl nur wegen jener condictio certi ex mutuo, zunächst die Reihe der *condictiones* erörtert (so daß die übrigen *contractus re* am unpassenden Orte eingeschaltet werden mußten), dann die *actiones adjectitiae qualitatis* und endlich die *contractus consensu* [25]). Die stipulatio findet sich hier nicht, und wo die literarum obligatio u. s. w. Platz fanden, läßt sich nicht ermitteln. Jede dieser Rubriken hatte Anhänge und Zwischenschaltungen [26]). Im Personenrecht war die Rede von der Ehe und dem auf diese sich beziehenden Güterrecht u. s. w., außerdem von der Tutel und Curatel [27]), dagegen von der patria potestas in dem Anhange zum Privatrecht und von der servitus gelegentlich im Erbrecht. Im Erbrecht fand zunächst die damals so wichtige *bonorum possessio*, und dann erst das Civilerbrecht seinen Platz, jedoch vor allem die *successio in bona liberti* und, wie es scheint, auch die Lehre vom *furtum* [28]). In diesem System des Privatrechts befanden sich am wenigsten alle zu erörternden Materien, weshalb noch so vieles in einem Anhange, welcher sich

24) Meine angeführte Schrift p. 123—125. p. 127 u. 128. p. 129—133.

25) Meine Schrift de ordin. et histor. Dig. p. 150—152. p. 153—155. p. 160. 162—165. p. 171—173. p. 176.

26) Weil so viele Lehren im System fehlten, welche dennoch dem Obligationenrecht angehörten, sind in den Digesten an dieser Stelle diejenigen dem Obligationenrecht hinzugekommen, welche sich im Buch 20. 21. und 22 finden. Im Edict standen diese Lehren großentheils im Anhange, andere waren im Obligationenrecht selbst unzweckmäßig eingeschaltet. Meine Schrift de ordine et histor. Digestor. p. 189—209.

27) Ueber das Einzelne: meine Schrift de ordine et histor. Digestor. pag. 214 und 215. 219—225.

28) Ueber Einzelnes: meine angef. Schrift p. 231 u. 232. 234. 238—243. p. 246 sq. 252. 253. 256 u. 257. 258. 259. 260. 268.

schon in den 12 Tafeln fand, abgehandelt werden mußte. Zunächst waren als Lehren geringeren Umfanges die *operis novi nunciatio*, das *damnum infectum* und die *actio aquae pluviae arcendae* [29]) zusammengestellt, dann die Lehre von den Freilassungen [30]), von den Erwerbarten und dem Verlust des civilen und prätorischen Eigenthums [31]), vom Urtheil und Concurs der Gläubiger [32]), von den Interdicten [33]), vom Pfandrecht, von den *exceptiones* [34]), welche zur Zeit der 12 Tafeln noch nicht vorhanden waren, von der Stipulation [35]) und endlich noch ganz verschiedene Lehren geringeren Umfanges, z. B. die Adoption, die Schenkung, die *mortis causa donatio* u. s. w. Dann endlich war von den Delicten und Verbrechen und noch von dem *jus publicum* gehandelt [36]). Insofern das Edict das geltende Recht enthielt, wurde es zum Unterricht benutzt, und ein Hauptgegenstand der Römischen Interpretation, nicht bloß von Julian selbst in seinen *libri digestorum*, sondern auch von den ausgezeichnetesten jener classischen Juristen, von Pomponius [37]), Ulpian [38]), Paulus [39]), ebenfalls Gajus [40]) ausführlich bearbeitet, aber auch von Calli-

29) Meine Schrift de ordine et histor. Digestor. p. 282 u. 283. Von der Schenkung, und was damit zusammenhängt, war im Edict erst später gesprochen.

30) Von welcher schon früher die Rede gewesen. Meine Schrift de ordin. et histor. Digestor. p. 299.

31) Meine angeführte Schrift p. 313 sq.

32) S. a. a. O. p. 332 sq.

33) S. a. a. O. p. 341.

34) Meine Schrift de ordin. et histor. Digestor. p. 376.

35) Siehe a. a. O. p. 381.

36) Beides ist nicht zweifelhaft zu nennen.

37) In 83 libri ad Edictum.

38) Ebenfalls in 83 libri ad Edictum.

39) In 30 libri ad Edictum.

40) Der nach der Bücherzahl (libri 32) gewiß nicht unbedeutende Com-

stratus[41]), Furius Anthianus[42]) und Hermogenian[43]) commentirt. Die Arbeiten dieser Juristen bilden demnach sehr natürlich die eigentliche Grundlage bei Abfassung der Digesten, wiewohl sie nur den Prozeß und die Lehren des Römischen Privatrechts nach jenem edictum perpetuum, nicht die crimina und das jus publicum erklären. Nach dem System jener ausführlichen Commentare, welche mit Angabe des Buches durchgehens in allen Titeln der Digesten benutzt sind, läßt sich der Inhalt und die Anordnung jenes uns verloren gegangenen und nur in einzelnen Fragmenten übrig gebliebenen edictum perpetuum wiederherstellen, die Ordnung jener Commentare nemlich kann bei ihrer im wesentlichen so durchaus großen Uebereinstimmung nur als dieselbe mit der jenes Gesetzbuches selbst angenommen werden. Jene Ordnung aber, wie sie nicht bloß für spätere Compilationen, selbst die justinianeischen Rechtsbücher, den Codex und die Digesten, benutzt wurde, ist vorzugsweise in ersterem beibehalten worden, so daß wir mit Hülfe des Codex (wenn nemlich von den vielen Titeln abgesehen wird, welche erst durch eine spätere Zeit hinzukommen konnten) noch mit mehr Sicherheit über den Inhalt und die Bedeutung jenes Edictes zu bestimmen im Stande sind[44]), als es durch die sorgfältigen Bemühungen der älteren Juristen geschehen war.

---

mentar des Gajus ad edictum provinciale befolgt ganz dieselbe Ordnung, so daß man ihn sicher nicht für einen Commentar zu einem anderweitigen edictum (provinciale) halten kann. Unstreitig wurde es auch mit diesem Namen bezeichnet, weil es nicht anders für die Provinzen galt.

41) In seinem *edictum monitorium* in 6 Büchern.

42) In 5 Büchern ad edictum.

43) In seinem *epitome* (l. 2. D. de stat. homin.).

44) Nur mit Hülfe des Codex aber läßt sich über so vieles Einzelne genauere Nachricht geben, wo uns jene Commentare ad edictum verlassen, besonders über Inhalt und Ordnung des Edictes bei jenen crimina und dem jus publicum.

Auch unserer gegenwärtigen Zeit fehlt es nicht an Versuchen zur Wiederherstellung und geistreichen Conjecturen zur Erklärung jenes Edictes[45]).

§. 27.

Römische Juristen.

Wiewohl die Thätigkeit der Juristen im ganzen noch dieselbe blieb, wie vorher, so wird sie dennoch unter den Kaisern nach und nach eine im hohen Grade ausgezeichnete. Das Respondiren, und was damit zusammenhing, blieb noch zu Anfang dieser Periode die Hauptsache, und damit im ganzen auch jene frühere Tendenz bei Erklärung des vorhandenen Rechtes. Das Recht zu respondiren ertheilte auch noch August als eine besondere Erlaubniß[1]), wozu bis dahin jeder Rechtsgelehrte berechtigt war. Die Meinungen der ausgezeichneten Gelehrten erhielten durch jene Erlaubniß ein größeres Ansehen, weil die Richter diese befolgen sollten[2]), was bis da-

45) Das Einzelne findet sich bereits besonders von Zimmern a. a. O. §. 41. und Mackeldey a. a. O. Note m. erwähnt.

1) l. 2. §. 47. D. de orig. jur.

2) l. 2. §. 47. D. de orig. jur. vergl. auch Gaj. I, 7. §. 8. J. de jur. natur. gent. et civil. Theoph. ad §. 9. J. eod. const. Deo auctor. §. 4. const. dedit. §. 20. const. Tanta §. 20. l. 12. C. de leg. Auch dieser Umstand erschien neueren Juristen als etwas Singuläres, wiewohl alles mit der damaligen Zeit so genau zusammenhängt. In den Zeiten des Verderbens, und namentlich vor August, zu Ende der Republik, war es gewiß nicht selten, daß jene responsa auch von sehr Unwissenden ertheilt wurden, wodurch eine ungerechte Sache bei Schwäche der Richter den Sieg davon trug. Das Ansehen der Juristen war gesunken (Cic. de offic. II, 19.) und so manches responsum wurde durch kräftige Vertheidigung vernichtet (Cic. pr. Mur. 13. pr. Caec. 24.). Wie nun in allen Anordnungen des Kaisers August das Bestreben sehr sichtbar ist, die Mängel der Zeit zu verbessern, so konnte durch diese Anordnung im eigentlichen Sinne nur eine mehr sichere Rechtspflege beabsichtigt werden.

hin nur dem Richter überlassen blieb. Die responsa sollten zugleich signirt ertheilt werden [3]), was ebenfalls bis dahin nicht geschah. Kaiser Tiber befolgte dasselbe, indem er dem Sabinus das Recht, dem Volke zu respondiren, ertheilte [4]). Freilich wollte Caligula alle Juristen unterdrücken, damit keiner außer ihm respondiren könne [5]). Dabei aber blieb das Recht, zu respondiren, jedem anderen Rechtsgelehrten, und Hadrian erklärte den darum nachsuchenden viris praetoriis, daß dasselbe nicht erst erbeten zu werden brauche, sondern von jedem ausgeübt werden könne, welcher dazu Fähigkeit besitze [6]). Von Alexander Sever scheint Einzelnen dazu wieder eine besondere Erlaubniß ertheilt worden zu sein [7]). — Eine größere Anregung und gewiß eine mehr wissenschaftliche Durchbildung findet sich unstreitig seit August. Auf Veranlassung der Kaiserregierung zeigen sich Gegensätze unter den Römischen Juristen durch Schulen, unter diesen, wie gegen einander, so unter sich, eine Reihe von Controversen über das geltende Recht. Unter und seit Hadrian lassen sich jene Schulen nicht mehr unterscheiden, nicht aus dem Grunde, als wenn durch das Edict den Meinungen der Sabinianer eine größere Auc-

3) l. 2. §. 47. D. de orig. jur.

4) l. 2. §. 47. D. cit.

5) Suet. Calig. 34.

6) l. 2. §. 47. D. de orig. jur. Dennoch gab es auch zu dieser Zeit Individuen, welche zum Respondiren besonders autorisirt waren; ohnehin wäre das von Hadrian erwähnte Rescript unerklärlich, der Richter solle die responsa als Gesetz befolgen, wenn die zum Respondiren durch besondere Erlaubniß Befugten übereinstimmen und nur bei einem Dissens derselben unter sich seiner eigenen Meinung folgen, Gaj. I, 7. vgl. §. 8. J. de jur. natur. gent. et civil. Theoph. ad §. 9. J. cod.

7) Vergl. Eunap. vit. Chrysant. p. 286. — Vergl. über manche hier geäußerte Bedenklichkeiten: Zimmern Geschichte des Römisch. Privatrechts §. 54.

torität verliehen wäre, jene Anhänger der einen oder anderen Schule finden sich in Wirklichkeit auch noch später und eine große Verschiedenheit der Ansichten war auch unter jenen späteren Juristen unvermeidlich, da sie in Wirklichkeit nach Analogien und nach diesen mit gleichem Rechte auf verschiedene Weise zu entscheiden im Stande waren. Seit Hadrian ist das Zeitalter jener Juristen, welche durch Philosophie, griechische Literatur und Grammatik diejenige Bildung erlangt hatten, welche nothwendig war, um alles Vorhandene mit Consequenz zu erweitern und bis ins tiefste Detail zu verfolgen. In diese Zeit fällt die eigentliche Wissenschaft des Römischen Rechtes, es lebten Männer von musterhafter Gediegenheit in Menge, deren classische Bildung, Klarheit, Gründlichkeit, gediegener Scharfsinn und Umsicht mit Recht in allem Einzelnen bewundert werden muß, deren Ansichten für die Gerichte entscheidend wurden, ganz abgesehen davon, daß sie selbst zu den höchsten Ehrenstellen berufen waren. Durch die Bemühungen dieser Gelehrten erlangte das Römische Recht seine eigentliche und dauernde Blüthe, wodurch es als Muster der Gediegenheit selbst allen Nationen wird gelten können. Aus den Schriften dieser Gelehrten sind die Digesten compilirt, ihre Ansichten nach Publication derselben zum Gesetz erhoben worden [8]), manches zu ihrer Zeit

8) Nachdem zur Zeit der classischen Juristen jene besondere Auctorität einzelner Juristen immer mehr weggefallen war, und es dieser bei einer größeren Bildung der Juristen überhaupt, also auch der Richter, wohl nicht bedurfte, galten die Ansichten der Juristen wieder in ihrer früheren Bedeutung als bloße Ansichten, deren sich der Richter bei Zweifeln bedienen konnte, keineswegs als Gesetz. Erst für eine spätere Zeit, bei völligem Sinken der Rechtswissenschaft, wurde durch kaiserliche Bestimmung, wie es der Hauptsache nach schon durch Hadrian geschehen war, einzelnen Juristen, aber einzelnen Juristen der bereits vergangenen Blüthezeit, die besondere Auctorität verliehen, daß der Richter ihre Ansichten bei Uebereinstimmung nothwen-

Geltende ist freilich später verändert [9]), manches in der Reihe der Jahrhunderte völlig verschwunden [10]), manche der älteren Streitigkeiten hat Kaiser Justinian auch höchst einseitig für seine Zeit beendigt [11]).

§. 28.

Resultat der Juristen.

Das Recht, wie es durch diese Juristen zu Stande kam, interessirt uns bei weitem an meisten, deshalb kann eine allgemeine Uebersicht über das Resultat ihrer Bemühungen an diesem Orte nicht entbehrt werden. In dieser Hinsicht hat man auf den Einfluß der stoischen Philosophie aber vielleicht ein zu großes Gewicht gelegt [1]) und manches durch dieselbe erklären wollen, wiewohl darüber der Hauptsache nach aller eigentliche Zusammenhang durchaus fehlt. Ohnehin hat man sich über die Sprache jener Juristen im ganzen lobend erklärt [2]). Das

---

dig zur Anwendung bringen sollte. Für die justinianeische Compilation ist das Brauchbare aus den vorhandenen Schriften aller jener früheren, besonders autorisirten Juristen benutzt worden.

9) Durch kaiserliche Constitutionen.

10) Dahin gehört so manches, was aus den ursprünglichen Gewohnheiten hervorgegangen war, womit so verschiedene Formalitäten zusammenhingen; z. B. die *mancipatio, in jure cessio* und so vieles Andere, was im einzelnen nur in der inneren Rechtsgeschichte angegeben werden kann.

11) Justinian's sog. *decisiones* betreffen aber nur einzelne ausgezeichnete Controversen.

1) Vergl. Zimmern Gesch. d. Röm. Privatrechts §. 62.

2) Vergl. Zimmern Gesch. d. Röm. Privatrechts §. 63. und Spangenberg Einleitung in das Römisch-Justinianeische Rechtsbuch S. 40 bis 43. Die Urtheile der Neueren über den Styl und die Sprache sind jedoch sehr verschiedenartig. Gegen das Ende der Republik hatte die Sprache gewissermaßen ihre größte Blüthe erlangt, sie verschlechterte sich nach Trajan's Tode und noch mehr seit Hadrian, was auf die Juristen verschiedener Zeiten von Einfluß sein mußte. — Die dunkelsten Stellen der Digesten hat man als die *septem leges dam-*

Recht selbst, das sich durch jene Juristen in einem so großen Umfange gebildet hat, ist am wenigsten das Resultat des Augenblicks, hat sich vielmehr erst nach und nach durch die Ansichten der Juristen befestigt, so daß noch für die neueste Zeit auf die Meinungen der Vorgänger so gründliche Rücksicht genommen und durch diese die eigene Ansicht unterstützt oder befestigt wurde. Deshalb sind jene in dem verschiedensten Zusammenhange angeführt worden [3]). Manches, was früher zweifelhaft, war später nicht mehr bestritten [4]). Aber es konnte in der That bei Schärfe und Strenge des Urtheils in so vielem Einzelnen nicht füglich an widersprechenden Meinungen fehlen, welche oft auch noch in einer späteren Zeit mit großer Härte [5]) getadelt und widerlegt

---

natae oder *cruces jureconsultorum* ausgezeichnet, und dahin gerechnet l. 22. D. de reb. cred. l. 40. D. eod. l. 38. D. de cond. indebit. l. 8. D. de eo qu. cert. loc. l. 69. D. pr. soc. l. 5. D. de nautic. foen. l. 29. D. de lib. et postum. Als die dunkelsten Juristen hat man unter anderen Papinian und besonders Paulus ausgezeichnet.

3) Diese Rücksichtnahme auf die Urtheile und Ansichten der Vorgänger findet sich in der justinianeischen Compilation fast regelmäßig, dabei in einem ganz verschiedenen Sinne bald nur im allgemeinen und mit den verschiedensten hierauf sich beziehenden Ausdrücken, bald werden Verfasser selbst auch mit Angabe ihrer Schriften angeführt, auch wohl die Auctorität eines Vorgängers nach einer Tradition oder aus dem Gedächtniß recitirt, worauf jenes *responsum scio*, *tractatum memini* u. s. w. Die Vorgänger einer früheren Zeit werden *veteres*, *veteres juris auctores* oder *veteris juris auctores* genannt. Ebenso oft berief man sich bei seinen Entscheidungen auf das Urtheil gleichzeitiger Juristen.

4) Wo der Einzelne selbst Bedenklichkeiten fand, pflegte er sich auch bloß fragend auszusprechen; vergl. z. B. l. 28. D. de reb. auctor. judic. possid. l. 3. D. qu. res pignor. l. 4. D. de leg. praest.

5) Dahin gehören die Ausdrücke: *ineptissimum*, *ridiculum*, *aperte pene ridiculum*, *perabsurdum*, *plane absurdum*, *inconditum*.

werden [6]), so sehr man auch eine Nachgiebigkeit gegen fremde [7]) und eine Bereitwilligkeit zur Zurücknahme der eigenen Ansicht [8]) zu erkennen Gelegenheit haben wird. Die Philosophie war besonders auf strenges Denken von großem Einfluß, worin die späteren Juristen ihre Vorgänger wohl noch übertreffen. Eben deshalb sind die Folgerungen der Römischen Juristen auch in allem Detail überaus evident, vernünftig und im höchsten Grade richtig zu nennen. Die Grammatik führte auf strenge Worterklärung der vorhandenen Gesetze und auf jene klare, kurze und präcise Schreibart, welche bei Verschiedenheiten im einzelnen an jenen classischen Juristen gerühmt werden darf [9]). Der Verkehr mit Griechenland führte jedoch bisweilen Gräcismen, griechische Büchertitel, wie die Einmischung griechischer Worte und Phrasen herbei [10]). Im Definiren und dem Angeben von Gründen, welcher es zu dieser Zeit auch wohl weniger bedurfte, waren auch jene classischen Juristen weniger sorgfältig; mangelhaft sind ihre etymologischen

---

6) Vergl. z. B. l. 48. §. 4. D. de ed. Aed. l. 23. D. pr. soc. l. 12. §. 1. D. de aqu. pluv. l. 4. §. 7. D. de usurp. l. 3. D. de rivis. l. 11. §. 15. D. de leg. 3. l. 17. §. 1. D. de jur. dot. l. 45. §. 5. D. de rit. nupt.

7) Selbst Capito nennt den Labeo *apprime doctus*. Gell. N. A. XIII, 12. und unter den Schulen finden sich übereinstimmende Ansichten und Ausgleichungen, wie Widerspruch unter den Anhängern derselben Schule.

8) Vergl. z. B. l. 6. D. de serv. ex post. l. fin. C. de furt. l. 23. §. 3. D. de a. r. d. l. 15. §. 1. D. ad leg. Aquil. l. 17. D. de hered. instit. l. 17. §. ult. D. de pact. l. 17. D. de jur. patron. l. 92. D. de cond. et demonstr. — Vergl. auch Zimmern a. a. O. §. 56. a. E.

9) Ueber die Eigenthümlichkeiten des Styls der Pandecten vergl. Eckhardt hermeneutica juris Lib. I. c. 3. und Walch's Anmerk. ibid.

10) Selbst griechisch geschriebene Werke kommen vor, von Papinian und Modestin.

Erörterungen [11]), manche ältere Gewohnheiten waren den classischen Juristen bereits unerklärlich [12]), weil das Recht nicht geschichtlich studirt wurde [13]), aber auch die Vernachlässigung mancher besonderer Wissenschaften [14]) war für die Ausbildung des Rechtes nicht ohne Einfluß. Am größten zeigen sich jene Juristen durch logisches Denken [15]), wodurch alle sonstige Nachtheile so hinreichend ersetzt, und alles Vorhandene so folgerecht entwickelt wurde. Dabei kam man nicht sel-

11) So wird *divortium* von *diversitas mentis* (l. 2. pr. D. de divort.), *familia* von *fons memoriae* (l. 195. §. 4. D. de verb. sign), *Jus* von *Justitia* (l. 1. pr. D. de just. et jur.), *testamentum* von *testatio mentis* abgeleitet.

12) z. B. dem Gajus einzelnes in Betreff der legisactiones, die Bedeutung jener uralten Haussuchung, welche lance et licio geschah, und beim furtum erwähnt wird.

13) Für die äußere Rechtsgeschichte besitzen wir nur das Werk von Pomponius l. 2. D. de orig. jur. und die innere wurde höchstens in einzelnen untergeordneten Anwendungen beim ersten Unterricht und zum Verständniß des geltenden Rechtes benutzt, wie die Institutionen des Gajus und auch noch die des Kaisers Justinian beweisen. Dabei fehlt es aber selbst den Digesten nicht an allerlei historischen und antiquarischen Einmischungen und sowohl griechische als römische nicht juristische Autoren aus älterer Zeit finden sich erwähnt, unter diesen Homer, Demosthenes, Hippocrates, Virgil; Schweppe Röm. Rechtsgesch. und Rechtsalterthümer §. 79. Zimmern Gesch. d. Röm. Privatr. §. 61. An eine historische Critik ist um so weniger zu denken, auch beruhte bei ihnen für die ältere Zeit so manches auf bloßen Angaben und Traditionen. Es findet sich bei ihnen selbst Abweichendes in Rücksicht des *Jus gentium*.

14) Dahin gehört die Physiologie und die mathematischen Wissenschaften. Meine innere Gesch. des Röm. Rechts §. 20. In der Medizin, sofern diese auf rechtliche Gegenstände von Einfluß war, folgte man den bekannten Ansichten der Aerzte.

15) Vergl. auch l. 124. D. de verb. sign. l. 177. D. eod. l. 65. D. de regul. jur.

ten auf allgemeine Grundgesichtspunkte [16]) und abgeleitete Grundregeln [17]) auf allgemeine Uebersichten und so verschiedenartige Classificationen [18]), weniger aber auf entscheidende technische Ausdrücke [19]), da alles von dem Bekannten aus bis ins tiefste Detail nur geistig begriffen wurde [20]).

---

16) Sowohl in Betreff der einzelnen Rechtslehren, als über das Recht im allgemeinen, und auch hier wurde alles durch richtiges Denken, durch einen nahen oder entfernten Einfluß der Philosophie vermittelt. Die bekannten *tria praecepta juris*, welche freilich für das Einzelne bedeutungslos, ließen sich nur aus sehr allgemeinen Gesichtspunkten bestimmen. Der Gegensatz des *jus naturale* zu dem *jus gentium* und *civile* ist erst durch die Juristen ausgezeichnet. So manches in Betreff der allgemeinen Lehren des Römischen Rechtes gehört hierher, auch wohl daß der Embryo noch nicht Mensch, das Sclavenkind nicht Frucht sein könne. Der Erwerb des juristischen Besitzes wie der Verlust wurde von *corpus* und *animus* abhängig gemacht; einzelne sonstige Verbindlichkeiten nach Analogie der Contracte behandelt u. s. w.

17) Dahin gehört die Regel: *nemo potest pro parte testatus pro parte intestatus decedere* und so vieles Andere schon für das Erbrecht.

18) Dahin gehört z. B. der Gegensatz des *jus personarum*, *jus rerum* und *actionum* in Betreff der verschiedenen Rechtslehren überhaupt, der Gegensatz der *obligationes ex contractu*, *ex delicto* und *ex variis causarum figuris*, der Gegensatz der *interdicta retinendae*, *recuperandae* und *adipiscendae possessionis*, die so verschiedenen Gegensätze in Betreff der Person, der Sache, im Obligationenrecht und noch besonders in Betreff der Klagen.

19) Als solche können aber selbst wohl nicht die Bezeichnungen dominium, jura in re aliena, culpa, diligentia casus, periculum, die Namen der einzelnen Contracte, Delicte und der dinglichen Rechte, der hereditas, bonorum possessio, der sui und necessarii heredes u. s. w. angesehen werden, da diese schon nach dem gewöhnlichen Sprachgebrauch zur Bezeichnung der Sache dienten.

20) Das Moment, wodurch die Interpretation vermittelt wird, hat man das leitende Princip genannt und dieses selbst auf künstliche Weise klar zu machen gesucht. Es waren die vorhandenen geltenden Gesetze, von denen die Interpretation ausging. Diese sind von den

Dieser Interpretation der classischen Juristen gehört das eigentliche Detail jeder einzelnen Lehre an, sie mochte auf bloßer Gewohnheit oder auf ausdrücklicher Gesetzgebung basirt sein [21]), die gründliche Erklärung so vieler Institute, welche später ihre practische Bedeutung verloren [22]), ebenso die gründliche Erklärung alles dessen, was wir als den Kern der justinianeischen Jurisprudenz vorfinden; und in letzterer Hinsicht mag hier noch einiges zur Uebersicht angegeben werden. So ist das gründliche Detail des neuesten Rechtes über die *conditio, dies, modus* und *causa* nur ein Resultat dieser Interpretation [23]), ebenso die Regeln vom *dolus, error, vis, metus, simulatio*, alle *actiones utiles* sind analoge Anwendungen vor-

Römischen Juristen regelmäßig bei ihrer uns aufbewahrten Interpretation als bekannt vorausgesetzt, daher entweder gar nicht oder nur einzelnen Worten nach, selten genauer angegeben, weshalb der Inhalt des Gesetzes selbst nur aus den vorhandenen Anwendungen, aus diesen aber mit größter Sicherheit abgeleitet werden kann. Jedoch darf nur als Princip angesehen werden, was durch die vorhandenen Anwendungen insgesammt als solches bekundet wird. Am meisten ist uns die Quelle bei prätorischen Anordnungen, daher auch bei den Interdicten wohl aus dem Grunde aufbewahrt geblieben, weil auch in jenem edictum perpetuum die Worte des Prätors recipirt waren. In Rücksicht dieser findet sich noch selbst in der neuesten Compilation gemeinhin zu Anfang des einzelnen Titels das Gesetz selbst angeführt, welchem die genauere Interpretation nachfolgt, und namentlich durch letztere kann das Verfahren jener classischen Juristen vielfach erläutert werden.

21) Die älteren Gewohnheiten waren freilich hinterher auch gesetzlich sanctionirt worden; wie viel aber die Interpretation den oft nur kurzen Sanctionen des Gesetzes hinzuzufügen hatte, ergeben unter anderen auch die Titel der Digesten über die *lex Falcidia* (Dig. XXXV, 2) und das *SCtum Trebellianum* (Dig. XXXVI, 1).

22) Das Genauere kann nur in der inneren Rechtsgeschichte angegeben werden.

23) Das Genauere gehört dem heutigen anwendbaren Civilrecht an, und kann auch für die innere Geschichte nur angedeutet werden.

handener Klagen [24]) und diese betreffen nicht bloß die Klagen des Civilrechts, sondern auch des prätorischen Rechts [25]). Die Lehre des Eigenthums entwickelte sich aus dem Gesichtspunkt der totalen Befugniß über die Sache [26]), die *bonae fidei possessio* ist nach der Bestimmung des Prätor Publicius in allen ihren Anwendungen nur ein Resultat der Interpretation, sie, wie jene *actio Publiciana,* sind abgesehen vom Eigenthum analog zur Anwendung gebracht worden [27]). Bei den sonstigen dinglichen Rechten entscheidet die übernommene Verpflichtung, welcher Gesichtspunkt sich durch Interpretation nach allen Seiten hin befestigt hat, aber die verschiedensten Berechtigungen des Eigenthümers sind hier analog übertragen. Bei den Contracten entscheidet die ausgesprochene Verpflichtung und nur diese über den Inhalt der Verbindlichkeiten ohne Beschränkung, die Interpretation bestimmte demnächst sehr natürlich, daß indirect durch Ersatz des Schadens die Verbindlichkeit erfüllt werden könne und müsse, wenn der Verpflichtete nicht die gebührende Sorgfalt angewandt hatte [28]) und ohnehin entwickelte sich durchweg im Obligationenrecht ein genaueres Detail durch

24) Meine innere Gesch. d. Röm. Rechts §. 72.

25) Insofern sind auch die verschiedensten Interdicte nach Analogien später übertragen worden.

26) Siehe besonders meine innere Gesch. d. Röm. Rechts §. 80.

27) Meine innere Gesch. d. Röm. Rechts §. 93 u. 94. und meine Schrift über die bonae fidei possessio oder das Recht des Besitzes (1836). Grade diese Lehre, wie so viele andere, beweiset das Resultat logischer Interpretation in einem eminenten Grade. Es findet sich nichts in den neuesten Rechtsquellen, was nicht aus dem vom Prätor Bestimmten logisch gefolgert werden müßte. Freilich finden sich auch hier untergeordnete Widersprüche unter den Juristen, jedoch nur die Gesichtspunkte sind im Detail verfolgt worden, welche der genaueren Erklärung bedurften.

28) Auch die Grade der *culpa* sind nicht von Gesetzgebung abhängig, sondern das Resultat vernünftiger Erklärung; s. meine innere Gesch. d. Röm. Rechts §. 113.

Interpretation. Die Wirkungen der Ehe und das Detail des Römischen Dotalrechtes u. s. w., auch die genaueren Regeln der Tutel und Curatel sind aus dieser endlichen Interpretation der Römischen Juristen hervorgegangen. Es gaben die wirklich vorhandenen letzten Willenserklärungen jener scharfsinnigen Interpretation dieser Zeit ein weites Feld [29]); und überhaupt erstreckte sie sich, wie auf alle Lehren des Civilrechts, so des prätorischen Rechtes, weil die Zeit der Juristen eine spätere, als die der prätorischen Gesetzgebung.

Einzelne Juristen und deren Schriften.

§. 29.

Von Cicero bis August.

Mit Cicero eine Periode zu beginnen [1]) wie die vorhergehende zu beschließen, dazu konnte besonders der Umstand veranlassen, daß wir grade durch diesen Schriftsteller eine genaue Kenntniß über den Rechtszustand und so verschiedene sonstige Verhältnisse erlangen, welche bereits zu dieser Zeit vorhanden waren. Aber nicht minder gehört dieser Verfasser in die Reihe der Juristen, wiewohl über diesen Punkt ein so verschiedenartiger Streit geführt worden ist [2]). Gewiß zeichnete Cicero sich unter seinen Zeitgenossen und wohl am meisten durch eine mehr classische Bildung aus. Er hatte die ausgezeichneten Juri-

---

29) Auch in Rücksicht des Erwerbes der Erbschaft ist die Interpretation bereits vorhandenen, noch zu Justinian's Zeit fortdaurenden, allgemeinen Gesichtspunkten gefolgt.

1) Ueber die Juristen dieser Periode ist außer Hugo Lehrbuch der Gesch. des Röm. Rechts S. 784 ff. besonders Zimmern Gesch. des Röm. Privatrechts §. 77 ff., aber auch Bach histor. jurisprudent. Roman. pag. 246—259. p. 379—402 u. p. 448—486. zu vergleichen. Jedoch findet sich nur bei Zimmern auch die neuere Literatur im Zusammenhang angegeben.

2) Ueber diesen besonders schon von den älteren Juristen geführten Streit vergl. Zimmern a. a. O. §. 77. Note 16.

sten seiner Zeit zu Lehrern [3]), während das Studium des Rechts schon als ein selbstständiges und von der Rhetorik verschiedenes in Betracht kam. Er war Prätor und von ihm wird ein juristisches Werk *de jure civili in artem redigendo* erwähnt [4]). Ertheilte er zwar gleich seinen Vorgängern keine *responsa* [5]), wovon ihn wohl seine philosophische Richtung abhielt, so zeigt er doch eine gründliche juristische Kenntniß und Beurtheilungsgabe in seinem Werke über die beßten Gesetze (de legibus), als Advocat und Fürsprecher, wobei ihn grade sein rednerisches Talent vielleicht in einem hohen Grade bevorzugte [6]). Sein vorherrschender Sinn für Philosophie und Rhetorik zeigt sich in seinen sonstigen Schriften. Seine Logik zum Unterricht eines Rechtsgelehrten (topica), seine Sittenlehre (de officiis), seine sonstigen philosophischen Schriften (de inventione, de natura Deorum), seine Bücher über die Beredsamkeit (de oratore) gehören hierher. Auch über die Staatsverfassung (de republica) hat er sich ausgesprochen und nur noch sein Briefwechsel (ad diversos und ad Atticum) mag hier genannt werden. In der Jurisprudenz ausgezeichneter, als seine Vorgänger, war Servius Sulpicius Rufus, ein lebenslänglicher Freund und Zeitgenosse des Cicero [7]). Seine Leh-

3) In späterer Zeit hatte er sich dem Mucius Scävola zugewandt, Cic. Brut. 89., den er als Juristen und Redner so sehr erhebt, Cic. de or. I, 39. Brut. 39. 40.

4) Gell. N. A. I, 22. vergl. Quinct. J. O. XII, 3. 10.

5) Nur darauf kann Cic. pr. Mur. c. 13. bezogen werden.

6) Als Redner wird er besonders von Pomponius gelobt und in dieser Hinsicht dem Servius Sulpicius vorgezogen, aber auch ohnehin von demselben erwähnt. l. 2. §. 40. 43. 46. D. de orig. jur. Jedenfalls war er als Redner zugleich ein bewanderter Jurist, Cic. de or. I, 37. 44. 45. 57. l. 2. §. 43. D. de orig. jur. und seiner wird noch in den Digesten gedacht, l. 96. pr. D. de V. S. l. 8. D. ad leg. Jul. maj. l. 39. D. de poen. l. 7. §. 4. D. quib. caus. in poss.

7) Cic. in Brut. 40. 41. Cic. ep. ad Serv. l. 2. §. 3. D. ad leg. Rhod. de jact. Ueber die Veranlassung, welche ihn dem gründlichen

rer im Rechte, welche er jedoch übertraf, waren L. Balbus und Aquilius Gallus [8]); auch als Redner soll er nächst Cicero gegolten haben [9]). Er besaß bei Talent eine vollständige gelehrte Bildung [10]), so daß Cicero besonders eine kunstreiche Behandlung des Rechtes in seinen Schriften rühmt [11]), wie er ihn in Rücksicht seines Charakters sehr erhebt [12]). Er war Quästor zu Ostia [13]), *aedilis curulis*, Prätor [14]), Consul im Jahr 704 [15]) und starb 711 als Gesandter in Gallien, im Lager des Antonius [16]). Ihm zu Ehren wurde in Rom eine Statue vom Volke errichtet [17]). Von seinen vielen Schriften (nahe an 180 Bücher), von denen viele *Cercinae confecti*, wo Gallus Aquilius lebte, waren mehrere noch zur Zeit des Pomponius vorhanden [18]). Unter diesen sind vielleicht ein Commentar zu den 12 Tafeln [19]), außerdem seine Schrift

---

Rechtsstudium zuwandte, berichtet Pomponius in l. 2. §. 43. D. de orig. jur., und über dieses selbst vergleiche Cic. in Brut. 41. pr. Mur. 13.

8) l. 2. §. 43. D. de orig. jur. Cic. in Brut. 42. vergl. l. 6. §. 2. D. si serv. vind. l. 7. §. 9. D. de pact. l. 1. §. 2. D. de dol.

9) l. 2. §. 43. D. cit. Cic. in Brut. 41. Quinct. J. O. X, 1. XII, 3.

10) Gell. N. A. VI, 12. XII, 10. Cic. de offic. II, 19. Cic. in Brut. 41. Phil. IX, 5. ad divers. IV, 1. 3. XIII, 28. Er war auch Dichter, Catull. epigr. 16. Plin. ep. V, 3.

11) Cic. in Brut. 41. vergl. Cic. de leg. I, 5.

12) Cic. Phil. IX, 5. pr. Mur. 10. 14. ad divers. IV, 3. XIII, 24.

13) Cic. pr. Mur. 8.

14) Cic. pr. Mur. 20.

15) Cic. ad divers. VIII, 8. XII, 15.

16) Cic. Phil. IX, 1.

17) Welche noch zur Zeit des Pomponius vorhanden war, l. 2. §. 43. D. de orig. jur. Cic. Phil. IX, 7.

18) L. 2. §. 43. D. de orig. jur.

19) l. 237. D. de verb. sign. Fest. v. pedem struit, noxa, sanates, sarcito, vindicia.

zum prätorischen Edict *ad Brutum* [20]), seine Bemerkungen über Mucius Scävola [21]), sein *liber de dotibus* [22]), *libri de sacris detestandis* [23]) und *orationes* [24]) bemerkenswerth [25]); seine Auctorität wird noch wiederholt von den späteren Juristen erwähnt, welche in den Digesten excerpirt sind. Aus seiner Schule bildete sich eine Menge Juristen, von denen Pomponius [26]) nur die als Schriftsteller Bekannten nennt [27]), nemlich Alfenus Varus, A. Ofilius, T. Cäsius, Aufidius Tucca, Aufidius Namusa [28]), Flavius Priscus, C. Atejus Pacuvius [29]), Labeo Antistius (Vater des späteren Labeo [30])), Cinna [31]) und Publicius Gellius [32]). Aus den Schriften von 8 der Genannten soll

20) l. 2. §. 44. D. de orig. jur. vergl. l. 5. §. 1. D. de instit. act. l. 1. §. 7. D. ne quis eum.

21) Gell. N. A. IV, 1. l. 30. D. pr. soc. Gaj. III, 48. §. 2. J. de societ. Gaj. I, 188. l. 29. §. 1. D. de leg. 3. l. 39. pr. D. de stat. lib. l. 76. §. 1. D. de furt. l. 3. pr. u. §. 6. D. de pen. leg. l. 25. §. 1. D. de verb. sign.

22) Gell. N. A. IV, 3. 4. l. 8. D. de cond. c. d. c. n. s.

23) Gell. N. A. VI, 12.

24) Quinct. J. O. X, 1. 116. X, 7. 30. Plin. H. N. XXXVIII, 2. Fest. v. mancipatus.

25) Ueber Fragmente aus ungenannten Schriften: Macrob. Sat. III, 3. Fest. v. posticam Cic. Top. 8.

26) l. 2. §. 44. D. de orig. jur.

27) Der Anhänger des Servius gedenken noch einzelne Fragmente in den Digesten, l. 12. pr. §. 6. D. de instruct. vel instrum. leg. l. 6. §. 1. D. de dot. prael. l. 1. §. 6. D. de aqu. et aqu. pluv.

28) Erwähnt wird derselbe noch mehrmals in den Digesten: l. 40. §. 3. D. de cond. et demonstr. l. 20. D. de option. vel elect. leg. l. 5. §. 7. D. commod. l. 2. §. 6. D. de aqu. et aqu. pluv.

29) Vergl. l. 79. D. de jur. dot. l. 39. §. 2. D. de aur. arg. leg.

30) App. de bell. civil. IV. c. 135.

31) Vergl. l. 40. §. 1. D. de cond. et demonst. l. 6. D. de ritu nupt.

32) Vielleicht beziehen sich hierauf l. 50. §. 1. D. de leg. I. l. 51. §. 1. D. de cond. et demonstr. l. 2. §. 3. D. ad SCtum Tertyll.

Aufidius Namusa ein Werk in 140 Büchern verfertigt haben [33]). Nur von Ofilius und Alfenus Varus wissen wir außerdem etwas Genaueres. Ersteren kannte schon Cicero als geachteten Juristen [34]), der ex equestri ordine und als Freund des Cäsar [35]), dennoch nie zu öffentlichen Ehrenstellen gelangte. Seine juristische Schriftstellerei hebt Pomponius besonders hervor [36]). Er war der Erste, welcher über die *leges* der *vicesima* schrieb, und danächst *de juris dictione*, über das prätorische Edict [37]), *libri V juris partiti* [38]) und *libri XVI actionum* [39]), eine Schrift *ad Atticum* [40]), außerdem wird sein Name noch wiederholt in den Digesten angeführt. Letzterer war aus Cremona von niederer Herkunft [41]), wiewohl er das Consulat erreichte [42]) und ein öffentliches Begräbniß erhielt [43]), schrieb *digestorum libri XL* [44]), aus welchen Paulus einen Auszug machte, *libri collectaneorum* oder *conjectaneorum* [45]), wenn diese nicht vielmehr jene Sammlung des Namusa sind. Seiner Auctorität gedenken die classischen Juristen oft, und die von ihm überlieferten Fragmente, welche Kenntniß der griechischen Sprache

---

33) l. 2. §. 44. D. de orig. jur.

34) Cic. ad divers. VII, 21. ad Attic. XIII, 37.

35) l. 2. §. 44. D. de orig. jur.

36) l. 2. §. 44. und §. 45. D. de orig. jur.

37) Diese 3 Schriften erwähnt Pomponius l. 2. §. 44. D. cit.

38) l. 55. D. de leg. 3. Vielleicht in juristischer Hinsicht mit Cicero's *oratoriae partitiones* vergleichbar.

39) l. 13. §. 5. 8. D. de pen. leg.

40) l. 234. §. 2. D. de verb. sign.

41) Acron ad Hor. S. I, 3. 130.

42) l. 2. §. 44. D. de orig. jur.

43) Acron. l. c.

44) Gell. N. A. VI, 5. u. index Florent.

45) Gell. N. A. VI, 5: „in libro Digestorum XXXIV, collectaneorum autem secundo.

zeigen, enthalten eine einfache und fließende Schreibart. Ein Zeitgenosse des Servius war Qu. Cornelius Maximus, den Pomponius [46]) nur als den Lehrer des C. Trebatius Testa nennt. Letzterer war Vertraueter des Cäsar und des Cicero [47]), ein Rechtsgelehrter von großem Ansehen [48]). Als Rath des Kaisers Augustus wirkte er zur Aufrechthaltung der Codicille [49]) und der Fideicommisse, welche erst seit dieser Zeit Gültigkeit erlangt haben; wahrscheinlich war er Epicuräer [50]). Er schrieb vieles [51]), namentlich *de jure civili* und *de religionibus* [52]), von seinen Schriften war aber zu Pomponius Zeit nicht viel mehr die Rede [53]), dennoch wird er in den Digesten häufig genannt, besonders neben seinen Zeitgenossen, wie neben seinem Schüler Labeo, der nicht selten anderer Meinung ist [54]). Dann nennt Pomponius noch A. Cascellius, einen Schüler des Qu. Mucius und Volcatius, welcher in der Rechtswissenschaft dem Trebatius nach-

46) l. 2. §. 45. D. de orig. jur. vergl. Cic. ad divers. VII, 8. 17. u. l. 16. §. 1. D. de instrum. vel instr. legat.

47) Manche Briefe des Cicero, wie seine Topik, sind an den Trebatius gerichtet. Pomponius in l. 2. §. 45. D. de orig. jur. nennt ihn einen Zeitgenossen der Schüler des Servius.

48) Wenigstens nach der Angabe des Cicero, Cic. ad divers. VII, 5. und VII, 8.

49) pr. J. de codicill.

50) Vergl. Cic. ad divers. VII, 12.

51) l. 2. §. 45. D. de orig. jur.

52) Nach Porphyrius (ad Hor. S. II, 1.), der ihn auch als Dichter nennt, bestand erstere Schrift nur aus einigen Büchern, letztere aus 9 oder 10 Büchern. Vergl. Macrob. Sat. III, 3. 5. I, 16. Gell. N. A. IV, 12. — l. 14. §. 11. D. de religios.

53) l. 2. §. 45. D. de orig. jur.

54) l. 1. §. 2. D. de peric. et commod. rei vend. l. 1. §. 41. D. depos. l. 10. D. de adqu. rer. dom. l. 22. §. 3. D. quod vi aut clam. l. 29. l. 100. §. 1. 3. D. de leg. 3. l. 3. §. 5. D. de adqu. poss. — vergl. Gell. N. A. IV, 2.

gesetzt, in der Rednerkunst aber vorgezogen wird, während beide dem Ofilius an Gelehrsamkeit nachstanden [55]). Man rühmt seinen Witz und seinen republicanischen Sinn in den Zeiten des Triumvirats [56]). Alt und kinderlos blieb er nur *quaestorius*, während er das ihm von August angetragene Consulat ausgeschlagen haben soll [57]). Von seinen Schriften war noch ein *liber benedictorum*, eine Sammlung witziger Scherze und vielleicht juristischen Inhaltes, noch zu Pomponius Zeit vorhanden [58]) und sein Name kommt in den Digesten wiederholt vor [59]). Zuletzt gedenkt Pomponius des Qu. Aelius Tubero, eines Schülers des Ofilius, der nach der Anklage des Ligarius, bei welcher er gegen die Vertheidigung des Cicero unterlag, sich ausschließlich der Jurisprudenz hingab [60]). Er war ein gelehrter Kenner des öffentlichen und Privatrechts und über beides hat er manches geschrieben [61]), wir kennen jedoch nur seine Schrift *de officio judicis* [62]) und seinen *liber ad Oppium* [63]). Wegen seiner alterthümlichen Schreibart [64]) war er wenig beliebt, dennoch wird er in den Digesten oft genannt [65]).

---

55) l. 2. §. 45. D. de orig. jur. Plin. H. N. VIII, 40. Jedoch nennt Pomponius nicht Volcatius, sondern Volusius.

56) Val. Max. VI, 2. 12. u. 22. Quinct. J. O. VI, 3. Macr. Sat. II, 6.

57) l. 2. §. 45. D. cit. Hier wird auch seines Testamentserben gedacht.

58) l. 2. §. 45. D. cit. Ueber ein anderes ihm zugeschriebenes Werk *de jure praediciitorio* s. Bach hist. jurispr. Rom. p. 254.

59) In l. 40. §. 1. D. de cond. et demonstr. l. 100. pr. D. de leg. 3. u. s. w.

60) l. 2. §. 46. D. de orig. jur. u. Cic. pr. Ligar. Quinct. J. O. X, 1. 3. XI, 1. 80. Ueber seine Verwandtschaft mit dem späteren Cassius Longinus: l. 2. §. 47. D. de orig. jur.

61) l. 2. §. 46. D. cit.

62) Gell. N. A. XIV, 2.

63) Gell. N. A. VII, 9.

64) l. 2. §. 46. D. cit.

65) l. 7. §. 1. 2. D. de supellect. leg. l. 5. §. 4. l. 6. D. de pecul. l. 29. §. 4. D. de leg. 3. l. 7. pr. D. de tritic. leg.

Nachträglich dürfen hier noch einige genannt werden, die Pomponius übergeht und wohl weniger von Bedeutung waren; nemlich Aelius Gallus, ein Zeitgenosse des Cicero, bekannt durch seine Schrift *de verborum, quae ad jus civile pertinent, significatione*[66]), Granius Flaccus, der einen Commentar zu dem *jus papirianum* lieferte[67]), Junius Gracchanus[68]), M. Brutus[69]), C. Bilienus[70]) beide letztere besonders für die Zeit der Marianischen Unruhen, Qu. Lucretius Vespillo[71]), Cajus Longinus,[72]), C. Aculeo[73]), Volcatius[74]). Etwas früher lebte Hostilius, der Verfasser der *actiones Hostilianae*[75]). Noch gehören in die Zeit des Cicero, da sie alle von ihm erwähnt werden, C. Visellius Varro[76]), P. Orbius[77]), C. Camillus[78]), M.

---

66) l. 157. D. de verbor. sign. Gell. N. A. XVI, 5. Macrob. Sat. VI, 8. Serv. z. Virg. georg. I, 264. Varr. de L. L. IV, 2, 10. Fest. v. postliminium receptum, reus, torrens, saltus, aquam, tribunitia rogatio. Vergl. auch l. 19. D. de usur. l. 77. D. de verbor. sign.

67) Ob ein Sohn des Servius Sulpicius hierher gehöre, mag (nach Fest. v. municeps) zweifelhaft genannt werden. Mit mehr Sicherheit ist der Jurist Bläsus in diese Zeit zu setzen, nach l. 31. D. de us. et usufr. legat.

68) Von der Freundschaft mit dem Gracchus so genannt, Plin. H. N. XXXIII, 2. Er schrieb *de potestatibus*, wovon Ulpian das 7te Buch erwähnt, l. un. D. de offic. quaestor. vergl. Fest. v. publica pondera. Cic. de leg. III, 20. Varr. de L. L. V. p. 50.

69) Cic. Brut. 47. 62.

70) Cic. Brut. 47.

71) Cic. Brut. 48.

72) Cic. de orat. I, 66.

73) Cic. de orat. I, 43. Brut. 76.

74) Plin. H. N. VIII, 40. siehe jedoch l. 2. §. 45. D. de orig. jur.

75) Cic. de orat. I, 57.

76) Cic. ad Attic. III, 23. Cic. Brut. 76. Wurde von seinem Vater Aculeo in der Rechtswissenschaft unterrichtet; de orat. I, 43.

77) Der als ein Schüler des Juventius genannt wird, Cic. Brut. 48.

78) Cic. ad divers. V, 20.

Tugio[79]), Vacerra[80]), L. Valerius[81]), M. Marcellus[82]), P. Quinctilius Varus[83]), L. Lucullus[84]), L. Octavius Balbus[85]), Precianus[86]), Aterius[87]).

§. 30.

Von August bis Hadrian.

Mit August, welcher dem Römischen Reiche eine neue Festigkeit verlieh, überall wieder zum Besseren führte, auch durch die besondere Auctorität, welche er einzelnen ausgezeichneten Juristen zum Respondiren verlieh[1]), der Rechtspflege eine größere Sicherheit verschaffte, tritt unstreitig auch für die wissenschaftliche Thätigkeit der Juristen eine neue Epoche ein. Die Sonderung der Juristen nach Schulen[2]), wie sie zunächst wohl durch Huldigung der Alleinherrschaft entstanden ist, kann dabei im ganzen nur zufällig genannt werden, und diese waren selbst für die Fortbildung des Rechtes weniger erheblich, da es auf beiden Seiten nicht an tüchtigen Kennern und urtheilsfähigen Bearbeitern des Rechtes fehlte, jene an sich unvermeidlichen Meinungsverschiedenheiten aber eben so oft in derselben Schule, als durch jenen Gegensatz der Schulen sich wiederholen, so wenig es auch für die spätere Zeit an Anhängern dieses oder jenes ausge-

79) Cic. pr. Balb. 20.

80) Cic. ad divers. VII, 8.

81) Cic. ad divers. I, 10. III, 1. VII, 11. XII, 7.

82) Cic. pr. Quinct. 17.

83) Cic. pr. Quinct. l. c.

84) Cic. pr. Quinct. 17.

85) Cic. pr. Cluent. 38. Cic. in Verr. II, 12.

86) Cic. ad divers. VII, 8.

87) Cic. ad divers. IX, 18.

1) Siehe oben §. 27.

2) Vergl. Ed. Dirksen Beiträge zur Kunde des Röm. Rechts (1825) No. 1. und Zimmern Gesch. d. Röm. Privatrechts S. 236 ff., welcher letztere auch über die Literatur zu vergleichen ist.

zeichneten Vorgängers fehlte. Jedenfalls wurde seit dieser Zeit alles mit Schärfe und Umsicht behandelt, was schon um so mehr im einzelnen zu einer Reihe von Widersprüchen führen mußte, nicht anders als noch unter den Juristen der späteren und blühenden Zeit. Jener Gegensatz unter den Juristen zeigte sich bereits unter August durch Labeo und Capito, den ausgezeichnetesten Juristen ihrer Zeit, und mehr scheint die verschiedene Persönlichkeit, die verschiedene Vorbildung und Fähigkeiten des Einzelnen jenen Gegensatz befördert zu haben, als ein starres Festhalten an dem Bestehenden, oder gar an einem philosophischen System, oder ein selbstständiges Abweichen von dem Bekannten oder ein bloßes Anknüpfen an die zur Zeit der Republik vorhandenen Streitigkeiten, durch welche und ähnliche Argumente man diesen Gegensatz zu erklären gesucht hat [3]). Marcus Antistius Labeo [4]), der Sohn des früher erwähnten Qu. Antistius Labeo, ein Schüler des Ofilius, Tubero und besonders des Trebatius [5]), durch Grammatik, Studium des Alterthums und überhaupt gründlich gebildet [6]), war ein Mann von hervorragendem Geiste [7]), festem Character und Begünstiger der Freiheit [8]), weshalb er zwar nur zur

3) Die verschiedenen Ansichten über den Character dieser Schulen sind bereits von Zimmern a. a. O. §. 66. zusammengestellt worden, auch ist bereits von diesem Schriftsteller die Bedeutung jener Schulen richtig aufgefaßt, nur scheinen Gegensätze heutiger Juristen mit jenem wenig vergleichbar zu sein.

4) Acron und Porphyr. zu Hor. Sat. I, 3. 82. Bei Gellius wird er Quintus genannt, Gell. N. A. XX, 1.

5) l. 2. §. 47. D. de orig. jur.

6) Gell. N. A. XIII, 10. 12. l. 2. §. 47. D. cit.

7) l. 2. §. 47. cit. Deshalb gelangte er bei Selbstständigkeit zu vielem Neuen, was ebenfalls Pomponius hervorhebt. Mit seinem Lehrer Trebatius war er nicht selten verschiedener Meinung, ebenso wird eine vom Ofilius abweichende Meinung erwähnt, Gaj. III, 140.

8) Tac. An. III, 75. vergl. Suet. Aug. 34. Dio Cass. LIV. p. 531.

Prätur gelangte [9]), aber dennoch hochgeachtet war [10]). Er soll die eine Hälfte des Jahres in Rom seinen Schülern (*studiosi*) gewidmet haben, die andere Hälfte der Schriftstellerei, und auf diese Weise 400 *volumina* Schriften hinterlassen haben, wovon das meiste noch zur Zeit des Pomponius sehr benutzt wurde [11]). Bekannt sind seine *libri VIII πιϑανῶν*, die von Paulus in einen Auszug gebracht wurden, *libri XL posteriorum* [12]), aus welchen Javolen einen Auszug machte [13]), neben welchem jedoch noch *Javoleni libri ex posterioribus* oder *posteriorum Labeonis* besonders citirt werden, *libri praetoris urbani* [14]) und *libri praetoris peregrini* [15]), *commentarii ad XII tabulas* [16]), *libri epistolarum* [17]), *responsa* [18]), eine Schrift *de jure pontificio* [19]), *de jure Augurum* [20]), während das Werk de disciplinis Hetruscis [21]) und de diis animalibus [22]) wohl dem Cornelius Labeo, welcher über theologische Gegenstände schrieb, angehören [23]). Bemerkungen (*notae*) zu

9) Jedoch das ihm vom August angebotene Consulat soll er ausgeschlagen haben, l. 2. §. 47. D. de orig. jur. vergl. Tac. An. III, 75.

10) Seine Auctorität bei Abfassung der Codicille erwähnt auch pr. J. de codicill.

11) l. 2. §. 47. D. de orig. jur.

12) Gell. N. A. XIII, 10. So genannt, weil sie erst nach des Verfassers Tode bekannt gemacht worden sind, vergl. l. 9. §. 3. D. de dol. l. 9. §. 2. 6. D. ad leg. Jul. pecul.

13) Daher *a Javoleno epitomatorum*.

14) l. 19. D. de verbor. sign.

15) l. 9. §. 4. D. de dol. mal.

16) Gell. N. A. I, 12.

17) l. 30. §. 1. D. de usurp. et usuc.

18) Collat. XII, 7.

19) Fest. v. sistere Macrob. Sat. III, 10.

20) Fest. v. remisso exercitu.

21) Fulg. de prisc. serm. §. 4.

22) Serv. zu Virg. Aen. III, 168.

23) Macrob. Sat. III, 4. I, 12. 16. August. de civit. Dei II, 11.

seinen Schriften lieferten später Proculus[24]), Quintus[25]), Aristo und Aulus[26]), und sein Name findet sich häufig in den Digesten, öfters in den Institutionen des Gajus. Sein Zeitgenosse und Nebenbuhler C. Atejus Capito[27]) ein Schüler des Ofilius[28]), war Schmeichler des Kaisers August[29]), von dem er bald, im Jahr 759, zum Consulat erhoben wurde[30]). Schon wegen des unwürdigen Gebrauchs seiner Kenntnisse war er als Gelehrter minder geachtet[31]), aber vielleicht nicht ohne Grund[32]) tadelte er den ungeschmeidigen Republicanismus seines Gegners, dessen gründliche Gelehrsamkeit er anerkennt[33]), wie auch er von diesem erwähnt wird[34]). Dabei scheint er sich bei ungleich geringeren Fähigkeiten mehr dem Staatsdienst, als der Schriftstellerei zugewandt zu haben. Er schrieb nur *de jure pontificio*[35]), *de jure sacrificiorum*[36]), *libri conjectaneorum*[37]) außerdem werden ihm *epistolae* zu-

24) l. 69. D. de cond. et demonstr. l. 10. §. 1. D. de neg. gest. l. 65. §. 5. D. pr. soc.

25) l. 7. §. 7. D. de dol. mal.

26) l. 17. §. 5. D. de hered. instit.

27) l. 2. §. 47. D. de orig. jur. Gell. N. A. X, 12. Tac. An. *III*, 70. 75. Acr. zu Hor. Sat. I, 3. 8.

28) l. 2. §. 47. D. cit.

29) Tac. An. III, 75. Suet. de illustr. gramm. 21.

30) l. 2. §. 47. D. de orig. jur. l. 29. D. de rit. nupt.

31) l. 2. §. 47. D. cit. Tac. An. III, 75. 70. Gell. N. A. X, 20. Macrob. Sat. VII, 13.

32) Vergl. Suet. Aug. 54. Dio Cass. LIV, 15. Dagegen: Suet. de illustr. gramm. 22. Dio Cass. LVII.

33) Gell. N. A. XIII, 12.

34) l. 30. §. ult. D. de leg. 3. l. 79. §. 1. D. de jur. dot.

35) Gell. N. A. IV, 6. Fest. v. mundus. Macrob. Sat. VII, 13.

36) Macrob. Sat. III, 10. Diese Schrift war wohl nur in der erst genannten begriffen.

37) Gell. N. A. IV, 14. X, 7. XIV, 7. 8. II, 24. XX, 2. Non. I, 268. Seine *commentarii de publicis judiciis* ist kein besonderes Werk,

geschrieben [38]). Weil er mehr bei dem Bekannten beharrte [39]), war sein Andenken im ganzen weniger geachtet, daß die spätere Zeit ihn mit Grund unberücksichtigt lassen konnte. Gleichzeitig mit beiden lebten manche andere Juristen, auch noch manche von denen, welche wir bereits früher genannt haben; unter August [40]) lebten noch Vitellius, welchen Sabinus commentirte [41]) und Cassius mit Anmerkungen versah [42]), und Sabius Mela [43]). Capito's berühmter Schüler war für die Zeit des Tiberius jener Massurius Sabinus, von welchem diese Schule den Namen der Sabinianer erhielt, und durch welchen sich die Streitpunkte noch sehr vermehrten. Eben dieser erhielt vom Kaiser das Recht öffentlich zu respondiren, wurde unter die *equites* aufgenommen, beinahe 50 Jahr alt, und lebte dennoch in so großer Dürftigkeit, daß er großentheils von seinen Zuhörern erhalten wurde [44]). Er schrieb *libri III de jure ci-*

auch wohl nicht sein *liber de officio senatorio* oder *senatoris* (Gell. N. A. IV, 10.). Von jenen wird das 259ste Buch citirt.

38) Vergl. Gell. N. A. XIII, 12.

39) Dieses erwähnt wenigstens Pomponius in l. 2. §. 47. D. de orig. jur. ganz ausdrücklich.

40) Suet. Vitell. 2.

41) l. 45. D. de leg. 3. l. 8. pr. l. 12. §. 27. D. de instr. leg. l. 3. pr. D. de pen. leg.

42) l. 12. §. 27. D. cit. Auch Paulus schrieb Noten zu demselben l. 18. D. de instruct. et instrum.

43) Wie er einerseits Gallus Aquitius gedenkt (l. 17. §. 6. D. de act. emt. vend.), und oft neben Labeo (l. 20. D. de praescr. verb. l. 1. §. 5. 6. D. de tut. et rat. l. 1. §. 7. 8. D. ut in flum. public. l. 7. §. 2. 3. D. de in rem. vers. l. 15. §. 45. 46. D. de injur.) auch in Verbindung mit Trebatius (l. 17. §. 2. D. de injur. l. 13. §. 8. D. loc.) angeführt wird, so war er anderseits ein Vorgänger des Proculus und Nerva (l. 11. pr. D. ad leg. Aqu. l. 14. D. de annuis leg.). Ueber seine Werke wissen wir nichts Genaueres, siehe jedoch l. 39. pr. D. de solut. und l. 52. §. 30. D. de furt.

44) l. 2. §. 47. D. de orig. jur.

vili[45]) in welchen zuerst von den letztwilligen Bestimmungen und dem Erbrecht gehandelt war [46]), welche Anordnung aus den hierüber vorhandenen Commentaren von Aristo[47]), Pomponius[48]), Ulpian[49]) und Paulus[50]) abgenommen werden kann, ferner *de indigitamentis*[51]), *fasti*[52]), *memorialia*[53]), *responsa*[54]), *ad edictum*[55]), *ad Vitellium*[56]), vielleicht auch *assessoria*[57]). Ebenfalls unter Tiber, daher als Zeitgenosse des vorhergehenden, lebte M. Coccejus Nerva, ein Schüler des Labeo und ein Freund des Kaisers[58]), welcher zum Consulat im Jahr 775 gelangte, aber von seinen Schriften kennen wir keine dem Namen nach, wiewohl seiner öfters in den Digesten gedacht wird[59]). Er endete durch Hungerstod[60]).

---

45) ind. Flor. Gell. N. A. I, 12. IV, 1. 2. V, 13. XI, 18. XIV, 2. Pers. Sat. V, 90. Arrian epict. IV, 3.

46) Die Ordnung hat Gothofred in seinen *quatuor fontes juris civilis* angegeben; jedoch bleibt in dieser Hinsicht noch manches dunkel.

47) l. 3. §. 1. D. de pen. l. 6. D. de usu. Noten zum Sabinus schrieb auch Fufidius, Gaj. II, 154.

48) Er bestand wenigstens aus 36 Büchern, l. 20. D. de captio.

49) 51 Bücher sind excerpirt.

50) Wenigstens 47 Bücher, l. 10. D. de oblig. et act., wiewohl nur die ersten 16 Bücher excerpirt sind.

51) Gell. N. A. IV, 9.

52) Wenigstens 2 Bücher, Macrob. Sat. I, 4.

53) Gell. N. A. V, 6. VI, 7. Macrob. Sat. III, 6. l. 144. D. de verbor. sign. Wenigstens 11 Bücher.

54) Wenigstens 2 Bücher, l. 4. pr. u. §. 1. D. ad leg. Rhod. de jact.

55) l. 18. D. de oper. lib.

56) l. 45. D. de leg. 3.

57) l. 5. §. 8. D. de injur.

58) l. 2. §. 47. D. de orig. jur. Tac. An. VI, 26. IV, 58. Front. de aquaed. II.

59) z. B. l. 2. §. 28. D. ne quid in loc. publ. l. 32. D. depos. l. 3. D. de usufr. ear. rer.

60) Tac. An. VI, 26.

Dem Nerva folgte Licinius oder Sempronius Proculus, der dieser Schule den Namen der Proculejaner gab[61]), *epistolae*[62]) und *notae ad Labeonem*[63]) schrieb. Zu derselben Zeit lebte als Proculejaner M. Coccejus Nerva[64]), der Sohn des früheren und Vater des Kaisers, der in einem Alter von 17 Jahren öffentlich respondirte[65]), Consul unter Nero wurde, bei diesem in großem Ansehen stand[66]) und *de usucapionibus* schrieb[67]). Auf der anderen Seite gehört in diese Zeit der Sabinianer C. Cassius Longinus, von welchem die Sabinianer auch den Namen Cassianer erhielten[68]). Er war ein Enkel des Tubero, Urenkel des Servius Sulpicius, Consul unter Tiber im Jahr 783 (30 nach Chr.)[69]), und ein Mann von großem Ansehen[70]), wurde von Nero wegen seines selbstständigen Characters nach Sardinien verwiesen[71]), jedoch von Vespasian zurückberufen[72]).

61) l. 2. §. ult. D. de orig. jur. Ihm wird von Pomponius ein Vorzug vor dem Cassius Longinus in der entgegengesetzten Schule eingeräumt.

62) Von diesen wird das 11te Buch erwähnt, in l. 69. D. de contrah. emt. l. 17. D. de pact. dotal. l. 12. D. de praescript. verb.

63) l. 10. §. 1. D. de neg. gest. Vielleicht dieselben mit jenen *libri ex posterioribus Labeonis*, l. ult. D. de trit. vin. ol. leg.

64) l. 2. §. ult. D. de orig. jur.

65) l. 1. §. 3. D. de postul.

66) Tac. An. XV, 72.

67) l. 47. D. de adqu. et am. poss. In l. 32. D. depos. wird die vom Nerva aufgestellte, aber vom Proculus verworfene, Behauptung, daß *culpa lata* nur dem *dolus* gleichzusetzen sei, angeführt. Die hier vom Celsus vertheidigte Meinung des Nerva ist für die spätere Zeit allgemein angenommen.

68) l. 2. §. ult. D. de orig. jur. Plin. ep. VII, 24. l. 19. §. 2. D. de recept. Arrian IV, 3.

69) l. 2. §. ult. D. cit., mit dem Quartinus.

70) Vergl. Tac. An. XIII, 41. 42. XIV, 23. — Tac. An. XII, 11.

71) Tac. An. XVI, 7. 9. Suet. Ner. 37.

72) l. 2. §. 47. D. de orig. jur.

Er soll blind, religiösen Sinnes und ein strenger Beamter gewesen sein [73]), hinterließ *libri juris civilis* [74]), *notae ad Vitellium* [75]) und *ad Ursejum Ferocem* [76]) Ungefähr in dieselbe Zeit sind Ursejus Ferox [77]), Atilicinus [78]), ein anderer Cassius Longinus, der ex equestri ordine und später Prätor wurde [79]), Cartilius [80]), Fufidius [81]), welcher *quaestiones* schrieb [82]) vielleicht auch *notae ad Sabinum* [83]), zu setzen. Endlich auch der unter Nero im höchsten Alter verstorbene C. Aminius Rebilus, welcher wegen seiner Rechtskenntniß und seines Vermögens ausgezeichnet wird [84]), und Domitius Afer, welcher als Redner für seine Zeit sehr berühmt, aber auch *libri II de testibus* hinterlassen hat [85]). Unter Vespasian folgte Cassius Coelius Sabinus [86]). Schon von Otho designirt, war er im Jahr 822 Consul [87]), schrieb namentlich über das Edict der Aedilen [88]). Ihm gegenüber stand als Nachfolger des Proculus jener Pegasus, welcher zur Zeit des Vespasian *praefectus urbi* war [89]).

---

73) Suet. Ner. 37. Tac. An. XIII, 41. 48. XIV, 43 sq.

74) Wenigstens 10 Bücher, l. 70. pr. D. de usufr. Das 8te Buch wird erwähnt in l. 7. §. 3. l. 9. §. 5. l. 70. §. 2. D. eod.

75) l. 17. §. 27. D. de instruct. et instrum.

76) l. 10. §. 5. D. quib. mod. usufr.

77) Ein 10tes Buch dieses Verfassers wird erwähnt, collat. XI, 7.

78) l. 17. D. de pact. dotal.

79) l. 2. §. ult. D. de orig. jur.

80) l. 69. D. de hered. instit.

81) l. 5. D. de aur. l. ult. D. de manum. vind.

82) Wenigstens 2 Bücher, l. 5. D. de aur.

83) Gaj. II, 154.

84) Tac. An. XIII, 30.

85) Plin. ep. VIII, 18. Tac. An. XIV, 19. Quinct. J. O. IV, 7. VI, 4.

86) l. 2. §. ult. D. de orig. jur.

87) Tac. H. I, 77.

88) Gell. N. A. IV, 2. und VII, 4.

89) l. 2. §. ult. D. de orig. jur.

Unter seinem Consulat[90]) kam das *SCtum Pegasianum* zu Stande; und beider wird in den Digesten wiederholt gedacht. Als Nachfolger des Pegasus gehört in diese Zeit P. Juventius Celsus, der im Rath des Consuls Ducennius Verus sich befand[91]), Respondent war und in den Digesten als *Celsus pater* vorkommt[92]), aber um dieselbe Zeit, oder nicht viel später, lebten auch Plautius, zu welchem Neratius[93]), Javolenus[94]), Pomponius[95]) und Paulus[96]) Bemerkungen schrieben, während Cassius und Proculus von ihm citirt werden[97]), der oft noch in den Digesten erwähnte Octavenus[98]) und Valerius Severus, welcher letztere von Julian gelobt wird[99]). Für die Zeit des Nerva und seines Nachfolgers ist zu erwähnen als Proculejaner P. Juventius Celsus der Sohn[100]), der später gemeinhin Celsus schlechtweg genannt wird, welcher Prätor im Jahr 854[101]), Consul im Jahr 882 zum zweiten Mal wurde[102]) und sich durch classische Bildung auszeichnete. *Responsa* von ihm, und

90) §. 5. J. de fideicom. hered.

91) l. 29. D. de leg. 2.

92) l. 39. D. mand. l. 3. §. 4. D. de cond. c. d. c. n. s. l. 20. D. de leg. 2.

93) Nemlich *libri ex Plautio* l. 5. §. 1. D. de serv. praed. rust.

94) Nemlich *libri V ad Plautium* oder *ex Plautio.*

95) Nemlich *libri VII ex Plautio.*

96) Nemlich in 18 Büchern.

97) l. 8. D. de aur. arg. l. 43. pr. D. de cond. et demonstr.

98) l. 67. D. ad SCtum Treb. l. 20. D. de fideic. lib. l. 8. D. de per. et comm.

99) l. 30. D. de neg. gest.

100) l. 2. §. ult. D. de orig. jur.

101) Plin. ep. V, 20. VI, 5.

102) l. 20. §. 6. D. de hered. pet. Auch Pomponius spricht von seinem Consulat, l. 2. §. ult. D. cit. Er war noch mit seinem Zeitgenossen Neratius und dem Julian im Rath des Kaisers Hadrian, Spart. Hadr. 18.

selbst an einen Prätor[103]) werden wiederholt in den Digesten angeführt[104]), auch seiner daselbst mit allem Lobe gedacht. Außerdem schrieb er *libri epistolarum*[105]), *quaestionum*[106]), *commentarii*[107]), welche in den Digesten insgesammt citirt werden, und nur seine *libri XXXIX digestorum* sind in diesen vielfach excerpirt worden. Von ihm ist die beißende Antwort (*responsio Celsina*) auf jene von einem Domitius Labeo an ihn gerichtete dumme Frage (*quaestio Domitiana*) bekannt geworden[108]). Ebenfalls ein Nachfolger jenes älteren Celsus und Proculejaner war der jenem jüngeren Celsus völlig gleichzeitige Neratius Priscus[109]), welcher Kaiser Trajan's Vertraueter und bei diesem in solchem Ansehen stand, daß er beabsichtigt haben soll, ihn zum Nachfolger zu wählen[110]), auch zum Consulat gelangte[111]) und zu den Räthen des Hadrian gehörte. Von seinen Schriften sind bekannt *libri XV regularum*, *libri VII membranarum*[112]), *libri III responsorum*, welche insgesammt in den Digesten excerpirt sind, *libri ex Plautio*[113]), *libri epistolarum*[114]), welche beide

103) l. 3. §. 1. D. de minor.

104) l. 16. D. mand. l. 58. D. pr. soc. l. 30. D. de leg. 2. l. 18. D. de jur. codicill. l. 72. D. ad SCtum Trebell. u. s. w.

105) Das 11te Buch wird erwähnt in l. 3. §. 1. D. de minor.

106) Wenigstens aus 19 Büchern bestehend, l. 19. §. 3. D. de aur. arg. vergl. l. 1. D. de reb. cred. l. 9. §. 2. D. de hered. instit.

107) Das 7te Buch wird citirt in l. 19. §. 6. D. de aur. arg. leg.

108) l. 27. D. qu. test. fac. poss.

109) l. 2. §. 47. D. de orig. jur.

110) l. 5. D. si quis a par. Spart. Hadr. 4.

111) l. 2. §. 47. D. cit. l. 6. D. ad leg. Cornel. de sicar.

112) Unstreitig ist der Name von dem Schreibmaterial entlehnt, so daß der Inhalt dieser Schrift völlig zweifelhaft bleibt.

113) l. 5. §. 1. D. de serv. praed. rustic.

114) l. 12. §. 35 u. 43. D. de instruct. vel instrum. leg. Wenigstens 4 Bücher.

in den Digesten nur citirt werden, außerdem *de nuptiis* [115]), nicht aber notae ad Fulcinium [116]). Anderseits als Schüler des Coelius Sabinus, also der entgegengesetzten Schule angehörend, muß für diese Zeit Priscus Javolenus genannt werden [117]). Er war Vorsteher von Syrien und Africa [118]), ein sorgfältiger Respondent, jedoch nicht immer bei guter Gesundheit [119]); gegen seine Schreibart hat man Ausstellungen gemacht. Von seinen Schriften sind *libri XV ex Cassio* [120]), *libri XIV epistolarum, libri V ex Plautio, libri ex posterioribus Labeonis*, und seine *librorum Labeonis epitome* ebenfalls vielfach in den Digesten excerpirt. Als ein berühmter Zeitgenosse der Genannten, und Freund des jüngeren Plinius, verdient T. Aristo Erwähnung, der freilich mit dem größten Lobe überhäuft wird [121]), wiewohl er als Schriftsteller weniger vorzüglich gewesen sein mag [122]). Jedoch werden seine *notae ad Labeonem* [123]), *ad Cassium* [124]), *ad Sabinum* [125]) in Justinian's Digesten beiläufig erwähnt, wie seine *decreta Frontiana* oder *Frontoniana* [126]), manche sonst erwähnte Schriften dieses Verfassers sind zweifelhaft [127]). Ebenfalls gehören hierher Minucius Natalis, der als Proconsul unter

---

115) Gell. N. A. IV, 4.

116) Man hat sich auf l. 43. D. de mort. caus. don. berufen.

117) l. 2. §. 47. D. de orig. jur.

118) l. 5. D. de manum. vind.

119) Plin. ep. VI, 15.

120) l. 21. §. 2. D. de adquir. vel amitt. poss.

121) Plin. Ep. I, 22. VIII, 14.

122) Er war im Rath des Trajan, l. 5. D. de manum. vind.

123) l. 17. §. ult. D. de hered. instit.

124) l. 7. §. 3. l. 17. D. de usufr.

125) l. 3. §. 1. D. de pen. leg. l. 6. D. de usu et habit.

126) l. ult. D. de adq. vel am. poss. Der Inhalt dieses Werkes ist freilich zweifelhaft.

127) Z. B. die Schrift de furtis, wovon Gell. N. A. XI, 18.

Trajan vorkommt[128]), Lälius mit dem Beinamen Felix, welcher noch unter Hadrian lebte[129]) und *ad Qu. Mucium* schrieb[130]), Arrianus, welcher *de interdictis* schrieb[131]), Priscus Fulcinius[132]), welcher auch in den Digesten öfters erwähnt wird, Vivianus[133]), Campanus[134]), Sextus Pedius[135]), der Verfasser der *libri ad edictum*[136]) und *de stipulationibus*[137]), Servilius[138]), Cartilius, Varius Lucullus.

§. 31.

Von Hadrian bis Alexander Sever.

Unter Hadrian wurde weder durch die wieder allgemeiner gewordene Erlaubniß zum Respondiren, noch durch die Abfassung jenes edictum perpetuum, für die Bestrebungen der Juristen in der Hauptsache irgend etwas geändert. Aber sie erlangten seit dieser Zeit eine größere Bedeutung, als es bis dahin noch möglich gewesen war, wozu auch eine glückliche Kaiserregierung sehr wesentlich beitragen mochte; es lebten viele Juristen von dem größten Ansehen und vielleicht die ausgezeichnetesten, welche je unter den Römern hervortraten. Die Streitigkeiten jedoch, welche sich bis dahin

128) l. 9. D. de fer.

129) l. 3. D. si pars hered. petat.

130) Gell. N. A. XV, 27.

131) l. 11. D. de hered. pet.

132) Vergl. l. 49. §. 2. D. de leg. 2. l. 3. §. ult. D. de act. rer. amot. l. 43. D. de mort. caus. don.

133) l. 17. §. 4. D. commod.

134) l. 47. D. de oper. libert. l. 34. §. 1. D. de fideic. libert.

135) l. 1. §. 9. D. de exercit. act. l. 13. §. 1. D. de verb. sing. l. 6. §. 9 sq. D. de neg. gest. l. 1. §. 4. D. de dol. mal.

136) Wenigstens 25 Bücher, l. 6. §. ult. D. de bonor. poss.

137) l. 6. D. de reb. cred.

138) l. 10. D. de jur. patron.

behaupteten, sind seit dieser Zeit am wenigsten verschwunden, hin und wieder nur noch mit größerem Scharfsinn erläutert oder bekämpft worden, und auch noch seit dieser Zeit finden sich viele, welche diesem oder jenem ausgezeichneten Vorgänger anhingen, ohne grade Schüler derselben gewesen zu sein [1]). Wie aber schon bis dahin allmälig Einzelne derselben Schule vielleicht mehr unter einander wetteiferten [2]), als es durch den Gegensatz der Schulen selbst geschah, auch entgegengesetzte Meinungen gebilligt wurden, auch wohl bei manchen es schwer gesagt werden kann, welcher Schule sie besonders angehörten [3]), so mußte die ursprüngliche Verschiedenheit der Schulen vollens durch die Zeit sich immer mehr verlieren. Dieses konnte freilich noch nicht unter Hadrian in dem Grade geschehen sein, wie es von Vielen so gradezu behauptet worden ist, und weshalb man die Juristen dieser Zeit mit dem Namen *miscelliones* oder *herciscundi* unterscheidet [4]). Vielmehr ist noch bei späteren Juristen von je-

1) Namentlich ist dieses von Gajus behauptet worden, aber jener *nostri praeceptores* gedenkt derselben oft in einem solchen Zusammenhange, daß man dabei vielmehr an seinen unmittelbaren Lehrer denken möchte.

2) Namentlich ist dies von Juventius Celsus bemerkt worden.

3) Wie noch unter des Labeo und Capito Schülern bei ausgezeichnetem Talente jene Meinungsverschiedenheit zunahm, ist von Pomponius in Betreff des Massurius Sabinus und Nerva ausdrücklich bemerkt, was nicht anders schon beim Labeo im Verhältniß zu seinem Lehrer Trebatius der Fall war.

4) Den nach Fest. v. miscelliones hier gewählten Ausdruck und die ganz willkürlich erfundene unlateinische Bezeichnung durch *herciscundi*, wie sie von Cujacius observ. X, 4. nach Serv. zu Virg. Aen. III, 68. herrührt, bezieht man mit Unrecht darauf, daß nach Hadrian eine dritte Schule entstanden sei, welche gewissermaßen zwischen den beiden früheren in die Mitte getreten, und wodurch jeder frühere Streit eine Endschaft gefunden habe. Eine sogenannte Mittelmeinung unter den Juristen findet sich überdies freilich hin und wieder, z. B. in Rücksicht der Pubertät (Ulp. XI, 28.), wo sie durch die Sache leicht herbeigeführt wurde.

nen *nostri praeceptores* im Gegensatz jener *diversae scholae auctores* die Rede, nur daß das Verhältniß der Einzelnen zu diesen bei fehlender Quelle nicht weiter nachgewiesen werden kann. Es finden sich seit dieser Zeit auch Juristen vom Auslande, aus Syrien und Phönicien [5]), weshalb sich die Sprache der Juristen um so leichter verschlechtern konnte. Von den Juristen dieser Zeit nennt Pomponius und zwar als Anhänger des Priscus Javolenus nur noch Aburnus Valens, Tuscianus und Salvius Julianus [6]), wovon der letzte als der ausgezeichneteste schon um deswegen angenommen werden muß, weil er vom Kaiser Hadrian zu jener Redaction des edictum perpetuum berufen wurde. Es beschränkte sich jedoch die Interpretation der Juristen auch seit dieser Zeit keinesweges auf das vorhandene Gesetzbuch, vielmehr ging die wissenschaftliche Fortbildung des geltenden Rechtes ihren freieren Gang, wodurch auch manches von Julian vielleicht einseitig Recipirte für die Anwendung beseitigt werden konnte, wiewohl für diese das edictum perpetuum dauernd die eigentliche Grundlage blieb [7]). Salvius Julianus war aus Adru-

---

5) Was von Ulpian und wohl Papinian gilt.

6) l. 2. §. ult. D. de orig. jur.

7) Die verschiedenen Bearbeitungen über jenes *edictum perpetuum* scheinen jedoch seit dieser Zeit die Hauptsache auszumachen. Sehr wichtig waren aber auch jene Commentare, welche zum Sabinus von verschiedenen Verfassern geliefert wurden. Ausführliche Bearbeitungen finden sich seit dieser Zeit noch über die *lex Papia Poppaea.* Aber welchen Plan und welche Anordnung bei den vielen systematischen Werken größeren oder geringeren Umfanges gewählt wurde, welcher Zweck bei den vielen Abhandlungen über einzelne Materien, bei den Noten, Bemerkungen zu anderen Schriften, bei den Erörterungen practischer Fälle, wie bei so verschiedenen anderen Schriften, zum Grunde lag, darüber läßt sich schwerlich etwas Bestimmtes ermitteln. Jedenfalls scheint gründliche Erörterung des geltenden Rechtes die eigentliche Aufgabe gewesen zu sein.

met in Africa [8]), Prätor, zweimal Consul [9]), *praefectus urbi*, Rath des Kaisers Hadrian [10]), vielleicht auch des Antoninus Pius [11]), wurde von den *divi fratres* Freund genannt [12]). Wegen ausgezeichneter wissenschaftlicher Bildung war er bei Zeitgenossen und Nachfolgern in größter Achtung, daß selbst Justinian seiner so oft rühmlich gedenkt [13]). Er selbst schrieb einen Commentar zu jenem edictum perpetuum, *libri XC digestorum*, aus welchen vieles für die Digesten excerpirt wurde, wiewohl verschiedene Nachfolger Mauricianus [14]), Ulpius Marcellus [15]), Cervidius Scävola [16]) und Paulus [17]) zum Theil tadelnde Bemerkungen zu diesen verfaßt haben. Uebrigens hinterließ er *libri VI ad Minucium Natalem* [18]), *libri IV ad Urcejum Ferocem* [19]) und einen *liber singularis de ambiguitatibus* [20]). Vom Tuscian ist weiter nichts bekanut, aber vom Aburnus Valens wissen wir, daß er Rath beim Antoninus Pius war [21]), *libri VII fideicommissorum* und *libri VII actionum* [22]) welche beide in den Digesten excerpirt sind, geschrieben hat, der auch sonst

8) Spart. v. Jul. 1.

9) l. 5. D. de manum. vind.

10) Spart. Hadr. 18.

11) Capit. Pius 12.

12) l. 17. pr. D. de jur. patron.

13) l. 10. C. de cond. indeb. l. 24. C. de neg. gest. l. 15. C. de usufr. const. Tanta §. 18. const. Dedit. §. 18. Nov. LXXIV. pr. Obgleich ein Sabinianer, ist er doch nicht selten anderer Meinung.

14) l. 7. §. 2. D. de pact. l. 25. §. 1. D. de usufr.

15) l. 7. C. de comm. serv. manum.

16) l. 54. D. de pact. l. 10. §. 1. D. de peric. et commod.

17) l. 11. D. quod met. l. 4. D. de rescind. vend.

18) l. 61. D. de rei vind. l. 11. §. 15. D. de act. emt.

19) Nach dem ind. Flor.

20) l. 13. D. de reb. dub.

21) Capit. Pius 12.

22) l. 15. D. uti possid.

wiederholt in den Digesten citirt wird. Ein Zeitgenosse des Julian[23]) war Sext. Cäcilius Africanus, welcher *libri IX quaestionum* und *libri XX epistolarum*[24]) schrieb, besonders unter den Antoninen sich auszeichnete, und in einem Streit mit dem Favorinus über die 12 Tafeln bei Gellius erwähnt wird[25]), ebenfalls Terentius Clemens[26]), welcher *libri XX ad legem Juliam et Papiam Poppaeam* schrieb, Vinidius Verus, der Rath des Kaisers Antoninus Pius[27]), welcher auch in den Digesten citirt wird, Junius Mauricianus[28]), bekannt durch seine *libri VI ad legem Juliam et Papiam Poppaeam*[29]), *libri II de poenis*[30]), und *notae apud Julianum*[31]) und sonst citirt, Taruntenus Paternus, welcher unter Commodus als *praefectus praetorio* getödtet wurde und *libri IV de re militari* hinterließ[32]), und Papirius Justus[33]), welcher die Constitutionen der *divi fratres* in 20 Büchern sammelte[34]). Auch selbst Sext. Pomponius, der bis zur Regierung der *divi fratres* lebte[35]), kann nur als ein Zeitgenosse des Julian um deswillen ange-

23) l. 3. §. 4. D. de agnosc. vel alend. liber. Vielleicht ein Schüler desselben, da Julian bei ihm so großes Ansehen hatte, l. 38. D. de cond. ind. l. 31. D. de pign. act. l. 23. D. de reb. cred. l. 45. pr. D. de act. emt.

24) l. 39. D. de leg. 1.

25) Gell. N. A. XX, 1.

26) l. 6. D. de vulg. et pupill. substit.

27) Capit. Pius 12.

28) l. 57. D. de leg. 2.

29) l. 57. D. de leg. 2. l. 23. D. de usu leg.

30) l. 3. D. de edend.

31) l. 7. §. 2. D. de pact. l. 25. §. 1. D. de usufr.

32) l. 6. D. de jur. immun. l. 7. D. de re milit.

33) l. 60. D. de pact.

34) Nach dem *index Flor.* Die Excerpte in den Digesten gehen nicht über das 8te Buch.

35) l. penult. D. de pollic.

nommen werden, weil seine Rechtsgeschichte nicht über Julian hinausreicht. Er ist der Verfasser des *enchiridii liber singularis* [36]), außer welchem *enchiridii libri duo* vorkommen [37]), der *libri XX epistolarum* [38]), *libri V fideicommissorum, libri lectionum ad Qu. Mucium XXXIX, libri VII ad Plautium* [39]), *liber singularis regularum* [40]), *libri XXXV ad Sabinum* [41]), *libri V Senatusconsultorum, libri XLI variarum lectionum* [42]), *libri V digestorum, libri LXXXIII ad edictum, libri VIII de stipulationibus* [43]), welche Schriften in den Digesten excerpirt und sonst in denselben citirt werden. Auch schrieb wohl Pomponius Noten zu Aristo [44]), und schwerlich scheint die Behauptung von 2 verschiedenen Verfassern gleichen Namens noch jetzt vertheidigt werden zu können [45]). Einer der berühmtesten Juristen dieses Zeitalters war Gajus [46]), welcher unter Hadrian geboren [47]), noch unter Pius und Marcus lebte [48]) und von Pomponius *Gajus*

36) Nemlich l. 2. D. de orig. jur. und auch noch l. 2. D. de just. et jur. l. 239. D. de verb. sign. sind aus demselben.

37) l. 73. D. de tutor. l. 8. D. de grad. et affin. l. 107. D. de solut.

38) Mehrere Fragmente sind überschrieben *epistolarum et variarum lectionum.*

39) oder *ex Plautio.*

40) Wozu wahrscheinlich Marcellus Noten schrieb, l. 16. §. 1. D. qu. testam. fac. poss.

41) oder ex Sabino l. 12. §. 2. D. de usufr. — l. 20. D. de captiv.

42) l. 3. §. 6. D. si serv. vind.

43) l. 5. §. 2. D. de us. ear. rer. qu.

44) l. 18. pr. u. §. 1. D. de donat. l. 44. pr. D. S. M.

45) Wie es noch von Zimmern, Gesch. d. Röm. Privatrechts §. 92., geschieht.

46) Ueber seinen Namen sind die Ansichten freilich verschieden, namentlich darüber, ob es nicht ein bloßer Vorname. War er ein Freigelassener, weshalb er bloß mit diesem Namen genannt werden konnte?

47) l. 7. pr. D. de reb. dub.

48) l. 9. D. ad SCtum Tertyll.

noster genannt wird [49]). Von seinen vielen Schriften müssen hier genannt werden *libri IV institutionum* [50]), *libri VII aureorum s. rerum quotidianarum* [51]), *liber singularis de casibus, liber singularis dotaliciorum* [52]), *libri ad edictum aedilium curulium, libri X ad edictum praetoris urbani, libri XXXII ad edictum provinciale, libri II fideicommissorum, liber singularis de formula hypothecaria, libri VI ad legem XII tabularum, ad legem Juliam et Papiam, liber singularis ad SCtum Orphitianum* [53]), *liber singularis ad SCtum Tertyllianum* [54]), *libri III de verborum obligationibus, libri III de manumissionibus, liber singularis regularum, libri regularum, liber singularis ad legem Gliciam* [55]) und *liber singularis de tacitis fideicommissis* [56]).Aber fast unbegreiflich muß es genannt werden, wenn er von anderen juristischen Schriftstellern aus dem Ende dieses Zeitraums nicht angeführt wird und noch für spätere Zeiten ein so ausgezeichnetes Ansehn behauptete. Unter Antoninus Pius

49) l. 39. D. de stip. serv. Auch über das Alter dieses Gelehrten war man früher verschiedener Ansicht.

50) Welche unter Antoninus Pius und Marcus geschrieben wurden (Gaj. II, 195. I, 102. II, 126.) so daß auf vielfache Verfügungen des letzteren nicht Rücksicht genommen ist.

51) Daß erstere Bezeichnung erst von den Verehrern des Gajus hinzugekommen sei, ist in unseren Tagen behauptet worden. Auch diese wurden bei Abfassung der Institutionen Justinians benutzt, prooem. J. §. 6., aber das Verhältniß dieses Werkes zu den Institutionen des Gajus läßt sich doch nicht mit Sicherheit ermitteln. Vergl. jedoch Mackeldey Lehrb. §. 47. Not. 6. und die dort angeführten Schriftsteller.

52) Vielleicht ist dies nur dasselbe Werk mit jenem *liber singularis de re uxoria*, const. Omnem. §. 1.

53) l. 9. D. ad SCtum Tertyll.

54) l. 8. D. ad SCtum Tertyll.

55) l. 4. D. de inoffic. testam.

56) l. 23. D. de his qu. ut indign. Außerdem sind hier noch seine *libri ex Qu. Mucio*, auf welche er sich selbst beruft (Gaj. I, 188.), zu nennen.

und den *divi fratres*[57]) lebte L. Volusius Mäcianus. Er war Rath des ersteren und lehrte dem Kaiser Marcus das Recht[58]). Auszuzeichnen sind seine *libri fideicommissorum* oder *quaestionum de fideicommissis*[59]), sein *liber ex lege Rhodia*[60]), seine *libri XIV publicorum* oder *de publicis judiciis*, wie seine *libri quaestionum*, welche noch von Papinian erwähnt werden[61]). Auch pflegt man ihn für den Verfasser der Schrift *de asse et ejus partibus* zu halten. Ebenfalls unter Antoninus Pius lebte Claudius Saturninus, der unter den *divi fratres* Prätor war[62]) und durch seinen *liber singularis de poenis paganorum* bekannt ist[63]). Zweifelhaft aber mag es genannt werden, ob der sonst bekannte Quintus Saturninus, welcher *ad edictum* schrieb[64]) und sonst citirt wird, derselbe war. Unter Marcus ist Q. Cervidius Scävola als Jurist zu nennen[65]), der vielleicht schon unter Antoninus Pius respondirte[66]), aber Rath des Marcus war[67]), und den Kaiser Septimius Severus, wie den Papinian, im Recht unterrichtete[68]). Zu seinen Schriften gehören *libri XL digestorum, libri XX quaestionum, libri IV regularum, libri VI responsorum, liber singularis quaestionum publice tractatarum*, welche in den Digesten

57) l. 17. pr. D. de jur. patron.

58) Capit. Marc. 3.

59) Welche unter Pius geschrieben wurden, l. 42. D. de fideicomm. libert.

60) l. 9. D. de leg. Rhod.

61) l. 86. pr. D. de adqu. vel omitt. hered.

62) l. 6. §. 7. D. mandat.

63) l. 16. D. de poen.

64) l. 19. §. 7. D. de aur. arg. leg.

65) l. 3. C. Th. de testam.

66) l. 13. §. 1. D. de aliment. leg.

67) Capit. Marc. 11. l. 22. pr. D. ad SCtum Treb.

68) Spart. Carac. 8.

excerpirt sind, ein *liber singularis de quaestione familiae, notae ad Julianum* und *ad Marcellum* [69]). In dieselbe Zeit kommt L. Ulpius Marcellus [70]), welcher *notae ad Pomponii librum singularem regularum, libri XXXI digestorum, libri VI ad legem Juliam et Papiam*, einen *liber singularis responsorum, de officio consulis*, vielleicht *libri II publicorum* [71]), *de officio praesidis*, aber auch *notae ad libros digestorum Juliani* schrieb [72]). Etwas später lebte Aemilius Papinian, ein zu seiner Zeit und noch lange sehr hoch geachteter Jurist [73]). Unter Marcus *advocatus fisci* [74]), unter Sever *magister libellorum* [75]), später *praefectus praetorio* [76]), wurde er den Söhnen des Sever zum Vormund bestellt [77]), jedoch vom Caracalla getödtet, weil er den am Geta verübten Brudermord nicht rechtfertigte [78]). Im höch-

69) Noten zum Scävola schrieben Claudius Tryphoninus und Paulus.

70) Capit. Pius 12. l. 19. D. de test. tut. Er war im Rath des Antoninus Pius.

71) l. 22. D. de his qu. not. infam.

72) Noten zu Marcellus schrieb Scävola (l. 11. §. 6. D. de don. int. vir. et uxor. l. 56. §. 6. D. ad leg. Falcid. fr. Vat. 82.), Ulpian (l. 41. D. ad leg. Aquil. l. 27. D. de pignor. l. 28. §. 1. D. de adm. et per. tut. l. 11. §. 7. D. de injur.), vielleicht auch Paulus (l. 15. D. de mort. c. don. l. 75. D. de judic. l. 14. D de in rem. vers.).

73) Zos. I, 9. Spart. Sever. 21. Cass. Var. VI, 5. §. 7. J. de fideic. hered. Theoph. ad h. l. l. 30. C. de fideicomm. l. un. C. Th. de respons. prud. const. Omnem. §. 1. 4. const. Deo auct. 6. l. 14. C. de praed. minor. l. 16. C. de fideicomm. l. 3. C. de adqu. poss. Nov. CVIII.

74) Spart. Carac. 8.

75) l. 12. pr. D. de distract. pignor.

76) Spart. l. c. Sever. 21. Dio Cass. LXXVI. const. Omnem §. 4.

77) Spart. Carac. 8. Zos. I, 9.

78) Spart. Carac. 4. Dio Cass. LXXII. init. Auch sein Sohn, der bereits Quästor war, wurde mit ihm hingerichtet.

sten Grade geachtet waren seine nach der Ordnung des Edicts geschriebenen *libri XXXVII quaestionum*, ebenfalls schrieb er *libri XIX responsorum*, *libri II definitionum*, *libri II de adulteriis*, einen *liber singularis de exercitio publici judicii de adulteriis*, und in griechischer Sprache [79]) *de officio aedilium*. Gleichzeitig mit Papinian kommen noch mehrere minder bedeutende Juristen vor. Im Rath des Sever und Antonin waren mit ihm Messius und Claudius Tryphoninus [80]), welcher letztere durch *notae ad Scaevolam* und seine *libri XXI disputationum* [81]) bekannt ist. Im Concilium des Caracalla [82]) war Arrius Menander, der Verfasser der *libri IV militarium* oder *de re militari* [83]). Vielleicht gehört hierher Papirius Fronto [84]) und Tertyllianus, der Verfasser von *libri VIII quaestionum* [85]) und eines *liber singularis de peculio castrensi* [86]), der nicht mit dem Kirchenvater gleichen Namens, welcher ebenfalls unter Septimius Severus und Caracalla lebte, verwechselt werden darf. Aus mehr ungewisser Zeit sind Sext. Pedius [87]), Puteolanus, welcher *assessoria* schrieb [88]), Pactumejus Cle-

79) l. un. D. de via public.

80) l. ult. D. de jur. fisc.

81) Im 10ten Buch dieser Schrift werden die genannten Kaiser *optimi imperatores nostri* genannt, l. 39. D. de poen. vergl. l. 11. D. de postuland.

82) l. 11. §. 2. D. de minor. l. 13. D. de re milit.

83) Welche von Aemilius Macer citirt werden, l. 1. D. de veteran. et milit. succ. l. 13. D. de re milit. l. 14. D. de poen.

84) Von dem Callistratus einen *liber III responsorum* citirt, l. 4. §. ult. D. de leg. Rhod. l. 220. §. 1. D. de verb. sign.

85) l. 27. D. de leg. l. 28. D. de adqu. vel am. poss. l. 30. §. 6. D. de adqu. vel om. hered.

86) l. 4. D. de castr. pecul. l. 23. 33. D. de testam. milit.

87) l. 6. D. de reb. cred.

88) l. 12. D. de pact.

mens[89]), Furius Anthianus, durch seine Schrift *ad edictum* bekannt[90]), Rutilius Maximus, der Verfasser des *liber singularis ad legem Falcidiam*[91]) und Julius Aquila[92]). Endlich noch unter Alexander Sever fällt die Zeit des Ulpian und Paulus, der ausgezeichnetesten classischen Juristen, neben verschiedenen weniger erheblichen, und nächst jenen ist nur noch Herennius Modestinus zu nennen, mit welchem die Blüthezeit jener Römischen Juristen gewissermaßen spurlos verschwunden ist. Domitius Ulpianus von einer Colonie der Tyrier in Phönicien abstammend[93]), weshalb man seine Sprache hat tadeln wollen, war gewiß einer der ausgezeichnetesten unter den Römischen Juristen, und ist grade vorzugsweise bei Abfassung der justinianeischen Compilation benutzt worden. Besonders unter des Antoninus Alleinherrschaft war Ulpian Schriftsteller, wurde von Elagabalus entfernt[94]), von Alexander Sever zurückberufen[95]), unter welchem er *scriniorum magister*[96]), *praefectus annonae*[97]) und *praefectus praetorio*[98]), aber unrechtmäßig zu letzter Stelle gelangt, ist er in Alexanders's eigenem Palast von den Präto-

89) l. 21. §. 1. D. de stat. liber.

90) l. ult. D. de pact. l. ult. D. quod met. l. ult. D. de rei vind.

91) l. 125. D. de leg. 1.

92) Aus dessen *liber responsorum* stehen 2 Fragmente in den Digesten, l. 34. D. de admin. et peric. l. 12. D. de suspect. tutor. Gemeinhin wird er erst für die folgende Periode genannt, vergl. Zimmern Gesch. d. Röm. Privatrechts §. 103.

93) l. 1. D. de censib.

94) Lamprid. Elog. 16.

95) Vergl. Aur. Vict. 24. Ueber das, was dieser Kaiser ihm verdankte: Lamprid. Alex. 30 u. 50. vergl. l. 4. C. de loc.

96) Lamprid. Alex. 25. Spart. Pesc. Nig. 7.

97) Lamprid. Alex. 14. l. 4. C. de contr. stipul.

98) Lamprid. Alex. 25. Aur. Vict. 25. Spart. l. c. Zos. I, 11. l. 4. C. de loc. Er war auch im Rath des Kaisers Antoninus, Lamprid. Alex. 25. Spart. l. c.

rianern, erschlagen worden [99]). Unter seinen Schriften verdienen besonders seine *libri ad Edictum*, welche unter Caracalla geschrieben wurden [100]) und fast die Grundlage von Justinian's Digesten ausmachen, wie sein ebenfalls unter Caracalla [101]) geschriebenes ausführliches Werk *ad Sabinum* gerühmt zu werden. Außerdem sind von ihm *libri XX ad legem Juliam et Papiam, libri X de omnibus tribunalibus, libri III de officio consulis, libri X de officio proconsulis, libri IV de appellationibus, libri VI de censibus, libri VI fideicommissorum, libri II institutionum, libri X disputationum, de adulteriis,* ein *liber singularis de officio praefecti urbi, de officio curatoris rei publicae, de officio praetoris tutelaris,* ein *liber singularis regularum,* von denen jene *libri VII regularum* verschieden sind, *libri II responsorum,* ein *liber singularis de sponsalibus, de officio praefecti vigilum, de officio quaestoris, libri VI opinionum, libri X pandectarum,* ein *liber singularis pandectarum, libri II ad edictum aedilium curulium, libri IV ad legem Aeliam Sentiam,* ein *liber singularis de officio consularium* und *excusationum, notae ad Aristonem, ad Marcellum* und *ad Papinianum* und wenigstens *libri IV de interdictis.* Ulpian's Zeitgenosse Julius Paulus war einer der fruchtbarsten Schriftsteller, und ist nächst jenem für die Digesten am meisten benutzt worden. Er war vielleicht aus Padua, seine Schreibart ist gedrängt, aber nicht selten zugleich als dunkel bezeichnet.

---

99) Zos. I, 11. und Xiphil. aus Dio Cass. LXXX. init.

100) l. 3. pr. l. 11. pr. l. 18. §. 1. D. de minor. l. 7. §. 6. D. de injur. l. 13. §. ult. D. de jurejur. l. 11. D. de compens.

101) Aber etwas später, als jene. l. 9. D. de sponsal. l. 32. §. 27. D. de donat. int. vir. et uxor.

Unter Sever und Caracalla war er Rath, unter Alexander *praefectus praetorio* [102]) und stand gewiß als Jurist in der höchsten Achtung. Unter seinen vielen Schriften waren seine *libri ad edictum*, nemlich sein ausführlicher Commentar zum edictum perpetuum, vielleicht am wichtigsten, außerdem schrieb auch er *libri XVI ad Sabinum*, und verschiedene sonstige Schriften größeren Umfangs, *libri XXVI quaestionum*, *libri XXIII responsorum*, *libri XXIII brevium*, *libri XVIII ad Plautium*, *libri X ad legem Juliam et Papiam*, *libri VII regularum*, außerdem einen *liber singularis regularum*, *libri VI sententiarum s. factorum*, welche von den Kaisern erlassene Urtheile betreffen, *libri V sententiarum receptarum*, welche an seinen Sohn gerichtet waren, *libri IV ad Vitellium*, *libri IV ad Neratium*, *libri III fideicommissorum*, *libri III decretorum*, *libri III de adulteriis*, *libri III manualium*, *libri III ad legem Aeliam Sentiam*, *libri II institutionum*, *libri II de officio proconsulis*, *libri II ad legem Juliam*, *libri duo de jure fisci*, *libri II de censibus*, *libri ad edictum aedilium curulium*, *libri de officio Consulis*, *libri epitomarum s. epitomatorum Alfeni digestorum*, *epitomae Labeonis πειϑανῶν*, *notae ad Julianum*, *ad Papinianum*, *ad Scaevolam*, *de jurisdictione singulari*, wovon das erste Buch einer zweiten Ausgabe citirt wird [103]). Zu diesen kommen noch eine Menge *libri singulares* als kürzere Abhandlungen über einzelne Rechtsmaterien, nemlich *de poenis paganorum*, *de poenis militum*, *de poenis omnium legum*, *de usuris*, *de gradibus et affinibus*, *de jure codicillorum*, *de excusationibus tutelarum*, *ad regulam Catonianam*, *ad SCtum Orfitianum*, *ad SCtum Tertyllianum*, *ad SCtum Silanianum*, *ad SCtum Vellejanum*, *ad SCtum*

102) Lamprid. Alex. 26.

103) Fragm. Vat. 247.

Libonianum, ad SCtum Claudianum, de officio praefecti vigilum, de officio praefecti urbi, de officio praetoris tutelaris, de extraordinariis criminibus, ad hypothecariam formulam, ad municipalem, de publicis judiciis, de inofficioso testamento, de septemviralibus judiciis, de jure singulari, de secundis tabulis, ad orationem D. Severi, ad orationem D. Marci, ad legem Vellejam, ad legem Cinciam, ad legem Falcidiam, de tacito fideicommisso, de portionibus, quae liberis damnatorum conceduntur, de juris et facti ignorantia, de adulteriis, de instructo et instrumento, de appellationibus, de jure libellorum, de testamentis oder vielmehr *de forma testamenti, de jure patronatus, de jure patronatus, quod ex lege Julia et Papia venit, de actionibus, de concurrentibus actionibus, de intercessionibus feminarum, de donationibus inter virum et uxorem, de legibus, de legitimis hereditatibus, de libertatibus dandis, de senatusconsultis.* Zu diesen kommen noch die *libri singulares de liberali causa* oder wohl *de articulis liberalis causae, de assignatione libertorum, de conceptione formularum, de dotis repetitione, ad legem Fusiam Caniniam, de officio assessorum, ad SCtum Turpillianum, de variis lectionibus, de cognitionibus*[104]). Als dem Ulpian und Paulus gleichzeitige Juristen müssen hier noch erwähnt werden Callistratus[105]), Venulejus Sa-

104) Sie sind wenigstens großentheils auch im *ind. Flor.* angegeben.

105) Er war Rath des Alexander Sever und Schüler Papinian's, nach Lamprid. Alex. 68. Er schrieb *libri VI de cognitionibus* (l. 3. D. de offic. procur. l. 14. §. 4. D. de muner.), *libri IV de jure fisci* oder *fisci et populi* (l. 2. §. 6. D. de jur. fisc. l. 1. D. de bon. damn. Paul. Rec. Sent. V, 12.), *libri II quaestionum* (l. 38. D. de leg.), *libri VI edicti monitorii* und *libri III institutionum.*

turninus[106]), Aelius Marcianus[107]), Florentinus[108]), Licinius Rufinus[109]), Aemitius Macer[110]), und vielleicht noch Paconius[111]), welche auch als Schriftsteller mehr oder weniger bekannt sind. Endlich Herennius Modestinus, ein Schüler des Ulpian[112]), welcher dem Kaiser Maximin dem jüngeren das Recht lehrte[113]), war noch

106) Ebenfalls Rath des Alexander Sever und Schüler Papinians (Lampr. Alex. 68. l. 1. C. quib. non objic. long. tempor. praescr. l. 1. C. de exc. vet.) Er schrieb nach dem ind. Flor. und den vorhandenen Excerpten: *libri X actionum, libri IV de officio proconsulis, libri VI interdictorum, libri VI publicorum* oder *de publicis judiciis, libri XIX stipulationum.*

107) Welcher vor und unter Alexander Sever lebte. Er schrieb *libri II publicorum, libri XVI institutionum, libri II de appellationibus, libri V regularum, libri singulares de delatoribus, ad hypothecariam formulam, ad SCtum Turpillianum* und *notae ad Papiniani libros de adulteriis.*

108) Lamprid. Alex. 68. l. 8. C. de inoffic. testam. Er schrieb *libri XII institutionum* (l. 209 und 211. D. de verb. sign.).

109) Es wird Antoninus Caracalla von ihm erwähnt (l. 41. D. de don. int. vir. et uxor.) und noch Paulus von ihm consultirt (l. 4. D. quib. ad libert. proclam.). Er schrieb *libri XII regularum* nach dem ind. Flor., aber in l. 34. D. de re jud. wird das 13te Buch erwähnt.

110) Von ihm wird Alexander Sever: *imperator noster* genannt (l. un. pr. D. si pend. app.), Sever und Antoninus *divi* (l. un. §. 1. D. si pend. app. l. 61. D. de adqu. hered.). Er schrieb nach Ulpian und Paulus (l. 15. pr. D. qui satisd. cog. l. 68. D. ad leg. Falc. l. 13. D. de re mil. l. 1. D. de veter. et mil. succ.): *libri II de appellationibus, libri II de re militari* oder *militarium, libri II de officio praesidis, libri II publicorum* oder *publicorum judiciorum* oder *de publicis judiciis, libri II ad legem vicesimae hereditatum.*

111) Der von Paulus citirt wird, l. 3. pr. D. si a parent. qu. manum.

112) l. 52. §. 20. D. de furt. Der seinen Lehrer mit Auszeichnung behandelt, l. 2. D. de excus. l. 4. l. 13. §. 2. D. eod. l. 2. D. qui pet. tutor.

113) Capit. Maxim. jun. 1.

ein Jurist von hervorragendem Talente, weshalb ihm auch noch später eine so besondere Achtung geschenkt wird. Gewiß schon unter Alexander war er Schriftsteller [114]), dessen Einsicht und gemäßigte Denkungsart besonders gerühmt wird. Er schrieb *libri IX differentiarum*, in griechischer Sprache *libri VI excusationum* [115]), *libri X regularum*, *libri XIX responsorum*, *libri XII pandectarum*, *libri IV de poenis*, *libri singulares de enucleatis casibus*, *de euremáticis*, *de inofficioso testamento*, *de praescriptionibus*, welche von einer anderen wenigstens aus vier Büchern bestehenden Schrift dieses Titels unterschieden werden muß [116]), *de legatis et fideicommissis*, *de ritu nuptiarum*, *de differentia dotis*, *de testamentis*. Endlich müssen noch die *notae ad Qu. Nucium* genannt werden, welche wenigstens aus 31 Büchern bestanden.

§. 32.

Urkundliche Ueberreste aus dieser Periode.

Einzelne urkundlich vorhandene Ueberreste aus dieser Periode sind für uns um so wichtiger, als wir wenigstens aus einzelnen derselben einen zusammenhängenden, wenn auch im einzelnen mangelhaften, Ueberblick des damals geltenden Rechtes erlangen. Jedenfalls am wichtigsten sind die erst in unseren Tagen aufgefundenen Institutionen des Gajus in 4 Büchern. Während jene bis dahin nur nach einem Auszuge im breviarium Alaricianum in sehr veränderter Bearbeitung und vielfach abgekürzt in 2 Büchern bekannt waren [1]), sind sie im Jahr 1816

114) l. 29. D. ad leg. Corn. de fals. l. 11. C. ex quib. caus. infam. Er respondirte noch unter Gordian l. ult. C. si ex fals. instrum. l. 5. C. ad exhibend.

115) Dig. XXVII, 1.

116) l. 101. D. de verb. oblig.

1) Vieles ist nemlich hier übergangen und ausgeschieden und der Auszug selbst reicht nur bis auf die Lehre vom Justum, wiewohl er dennoch

auf einem codex rescriptus in der Bibliothek des Domcapitels zu Verona durch Niebuhr entdeckt [2]) und nach einer sorgfältigen Entzifferung von Göschen [3]) im Jahr 1820 herausgegeben worden [4]), welcher Verfasser in der Vorrede zugleich über die Entdeckung, die Beschaffenheit und das Alter jenes codex [5]), wie über die Art und Weise der critischen Bearbeitung desselben einen ausführlichen Bericht abstattet, und zur leichteren Benutzung sind nicht bloß den nur fragmentarisch vorhandenen Stellen des Textes [6]) Bemerkungen des Verfassers und von verschiedenen

---

für die Geschichte nicht unwichtig war. Seit dem 16ten Jahrhundert bekannt, sind sie zuerst von Bouchard Par. 1525 mit den receptae sententiae des Paulus herausgegeben, dann von Sichard Basil. 1528, Pesnot Lugdun. 1553 und 1559. Cujacius 1586, Pacius 1591, Aleander 1600, Diselius 1658, von Schulting 1717 in seiner jurisprud. antejustinianea p. 1—186. u. s. w. Sie finden sich ebenfalls in Hugo's jus civile antejustinianeum T. I. p. 187—244. Ueber ein anderweitiges, die Institutionen des Gajus betreffendes Werk, welches zuerst von P. Aegidius Antwerp. 1517 und dann von Meermann herausgegeben wurde, vergl. Bach histor. jurisprud. Rom. p. 460 und 461.

2) Wiewohl schon vorher Maffei auf diese aufmerksam machte, dessen Nachricht gleichzeitig mit Niebuhr's Entdeckung durch Haubold allgemein bekannt wurde.

3) In Verbindung mit Becker und Bethmann Hollweg.

4) Der vollständige Titel dieses Werkes ist: *Gaji institutionum commentarii IV* e codice rescripto bibliothecae capitularis Veronensis auspiciis regiae scientiarum academiae Borussicae nunc primum editi.

5) Das Alter der Handschrift setzt mit Niebuhr in die Zeit vor Kaiser Justinian Kopp (in der Zeitschr. für geschichtl. Rechtswissenschaft Bd. IV. nr. 7.).

6) Die rescribirte Handschrift zu Verona (vergl. Abhandl. der Berlin. Academ. d. Wissenschaft. historisch philologische Classe aus den Jahren 1816. 1817. (Berlin 1819) S. 307 ff.), wozu noch ein einzelnes ebendaselbst befindliches und zwar nicht rescribirtes Blatt von den Interdicten gehört (Zeitschr. für geschichtl. Rechtswissensch. Bd. 3. nr. 12.), ist bis auf 3 Blätter vollständig. Jedoch finden sich aller angewandten

anderen Gelehrten, namentlich von Hugo, v. Savigny, Haubold, Cramer, Biener und Hollweg beigegeben, sondern auch den einzelnen Paragraphen erläuternde Parallelstellen in den Noten hinzugefügt. Seitdem erschien eine neue Ausgabe im Jahr 1824 ebenfalls von Göschen, welche besonders durch eine von Blume vorgenommene abermalige Vergleichung des codex Veronensis vermehrt und verbessert [7]), aber auch durch Bemerkungen von anderweitigen Gelehrten noch bereichert wurde. Auch ist der bloße Text des Gajus seitdem wiederholt abgedruckt [8]) und dieses Werk der Gegenstand vielfacher Erörterungen geworden [9]), von welchem wir bereits eine deutsche [10]), wie eine französische [11]) Uebersetzung besitzen [12]). Gleichzeitig mit

---

Mühe zur Entzifferung ungeachtet manche unleserliche Stellen und Blätter, auch wo nicht alles wegradirt ist, und dem Ganzen fehlt ungefähr ein Neuntel.

7) Dennoch ist dieser abermaligen Vergleichung ungeachtet so manches nicht lesbar geworden.

8) Nemlich Paris 1822, in der ecloga juris civilis, und Lips. 1825. Beides sind, jetzt auf jeden Fall weniger brauchbare, Abdrücke des Textes jener ersten Ausgabe.

9) Ueber die in dieser Hinsicht sehr verschiedenartige Literatur vergleiche Mackeldey Lehrbuch des heutig. Röm. Rechts. §. 47. Not. 6. auch Zimmern Gesch. d. Röm. Privatrechts §. 6.

10) Die Institutionen, Commentare des Gajus. Aus dem Lateinischen mit Anmerkungen von Chr. Ulr. Hans v. Brockdorff. 1824.

11) Institutes de Gajus traduites en françois par J. B. E. Boulet avec des notes. Par. 1827. 1828.

12) Unstreitig am wichtigsten für uns ist das dritte und namentlich das vierte Buch dieses Werkes durch die Erörterung des Obligationen- und Actionenrechts, welche ebenfalls in den Fragmenten Ulpian's fehlt. Anderseits ist aber bei Gajus manches nicht vorhanden, was sich bei Ulpian vorfindet, z. B. die Lehre der dos. Das System enthält die ohnehin bei den Römischen Juristen bekannten Gegensätze des Personenrechts, Sachenrechts und Actionenrechts, vergl. auch Schweppe Röm. Rechtsgesch. und Rechtsalterthümer. §. 90.

jenen ächten Institutionen des Gajus wurde jenes zugleich mit diesen edirte und von seinem Inhalte so genannte *fragmentum de jure fisci* auf einem zwar nicht rescribirten, aber dennoch sehr zerstörten Doppelblatte von Niebuhr aufgefunden [13]). Ueber das Alter dieser Handschrift läßt sich nichts mit Bestimmtheit ermitteln [14]), aber der Verfasser jenes das Recht des Fiscus betreffenden Werkes, welcher nach Trajan und Hadrian, unter oder nach Caracalla, lebte [15]), war unstreitig einer der classischen Juristen [16]) und wohl mit Grund hat man hier an die Schrift des Paulus de jure fisci denken können [17]). Neben jenen Institutionen des Gajus bleiben auch jetzt noch die seit der Mitte des sechzehnten Jahrhunderts [18]), wiewohl nur durch eine einzige Handschrift [19]), bekannten *XXIX tituli ex*

13) Wiewohl ebenfalls auf dieses schon Maffei aufmerksam gemacht hatte, Goeschen praef. ad Gaj. p. 8 sq.

14) Jedoch scheint das Alter derselben vor dem Untergang des abendländischen Reiches nicht ohne Grund angenommen zu werden, Goeschen praef. p. LXIII.

15) Weil nur vom Fiscus die Rede und dieser erst durch Caracalla die alleinige Staatscasse wurde, Ulp. XVII, 2.

16) Vergl. v. Savigny Zeitschr. für geschichtl. Rechtswissensch. Bd. III. S. 158 ff.

17) Zimmern Gesch. d. Röm. Privatrechts §. 7. Not. 30.

18) Die editio princeps dieses Werkes ist von Tilius, Paris 1549.

19) Der nach einer höchst fehlerhaften Handschrift besorgten editio princeps des Tilius folgten zwei andere Ausgaben nach anderweitigen Handschriften von Gervasius, Par. 1555 und Aurebanus 1578, und auf die Voraussetzung, daß drei von einander unabhängige Handschriften benutzt seien, stützen sich verschiedene spätere Editoren, namentlich Schulting, Meermann und selbst Hugo bei seiner ersten Ausgabe von 1788. Allein, was Cujacius stillschweigend voraussetzt, daß die Handschrift des Tilius nur die ächte sei, hingegen die Handschriften des Gervasius und Aurebanus bloße im 16ten Jahrhundert entstandene Abschriften der ersteren, ist später allgemein anerkannt worden und darauf hat Hugo schon bei der zweiten Ausgabe von 1811 Rücksicht genommen. Gegenwärtig besitzen wir nur

corpore Ulpiani für das Studium der Rechtsgeschichte von besonderem Werthe. Diese sogenannten Fragmente Ulpian's sind früher allgemein als ein Bestandtheil des breviarium angesehen worden, weil Tilius dieselben hinter einer Handschrift des letzteren auffand, während man sich jedoch seit Schulting und in unseren Tagen allgemein für eine unmittelbare und ächte, höchstens nur durch die Hand des Abschreibers entstellte, Ueberlieferung derselben ausgesprochen hat [20]). Daß gegenwärtig nur von einer einzigen ächten Handschrift dieses Werkes die Rede sein könne und daß die von Tilius bei seiner Ausgabe benutzte Handschrift keine andere sei, als welche sich jetzt in der Vaticanischen Bibliothek zu Rom befindet [21]), ist eine Ansicht, welche in unseren Tagen vielfach Anklang gefunden hat, allein die dagegen von Heimbach ausgeführte Behauptung, daß beide vielmehr nur als Abschriften vielleicht einer und derselben älteren Urschrift angesehen werden könnten [22]), läßt sich nicht als beseitigt ansehen [23]). Ueber das durch diese Fragmente uns überlieferte Werk selbst sind die Ansichten bisher sehr verschieden gewesen. An ein Excerpt aus verschiedenen Schriften Ulpian's

---

eine Handschrift, nemlich in der Vaticanischen Bibliothek zu Rom, wovon sich ein Abdruck bei Hugo in seiner dritten Ausgabe 1814 und in seinem jus civile antejustinianeum (zu Anfg.) vorfindet, mit welchem auch die vierte Ausgabe nach einer neuen Vergleichung der Vaticanischen Handschrift auch mit Rücksicht auf den inzwischen entdeckten Gajus 1822 veranstaltet wurde. Ueber die vaticanische Handschrift s. auch Göschen in der Zeitschrift für geschichtliche Rechtswissenschaft Band IV. nr. 3.

20) Vergl. Zimmern Gesch. d. Röm. Privatrechts §. 6. Note 3.

21) Hugo's civilist. Magaz. Bd. IV. nr. 13. Zeitschr. für geschichtl. Rechtswissensch. Bd. I. nr. 13.

22) G. E. Heimbach über Ulpians Fragmente 1834.

23) Gegen die von v. Savigny versuchte Vertheidigung (in Zeitschr. für geschichtl. Rechtswissenschaft Bd. IX.) siehe Heimbach in den Hallisch. Jahrbüchern v. 1838.

dachte Tilius. Andere haben an die Institutionen Ulpian's, auch an die *libri VII regularum* dieses Verfassers gedacht, und besonders in unseren Tagen ist nur an den *liber singularis regularum* erinnert [24]). Heimbach hält sie für eine Compilation, bei welcher jedoch irgend ein Werk eines älteren Juristen zum Grunde gelegt sei, welches nur an manchen Orten theils durch einzelne Sentenzen, theils durch ganze Titel vermehrt wurde; daß jener liber singularis regularum die eigentliche Grundlage bilde, sei unwahrscheinlich [25]). Ebenfalls für diese Periode muß das von dem Grammatiker Dositheus, einem Zeitgenossen des Ulpian, uns in griechischer Sprache überlieferte Bruchstück *de juris speciebus et manumissionibus* erwähnt werden [26]). Man hat dieses Bruchstück für eine griechische Uebersetzung des Dositheus von einem Theil der *regulae*, sogar des *liber singularis regularum*, Ulpian's gehalten, auch hin und wieder Gajus als den Verfasser genannt, wiewohl ersterer nicht füglich der Verfasser sein kann und es vielmehr als eine Compilation aus mehreren juristischen Schrif-

24) vergl. T. A. Schilling diss. critica de Ulpiani fragmentis 1824 auch dessen animadvers. critic. ad Ulpiani fragm. spec. I. 1830.

25) vergl. G. E. Heimbach a. a. O. — Commentare enthalten besonders die Ausgaben des Cujacius von 1554, Schulting, Meermann (Thes. T. VII. p. 739—773.) und Cannogieter 1768 und 1774.

26) Dieses sich hauptsächlich auf Freilassungen und den Stand der Freigelassenen beziehende Bruchstück, welches gewöhnlich *fragmentum regularum*, auch *fragmentum juris Romani Dositheanum* genannt wird, findet sich in dem wohl ἑρμηνευτικα betitelten Werke des Dositheus Magister, eines Grammatikers aus dem Anfang des dritten Jahrhunderts, welcher im dritten Buche zum Behuf griechischer Sprachübungen Anfänge von fremden Büchern mittheilt, und wovon das erste Stück Divi Hadriani sententiae et epistolae, das dritte jenes hier erwähnte Fragment enthält. Jenes Werk wurde vom Dositheus geschrieben Apro et Maximo Consulibus (im Jahr 207 nach Chr.).

ten erscheinen muß [27]). Erst seit dem 16ten Jahrhundert bekannt [28]), wurde es zunächst nach einer lateinischen Uebersetzung von Cujacius hinter dem theodosischen Codex [29]), dann von Pithöus [30]) und von Schulting [31]) mit Anmerkungen herausgegeben. Die erste vollständige Ausgabe in Verbindung mit dem griechischen Texte ist von M. Röverus [32]), wonach ein Abdruck in Hugo's jus civile antejustinianeum sich vorfindet [33]). Der neueste Herausgeber ist F. A. Schilling [34]). Außer einigen sonstigen noch für diese Zeit zu erwähnenden Ueberresten [35]) würden des Paulus *libri V sententiarum receptarum* eben für diese Zeit auszuzeichnen sein, wenn wir sie ächt, und nicht bloß nach jener Interpolation des breviarium Alari-

27) Vergl. Zimmern a. a. O. §. 7.

28) Cuj. observ. XIII, 31. XVII, 20. XVIII, 20.

29) Lugd. 1566. fol.

30) Hinter der collatio legum Mosaicarum et Romanarum Lutet. 1573 mit Anmerkungen.

31) In dessen jurisprudentia antejustinianea.

32) Lugd. Bat. 1739.

33) T. I. p. 251—261.

34) Welcher auch über die Handschriften u. s. w. ein Genaueres mittheilt. T. A. Schilling diss. crit. de fragmento juris Romani Dositheano denuo graece et latine edito Lips. 1819.

35) Zu dem sehr unbedeutenden Fragment aus Modestin's regularum libro III de bonis libertorum, was schon von Pithöus mit der collatio 1573 citirt, sich seitdem öfters mit den übrigen Quellen vorfindet (bei Schulting p. 801 im jus civile antejustinianeum p. 294) und der freilich nur aus dem breviarium entlehnten Stelle Papinian's (bei Schulting p. 810. im jus civile antejustinianeum l. c.) kommt nun noch ein von Endlicher neu aufgefundenes Fragment aus Ulpian's Institutionen über die Interdicte. Und das dem 2ten Jahrhundert nach Chr. angehörige von Huschke herausgegebene Schenkungsinstrument des T. Flavius Syntrophus dürfte hier vielleicht erwähnt werden. Vergl. T. Flavii Syntrophi instrumentum donationis ineditum edidit et illustravit Ph. Ed. Huschke 1838.

cianum besäßen [36]). Aber dennoch sind sie in der Gestalt, in welcher wir sie besitzen, für das Studium der Geschichte von großer Erheblichkeit. Schon früher wiederholt mit den Ueberresten des codex Theodosianus, Gregorianus und Hermogenianus herausgegeben [37]), finden sie sich ebenfalls bei Schulting [38]). Auch besonders herausgegeben von Hugo [39]) sind sie ebenfalls in dessen jus civile antejustinianeum abgedruckt [40]). Endlich darf die besonders früher so allgemein dem Licinius Rufinus zugeschriebene collatio legum Romanarum et Mosaicarum wohl erst als ein Werk der folgenden Periode genannt werden.

---

36) Diese an seinen Sohn gerichtete Schrift zerfällt in 5 Bücher, nach der Ordnung des Edictes.

37) Von Bouchard 1525 (und dann 1570), Sichard 1528, Cujacius zuerst 1558, dann 1566 und 1586, Ritterhus 1594.

38) jurisprud. antejustinianea p. 187 sq.

39) Nemlich 1795 mit einem index editionum fontium juris civilis.

40) pag. 103—183.

Vierte Periode.

Von Alexander Sever bis auf Justinian. v. Jahre 1000—1300 oder 250—550 n. Chr.

§. 33.

Staatsverfassung.

An der Staatsverfassung und den bisherigen Einrichtungen wurde unter den Kaisern seit Alexander Sever nichts Wesentliches geändert, vielmehr bestanden dieselben fortan auf dieselbe Weise, aber wie manches von den früheren Einrichtungen bereits durch die Zeit bedeutungslos wurde [1]), so hat eben das Bedürfniß der Zeit auch noch anderweitige neue Institute den bisherigen hinzugefügt. Einzelne weniger erhebliche Neuerungen führte die Regierung Alexander Severs herbei [2]), vor Constantin findet sich ein schneller Regentenwechsel und daneben behaupteten sich manche Gegenkaiser in dem schon so sehr zerrütteten Reiche; und nur Diocletian gab dem Reiche einige

1) So finden sich die Aedilen zur Zeit Constantin's gar nicht mehr.

2) Ueber die von ihm für Rom eingeführten *curatores urbis* siehe Lamprid. Alex. Sev. 33. und noch über sonstige Einrichtungen, Lamprid. Alex. Sev. 21 und 33.

Stärke wieder durch verschiedene neue Einrichtungen [3]). Jedenfalls einflußreicher wurde Kaiser Constantin, welcher die christliche Religion einführte, und selbst Christ wurde [4]), wiewohl mehr aus politischen Gründen, als aus innerer Ueberzeugung [5]). Gleich dem August ordnete er neue Würden und Aemter an, die *dignitas patriciatus* [6]) und *nobilissimatus* [7]), letztere für die Angehörigen des kaiserlichen Hauses, während die Aemter sich besonders auf neue Hofchargen beziehen [8]). Sehr wichtig wurde die Verlegung der Hauptstadt von Rom nach Constantinopel, was nicht allein für die Einrichtung des neuen Rom von Einfluß war [9]). Nachdem

3) Er vermehrte die Zahl der *praesides* und der Aemter, jedoch wird seine Regierung getadelt, weil er durch ein zu großes Heer die Abgaben vermehrte und die Provinzen zu sehr vertheilte, Lactant. de mort. pers. 7. Ueber die Verfassung von Diocletian bis Justinian siehe Walter Gesch. d. Röm. Rechts. S. 359—371.

4) Im Jahr 312.

5) Dennoch dauerte, wenigstens in Rom, der heidnische Aberglaube unter Theodos dem Großen. Er berief das oecumenische Concilium zu Nicea, in welchem er selbst den Vorsitz führte, vergl. jedoch Cyprian X, 3.

6) Zosim. II, 40.

7) Zosim. II, 39.

8) Zosim. V, 32. Er sonderte jene *comites* ihrem Range nach in 3 Classen, Euseb. vit. Constant. IV, 1., ausgezeichnet waren die *comites consitoriani*, der *quaestor palatii* wurde gewissermaßen durch sein vergrößertes Ansehen neu eingesetzt. Zosim. V, 32. Vergl. Walter Gesch. d. Röm. Rechts S. 397—401. Ueber einzelne neue Abgaben vergl. Zosim. II, 38. (Evagr. hist. eccles. III, 39.) und über die öffentlichen Einkünfte seit Constantin überhaupt: Walter Gesch. d. Röm. Rechts S. 406—416.

9) Durch diese Verlegung zwischen den Jahren 325—333 erhielt Byzanz in Thracien alle Einrichtungen Rom's, wiewohl einzelnes auch erst später herüber genommen sein mag. Zosim. III, 11. Nur wurde auch später die Zahl der Consuln, von denen der eine in Rom, der andere in Constantinopel sich befand, nicht vergrößert.

nemlich auf diese Weise die Provinzen in Wirklichkeit dem früheren Rom und Italien gleichgestellt waren, lag eine gleichmäßige Verwaltung des gesammten Römischen Reiches sehr nahe. Er theilte das gesammte Römische Reich in 4 Präfecturen [10]), nemlich *Orientis, Illyrici, Galliarum* und *Italiae*, jeder derselben wurde ein eigner *praefectus praetorio* vorgesetzt, die dem früheren praefectus praetorio zustehende Militairgewalt von nun an eigens dazu angeordnete *magistri militum* sowohl bei der Reuterei, als bei dem Fußheer übertragen [11]), auch schon von ihm für die Verwaltung der Provinzen, wie sonst verschiedene Abänderungen und Einrichtungen getroffen [12]). Unter den Söhnen Constantius wurde das Reich abermals getheilt [13]) und zuletzt unter den Söhnen des Theodos [14]), wobei Arcadius den Orient, Honorius den Occident erhielt, nachdem unter Theodos selbst durch Besiegung der verheeren-

Vergl. Walter Gesch. d. Röm. Rechts S. 372—382. Jene sonst getadelte Anordnung (Zosim. II, 40.) scheint jedoch durch das schon früher gefühlte Bedürfniß zur Theilung der Regentschaft nothwendig veranlaßt worden zu sein. In Wirklichkeit blieben aber auch bei der späteren Trennung des Orients und Occidents zwei mit einander verschwisterte Reiche oder vielmehr zwei große Hälften eines und desselben Reiches.

10) Zosim. II, 33. Vergl. Walter a. a. O. S. 382—388.

11) Diese Trennung der Civil- und Militairgewalt wurde sicher durch das Bedürfniß sehr nothwendig, ohne daß wir dem Kaisen eine besondere Furcht vor der bis dahin so umfassenden Gewalt jenes praefectus praetorio unterzulegen brauchen. Ueber das Kriegswesen siehe Walter Gesch. d. Röm. Rechts S. 401—405.

12) Wiewohl nach den vorhandenen Nachrichten hier nicht alles streng gesondert werden kann. Ueber die Verfassung der Städte vergl. Walter Gesch. d. Röm. Rechts S. 388—396. Manches hierher Gehörige findet sich auch bei v. Savigny Gesch. d. Röm. Rechts im M. A. S. 16 ff.

13) Zosim. II, 39. Dies geschah im Jahr 337.

14) Nemlich im Jahr 395.

den Gothen das Reich einigermaßen wiederhergestellt [15]) und in Betreff der Magistraturen, Würden und Aemter, ebenfalls der Hofämter, manche Neuerungen herbeigeführt waren [16]). Bei jener großen Theilung blieb es, aber bei dem immer heftigeren Eindringen der Barbaren, denen das in einem so hohen Grade zerrüttete Volk und die schwachen Regenten nicht zu widerstehen vermochten, ging eine Provinz nach der anderen verloren. Alarich, König der Westgothen drang im 5ten Jahrhundert während der Regierung des Honorius in Italien ein und plünderte Rom. Alanen, Vandalen, Sueven gingen durch Gallien nach der pyrenäischen Halbinsel und von dort nach Africa. Franken, Burgunder, Ostgothen ließen sich in Gallien, der Schweiz und am Rheine nieder, Britannien wurde eine Beute der Angeln und Schotten, Attila, der Hunnen König, besetzte mit seiner verheerenden Schaar 450 Gallien und endlich machte Odoacer 476 dem abendländischen Reiche unter Augustulus ganz ein Ende. Zwar eroberte Justinian das Land in Africa wieder (*praefectura Africae*) [17]) vereinigte auch wieder Italien [18]) mit seinem Reiche 554, indem er zugleich viele neue Einrichtungen traf [19]),

---

15) Zosim. IV, 24 sq.

16) Zosim. IV, 27. Nach den Würden und Aemtern werden unterschieden *illustres*, *spectabiles*, *clarissimi*, *perfectissimi*, welche Classen auch später noch bestehen. Besonders wurden die Militairchargen vermehrt, was wieder die Staatskosten erhöhete.

17) Cod. de offic. praefect. praetor. Afric.

18) und Sicilien.

19) Unter den Bemühungen Justinian's darf gewiß am meisten die ungemeine Sorgfalt ausgezeichnet werden, welche er auf die Rechtspflege verwandte, und die unter ihm zu Stande gebrachte Compilation des geltenden Rechtes ist gewiß eine der zweckmäßigsten Anordnungen, womit er das damals so tief gesunkene Römische Reich beglücken konnte. Unverkennbar ist sein Eifer, durch Gesetzgebung für das allgemeine Beste nützlich zu werden, wenn auch manches einseitig bestimmt wurde.

allein unter seinem Nachfolger Justin wurde ganz Italien, mit Ausnahme von Ravenna[20]), ein Besitz der Longobarden[21]). Die alte Weltherrschaft Rom's, nachdem dieses auf das orientalische Kaiserthum beschränkt war, blieb auf immer verloren; dieses selbst aber erhielt sich bis zum Jahre 1453, wo es von den Türken erobert wurde.

Nach dem Bisherigen wird auch hier eine allgemeine Würdigung der einzelnen nach einander folgenden Regentschaften[22]) welche für diesen Zeitraum so sehr entscheidend wurden, nicht ohne Interesse sein. Alexander Sever, ein Schwestersohn des Elagabalus, von diesem adoptirt und bereits zum Caesar ernannt, erlangte besonders auf Veranlassung der Prätorianer noch als ein Jüngling von 16 Jahren die Regentschaft[23]) im Jahr 222. Er war durch die gute Erziehung seiner Mutter Mammäa ein milder Regent, und auch im Kriege glücklich[24]), wurde jedoch auf dem Marsche nach Germanien durch ein vom Anführer Maximin gestiftetes militairisches Complot mit seiner Mutter getödtet. Im Jahr 235 folgte Maximin aus Thracien von niederer Herkunft, ein schlechter und grausamer Regent. Bald regierten neben ihm Gordian Vater und Sohn,

---

Manche neue Einrichtungen aber verdankt außerdem das Römische Reich dem Kaiser Justinian, viele Städte und neue Magistraturen sind unter ihm hinzugekommen, viele Gebäude, unter denen das templum S. Sophiae, errichtet worden. Das Consulat wurde unter ihm mit der kaiserlichen Würde verbunden, so daß nach dem Basilius kein Privatmann mehr Consul war.

20) Welches der Sitz der Exarchen und noch lange dem orientalischen Kaiserthum verblieb.

21) Während auch die Perser in den Orient zerstörend eindrangen.

22) Vergl. Bach histor. jurisprud. Rom. pag. 414—424. pag. 487—502. pag. 549 sq. auch Zimmern Gesch. des Römisch. Privatrechts §. 51 und 52.

23) Herod. Lib. V. fin. Dio Cass. LXXXIX. p. 915.

24) Lamprid. 55 sq. Dagegen Herod. VI, 6.

nach deren Ermordung noch Maximus und Balbinus, diese nach des Maximins Tode 237 [25]) noch eine kurze Zeit neben Gordian dem dritten, bis auch sie dem Militair verhaßt, von diesem getödtet wurden [26]), und Gordian der dritte, freilich noch ein Knabe von 16 Jahren, im Jahr 238 alleiniger Regent blieb. Gordian der dritte regierte 6 Jahre, indem er den Rath seines Schwiegervaters Misitheus benutzte, glücklich, wurde aber nach dem Tode des letzteren durch den hinterlistigen Plan seines praefectus praetorio Philippus ermordet [27]). Philippus aus Arabien folgte in der Regentschaft 244 [28]), bald neben seinem Sohne Philippus, aber seiner grausamen Gewalt wurde in einem von Decius veranlaßten militairischen Aufruhr nach 5 Jahren ein Ende gemacht. Seitdem kam durch das Militair die Regentschaft in die Hände des Decius 249, welcher aus Pannonien und unter Philippus Anführer gegen die Gothen gewesen war [29]), seine Söhne zu Mitregenten wählte, aber schon im zweiten Jahr in einem Kampfe gegen die Gothen getödtet wurde. Demnächst folgten 251 Gallus, dessen Sohn Volusianus und Hostilianus, aber nach einer kurzen Regentschaft und dem Tode des letzten wurden erstere vom Militair ermordet [30]), und nach einer während 3 Monate angemaßten Regentschaft des Aemilianus Maurus folgten 253 Valerianus und sein Sohn Gallienus. Das im Innern zerrüttete Reich hatte Krieg mit den Persern, und nachdem Valerianus von dem König derselben als Gefange-

---

25) Ueber Maximin's durch das Militair verübte Ermordung siehe Capitol. v. Maxim. Herod. VIII, 5.

26) Herod. VIII, 8.

27) Capitol. vit. Gordian. tert. 31.

28) Nachdem er schon einige Monate neben Gordian an der Regierung Theil genommen hatte. Capitol. Gordian. tert. 29.

29) Zosim. I, 21. 22. Aurel. Vict.

30) Zosim. I, 28. Aur. Vict.

ner zur Sclaverei verdammt war [31]), regierte Gallienus seit 260 noch 7 Jahre allein. Bei Fehlern und Lastern des Regenten wurde die Verwirrung im Innern nur noch größer, er war allen verhaßt, fast alle Provinzen fielen ab, die Vorgesetzten maßten sich kaiserliche Gerechtsame an und am meisten in diese Zeit fällt die Herrschaft der 30 Tyrannen, welche fast 15 Jahre hindurch gedauert hat [32]). Gallienus wurde ermordet, ihm folgte M. Claudius 268 [33]), welcher die Gothen besiegte [34]), Aurelianus 270 [35]) (nachdem der Usurpator Quinctillus, der Bruder des Claudius, getödtet war), welcher die Germanen bezwang, die Zenobia, die Herrscherin Syriens, im Triumphe mit sich führte, und selbst nahe bei Byzanz getödtet wurde [36]). Nach einem interregnum von 7 Monaten wurde 275 dem M. Claud. Tacitus die Regentschaft [37]) übertragen [38]), sein Bruder Florianus konnte sich als Erbe der Regentschaft nicht behaupten [39]), es folgte 276 Probus, der Unterdrücker jener Tyrannen, welcher jedoch vom Militair getödtet wurde [40]). Als praefectus praetorio wurde dann Carus 282 vom Militair zum Regenten gewählt, welcher die Sarmaten unterdrückte, seine Söhne Carinus und Numerianus zu Mitregenten annahm,

31) Zosim. I, 36. Aur. Vict. Treb. Poll. v. Valerian. 3.

32) Trebell. Poll. v. Gallien. 2 sq. und Treb. Poll. trigint. tyrann.

33) Zuerst vom Militair zum Kaiser ausgerufen, wurde er dann vom Senat bestätigt.

34) Er starb jedoch schon im zweiten Jahre seiner Regierung. Vergl. Treb. Poll. Div. Claud. 12. Zosim. I, 46.

35) Die Ernennung geschah vom Heere auf Veranlassung des Senats.

36) Vopisc. Aurelian. 35. Zosim. I, 62.

37) Durch den Beschluß des Senats.

38) Er regierte jedoch kaum 6 Monate. Vopisc. Tacit. ult. Zosim. I, 63. Aurel. Vict.

39) Jedoch ist ungewiß, ob er sich selbst tödtete (Aur. Vict.), oder getödtet wurde (Vopisc. Florian. 1.).

40) Vopisc. Prob. 21.

aber sehr bald auf dem Marsche gegen die Perser durch Blitz getödtet wurde [41]), während bald nach ihm auch seine Söhne durch meuchelmörderische Hand umkamen [42]). Einstimmig wurde C. Aurel. Valer. Diocletianus aus Dalmatien 284 zum Kaiser ernannt, wiewohl er von niederer Herkunft. Er machte seinen Freund Maximianus Herculius zum Caesar und dann zum Augustus [43]), beide gemeinschaftlich aber wählten den Galerius Maximinus und Constantius Chlorus zu Caesares, indem sie zugleich die Verwaltung des Römischen Reiches, nicht aber dieses nach Districten, unter sich vertheilten. Die beiden ersteren wurden nach 20 Jahren ihre Regentschaft niederzulegen vom Galerius gezwungen [44]), darauf Galerius und Constantius Augusti 304 und von ihnen Severus und Maximinus als Caesares hinzugenommen. Von jenen wurde zuerst das Römische Reich als eine Erbschaft getheilt [45]), aber nach dem Tode des Constantius wurde sein Sohn Constantinus 306 zum Caesar, Severus aber zum Augustus ernannt. Darauf drängte sich Maxentius, der Sohn des Maximianus, zur Regentschaft, tödtete den Severus und nachdem Maximianus selbst als Greis die Regentschaft wieder übernommen hatte, wurden 2 neue Augusti gewählt, nemlich Licinius vom Galerius, Constantinus vom Maximianus, so daß 4 Augusti vorhanden waren, nemlich Galerius und Licinius für den Orient, Maximianus und Constantinus für den Occident, außer jenen beiden Caesares Maximinus und Maxentius. Später blieben Constantinus

41) Vopisc. Car. 8.

42) Vopisc. Numer. et Carin.

43) Aur. Vict.

44) Lactant. de mort. persecut. 18. Diocletian soll hinterher als Privatmann sich besonders mit der Gartencultur beschäftigt haben.

45) Euseb. VIII, 13.

und Licinius allein als Augusti übrig [46]), aber Crispus und Constantinus der jüngere, die Söhne des ersteren, und Licinius der jüngere zu Caesares gewählt. Endlich, nach einer unter jenen entstandenen Uneinigkeit, wurde Licinius im Kriege besiegt, und so blieb Constantin seit 324 noch 13 Jahre alleiniger Augustus [47]). Constantin dem Großen folgten seine 3 Söhne, welche er schon früher zu Caesares ernannt hatte, im Jahr 337, nemlich Constantinus, Constans und Constantius, wovon der erste nach des Vaters Willen Gallien, Spanien, Britannien und Germanien, der zweite Africa, Italien, Illyrien und Griechenland, der dritte den ganzen Orient erhielt [48]). Constantinus jedoch, mit jener Theilung unzufrieden, kam im Kriege gegen seinen Bruder Constans 340 ums Leben, Constans behauptete dann einige Jahre Gallien, aber vom Heerführer Magnentius getödtet, wurde dieser vom Heere als Kaiser begrüßt, jedoch bald hinterher vom Constantius besiegt. So blieb Constantius, ein verruchter Wütherich und allen verhaßt, allein Regent 350, machte seinen Anverwandten Julian 355 zum Caesar, der als Abgefallener und Feind der christlichen Religion *apostata* genannt und, wiewohl schon beim Leben des ersteren zu Paris vom Militair zum Kaiser bestätigt [49]), dennoch erst nach dessen Tode 361 im eigentlichen Sinne die Regentschaft erlangte. Als Regent im übrigen weniger tadelnswerth, endete er schon im zweiten Jahr seiner

46) Ueber den Tod des Maximianus siehe Lactant. de mort. persecut. 29.

47) Ungeachtet so manches Neue von ihm herrührt und er selbst Christ war, mochte er jedoch wegen seines Characters, wie sonst, nicht ohne Grund getadelt werden.

48) Zosim. II, 39. Gleichzeitig waren einige Anverwandte des kaiserlichen Hauses zur Theilnahme und Aufsicht über die Regierung beauftragt.

49) Zosim. III, 11.

Regentschaft, im Kriege gegen die Perser [50]). Sein Nachfolger Jovian, welcher bis dahin eine Hofcharge bekleidete, wurde 363 vom Militair als Kaiser begrüßt, aber schon im 7ten Monat von seiner Umgebung durch Gift getödtet [51]). Dann wurde Valentinian vom tribunus militum durch das Militair zum Kaiser erhoben 364 [52]), der seinen Bruder Valens zum Mitregenten beförderte, ihm den Orient überwies, während er sich den Occident reservirte [53]) und seinen Sohn Gratian zum Mitkaiser und Collegen nahm 367. Er kriegte glücklich gegen die Alemannen und Sachsen, starb auf einem Kriegszug gegen Pannonien und sein Sohn Valentinian II., wurde nächstdem zur Nachfolge berechtigt 375. Nachdem Valens, in dem Kriege gegen die Gothen und Alanen verwundet, dann ums Leben kam 378 [54]), blieben Gratian und Valentinian II. die alleinigen Beherrscher des Römischen Reiches, aber bei den vielen Kriegen und Unruhen im Innern, zumal bei der großen Jugend des Valentinian, außer Stande allein die Regentschaft zu führen [55]), nahm Gratian den Theodos, aus einer angesehenen Familie in Spanien, zum Mitregenten und überwies ihm den Orient 383 [56]). Gratian wurde vom Maximus, dem praeses von Gallien, getödtet [57]), ebenfalls Valentinian

---

50) Zosim. III, 29. Ammian. Marcell. XXV, 3.

51) Zosim. III, 35. Die freilich nicht ehrenvolle Beendigung des Krieges mit den Persern schien ihm ein dringendes Bedürfniß zur Wiederherstellung des so sehr zerrütteten Staates, und lobende Anerkennung verdient die Beschützung der christlichen Religion gegen den durch seinen Vorgänger wieder eingeführten heidnischen Aberglauben.

52) Zosim. III, ult.

53) l. 7. C. Theod. de metall.

54) Er selbst gehörte zu der Secte der Arianer.

55) Zosim. IV, 24. Ammian. Marcell. XXXI, fin.

56) Zosim. IV, 24. Sozom. VII, 4. Theodoret. V, 6.

57) Er war im übrigen ein guter und glücklicher Regent, ein Beschützer der christlichen Religion.

aus dem Wege geschafft [58]), und so vereinte Theodos, später der Große genannt, 392 beide Reiche wieder mit einander, besiegte und tödtete seine Gegner [59]), bezwang wiederholt die verheerenden Gothen und verschaffte dem Reiche einige Ruhe [60]). Seine schon einige Jahre vorher zu Mitregenten ernannten Söhne folgten ihm 395 als Erben in der Regentschaft, und nach dem Willen des Vaters erhielt Arcadius den Orient, Honorius den Occident; jedem von ihnen war ein Vormund beigeordnet [61]). Einen verhängnißvollen Kampf hatte Arcadius mit seinem Vormund [62]), mit dem Heerführer der Gothen Gaines, mit dem Eunuchen Eutrop und mit den Barbaren zu bestehen [63]). Eben so verhängnißvoll war die Regierung des Honorius durch die Einwanderung der Gothen unter Radagaisus [64]), mehr noch durch die Belagerung und Einnahme Rom's unter Alarich [65]), so wie durch die List und Ränke seines eigenen Heerführers Stiliko und durch die Besitznahme von Spanien durch die Vandalen [66]). Dem Arcadius folgte 408 sein Sohn Theodos II., der schon 4 Jahre vorher von seinem Vater zum Mitregenten ernannt war, jetzt kaum 8 Jahr alt. Unter der Tutel des Anthemius [67]) und dem Beirath seiner Schwester Pul-

58) Zosim. IV, 54. Ebenfalls ein Anhänger jener Secte der Arianer.

59) Zosim. IV, 46. 58.

60) Zosim. IV, 24 sq. Erst Theodos vertilgte durch die christliche Religion den heidnischen Aberglauben, suchte den Senat zu Rom durch seine Rede zu bekehren und entfernte den Altar der Victoria; vergl. Symmach. ep. X, 54.

61) Zosim. IV, 57. und ult.

62) Zosim. V, 7.

63) Ueber den Charakter dieses Regenten vergl. Zosim. V, 12.

64) Zosim. V, 26.

65) Zosim. V, 29, vergl. Zosim. VI, 6 und 7.

66) Uebrigens wurde endlich unter diesen Regenten der frühere Aberglaube völlig verdrängt, die Tempel und Heiligthümer der früheren Gottheiten vernichtet.

67) Socrat. hist. eccles. VII, 1.

cheria [68]) begann die Regentschaft, während Honorius noch den Occident beherrschte. Nach dem Tode des Honorius wählte Theodos 424 Valentinian III. zum Beherrscher des Occidents, der später durch die Heirath mit der Eudoxia sein Schwiegersohn wurde [69]). Er selbst kriegte wiederholt glücklich gegen die Perser [70]), mußte jedoch den Frieden mit den Hunnen theuer erkaufen [71]). Valentinian dagegen eroberte zunächst das von den Gothen besetzte Italien wieder [72]), brachte dann aber den Occident durch seine Schuld in das größte Verderben und die besten Provinzen gingen dem Römischen Reiche durch die Einwanderungen fremder Völker verloren, die Vandalen unter Genserich nahmen Africa, die Franken Gallien, die Angeln und Schotten Britannien. Aus Pannonien kam Attila, der Hunnen König, mit einer großen Schaar bis nach Toulouse und lieferte mit dem Aetius, dem praeses der Narbonensis provincia, einen heftigen Kampf. Valentinian selbst wurde bald darauf von einem Römischen Bürger Maximus getödtet, und nachdem dieser den Namen des Kaisers angenommen und die Eudoxia geheirathet hatte, wurde auch er von seiner Frau getödtet [73]). Genserich aus Afrika nahm in dieser Verwirrung Italien und Rom ohne Schwertstreich, führte die Eudoxia mit ihren Töchtern Eudocia und Placidia mit sich nach Africa und verheirathete erstere mit seinem Sohne Honorius [74]). Nach Valentinian's Tode hatte das Römische Reich im Occident fast ganz aufgehört, die kaiserlichen Insignien waren von

68) Sozom. IX, 1 sq.

69) Nov. Valentin. VIII.

70) Socrat. hist. eccles. VII, 18 sq. Procop. bell. Pers. I, 2.

71) Von der abgehaltenen Versammlung zu Ephesus als *Ephesinus legislator* bekannt, c. 5. X. de praescript.

72) Socrat. h. eccles. VII, 23.

73) Procop. bell. Vand. I, 5.

74) Procop. l. c.

den Vandalen mit nach Carthago gebracht und die noch später für Rom genannten, im Occident selbst, vielleicht auch vom Orient aus, gewählten Kaiser sind dieses Namens völlig unwürdig. Nach Valentinian folgten nemlich im Occident außer Maximus: Avitus 455, Majorianus 456, Severus 461, Anthemius 467, Olybrius 472, Nepos, Glycerius, Julius, Ambrosius und Momyllus mit dem Beinamen Augustulus, weil er als ein Kind zur Regentschaft gelangte, 476. Dieser wurde nach 10 Monaten vom Odoacer genöthigt sein Reich niederzulegen, während fortan die Heruler im Römischen Gebiete Besitz nahmen [75]). Im Orient anderseits folgte jenem Theodos II.: 450 Martianus aus Illyrien durch die Verheirathung mit der Pulcheria [76]) — 457 Leo I. mit dem Beinamen Thrax oder magnus [77]), — Leo II. oder nach dessen Tode 474 sein Vater Zeno Isauricus [78]), unter welchem viele Verschwörungen und Bürgerkriege veranlaßt wurden [79]) — Anastasius durch List der Ariadne, der Wittwe des Zeno, welcher bis dahin unter den silentarii des Kaisers gedient hatte [80]), mächtige Gegner fand [81]), und durch Kriege, besonders mit den Persern, heimgesucht wurde [82]). Nachdem letzterer vom Blitz

75) Obgleich diese 14 Jahre später wieder von den Gothen verdrängt wurden, welche im Kampfe gegen Justinian unterlagen.

76) Letztere nemlich wurde nach dem Tode ihres Bruders zum Throne berufen, Theodoret. I, 1. Er schloß Frieden mit den Persern und Vandalen. Unter ihm war das Chalcedonische Concilium, Evagr. II, 1.

77) Evagr. II, 16. Ueber sein unglückliches Unternehmen gegen die Vandalen in Africa: Procop. bell. Vand. I, 6 sq.

78) Evagr. III, 1.

79) Ueber den von ihm veranlaßten Einfall Theodorich's gegen die Gothen in Italien: Proc. bell. Goth. II, 6.

80) Evagr. III, 32.

81) Evagr. III, 35.

82) Evagr. III, 47. Procop. bell. Pers. I, 7. Vergl. über einzelnes, was von diesem Regenten erwähnt wird. Evagr. III, 38. 39. IV, 1. Procop. de aedif. IV, 9. Procop. bell. Goth. II, 14.

gestorben war, folgte 518 Justinus aus Thracien[83]), welcher noch kurz vor seinem Tode seinen Schwestersohn Justinianus zum Mitregenten angenommen hatte. Kaiser Justinianus[84]) folgte im Jahr 525, bereits im 45sten Jahre seines Lebens. Er war aus Taurisium in Illyrien[85]) und von niederer Herkunft, gelangte unter Justin nach und nach zu den höchsten Ehrenstellen, wodurch er, auch sonst wissenschaftlich gebildet[86]), zur künftigen Regentschaft sich zweckmäßig vorbereiten konnte. Als ein lobenswerther Regent, wiewohl ihm auch manche Fehler von seinen Zeitgenossen zugeschrieben werden[87]), war er zugleich

83) Evagr. III, ult. Er gelangte durch Bestechung des Militairs zur Regentschaft, und zwar mit fremdem Gelde. Uebrigens, wiewohl von niederer Herkunft, ein guter Regent, unterdrückte er die Secte der Manichäer gänzlich (l. 12. C. de haeret. et Manich.) und begann einen Krieg mit den Persern (Proc. bell. Pers. I, 12.), welcher seinem Nachfolger gewissermaßen als Erbstück überkam.

84) Unter den verschiedenen Schriftstellern über die Thaten Justinian's ist Procop am wichtigsten. Vergl. über diese Brunquell histor. jur. p. 183 sq.

85) Procop. de aedif. Just. IV. und wohl nur in Africa erzogen. Agath. XVII, 28, welches später durch Justinian Justinianea prima, der Sitz eines Erzbischofs und viele Privilegien erlangt hat. Nov. XI. Alemann. ad Procop. p. 14. Justinian's sclavischer Name war Upranda, seine Mutter Biglenіza die Schwester Justin's, sein Vater Sabbathius, Alemann. ad Procop. p. 68.

86) Im Rechte war er sicher nicht unkundig, da er die Gerichte häufig besuchte und selbst urtheilte, Nov. LXXXVIII. l. 12. C. qui potior. in pign., neue Gesetze selbst abfaßte, Procop. in anecdot. p. 63., und gewiß nur aus Liebe zum Recht so manches Neue bestimmt wurde. In der Theologie war er vom Theophilus unterrichtet, weshalb er mit Recht in den Concilien den Vorsitz führen konnte, auch die kirchlichen Wirren der Ketzer, der Manichäer, Sabbathaner u. s. w. unterdrückte und selbst über Theologie schrieb, Alemann. ad Procop. p. 57. Auch hatte er Kenntniß in der Philosophie, Mathematik und Musik.

87) Zu den Fehlern dieses Regenten rechnet der gewiß nicht überall zu-

glücklich im Kriege, in welcher Hinsicht neben dem weniger ehrenvollen Kriege mit den Persern [88]) die ruhmvolle Besiegung der Vandalen in Africa und der Gothen in Italien auszuzeichnen ist. Wie einerseits seine daurende Regierung, so blieb auch anderseits, wie es scheint, seine so sehr verachtete Frau und Mitregentin Theodora nicht ohne wichtigen Einfluß [89]). Unter seinen nächsten Nachfolgern erwähnen wir nur noch den Kaiser Justin [90]), seit 565, Tiber [91]), seit 578.

---

verlässige Procop Ehrgeiz, Ruhmsucht, Verschwendung, Habsucht, Ungerechtigkeit, Verstellung, Ketzerei u. s. w. Selbst Gesetze sollen für Geld gegeben sein, Proc. anecdot. p. 123., wovon man ein Beispiel in l. 23. C. de sacrosanct. eccles. hat finden wollen.

88) Wobei er den Frieden durch Geld erkaufte, Proc. bell. Pers. II, 19.

89) Diese Theodora wird wegen ihres völlig unkeuschen Lebenswandels im höchsten Grade herabgewürdigt, Alemann. ad Procop. p. 47. Das dieser Heirath entgegenstehende gesetzliche Verbot (l. 44. D. de rit. nupt. l. 1. C. de natur. lib. l. 7. C. de incest. et inutil. nupt.) wurde schon von Justin zu Gunsten der von Justinian einzugehenden Verbindung aufgehoben, l. 23. C. de nupt., und dann auch von Justinian selbst wiederholt bestätigt, Nov. LXXXIX, 15. Nov. CXVII, 4. Nachdem er dieselbe aus großer Zuneigung zur Mitregentin erwählt hatte, mußte auch ihr der Eid geleistet werden (Nov. VIII, 3.), und bei wichtigen Angelegenheiten pflegte von ihr Rath ertheilt zu werden (Zonar. An. XIV. Procop. anecdot. p. 47. Evagr. IV. 10. Victor Tununens. in chron. p. 37. Nov. VIII, 1. l. 3. C. de quadr. praescript.). Dennoch läßt sich ihr Einfluß nicht mit Bestimmtheit nachweisen, wiewohl man geneigt gewesen ist, so viele unter Justinian hinzugekommene, den Frauen günstige, Rechtsbestimmungen eben der Veranlassung jener Theodora zuzuschreiben, namentlich das durch Justinian den Frauen ertheilte privilegirte Pfandrecht, die Aufhebung der poena gladii für Ehebrecherinnen (Nov. CXXXIV, 10.), welche von Constantin (l. 30. C. de adulter.) angeordnet war, u. s. w.

90) Er war ein schwacher Regent und von ihm ist an diesem Orte nichts weiter zu erwähnen.

91) Schon von Justin dem jüngeren zur Mitregentschaft erhoben, ein gutmüthiger Regent. Er besiegte die Perser, welche in die Römischen

§. 34.

Fortbildung des Rechts.

Die Fortbildung des Rechts ist auch in dieser Periode von der Verfassung, wie von dem öffentlichen Zustande, aber auch von dem Verfall des Römischen Reiches im höchsten Grade abhängig. Nachdem schon früher das ältere Princip der Volksregierung durch die Alleinherrschaft verdrängt, nicht bloß die leges und plebiscita, sondern ebenso die SCta bereits hinderlich und störend geworden waren, daher schon gegen Ende der vorigen Periode gar nicht mehr vorkamen, konnte von diesen jetzt um so weniger noch die Rede sein: die Gesetzgebung der Kaiser und jene *constitutiones principum* blieben somit die alleinige Quelle des geschriebenen Rechtes und zugleich die Hauptquelle zur Fortbildung des Römischen Rechtes in dieser Periode. Aber der ungehinderte Wille des princeps wurde dennoch durch Eigenthümlichkeiten, Ansichten, Bildung und Erziehung des Einzelnen im höchsten Grade bedingt [1]), entscheidend wurde auch die kürzere oder längere Regierung, und bei so vielen schlechten Regenten, dem meist nur militairischen Oberhaupte, konnte der Römische Staat sich keines zureichenden gesetzlichen Zustandes erfreuen, es wurde von den Meisten wenig Erhebliches geleistet [2]), so sehr es auch das Bedürf-

---

Provinzen verheerend einfielen, und hinterließ nach einer vierjährigen Regentschaft 582 seinem Schwiegersohn Mauricius aus Cappadocien das Reich.

1) In dieser Hinsicht ist namentlich die weiter unten (im §. 35.) durch die einzelnen Bestimmungen genauer hervorzuhebende Gesetzgebung des Kaisers Constantin, aber auch des Kaisers Justinian in Erwägung zu bringen.

2) Dieses gilt von den Nachfolgern Alexander Sever's, welche nur durch Rescripte den an sie ergangenen Anfragen Einzelner zu genügen suchten. Die Zahl der von den einzelnen Regenten erlassenen Rescripte findet sich bei Hugo (in seiner Rechtsgesch. S. 884) angegeben.

niß der Zeit erfordern mochte. Bei großer Verwirrung im Innern geschah für die Fortbildung des Rechtes im Ganzen wenig, selbst unter Diocletian und Maximian, von denen eine große Anzahl von Rescripten [3]) noch im justinianeischen Codex vorhanden sind, aber es treten seit Constantin, wie in Rücksicht der Verfassung, so für die letzte Ausbildung des Rechtes sehr wesentliche Veränderungen ein. Daß seit dieser Zeit mehr Edicte, als Rescripte, erlassen wurden, wie es gemeinhin behauptet wird und selbst nur mit Rücksichtnahme auf die nächsten Vorgängnr nicht bezweifelt werden darf, ist weniger erheblich. Von sehr wesentlichem Einfluß für das Recht und die Gesetzgebung war die Verlegung der Hauptstadt von Rom nach Constantinopel. Durch den veränderten Sitz der Regierung, nachdem alle Rechte und Privilegien Rom's auch für das neue Rom entscheidend wurden, mußten eben durch dieses eine andere Sprache, andere Sitten und Gebräuche, andere Ansichten auch für den Regenten entscheidend werden und um so mehr, je mehr der Hof daurend in Constantinopel seinen Wohnsitz nahm [4]). Nicht bloß die grie-

3) Unstreitig wurde die so große Anzahl von Rescripten dieser Kaiser durch die längere Regierung derselben, aber ebenso auch, wie es scheint, durch die mehreren Mitregenten und die dadurch entstandene größere Theilnahme an allem Einzelnen veranlaßt.

4) Daß dieses unter anderen auch auf die freilich erst von Justinian bewirkte völlige Gleichstellung der Cognaten mit den Agnaten, als wenn im Occident beide gleiche Rechte gehabt hätten, daß auch die donatio propter nuptias vielleicht ein Institut dieser Gegend, daß der spätere Gebrauch der tabelliones, der schriftliche Beweis mit griechischen Sitten zusammenhänge, läßt sich mit Hugo (Rechtsgesch. S. 886.) nicht annehmen. Das Römische Recht hat sich bis auf die neueste Zeit herab von dem gemeinsamen Mittelpunkt aus nur dem Bedürfnisse gemäß ausgebildet und das vorhandene Recht war für das gesammte Römische Reich, mithin ebenso für die Provinzen, entscheidend. Auch waren schon früher, wie durch den Prätor, so nach dem Civilrecht Cognaten den Agnaten gleichgestellt werden.

chische Sprache wurde seitdem auch im Recht die herrschende, sondern nachdem die Provinz selbst an die Stelle des früheren Rom's getreten war, mußten alle Eigenthümlichkeiten, welche sich noch durch das ursprüngliche Rom im Gegensatz der Provinzen [5]) und sonst behaupteten, als bloße Singularitäten immer mehr verschwinden [6]), die vielen aus dem ursprünglichen Rom hervorgegangenen Formalitäten wurden nach und nach unpractisch und gänzlich getilgt [7]), die schroffen Institute des Alterthums immer mehr vernichtet [8]), dadurch entstandene Gegensätze vereint, wiewohl hierbei noch dem Kaiser Justinian so manches zu thun überlassen blieb [9]), alle Volksthüm-

---

5) Der nemlich den Besitzern zur Erbpacht hingegebene Grund und Boden in den Provinzen konnte nicht nach den für das Römische Gebiet entscheidenden rechtlichen Gesichtspunkten beurtheilt werden, und hatte daher eine Reihe besonderer Rechtsgrundsätze herbeigeführt, unter denen das Institut der longi temporis praescriptio genannt werden muß.

6) Nachdem den Besitzern der Provinzialgrundstücke gesetzlich Eigenthum ertheilt worden war, wobei die frühere Pachtabgabe in eine Grundsteuer sich verwandelt hat, fanden auch die Grundsätze des Eigenthum's später für jene Besitzungen Anwendung. Die Bestimmungen der *lex Julia de fundo dotali* sind jedoch erst durch Justinian für diese zur Anwendung gebracht und die *longi temporis praescriptio* ist erst durch Justinian mit der *usucapio* vereinigt. Das spätere Verschwinden fast aller noch vorhandenen Eigenthümlichkeiten des ursprünglichen Römischen Rechtes zeigt die Geschichte der einzelnen Lehren, das *in bonis* und die Bedeutung der *res mancipi* hörte, wiewohl erst vollständig durch Justinian, auf, die Testamentsform wurde nach mehr natürlichen Gesichtspunkten geordnet u. s. w.

7) Die *mancipatio*, die *in jure cessio* in ihren verschiedenen Anwendungen sind erst für diesen Zeitraum verschwunden.

8) Dies gilt von dem auf ursprünglicher Härte basirten Intestaterbrecht, von den harten Anwendungen der *stipulatio*, namentlich bei der dos.

9) Dahin gehört außer anderen die vom Kaiser Justinian bewirkte Verschmelzung des *jus suorum heredum* mit dem Recht der *querela in-*

lichkeit des ursprünglichen Rom's ist somit nach und nach verschwunden, wenn auch die Gesetzgebung so oft erst bestätigte, was sich seit längst schon als unzweckmäßig und störend bewährt hatte [10]). Eben so einflußreich wurde seit Constantin die Verbreitung der christlichen Religion. Der alte Aberglaube, welcher auch mit dem Rechte in so genauer Verbindung stand, wurde verdrängt und eine Reihe neuer Rechts-Institute sind von dem Gesichtspunkte der christlichen Religion aus begründet und den bisherigen neu hinzugekommen [11]). Dadurch entstand eine neue Gesetzgebung in geistlichen Angelegenheiten, welche die Kaiser zum Theil mit Vorliebe handhabten, der Gegensatz der Rechtgläubigen und Irrgläubigen, welcher besonders durch jene oecumenischen Concilien genauer bestimmt wurde und welcher schon von selbst so viele rechtliche Bestimmungen herbeiführen mußte [12]). Aber auch nach jener Theilung der Reiche wur-

---

officiosi testamenti, wobei so viele Veränderungen getroffen wurden, die Vereinigung der Legate mit den Fideicommissen, die Vereinigung der *rei uxoriae actio* mit der *actio ex stipulatu* für die Rückforderung der dos, wobei gleichzeitig manches Neue hinzugefügt wurde, aber auch die Vereinigung der *usucapio* mit der *longi temporis praescriptio*.

10) In der That hat sich zu Justinian's Zeit von den aus jener uralten Volksthümlichkeit hervorgegangenen Instituten kaum etwas erhalten, und wenn die *stipulatio*, die *patria potestas*, die procuratorische Administration, welche so tiefe Wurzel gefaßt hatte, und außer anderen noch die Sclaverei für das neueste Römische Recht in ihrer Anwendung stehen geblieben sind, so ist von der ursprünglichen Härte durch die Reihe der Jahrhunderte so vieles gemildert worden, daß sie auch für die neuesten Zeitverhältnisse nicht unangemessen zu sein schienen.

11) Dahin gehört die *manumissio in ecclesiis*, das Aufheben des Concubinats, das Verbot der Wiederverheirathung zum Nachtheil der Kinder erster Ehe, das Aufheben der Strafen des Coelibats.

12) Diese insofern sie für die neueste Praxis entscheidend geblieben waren, finden sich im Cod. I, 1—13.

den die Bestimmungen nicht selten von beiden gemeinschaftlich publicirt, ebenso die Bestimmungen des einen Regenten von dem anderen angenommen und bestätigt, weil sich beide Reiche als Theile eines und desselben großen Reiches ansahen, welche Ansicht selbst bis auf die neueste Zeit fortbestand[13]). Dabei verwandten ebenfalls die Kaiser bei ihren Bestimmungen eine größere Sorgfalt auf die Staatsverwaltung, das Kriegswesen, die Finanzen und die Verwaltung der Provinzen[14]), als auf das Privatrecht, Kaiser Justinian ausgenommen, dessen rastlose Thätigkeit zur zweckmäßigen Begründung eines seiner Zeit entsprechenden Privatrechts gewiß als ein Muster hingestellt werden kann. Gegen Willkür einzelner Regenten sicherte das Urtheil des Nachfolgers, wiewohl auch dieses im einzelnen sehr verschiedenartig war[15]). Neben der Gesetzgebung der Kaiser ist das Gewohnheitsrecht in dieser Periode von gar keinem Belang. Schon zu Anfang dieser Periode bei der völligen Entartung des Volkes und den schlechten Regenten ist, wiewohl letztere auch später noch ihr auditorium zur Seite hatten[16]), von einer wissenschaftlichen Fortbildung des Rechtes gar nicht mehr die Rede, sie ist gänzlich verschwunden, sogar

---

13) Nur war unter den neuesten Kaisern des Abendlandes von einer Gesetzgebung, aber ebenso von einer Publication der für den Orient erlassenen Gesetze bei so großer Verwirrung und so beklagenswerther Regentschaft nicht viel mehr die Rede, dennoch blieb auch für die unter den eingewanderten Völkern wohnenden Römer die neueste Gesetzgebung.

14) Dies zeigen am besten die so zahlreichen, noch für das neueste Recht wichtig gebliebenen, Bestimmungen über diese Gegenstände: Cod. X—XII.

15) Ein ganz interessantes Beispiel gewährt die Geschichte der Scheidungsgründe. Nicht selten wurden früher erlassene Bestimmungen von denselben Kaisern später wieder aufgehoben. Dieses geschah in Betreff der Scheidungen von Theodos, ebenso von Justinian. Letzterer verlangte auch später nicht mehr die größere Zuverlässigkeit bei den schriftlichen Testamenten.

16) Vergl. Lamprid. Alex. Sev. 16.

auf immer, denn die wenigen Arbeiten von Juristen aus dieser Periode beschränken sich auf bloße Zusammenstellungen, und zwar untergeordneter Art [17]), wenn wir etwa von der justinianeischen Compilation absehen. Auch die für eine spätere Zeit angeordneten, in diesem Zeitraume bestehenden, Rechtsschulen entsprachen ihrem Zwecke nicht, ihre Lehrer hatten nur geringes Ansehen, es waren Leute des niedrigsten Standes, *libertini, externi non Romani sanguinis*, sie lehrten das Recht handwerksmäßig, daß man sie als *leguleji* oder *rabulae* bezeichnen kann, wenn wir die Zeit Justinian's allenfalls ausnehmen wollen [18]). Mit der geistigen Bildung verkümmerte die Anwendung und nur die Zweifel der Praxis waren es, welche so verschiedene kaiserliche Bestimmungen veranlaßten. Die zu bloßen Beamten schon früher herabgesunkenen Prätoren [19]) mit ihren Untergebenen und

17) Nur einzelne Juristen sind aus dieser Zeit bekannt, auch einzelne schlechte Compilationen aus dieser Zeit erhalten. Von wie geringer Bedeutung die Juristen insgesammt gewesen sind, zeigt am besten der Umstand, daß fast Keiner für die justinianeische Compilation benutzt worden ist. Das Schicksal ihrer Zeit theilten nothwendig auch die Abfassungen des geltenden Rechtes für die unter den eingewanderten fremden Völkern wohnenden Römer, denen es erlaubt wurde nach ihrem bisherigen Rechte zu leben. Auch diese sind aus der Zeit vor Justinian.

18) Zu jener justinianeischen Compilation wurden vorzugsweise die Academiker berufen, welche sicher bei weitem über alle vorangegangenen Arbeiten dieser Art, auch nicht bloß der nächsten Vorzeit, durch Form und Inhalt hervorragt.

19) Kein Prätor stellte noch in dieser Periode ein Edict auf. Die seit Constantin erwähnten *formae* (τύποι oder τύποι γενικοί) jener *praefecti praetorio* scheinen nur bloße für ihren District erlassene den Gesetzen entsprechende Anordnungen gewesen zu sein, ohne daß dabei an eine Gesetzeskraft im eigentlichen Sinne gedacht werden kann, vergl. l. 2. C. de offic. praef. praetor. Or. et Illyr. l. 16. C. de judic. Nov. CLXV sq. Dasselbe scheint auch für die Edicte des *praefectus urbi*, wovon wir einzelne urkundlich besitzen (vergl. auch Bach histor. jurispr. Roman. p. 511.) angenommen werden zu müssen.

Vertretern hielten sich bei ihren Entscheidungen an das Hadrianische Edict wie an jene aus diesem hervorgegangenen Commentare und sonstige Schriften jener classischen Juristen, mußten aber dabei auf die verschiedenen später erlassenen Bestimmungen der Kaiser Rücksicht nehmen. Die Verwirrung mußte um so größer werden, als man unter Constantin, aber wohl noch mehr unter Valentinian III., bereits außer Stande war den Geist der Römischen Juristen aus jener Blüthezeit aufzufassen, und man eben bei Zweifeln und nur zu oft die schlechteste Ansicht wählte. Erst der Regent mußte es bestimmen, welchem der früheren Juristen die Richter bei Zweifeln und Meinungsverschiedenheiten der ersteren folgen sollten, wodurch diese zur bloßen Maschine herabgewürdigt wurden [20]). Dazu gesellte sich Unkenntniß der vorhandenen und zu berücksichtigenden Schriften selbst, wie der später erlassenen kaiserlichen Bestimmungen und besonders diese zusammen zu haben war das größte Bedürfniß. Insofern war die unter Theodos II. zu Stande gebrachte und öffentlich publicirte Sammlung kaiserlicher Constitutionen, welcher jedoch schon zwei andere Privatsammlungen voraufgingen, gewiß zeitgemäß zu nennen, es mißlang ihm jedoch sein Vorhaben, das zu seiner Zeit Brauchbare aus den verschiedenen Schriften der Römischen Juristen zu sammeln [21]), und erst dem Kaiser Justinian blieb es unter günstigeren Umständen vorbehalten, alles zu seiner Zeit Wichtige sowohl aus den Constitutionen der Kaiser, als aus den Schriften Römischer Juristen zweckmäßig zu vereinigen. Nur in diesem Zusammenhange kann die justinianeische Compilation,

---

20) Von diesem sogenannten Valentinianischen Citirgesetz unten genauer.

21) Die Unternehmung des Kaisers Theodos II., welche zunächst nur für den Orient bestimmt sein konnte, ist fast gleichzeitig mit jenem von Valentinian III. für den Occident erlassenen sogen. Citirgesetz. Aus beiden kann auf gleiche Weise mit Grund gefolgert werden, wie sehr die damalige Zeit einer zweckmäßigen Rechtspflege entbehrte.

welche nebenbei einen angemesseneren Unterricht bezweckte [22]), geschichtlich ausgezeichnet werden; als solche enthält sie großentheils Ueberreste einer blühenden Vorzeit, und sie ist für uns in so entfernten Zeiten wichtig geblieben.

§. 35.

Constitutiones principum.

Bei der so großen Menge kaiserlicher Constitutionen, welche für diese Periode in Betracht kommen und großentheils bis auf die neueste Zeit wichtig geblieben sind, wird es selbst unmöglich, auch nur die eigentlichen Edicte der Kaiser der Zeit nach hervorzuheben [1]). Für die Gesetzgebung Alexander Sever's läßt sich im allgemeinen nichts Characteristisches ausheben. Außer den Bestimmungen, welche sich im justinianeischen Coder von ihm finden, werden noch mehrere Edicte *de jure populi et fisci* erwähnt [2]), er gab den Kaufleuten besondere Vorrechte [3]), bestimmte in Rücksicht der Zinsforderungen der *foeneratores* [4]), und gab den Assessoren ein bestimmtes Gehalt [5]). Seine nächsten Nachfolger bis auf Diocletian und Maximian, deren Regierung meist eine sehr verhängnißvolle und dabei von kurzer Dauer, haben sich weniger durch eigentliche Gesetzgebung ausgezeichnet, nur Rescripte im Geist

22) Die Institutionen Justinian's nemlich wurden von diesem Gesichtspunkte aus veranlaßt, nachdem man die Digesten als die eigentliche Hauptquelle als unzweckmäßig für den ersten Unterricht erkannte. Jedoch sollte auch in diesen nur das geltende Recht berücksichtigt werden, weshalb sie ebenfalls als Gesetz publicirt werden konnten.

1) Vergl. besonders Bach histor. jurisprud. Roman. p. 439 sq. p. 503 sq. p. 527 sq.

2) Lamprid. Alex. Sev. 16.

3) Lamprid. l. c. 22.

4) Lamprid. l. c. 26.

5) Lampr. 46. Dasselbe soll jedoch auch schon früher bestimmt worden sein, Spart. Pescenn. Nig. 7.

des vorhandenen Rechtes erlassen [6]). Von Diocletian und Maximian selbst aber in Verbindung mit ihren Mitregenten sind eine fast unzählige Menge von Rescripten und Constitutionen, und mehr als der vierte Theil des justinianeischen Codex. Aber auch in jenen überhaupt findet sich zu dieser Zeit manche Abweichung von früherer Strenge, manche bis dahin zweifelhafte Interpretation, weshalb sie so zahlreich für den justinianeischen Codex benutzt worden sind. Die Gesetzgebung Constantin's des Großen [7]) hat besonders die Tendenz, den früheren Aberglauben abzuschaffen und die christliche Lehre im Römischen Reiche zu befestigen, welche auch bei so vielen Nachfolgern sehr hervortritt. Durch die christliche Religion wurden in jener Zeit um so mehr eine Reihe rechtlicher Bestimmungen veranlaßt. Den Geistlichen wurden besondere Vorrechte ertheilt, das Verhältniß der Christen zu den Juden im einzelnen genaner bestimmt, die Kirchen sollten letztwillig erwerben [8]), der Sontag heilig gehalten werden [9]), die Gladiatorenspiele [10]) und manches andere wurde gesetzlich verpönt. Sclaven konnten in der Kirche freigelassen werden [11]), die Aussetzung der Kinder wurde den dürftigen Eltern nur bei Neugebornen noch gestattet [12]), weil wohl der Mangel an öffentlichen Mitteln die

---

6) Die Zahl der Rescripte war aber bereits vor Diocletian so groß, daß schon Macrin an die Abschaffung derselben zur besseren Benutzung des Rechtes gedacht haben soll, Capitol. Macrin. 13.

7) Vergl. v. Löhr Uebersicht der das Privatrecht betreffenden Constitutionen der Römischen Kaiser 1811 und 1812.

8) l. 1. C. de sacros. eccles.

9) l. 3. C. de feriis.

10) l. un. C. de gladiator. Diese Bestimmung betraf jedoch nur den Orient, und selbst nicht alle Provinzen desselben.

11) Sozom. H. E. I, 9. l. 1. und 2. C. de his qui in sacrosanct. eccles. l. un. C. Theod. de manum. in eccles.

12) l. 2. C. de patr. qu. libros distrah.

frühere Bestimmung, den dürftigen Eltern Alimente aus der Staatscasse zu reichen [13]), unstatthaft machte. Niemand soll bei bestehender Ehe eine Concubine haben [14]), das Concubinat durch die einzugehende Ehe verdrängt werden [15]), die der christlichen Religion durchaus widersprechende Scheidung ohne Grund hart bestraft werden und nur aus wenigen, sehr wichtigen Gründen zulässig sein, die Strafen des von der christlichen Religion geachteten Coelibats sollen aufhören. Ueberdies ertheilte er den früheren Besitzern der Provinzial-Grundstücke Eigenthum am Grund und Boden [16]), Sachen der Minorennen dürfen nicht ohne obrigkeitliches Decret veräußert werden [17]), die *lex commissoria* soll nicht mehr beim Pfandrecht zulässig sein, Sclaven und Ochsen sollen den *aratores* nicht abgepfändet werden [18]); er bestimmte über die Zinsen, ertheilte verschiedene Privilegien u. s. w. Constantin's Söhne erließen ebenfalls verschiedene Bestimmungen, jedoch bei der unter ihnen statt findenden Uneinigkeit nur jeder für seine Provinzen, zur Beförderung des Christenthums und zur Abschaffung des Aberglaubens waren sie auf gleiche Weise geneigt [19]). Es wurde von ihnen manches Zeitgemäße bestimmt, die Formeln des Prozesses verschwanden seit

---

13) l. 1. u. 2. C. Theod. de alim. qu. inop. parent.

14) l. un. C. de concub.

15) l. 1. C. Theod. de natur. lib. Nemlich durch die *legitimatio per subsequens matrimonium*.

16) l. 1. C. de fund. rei privat.

17) Er dehnte das schon früher in dieser Hinsicht vorhandene SCtum auch auf die *praedia urbana* und auf kostbarere bewegliche Gegenstände aus, l. 22. C. de admin. tutor.

18) l. 7. C. qu. res pignor. oblig. poss.

19) l. 2. u. 3. C. Theod. de pagan. l. 4. 5. 7. C. Theod. eod.

dieser Zeit gänzlich[20]). Durch Julian wurde der heidnische Aberglaube wiederhergestellt, auch nahm die Scheidungsfreiheit wieder überhand[21]), während er in anderen Bestimmungen Umsicht und Billigkeit bewies[22]). Aus der kurzen Regierung Jovian's, der übrigens ein eifriger Anhänger des Christenthums, sind nur wenige Bestimmungen[23]). Valentinian befestigte die christliche Religion, während Valens der Secte der Arianer anhing. Dieselbe löbliche Tendenz hatten Gratian[24]), Valentinian der jüngere und Theodos, wovon der letzte so viele Subtilitäten und Schwierigkeiten des älteren Rechts aufhob und sich um Staat und Kirche gleich verdient machte[25]); ebenso Arcadius und Honorius, von denen letzterer die Gladiatorenspiele auch für den Occident verbannte[26]). Theodos der jüngere und Valentinian III. erließen viele Constitutionen, sowohl vor, als nach Abfassung des theodosischen Coder. Von ersterem ist das Verbot der Schauspiele an Festtagen[27]), ein Gesetz über die Nichtbeachtung der gegen das Recht verstoßenden Rescripte[28]), die Einführung

20) l. 1. C. de formul. et impetr. act.

21) l. 2. C. Theod. de dotib.

22) Von ihm ist auch l. 5. C. de sepulchr. violat.

23) l. 2. C. de erog. mil. et annon. l. 5. C. de episcop. et cler.

24) Von ihm sind l. 20. C. de poen. l. 13. C. Theod. eod.

25) Socrat. hist. eccles. V, 18. Von ihm ist auch eine Bestimmung über die Ehen der *consobrini*, l. un. C. Theod. si nupt. ex rescript. pet.

26) Theodor. V, 26. Von letzterem sind: l. 35. C. Theod. de episcop. l. 14. C. de episcop. et cleric. l. 7. C. Theod. qui a praeb. tiron.

27) l. 5. C. Theod. de spectacul.

28) l. 1. C. Theod. de div. rescript. l. 5. C. si contr. jus. l. 7. C. de precib. imperat. offer.

der 30jährigen Klageverjährung [29]), eine Bestimmung über die Scheidungsgründe [30]), die Einführung der *legitimatio per oblationem curiae* [31]). Auch sind von ihm viele Bestimmungen gegen den noch im einzelnen fortdaurenden Aberglauben und die Juden zur Befestigung des Christenthums, wie er die Universität zu Constantinopel begünstigte und die Lehrer der freien Künste, besonders die Juristen, daselbst durch verschiedene Vortheile und Ehrenbezeugungen ermunterte [32]). Unter den vielen Gesetzen Valentinian's III. ist gewiß das sogenannte Citirgesetz [33]) am merkwürdigsten [34]). Nach der Promulgation des theodosischen Codex wurden noch von Theodos und Valentinian, aber auch von ihren Nachfolgern Martian, Majorian, Sever und Anthemius manche spätere Zusätze und Veränderungen durch einzelne Constitutionen bekannt gemacht [35]), wie solche auch ohnehin von diesen vielfach

29) l. 1. C. Theod. de act. cert. temp. fin. l. 3. C. de praescr. XXX. vel XL. annor.

30) l. 8. C. de repud.

31) l. 3. u. 4. C. de natur. liber.

32) l. 1. C. Theod. de profess. qu. in urb. Constant. l. ult. C. Th. und l. un. C. de stud. liberal. l. ult. C. Th. de oper. public.

33) Davon l. un. C. Th. de respons. prud. l. un. de cret. l. 8. de legitim. hered. l. pen. u. ult. de matern. bon. l. un. de bon. qu. filiisf. l. ult. de revocand. donat. — l. 18. C. de jur. delib. l. 2. und 3. C. de leg. l. pen. C. si contr. jus. l. 7. C. de precib. imper. offerend.

34) Die meisten derselben sind dem theodosischen Codex einverleibt, außer welchen jedoch noch manche sonstige vorhanden sind. S. Bach histor. jurispr. Rom. p. 529.

35) Sie finden sich als Novellen hinter dem theodosischen Codex. Nur eine Novelle des Leo wurde noch von Anthemius für den Occident confirmirt.

erlassen wurden [36]). Von Leo ist die Bestimmung, daß nur Katholiken zur Advocatur gelangen sollen [37]), daß keine Person, weder Freie noch eine Sclavin, prostituirt werde [38]). Zeno hob unter anderen die Strafe der *plus-petitio* auf [39]), wie er in Rücksicht des emphyteutischen Contractes Genaueres bestimmte [40]), Anastasius tilgte namentlich die feierliche Form der Emancipation [41]). Justin schaffte die früheren Gesetze über die Ehen der Senatoren ab [42]). Durchgreifender und in jeder Hinsicht wichtiger, als die seiner Vorgänger, wird die Gesetzgebung des Kaisers Justinian, welche sich auf so vieles Einzelne erstreckt und einen kräftigen Anhänger der christlichen Religion bekundet. Justinian's Bestrebungen waren darauf gerichtet, einen seinem Reiche entsprechenden rechtlichen Zustand herbeizuführen, und in dieser Hinsicht rastlos bemühet, sind von ihm theils gleichzeitig mit der veranlaßten Compilation, theils nach derselben, eine Reihe der wichtigsten Bestimmungen erlassen worden, außer welchen nur noch einige Anordnungen seiner nächsten Nachfolger allenfalls in Betracht kommen. Eine Haupttendenz des Kaisers war, die aus ursprünglichen Gewohnheiten hervorgegangenen und unzweckmäßig erscheinenden Institute so viel als möglich, wie das schon durch die Zeit Veraltete, gesetzlich aufzuheben, manche singulaire Gegensätze für seine Zeit zu vereinigen, dabei manche neue Anordnungen zu treffen, aber auch die vielen Controversen der älteren Juristen für

36) Wovon auch manche sich noch im justinianeischen Codex vorfinden.

37) l. 15. C. de episcop. audient.

38) l. 14. C. de episcop. audient.

39) §. 33. J. de action.

40) §. 3. J. de locat. et conduct. l. 1. C. de contr. emphyt.

41) l. penult. C. de emanc. lib.

42) Procop. hist. arc. 6. l. 22. C. de nupt.

seine neue Compilation in Einklang zu bringen, während er gleichzeitig für einen einfacheren Unterricht Sorge trug [43]).

§. 36.

Römische Juristen.

Die Juristen [1]), welche nur noch neben den Kaisern erwähnt werden dürfen, theilten nicht anders, als jene Regenten selbst, das Schicksal ihrer Zeit. An eine ernste wissenschaftliche Ausbildung war seit Alexander Sever durch das Verderben der Zeit, dem das Volk unterlag, gar nicht mehr zu denken; und wiewohl auch späterhin Juristen vom Fach dem consilium des Kaisers unentbehrlich waren, geschah dennoch von oben herab durch zweckmäßige Einrichtung öffentlicher Lehranstalten für die Juristen gar nichts. Aus diesen Gründen ist es zu erklären, wenn schon zu Anfang dieser Periode die wissenschaftliche Fortbildung des Rechtes so völlig verschwunden ist, daß fast kein

---

43) Zu dem vielen, was in dieser Hinsicht durch Justinian geschah, wovon schon manches oben §. 34. am Ende angedeutet wurde, während das Detail dem neuesten Römischen Rechte angehört, kommen eine Reihe einzelner Bestimmungen, in welchen er die Anordnungen seiner Vorgänger theils abänderte, theils bestätigte. Das Institut der *donatio propter nuptias* ist durch ihn eingeführt, den Frauen wegen ihrer dos eine privilegirte Hypothek ertheilt worden. Aber außer den für uns geltenden Constitutionen und Novellen Justinian's sind noch seine 13 Edicte, ferner verschiedene kirchliche Bestimmungen, welche besonders gesammelt sind, seine *sanctio pragmatica pro petitione Vigilii* vom Jahr 554, seine Bestimmung *de colonis et adscriptitiis* u. s. w. (Bach histor. jurispr. Roman. p. 590 und 591.) wenigstens nachträglich zu erwähnen, und noch von seinen Nachfolgern sind außer den von ihnen erlassenen, uns aufbewahrten, Novellen noch einige sonstige Bestimmungen aufbewahrt geblieben.

1) Vergl. Bach histor. jurisprud. Roman. pag. 511—519. pag. 541—548. pag. 595 sq. Zimmern Geschichte des Römisch. Privatrechts §. 104. ff.

einziger Jurist aus dieser Zeit für die justinianeische Compilation benutzt wird [2]). Constantin's thätige Regentschaft gab den Juristen seiner Zeit einige Regsamkeit, es hob sich seitdem das Ansehen der Lehranstalt zu Beryt, die Erlaubniß zu respondiren scheint wieder von den Regenten einzelnen Juristen ertheilt worden zu sein [3]), dennoch sind die Arbeiten der aus dieser Zeit bekannten Juristen nur sehr unbedeutend und kaum mittelmäßig zu nennen, am wenigsten den Arbeiten jener Blüthezeit vergleichbar, sind sie nur Sammlungen und bloße Zusammenstellungen ohne wissenschaftlichen Werth. Am meisten verdient machten sich um die Zeit Constantin's Gregorianus und Hermogenianus durch ihre Sammlungen [4]) der bis dahin nur zerstreuet vorhandenen Constitutionen der Kaiser, wodurch sie den Richtern, wie den Advocaten einen um so größeren Dienst leisteten, als sie aus jenen nur das wirklich geltende Recht, wie es scheint [5]), nach der Ordnung des edictum perpetuum [6]), zusammenstellten, wodurch jedenfalls die Anwen-

2) Daß es für diese Zeit an bestimmten Nachrichten fehle, kann daher am wenigsten angenommen werden.

3) Wie wenigstens das Beispiel des Juristen Innocentius zeigt, Eunap. vit. Chrysanthi p. 286.

4) In beiden codices findet sich keine Constitution von Constantin oder einem seiner Nachfolger. Aber bereits von Hermogenian (in l. 17. D. de minor.) findet sich die erst von Constantin im Jahr 331 erlassene Verordnung, daß vom praefectus praetorio nicht an den Kaiser appellirt werden könne (l. 16. C. Th. de appell. l. 19. C. de appellat.), erwähnt, und er selbst mag noch unter den Söhnen Constantin's gelebt haben (vergl. l. 15. D. de Carbon. ed. mit l. ult. C. qui admitt. ad bonor. possess.). — Vergl. auch Zimmern Gesch. des Röm. Privatrechts §. 46. und H. T. Jacobson diss. critic. de codd. Gregoriano et Hermogeniano 1826.

5) Diese Tendenz findet sich wenigstens bei dem unter kaiserlicher Auctorität abgefaßten theodosischen und justinianeischem Codex, und überhaupt bei den Römischen Juristen.

6) Dies ist nach dem späteren theodosischen Codex, welcher *ad si-*

dung erleichtert wurde [7]). Der *codex Gregorianus* enthielt die Constitutionen seit Hadrian bis auf Constantin den Großen [8]), der *codex Hermogenianus* wahrscheinlich nur eine Nachlese zu ersterem und besonders die bei Gregorianus fehlenden Constitutionen der Kaiser Diocletian und Maximian [9]). Vom Hermogenianus wurden außerdem als ein Auszug aus Schriften älterer Juristen *epitomarum* oder *juris epitomarum libri VI* [10]), von welchem wir noch verschiedene Excerpte in den Digesten besitzen, aber auch wohl *libri fideicommisso-*

---

militudinem Gregoriani et Hermogeniani codicis abgefaßt wurde, und nach der Uebereinstimmung desselben mit der justinianeischen Constitutionensammlung, welche nach der Ordnung jenes edictum perpetuum abgefaßt wurde, mit Grund anzunehmen.

7) Die Bedeutung dieser Sammlungen für die Praxis ist zudem sehr zuverlässig, von der Hermogenianischen Sammlung sind 3 Ausgaben veranstaltet worden, Sedul. op. Paschal. praef., auch vielleicht noch spätere mit nachträglichen Zusätzen; noch unmittelbar vor Justinian's erster Constitutionensammlung sind beide neben dem theodosischen Codex von Heros Eudoxius und Heros Patricius commentirt worden.

8) Im Einzelnen bleibt freilich bei den so mangelhaften Ueberresten manches zweifelhaft; allein da derselbe aus wenigstens 13 Büchern (fr. Vat. 266. 277. 285. 286. 288. Die collat. Tit. III. erwähnt sogar lib. XIX.) und Titeln bestand, läßt sich auf einen nicht so geringen Umfang desselben schließen.

9) Von letzterem werden nur Titel erwähnt, wie in der westgothischen lex Romana, so in fr. Vat. 270. u. s. w. — Durch Justinian's Constitutionensammlung haben beide ihre practische Bedeutung verloren, aber außer dem, was für jene benutzt wurde, ist uns von jenen einiges durch das *breviarium Alaricianum* aufbewahrt und zuerst von Sichard mit dem theodosischen Codex 1528, dann von Cujacius 1566, 1585, und wiederholt, von Schulting (jurispr. Antej. p. 683.) herausgegeben worden, endlich auch von Hugo im jus civile Antejustinianeum.

10) Die Anordnung dieses Werkes bemerkt der Verfasser selbst in l. 2. D. de stat. homin.

rum[11]) geschrieben. Unter Constantin's Söhnen lebte Aurelius Arcadius Charisius[12]), welcher libellorum magister und libri singulares *de officio praefecti praetorio*[13]), *de muneribus civilibus*[14]) und *de testibus*[15]) hinterließ. Ebenfalls zur Zeit Constantin's lebte als Jurist und Agrimensor Innocentius[16]), bekannt durch seine Schrift *de litteris notis juris*, welche sich auf die mit der Ackervermessung in Verbindung stehenden Rechtssätze bezog und wenigstens aus 12 Büchern bestand[17]); außerdem schrieb Libanius[18]) Briefe an einen Juristen Domnus. Eine anderweitige neue Anregung erhielt das Studium der Jurisprudenz unter Theodos dem jüngeren[19]) durch manche Vortheile und Auszeichnungen, womit er den Fleiß sowohl der Lehrer als der Studierenden ehrte, und seit dieser Zeit waren auch die Universitäten zu Beryt, Rom[20]), ebenso die von ihm neu errichtete Lehranstalt

---

11) l. 14. D. ad SCtum Treb. Die Existenz dieser Schrift aus dem Grunde leugnen zu wollen, weil in den Digesten vor und nach jener Stelle Fragmente aus Ulpian's libr. IV. fideicommissorum sich vorfinden, ist gewagt.

12) Auch von ihm wird das erst von Constantin erlassene Verbot, von dem praefectus praetorio an den Kaiser zu appelliren, erwähnt (in l. un. D. de offic. praef. praet.).

13) Woraus l. un. D. de offic. praef. praet.

14) l. 18. D. de munerib.

15) Aus welcher Schrift noch 4 Fragmente in den Digesten.

16) Vom Kaiser wurde noch ihm das *jus respondendi* ertheilt, Eunap. v. Chrysanth. p. 286.

17) Goes. in not. ad auctor. rei agrar. p. 167. Von dieser Schrift sind noch einzelne Ueberbleibsel, zuerst von Nic. Rigaltius 1614 mit den auctores finium regundorum, dann von Wilh. Goesius 1674 mit den auctores rei agrariae herausgegeben.

18) Liban. ep. III, 277.

19) Vergl. l. un. C. Theod. de profess. qui in urb. Constant. l. un. C. de stud. liberal. — l. 3. C. Theod. eod.

20) Rom hatte bis zur Herrschaft der Gothen eine völlig gleiche Ein-

zu Constantinopel in Ansehen[21]). Unter Theodos gelangte Leontius als Rechtslehrer zu Constantinopel zu der erst nach einer 20jährigen Dienstzeit zu erwerbenden *comitiva primi ordinis*[22]). Außerdem erwähnt Sidonius aus fast derselben Zeit den Juristen Leo[23]), von dem wir jedoch sonst nichts weiter erfahren[24]). Als Verfasser des theodosischen Coder[25]) dürfen die vom Kaiser Theodos zu dieser Arbeit Berufenen wohl aus dem Grunde wenigstens genannt werden, weil sie von jenem Kaiser gerühmt, auch zu jener Zeit meistens hohe Würden bekleideten, nemlich Antiochus, Maximinus, Martyrius, Sperantius, Apollodorus, Theodorus, Eugenius uud Procopius, wiewohl nur der als Expräfectus und Consul an der Spitze stehende Antiochus noch sonst erwähnt wird[26]). Seit der Zeit des theodosischen Coder bis auf Justinian dürfen nur 4 Juristen besonders genannt werden, Heros Patricius, Heros Eudoxius, Domninus und Demosthenes. Der erste war Lehrer des Theodorus, eines Rechtsgelehrten zu Justinian's Zeit[27]), lehrte zu Beryt, commentirte den *codex Gregorianus, Hermogenianus* und *Theodosianus*, seine Meinungen werden von Justinian theils gebilligt[28]), theils verworfen[29]), auch in den Scholien

---

richtung mit den übrigen Universitäten, seitdem blieb nur 1 Rechtslehrer für Rom, Cassiod. Var. IX, 21.

21) Es sollte auch in öffentlichen Auditorien gelesen werden.

22) l. un. C. Theod. de profess. qui in urb. Constantinop.

23) Sidon. Apoll. carm. XXIII. v. 446 sq.

24) Der als praefectus praetorio Illyrici genannte Eubulus l. ult. C. Theod. de cohort. l. 187. C. Theod. de decur.) wird auch in einer Constitution von 429 (ed. Wenk. p. 15.) erwähnt.

25) Nov. Theod. 1.

26) Er war praefectus praetorio im Jahr 427, 430 und 431, und wird in der Nov. Theod. 33. im Jahr 444 als verstorben erwähnt.

27) Schol. Basil. T. VI. p. 217.

28) l. 18. C. de transact. Schol. Basil. T. I. p. 810 sq.

29) l. 2. C. de usur. Schol. Basil. T. III. p. 459.

zu den Basiliken wird er ohnehin oft citirt [30]). Auch Heros Eudoxius, ein Zeitgenosse des Patricius, war Rechtslehrer zu Berytt und commentirte gleich jenem die angeführten drei *codices*, weshalb auch er von Justinian erwähnt [31]) und in den Scholien zu den Basiliken citirt wird. Vielleicht ein Sohn des erwähnten Leontius war er zugleich Vater des späteren Leontius und Großvater des noch unter den justinianeischen Compilatoren zu erwähnenden Anatolius [32]). Ein Zeitgenosse der Genannten war Domninus, welcher ebenfalls Lehrer des Theodorus [33]), auch jene erwähnten 3 *codices* commentirte [34]) und noch in den Scholien zu den Basiliken citirt wird, vielleicht derselbe, an den Kaiser Zeno rescribirte [35]). Neben jenen genannten Juristen wird Demosthenes als ein Zeitgenosse von den griechischen Commentatoren citirt [36]). Bei Justinian's Thronbesteigung behaupteten Beryt und Constantinopel für das Studium der Jurisprudenz ihr Ansehen, welches Justinian nur noch befestigte bei gleichzeitiger Aufhebung der sonstigen Rechtsschulen [37]), während Rom

30) Seine Interpretation zur l. 68. D. ad leg. Falcid. führt an Harmenopul. II, 12. Noch in der const. Tant. §. 9. wird bei des Anatolius, eines Mitarbeiters bei den Digesten, Abstammung vom Leontius und Eudoxius angegeben, das letztere nach einem Patricius (quaestorius und antecessor), einem Leontius (praefectorius consularis) und dessen Sohn Patricius als Juristen berühmt waren, wobei die Frage entsteht, wer von den genannten vielleicht der hier erwähnte Patricius sei.

31) l. 18. C. de transact. Schol. Basil. T. I. p. 610 sq.

32) Const. Tant. §. 9.

33) Schol. Basil. T. VI. 217.

34) Schol. Basil. T. VII. p. 711.

35) l. ult. C. de fid. et jur. hast.

36) Nemlich ad T. Dig. et Cod. de procur. et defensoribus. Siehe diesen § weiter unten.

37) Const. ad Antecessor.

bereits der Herrschaft der Gothen unterworfen war [38]). Grade die Rechtslehrer auf jenen Universitäten sind für diese Zeit besonders wichtig, da eben sie neben den ausgezeichnetesten Staatsbeamten vorzugsweise von Justinian zu der so wichtigen Compilation berufen wurden [39]). Und die von Justinian Berufenen dürfen im Zweifel als die auserwähltesten Juristen ihrer Zeit angesehen werden. Wiewohl nächst ihnen noch Andere für diese Zeit in Betracht kommen, so bestehen die Arbeiten derselben in bloßen Zusammenstellungen, kürzeren Auszügen, einzelnen Erklärungen des geltenden Rechtes, aber auch in griechischen Uebersetzungen, welche untergeordnete Bestrebungen sicher nicht allein mit dem kaiserlichen Verbot der ausführlichen Commentare über die neue Compilation zusammenhängen. Gewiß der angesehenste unter den Juristen dieser Zeit war Tribonianus, dem die Leitung bei der Compilation übertragen wurde und der überhaupt beim Kaiser Justinian in größter Achtung stand. Einer gens Pamphilia angehörend, stammte er vom Vater aus Macedonien [40]), war anfangs vielleicht Advocat gewesen, gelangte aber

---

38) Nachdem Italien durch Justinian 554 wiedererobert war, geschah zwar etwas für die Universität zu Rom (Pragm. Sanct. pro petit. Vigilii c. 22.), aber wenn auch nach Einwanderung der Longobarden daselbst noch lange Römisches Recht studiret wurde, konnte dennoch die Universität kein besonderes Ansehen erlangen. Nachdem auch die Universität Berytunter Justinian's Regierung durch wiederholtes Erdbeben zu Grunde ging (Agath. hist. Justin. II. p. 47.), blieb die alleinige Universität zu Constantinopel, von wo aus auch für eine nachfolgende Zeit sich eben kein besonderes Licht verbreitete.

39) const. ad Antecessores oder Omn. reipubl. Die hier in der Ueberschrift namentlich genannten Professoren werden als *illustrissimi* vom Kaiser angeredet, und nur zum Schluß noch ein gewisser, auch unten nicht weiter zu erwähnender Salaminius *vir disertissimus* genannt, wahrscheinlich als ein jüngerer Lehrer, und weil die übrigen vielleicht nach bereits vollendeter 20jähriger Dienstzeit, zur comitiva primi ordinis gelangt sein mochten.

40) Procop. bell. Pers. I, 24.

zu den höchsten Würden, indem er *magister officiorum, quaestor sacri palatii* und Consul wurde, weshalb er wiederholt als *exquaestor* und *exconsul* bezeichnet wird. Dennoch wird ihm niedrige, selbst bei der Gesetzgebung nicht zu übersehende, Habsucht neben Leutseligkeit und vielseitiger Gelehrsamkeit vorgeworfen, daß selbst das Volk einmal auf Absetzung desselben gedrungen haben soll [41]). Seine umfassende Rechtskenntniß oder vielmehr seine reiche Bibliothek verschaffte die vielfachen Schriften jener älteren Juristen, welche für die Abfassung der Pandecten benutzt wurden. Nur als Mitarbeiter bei den Pandecten, nicht aber als Schriftsteller dieser Zeit, finden wir genannt: Constantinus, comes sacrarum largitionum und magister scrinii libellorum et sacrarum cognitionum, Anatolius, Antecessor aus Beryt, Cratinus, Antecessor aus Constantinopel, aber auch comes sacrarum largitionum, Menna, Prosdocius, Eutolmius, Timotheus, Leonidas, Leontius, Plato, Jacobus, Constantinus, Joannes als Advocaten der praefectura Orientis [42]). Unter den Mitarbeitern bei der justinianeischen Compilation, vom Tribonian bei den Pandecten, besonders bei den Institutionen gebraucht [43]), als Schriftsteller zugleich am wichtigsten ist unstreitig Theophilus, Professor zu Constantinopel, von welchem die noch vorhandene griechische Paraphrase zu den Institutionen. Vor der repetita praelectio Codicis geschrieben und auch in den Basiliken benutzt, scheint letztere aus einem Collegienheft über die Institutionen Justinian's hervorgegangen zu sein, ist demnach am wenigsten als eine durch Justinian verbotene Bearbeitung derselben anzusehen und wahrscheinlich durch das Heft eines Zuhörers entstanden, weshalb man einzelne Fehler, wie

41) Procop. bell. Pers. I, 24. 25. Procop. anecd. 13. Suidas v. Tribon.

42) const. Tant. §. 9.

43) const. Tant. §. 9.

eine oft mangelhafte Verbindung der Sätze und Mängel im Styl um so eher übersehen darf. Für das Studium der Geschichte bleibt sie von großer Erheblichkeit durch die vielen zur Erklärung hinzugefügten Bemerkungen aus damals noch vorhandenen Schriften älterer Juristen [44]). Vielleicht der älteste unter den Professoren, welche an der Compilation Theil nahmen, wird er wenigstens unter diesen immer zuerst genannt. Daß von demselben Verfasser noch eine griechische Interpretation der Pandecten vorhanden gewesen sei, hat man aus einzelnen hieraus in den Scholien zu den Basiliken vorhandenen Bruchstücken [45]) nicht ohne Grund schließen wollen, auch wird ihm eine griechische Uebersetzung der Titel *de verborum significatione* und *de regulis juris* zugeschrieben [46]), der jedoch nicht mehr lebte, als jene repetita praelectio des codex veranstaltet wurde [47]) und auch von Stephanus als verstorben erwähnt wird [48]). Ein anderer ausgezeichneter Mitarbeiter bei Abfassung der Pandecten, wiewohl diese Qualität von Einigen bezweifelt

44) Die erste griechische Ausgabe erschien, nachdem man den Text schon früher benutzt hatte, von Viglius von Zuichem Basil. 1534. fol., dann Lovan. 1536 und mehrere andere Ausgaben folgten. Lateinisch ist sie von Curtius 1581 und öfters, von Dionysius Gothofredus 1587 und öfter, verbessert und mit Anmerkungen von Fabrot 1638 und dann 1657 herausgegeben. Die beste Ausgabe mit neuer lateinischer Uebersetzung, sorgfältiger Benutzung der Vorgänger und vielen Anhängen ist von G. O. Reitz Hag 1751. II. Vol. 4., welcher auch über die Handschriften und früheren Ausgaben zu vergleichen. Eine deutsche Uebersetzung ist von K. Wüstemann 1823. 2 Bde. 8.

45) Gesammelt von Reitz p. 944 — 957.

46) Nach der synopsis basilicorum, den glossae nomicae Harmenopulus u. a. Die hieraus vorhandenen Fragmente sind gesammelt von Reitz.

47) Bei welchem er daher nicht mehr vorkommt.

48) Nach den Scholien zu den Basiliken.

wird [49]), war Thalelaeus, Antecessor aus Constantinopel, den die Scholiasten zu den Basiliken τῆς νομικῆς ὀφθαλμὸν nennen [50]). Ob von ihm eine grechische Uebersetzung der Pandecten herrührt, bleibt ungewiß, aber er commentirte die Pandecten [51]), den Codex [52]) und die Novellen [53]), und einzelne Fragmente seines Commentars zu den Titeln der Digesten und des Codex *de postulando, de procuratoribus et defensoribus* sind noch jetzt vorhanden [54]). Stephanus, als Advocat bei den Digesten Mitarbeiter [55]), war ebenfalls Lehrer des Theodorus [56]), übersetzte die Digesten εἰς πλάτος [57]), verfertigte einen Index des justinianeischen Rechts [58]), das er vielleicht in allen seinen Theilen commentirte, wegen seiner Bearbeitung des Codex in den Basiliken Κωδικεύτης genannt. Auch von ihm sind einzelne Fragmente zu den Titeln der Digesten und des Codex *de postulando* und *de procuratoribus et defensoribus* vorhanden. Dorotheus, quaestorius und Antecessor zu Beryt, war Gehülfe bei Abfassung der Digesten und besonders der Institutio-

49) Wenigstens wird er unter den Professoren in der Ueberschrift zu jener constitut. ad Antecessores angeredet.

50) Schol. Basil. T. V. p. 732.

51) Basil. T. IV. p. 704.

52) Basil. T. II. p. 193. 487. 490.

53) Basil. T. III. p. 370.

54) Mit den vorhandenen Bruchstücken aus den Commentaren der anderen gleichzeitigen Juristen zu diesen Titeln sind sie aus der Handschrift zuerst mit einer lateinischen Uebersetzung u. s. w. herausgegeben von Dav. Ruhnken, in Meermann's thes. jur. civ. et can. Tom. III. und Tom. V.

55) const. Tant. §. 9.

56) Schol. Basil. T. II. p. 580.

57) Matthaeus Blastar. Syntagm. alphab. praef. in Fabric. biblioth. graec. Vol. XII.

58) Bal. T. III. p. 445. Weshalb er gleich dem Cyrillus auch Ἰνδικεύτης genannt wird.

nen [59]), schrieb Commentare zu den Digesten [60]) und einen Index zum Codex. Anatolius aus der Familie des Leontius und Eudoxius, Professor zu Berytt und bei Abfassung der Digesten beschäftigt [61]), schrieb einen kurzen Commentar über den Codex [62]) und die Digesten [63]). Theodorus [64]), ein Schüler des Heros Patricius, Domninus und auch des Thalelaeus, welcher ebenfalls als Antecessor in Constantinopel an der Abfassung der Digesten Theil nahm, commentirte die Digesten [65]), den Codex [66]) und die Novellen [67]); auch sind noch von ihm einzelne Fragmente zu den Titeln der Digesten und des Codex *de postulando*, wie *de procuratoribus et defensoribus* vorhanden. Cyrillus, ein Zeitgenosse des Stephanus, bearbeitete die Digesten *εἰς τὸ πλάτος* [68]) und verfertigte einen Index zu diesen [69]), weshalb er *Ἰνδικεύτης* genannt wird [70]), commentirte den Codex [71]). Seine Meinungen sind oft in den Basiliken aufgenommen und außerdem von den Scholiasten zu diesen besonders gelobt. Von ihm sind *glossae nomicae*, aus den Basiliken uns aufbewahrt [72]). Der ebenfalls bei der Compilation der Digesten

59) const. Tant. §. 9.
60) Basil. T. IV. p. 336.
61) const. Tant. §. 9.
62) Basil. T. I. p. 100. T. II. p. 360. 562.
63) Basil. T. IV. p. 701. T. VII. p. 258.
64) Verschieden von Theodorus Hermopolita.
65) Basil. T. III. p. 40. 42. 388. 390.
66) Basil. T. II. p. 364. 385. 486. u. s. w.
67) Basil. T. II. p. 583. 585 sq.
68) Basil. T. VII. p. 89. T. IV. p. 41.
69) Basil. T. II. p. 190. 192.
70) Basil. T. III. p. 184.
71) Basil. T. III. p. 60 sq.
72) Gesammelt von Labbaeus und nach seinem Tode herausgegeben, Par. 1679. fol. — Auch von diesem Verfasser sind einzelne Frag-

beschäftigte Isidorus war Antecessor und interpretirte die Digesten[73]) wie den Codex[74]), letzteren kürzer als Thalelaeus, aber ausführlicher als Theodorus und Anatolius. Athanasius (Scholasticus), ein emesenischer Advocat, schrieb Commentare zu den Novellen Justinian's[75]), *de criminibus*[76]), und eine *ecloga legum*[77]). Unter den Compilatoren des Codex nennt Justinian den Phocas als magister militum consularis und patricius[78]), welcher selbst auch den Codex bearbeitet zu haben scheint[79]). Zeitgenossen Justinian's sind aber wohl noch Philoxenus, welcher die Novellen interpretirte[80]) und *glossae nomicae* schrieb[81]), Anastasius, welcher die Digesten interpretirte[82]), und außer anderen besonders Julianus[83]). Der letzte war Antecessor zu Constantinopel, und Verfasser jener *epitome novellarum*, welche im Occident so großes Ansehen erlangte und später

---

mente zu den schon früher angegebenen Titeln aufbewahrt, welche ebenfalls von Ruhnken herausgegeben sich in Meermann's thesaur. l. c. finden.

73) Basil. T. II. p. 535. 553. 588. T. III. p. 53.

74) Basil. T. V. p. 365. T. VI. p. 211—213. u. s. w.

75) Basil. T. II. p. 585 sq. T. III. p. 94.

76) Des Athanasius *liber de criminibus* soll in der Bibliothek des Ant. Augustinus existirt haben.

77) S. Fabric. biblioth. graec. Vol. XII. p. 477.

78) const. haec quae nec. §. 1.

79) Basil. T. VI. p. 286.

80) Basil. T. II. p. 585. 586. T. III. p. 114 sq.

81) Wiewohl später interpolirt und vermehrt, existiren sie noch unter dem Namen dieses Verfassers, gesammelt mit den Glossarien des Cyrillus und Anderer von Labbaeus nach dessen Tode herausgegeben Par. 1679.

82) Basil. T. IV. p. 701. T. VIII. p. 258.

83) Er ist nicht zu verwechseln mit einem Julianus patricius und exconsul, welcher gewiß jünger. Ant. Augustin. praef. ad. Julian. Novell.

noch *novellae Justiniani* genannt wurde; von demselben Verfasser ist das *dictatum pro consiliariis* und die *collectio de tutelis* [84]).

§. 37.

Fortsetzung.

Die Commentare, selbst der neuesten Zeit, sind nur von geringem Belange, und die eingetretene, gewiß sehr große, Geistesarmuth war sicher außer Stande, bessere Resultate hervorzubringen [1]). Zu den bisher genannten Arbeiten kommen noch einzelne uns urkundlich aus dieser Zeit aufbewahrte Schriften, welche im Zusammenhange übergangen sind, weil die Verfasser derselben nicht mit großer Zuverlässigkeit angegeben werden können; sie insgesammt tragen nicht anders das Gepräge ihrer Zeit. Dahin gehören die *fragmenta Vaticana* von Angelus Mai aus einem codex rescriptus der Vaticanischen Bibliothek 1823 Rom und Berlin herausgegeben [2]). Wahrscheinlich von einem Werke

84) Welche beide mit jenem epitome von Augustin und Pithou herausgegeben wurden 1567, auch mit der collatio 1656. — Neben Julian mag auch hier der von Justinian 565 zum Patriarchen von Constantinopel ernannte Joannes Scholasticus, der Verfasser des nomocanon, einer collectio canonum u. s. w. hier genannt werden. S. Zimmern Gesch. d. Röm. Privatrechts §. 110. a. E.

1) Diesemnach war gewiß unter Justinian die Handhabung des Rechts am wenigsten in jeder Hinsicht befriedigend. Wenigstens hängt es mit der damaligen Rechtsbildung überhaupt sehr genau zusammen, wenn dieser Kaiser über Schwäche und Unwissenheit der Advocaten und Richter klagt, noch nachdem durch jene Redaction der Gesetze die Anwendung so vielfach erleichtert war. Dies bestimmte den Kaiser wiederum eigene Richter zu den rechtlichen Entscheidungen zu wählen (Nov. LXXXII.), welche bis dahin nur aus der Zahl der Advocaten genommen wurden.

2) Sie finden sich auch in den juris civilis antejustinianei reliquiae ineditae dieses Verfassers, Rom 1823. Die späteren Ausgaben und Bearbeitungen siehe bei Mackeldey Lehrbuch §. 57. Note a.

größeren Umfanges, enthalten sie Fragmente aus juristischen Schriftstellern der vorigen Periode, namentlich Papinian, Paulus und Ulpian, und aus kaiserlichen Constitutionen, wovon die letzte vom Jahr 372 [3]). Dieses Werk eines unbekannten Verfassers fällt wahrscheinlich in die Zeit zwischen dem codex Hermogenianus [4]) und Theodosianus. Die einzelnen Titel handeln vom Kauf, Usus fructus, *dos*, Tutel, Schenkung, Cognitoren und Procuratoren. Wahrscheinlich unter Theodos dem jüngeren [5]), um das Jahr 426, kam die *notitia dignitatum Orientis et Occidentis* zu Stande, welche für die damalige Zeit eine genaue Uebersicht des ganzen Römischen Gebiets und aller darin vorkommenden Staatsämter gewährt [6]). Die von Tilius und Cujacius [7]) dem Juristen Licinius zugeschriebene *collatio legum Mosaicarum et Romanarum*, welche im Mittelalter auch als lex Dei, pariator legum Mosaicarum et Romanarum, sogar als lex Romana vorkommt, ist wahrscheinlich aus der Zeit von Theodos II. vor dem breviarium Alaricianum, und enthält eine geistlose Zusammenstellung des Mosaischen und Römischen Rechtes, um zu zeigen, daß letzteres aus ersterem hervorgegangen sei. Der Verfasser war vielleicht Christ, aber nicht Jurist, dennoch ist die Arbeit nicht ohne Werth wegen der aufbewahrten Stellen aus Römischen Juristen, Gajus, Paulus, Ulpian, Papinian und Modestin, so wie mancher Constitutionen aus dem *codex Gregorianus, Hermogenianus* und *Theodosianus*. Die 15 ersten Titel betreffen die Verbrechen und unter

---

3) fragm. Vat. §. 37.

4) Welcher nemlich in diesem Werke §. 270. erwähnt wird.

5) Alciat nannte sie deshalb *breviarium Theodosii*.

6) Ueber die verschiedenen Ausgaben s. Bach historia jurisprud. Roman. p. 544. und Haubold instit. literar. T. I. p. 279. Die neueste Ausgabe ist von Ed. Böcking (fascic. I, 1839.).

7) observ. XIV, 4. XXI, 11.

diesen der 6te die wegen zu naher Verwandtschaft verbotene Ehe. Der 16te Titel allein handelt vom Privatrecht und besonders von der legitima hereditas [8]). Endlich die *consultatio veteris jurisconsulti*, gewöhnlich mit dem Beisatz *de pactis*, enthält eine Sammlung von Consultationen durch einen unbekannten Verfasser nach dem codex Theodosianus und breviarium Alaricianum. Die Stellen aus den Schriften der Juristen, worauf der Verfasser sich stützt, sind nach einer damaligen Sitte wörtlich benutzt und es findet sich manches aus des Paulus receptae sententiae, was sich im breviarium Alaricianum nicht findet, selbst mit Angabe des Buches und des Titels, wie auch anderseits die erwähnten Stellen aus dem codex Gregorianus, Hermogenianus und Theodosianus mit Inscriptionen und Subscriptionen selbst nach den verschiedenen Ausgaben citirt werden [9]).

§. 38.

Valentinianisches Citirgesetz.

Das schon früher im Zusammenhang erwähnte [1]) sogenannte Valentinianische Citirgesetz [2]) ist eine der seltsamsten Bestimmungen,

---

8) Zuerst herausgegeben von P. Pithou 1573 (dann 1656 und 1689) mit Noten versehen, nach der einzigen ächten Handschrift, welche sich in der bibliotheca Mandubiorum zu Lyon fand. Fernere Ausgaben waren von Schulting (in jurispr. antejustin. p. 719 sq.) mit den Bemerkungen von Pithou und seinen eigenen, von den Gebrüdern Cannegieter 1760. 1765. 1768. 1774. Sie findet sich auch in Hugo's jus civile antejustin. p. 1417. In neueren Zeiten sind noch zwei andere Handschriften, die eine von Blume zu Vercelli, die andere von v. Lancizolle zu Wien gefunden worden.

9) Die erste Ausgabe ist von Cujacius 1577. Sie findet sich vor des Verfassers eigenen Consultationen T. 1. Später ist sie von Schulting herausgegeben (jurisprud. antejustin. p. 811 sq.) und findet sich auch bei Hugo (jus civile antejustinian. p. 1475.).

1) Nemlich §. 34.

2) Vergl. Bach histor. jurisprud. Roman. p. 529. Hugo Gesch. d.

welche der gänzliche Verfall der Wissenschaft für diese Periode hervorgebracht hat. Dieser schon seit Alexander Sever so plötzlich eintretende Verfall der geistigen Bildung äußerte grade in den Gerichten und für die unmittelbare Anwendung den größten Einfluß, weil die Richter völlig unfähig, eben bei Zweifeln in der Regel so ganz außer Stande waren, die Ansichten ihrer Vorgänger zu würdigen. Damit nun die Richter bei oft mangelnder Kenntniß der vorhandenen Meinungen nicht die schlechtesten Autoritäten für ihre Entscheidungen benutzten [3]), bestimmte schon der so Vieles zweckmäßig anordnende Kaiser Constantin, wer unter den früheren Juristen eine größere Auctorität in den Gerichten genießen und welche Schriften gar nicht mehr beachtet werden sollten. Jedoch wissen wir nur, daß jene receptae sententiae des Paulus in großem Ansehen standen [4]), dagegen die vielleicht aus zu großer Tadelsucht verfertigten Noten des Ulpian und Paulus zum Papinian nicht mehr beachtet wurden [5]). Ganz in demselben Sinne wurde dann 100 Jahre später, nemlich 426, jenes noch umfassendere Gesetz vom Kaiser Valentinian III. zunächst nur für den Occident erlassen [6]),

Röm. Rechts S. 943. Schweppe Römisch. Rechtsgesch. u. Rechtsalterthüm. §. 103. Zimmern Gesch. des Röm. Privatrechts §. 58. Mackeldey Lehrbuch des heut. Röm. Rechts §. 53.

3) Dieses und die dadurch entstandene Rechtsunsicherheit und Willkür der Richter erwähnt noch Justinian in der const. Tanta §. 17.

4) Wenigstens wurde die vielleicht bezweifelte Gültigkeit von jenen Pauli receptae sententiae neben den übrigen Schriften dieses Verfassers vom Kaiser Constantin im Jahr 327 angeordnet. Siehe jetzt Theodosiani Codicis genuini fragmenta ex membranis bibliothecae Ambrosianae Mediolanensis nunc primum ed. W. Fr. Clossius 1824 pag. 35., nemlich l. 2. de respons. prud.

5) Das Verbot der Gültigkeit dieser Noten findet sich schon in einer Bestimmung Constantin's vom Jahr 321. S. l. un. C. Theod. de sentent. passis et restitut. und jetzt auch im Cod. Theod. ex ed. Closs. L. 1. de respons. prudent.

6) Die Verordnung ist von Ravenna datirt und an den Senat von

das jedoch schon bald nachher durch die Aufnahme in den theodosischen Codex auch für den Orient entscheidend wurde [7]). Es hat genau vorgeschrieben, welche Constitutionen und Rescripte der Kaiser, welche Juristen in den Gerichten besonders beachtet werden sollen: die besonders ausgezeichneten Juristen der vorigen Periode Papinian, Paulus, Gajus, Ulpian und Modestin sollen in allen ihren Schriften [8]), und damit auch die Meinungen aller derjenigen Juristen, welche in diesen gebilligt waren, z. B. des Scävola, Sabinus, Julianus, Marcellus, unbedingte Auctorität haben [9]), jedoch nur nach vorherge-

---

Rom gerichtet, während jedoch Valentinian's wirkliche Theilnahme an dieser Bestimmung bei seinem so jugendlichen Alter von erst 8 Jahren von selbst hinwegfällt. Gewiß ging sie nur von Theodos aus, da die Inscription auch seinen Namen enthält.

7) In dieser Gestalt ist sie uns aufbewahrt, aber ihres Umfangs wegen in verschiedenen Titeln des theodosischen Codex, l. un. de respons. prud. l. un. de cret. l. 8. de legit. hered. l. ult. u. penult. de bon. matern. l. un. de bon. qu. filiisf. l. ult. de revocand. donat. Für den justinianeischen Codex sind die betreffenden Excerpte in l. 18. de jur. delib. l. 2. u. 3. de leg. l. penult. si contr. jus. l. 7. de precib. imperat. offer. enthalten.

8) Von des Paulus receptae sententiae wird dies ausdrücklich unstreitig in Uebereinstimmung mit der früheren Anordnung Constantin's, bemerkt, l. un. de respons. prudent. vergl. consult. veter. jurisc. c. 7. init.

9) Ueber die Auctorität dieser von jenen citirten Schriftsteller sind die heutigen Ansichten verschieden. Während Hufeland (Vorläufige Nachricht von den jurist. Schätzen der Würzburg. Universitäts-Bibliothek 1805. No. 2.) die Schriften dieser Juristen nur gelten läßt, wenn sie von den 5 Hauptjuristen commentirt waren, Haubold aber nur die von jenen citirten Stellen als geltend ansieht, meint Hugo, es komme nur auf ein einmaliges Citiren eines älteren Juristen an, damit dieser für die Praxis volle Auctorität erlange; wodurch wieder die meisten, wenn nicht alle der älteren Juristen ihre frühere Bedeutung behielten; und eigentlich nur die etwanige Auctorität der späteren Juristen durch jenes Citirgesetz ausgeschlossen sei. Während wohl an eine

gangener Vergleichung und Feststellung der Handschriften von letzteren und mit Ausnahme der schon von Constantin verbotenen Noten des Ulpian und Paulus zu Papinian. Bei Meinungsverschiedenheiten unter jenen Juristen soll Stimmenmehrheit entscheiden, bei eintretender Gleichheit der Stimmen Papinian's Meinung den Ausschlag geben, wo dessen Meinung aber fehle, der Richter selbst wählen können. Indem auf diese Weise nur einigen und zwar den ausgezeichnetesten Juristen der vergangenen Blüthezeit, und zwar eine gesetzliche Auctorität ertheilt wurde, war freilich Willkür der Richter und so manche falsche Entscheidung ausgeschlossen, aber dadurch auch die Richter zur bloßen Maschine herabgewürdigt, welche nicht mehr nach eigenem Urtheil entscheiden konnten, wenn ihnen ein bloßes Stimmenzählen zur Pflicht gemacht war. Jedenfalls blieb jene Bestimmung nur ein schwacher Nothbehelf für die so hülfsbedürftige Zeit, welcher auf zweckmäßigere Weise nicht geholfen werden konnte, wiewohl dieselbe nothwendig veranlaßte, daß auch bei den späteren Bearbeitungen und Abfassungen des Römischen Rechtes neben den Sammlungen von kaiserlichen Constitutionen immer nur die Schriften jener 5 Juristen benutzt wurden, wie in den

---

vorläufige Ausschließung aller noch später erscheinenden Schriften schwerlich gedacht werden kann, scheint auch Hugo's Erklärung jener Bestimmung selbst dem Bedürfniß der damaligen Zeit gradezu entgegenzulaufen. Sollte durch diese die Praxis mehr erleichtert und in festere Gränzen eingeschlossen werden, was nur durch die alleinige Berücksichtigung der angesehensten Juristen jener blühenden Vorzeit geschehen konnte, so darf doch andererseits an ein Benutzen der von diesen citirten älteren Juristen gewiß nur in sofern gedacht werden, als sie bereits ausführlicher erörtert hatten, was von jenen ihren Nachfolgern nur kurz berührt wurde, also durch ein bloßes Zurückgehen auf die von jenen bestätigten Auctoritäten, sofern es etwa im einzelnen nothwendig erscheinen sollte. Ob aber Cervidius Scävola oder Qu. Mucius Scävola hier gemeint sei, ist zweifelhaft, aber auch sehr gleichgültig.

Vaticanischen Fragmenten, der collatio, consultatio, ebenso in den Gesetzbüchern, welche für die im früheren Occident unter fremden Nationen wohnenden Römer noch vor Justinian abgefaßt wurden, dem edictum Theodorici, breviarium Alaricianum und der lex Burgundionum. Erst Kaiser Justinian lösete die frühere Fessel für die neue Compilation [10]), bei welcher es ihm gelang Männer zu finden, welche im Stande waren wenigstens das Brauchbarste aus den Schriften der älteren Juristen für ihre Zeit zweckmäßig zu benutzen.

§. 39.

Theodosischer Codex.

Der ebenfalls schon oben im Zusammenhange erwähnte [1]) codex Theodosianus [2]) ist eine unter gesetzlicher Auctorität publicirte Zusammenstellung von kaiserlichen Constitutionen zur Zeit des Kaisers Theodos des jüngeren. Seit Kaiser Constantin war besonders durch die christliche Religion eine ganz neue Gesetzgebung entstanden, durch diese, wie sonst, eine Reihe neuer kaiserlicher Bestimmungen erlassen, welche zum Theil das ältere Recht durchgreifend änderten. Auch waren bereits jene mit den ursprünglichen Gebräuchen zusammenhängenden Institute und Formalitäten zum Theil verschwunden, daß es für eine richtige Anwendung auf die hinterher erlassenen noch ganz zerstreueten kaiserlichen Bestimmungen sehr nothwendig ankam. Mag auch

---

10) constit. Deo auctor. §. 6. Ueber den Einfluß des Citirgesetzes auf die Digesten vergl. Hugo im civilist. Magazin Bd. VI. No. 11.

1) Oben §. 34. am Ende.

2) Vergl. Bach histor. jurisprud. Roman. pag. 530 sq. Hugo Geschichte des Röm. Rechts S. 949. Schweppe Röm. Rechtsgesch. und Rechtsalterthümer §. 101. Zimmern Gesch. d. Röm. Privatrechts §. 47. Mackeldey Lehrbuch d. heutig. Röm. Rechts §. 55. Ueber den Ausdruck Theodosianus codex: Hugo civilistisches Magazin Bd. VI. No. 2.

das Verhältniß jener früheren Privatsammlungen, nemlich des codex Gregorianus und Hermogenianus, im einzelnen und zu einander mehr zweifelhaft genannt werden [3]), vom theodosischen Codex wissen wir, daß er unter Auctorität und auf Veranlassung des Kaisers Theodos II. verfaßt wurde, alle von Constantin an bis auf seine Zeit erlassenen kaiserlichen Bestimmungen, sofern sie für seine Zeit entscheidend waren, enthalten sollte, weshalb eben diese theodosische Sammlung nur neben jenen Privatsammlungen in Betracht kam, und für die späteren Bearbeitungen und Abfassungen benutzt wurde, bis Kaiser Justinian zur Vereinfachung des geltenden Rechtes alles noch Anwendbare von den kaiserlichen Constitutionen in Verbindung mit dem seit Theodos erlassenen Bestimmungen in eine Sammlung brachte und somit jene früheren 3 codices ungültig machte [4]). Schon im Jahr 429, also 3 Jahre nach seinem Citirgesetz, erging von Kaiser Theodos II. ein desfallsiger Auftrag an 3 dazu ernannte Redactoren, verbunden mit einer genaueren Instruction [5]). Dann

---

3) Unter den Constitutionen, welche mit Gewißheit dem codex Gregorianus angehören, ist die älteste von Caracalla, die jüngste von Diocletian und Maximian. Von den im breviarium Alaricianum erhaltenen Constitutionen des codex Hermogenianus sind 3 von Aurelius, die übrigen von Diocletian und Maximian, jedoch wird aus diesem auch noch eine Constitution von Valens und Valentinian citirt, consult. c. 9. Einiges stand in beiden zugleich, jedoch mit Abweichung des Datum collat. VI, 5. Vielleicht enthielt auch der letzte aus dem ersten einiges auszugsweise.

4) const. Haec quae necessario pr. const. Summa reipublic. §. 1.

5) Das Protocoll über die im Senat zu Rom beim Empfang des 438 vollendeten codex Theodosianus vorgekommenen Verhandlungen oder *gesta senatus* (Cod. Theod. ed. Closs. p. 2.) enthält eine aus dem ersten Buch dieses Codex vorgelesene Constitution (Cod. Theod. ed. Closs. p. 7.), wonach Theodos im Jahr 429 den Befehl gab, nach der Ordnung des *codex Gregorianus* und *Hermogenianus* alle seit Constantin erlassenen wirklich allgemeinen Gesetze dem Inhalte nach zusammenzustellen, die Gesetze verschie-

sollte aber durch eine Zusammenstellung des gesammten geltenden Rechtes, aus den Schriften der früheren Juristen, welche damals noch nicht durch das Valentinianische Gesetz beschränkt waren, und den Constitutionen der Kaiser insgesammt [6]), von denselben Redactoren noch fruchtbringender für die damalige Praxis gesorgt werden [7]). Das letzte bei weitem schwierigere Unternehmen kam sicher nicht zu Stande, und es ist davon nirgends weiter die Rede [8]), auch das erste blieb fortan unausgeführt aus Gründen, die freilich nicht mit Bestimmtheit ermittelt werden können [9]). Demnächst erfahren wir, daß derselbe Befehl ohne Erwähnung des früheren im Jahr 435 wiederholt wurde. Den Redactoren wird eine etwas freiere Gewalt eingeräumt, und nunmehr 16 Männer beauftragt, unter denen dem so angesehenen Antiochus wiederum die Leitung des Ganzen anvertrauet, von den früher bezeichneten Redactoren nur noch Eubulus und Theodorus für die neue Commission gewählt werden und selbst für den Behinderungsfall des Einzelnen die

---

denen Inhaltes zu theilen, scheinbare Widersprüche durch chronologische Anordnung aufzuheben, unwesentliche und überflüssige Worte wegzulassen, vergl. Isid. V, 1. Die mit diesem Unternehmen beauftragten Individuen waren durch hohe Aemter ausgezeichnet, unter welchen nur Einer als scholasticus der geringste war.

6) Der theodosische Plan war keineswegs allein auf eine Sammlung der noch geltenden Constitutionen gerichtet.

7) Denn die scholastica intentio der diligentiores wollte auch das aus jenen 3 codices bereits Veraltete kennen lernen.

8) Sehr mit Unrecht haben Manche die Vaticanischen Fragmente als Ueberbleibsel dieses Werkes ansehen wollen.

9) Nach Peyron haben Einige, wie Hugo und Schweppe, die Verwirrung am Hofe wegen der Nestorianischen Streitigkeiten als Grund herausgestellt, und wiewohl während dieser in der Sache von oben weiter nichts geschah, so scheint doch wohl mehr die eigentliche Unfähigkeit der Commission obiges veranlaßt zu haben.

erforderliche Vorsorge ausgesprochen ist [10]). Die Arbeit selbst wurde nach 3 Jahren vollendet, und der neue codex im Jahr 438 mit Gesetzeskraft für das orientalische Kaiserthum publicirt [11]), dabei aber die Anwendung der kaiserlichen Constitutionen seit Constantin auf dieses Werk beschränkt [12]). Theodos rühmt die nunmehr entstandene Klarheit, Sicherheit und Kürze [13]) und die Bemühungen des Antiochus und 7 Anderer als Mitredactoren [14]), und schickte diese Abfassung schon in demselben Jahre an seinen Schwiegersohn Valentinian III., welcher sie ebenfalls für den Occident bestätigte [15]), während sie vom Senat zu Rom mit Acclamationen aufgenommen wurde [16]). Unstreitig ist auch diese Sammlung gleich dem codex Gregorianus und Hermogenianus nach der Ordnung des *edictum perpetuum* angefertigt worden [17]), wie dieses überhaupt für die Praxis am zweckmäßigsten erscheinen mußte. Das Ganze besteht aus 16 Büchern, jedes Buch aus Titeln, in welchen die einzelnen Bestimmungen in chronologischer Ordnung enthalten sind; jede Constitution hat

---

10) Diese wiederholte Bestimmung kennen wir nur durch die Turiner Handschrift, ed. Peyron. p. 29.

11) constit. de Theod. Codic. auctor. (vor dem theodosischen Coder). Auch als Nov. Theod. I.

12) const. cit. §. 3.

13) const. cit. pr. §. 1 sq.

14) Sie sämmtlich gehören zu der im Jahr 435 ernannten Commission und sind schon früher unter den Juristen dieses Zeitraums genannt. const. cit. §. 7.

15) Vergl. Nov. Valent. III. Lib. II. tit. 26. tit. 32. tit. 35. Nov. Anthem. Lib. VI. tit. 3. — Sidon. Apoll. II, 1. u. s. w. Eine wegen Aufbewahrung und gegen Verfälschung im Jahr 443 zu Rom erlassene Bestimmung von Valentinian finden wir in der Mailänder Handschrift, ed. Closs. p. 18.

16) Wie aus jenen *gesta Senatus* hervorgeht.

17) Dies zeigt besonders die so große Uebereinstimmung mit dem justinianeischen Coder.

ihre Ueberschrift von dem Kaiser und demjenigen, an welchen sie erlassen ist, beim Schluß das Consulat und das Jahr. Nur die ersten 5 Bücher, besonders das zweite bis zum vierten, handeln vom Privatrecht, die übrigen betreffen das öffentliche Recht und die so wichtigen kirchlichen Anordnungen. Das Kirchenrecht findet sich nemlich hier am Schluß des Ganzen, nicht wie im justinianeischen Codex zu Anfang, diese Stellung war willkürlich und von jenem im edictum perpetuum nicht schon die Rede. Dabei besitzen wir nur den größeren Theil dieses Werkes vollständig, nemlich vom 7ten bis zum 16ten Buch und den letzten Theil des 6ten, die übrigen Abschnitte nur auszugsweise aus dem breviarium Alaricianum [18]), wiewohl unsere Kenntniß noch in unseren Tagen durch manche ächte Constitutionen aus den 5 ersten Büchern und durch solche, welche die letzten Bücher betreffen, bereichert worden ist [19]). Von

18) Zuerst ist er nach dem breviarium Alaricianum herausgegeben von Joh. Sichard 1528, dann theilte Tilius 1550 die 8 letzteren Bücher, mit Ausnahme des letzten, aus unmittelbarer handschriftlicher Ueberlieferung vollständig mit, und Cujacius veranstaltete 1566 nach mehreren Handschriften eine noch vollständigere Ausgabe in Verbindung mit anderen Quellen des vorjustinianeischen Rechtes, worin namentlich das 6te Buch mit Ausnahme des Anfangs, das 7te und 8te ebenfalls vollständig, und noch etwas aus dem 16ten hinzukam. Die Constitutionen de SCto Claudiano im 4ten Buch hat noch Pithou der Ausgabe des Cujacius hinzufügt und diese ist wiederholt herausgegeben worden. Eine sehr gute mit einem vorzüglichen Commentar versehene Ausgabe ist von Jac. Gothofredus, die jedoch erst nach dessen Tode opera Marvillii in 6 volum. 1665 herausgegeben wurde und nach Vergleichung des Würzburger und Gothanischen Codex von neuem bearbeitet mit manchen Varianten und Zusätzen von J. D. Ritter 1736—1745 erschien. Die neueste Ausgabe findet sich in Hugo's jus civile antejustinianeum (p. 275—1215).

19) Erst in unseren Tagen haben Clossius in einer Mailänder Handschrift das breviarium Alaricianum und Peyron in einem Turiner Palimpsest des theodosischen Codex bisher unbekannte

größtem Einfluß war diese Sammlung wie für die Praxis, so für spätere Abfassungen des Römischen Rechtes, das edictum Theodorici, breviarium Alaricianum, die lex Romana Burgundionum, für welche diese Sammlung benutzt wurde, ebenso für den justinianeischen Codex selbst, und weder jene germanischen Rechtsbücher, noch die justinianeische Gesetzsammlung waren im Stande die Benutzung des theodosischen Codex gänzlich zu unterdrücken. Wenigstens finden sich Spuren der Anwendung desselben wie für den Occident, so für den Orient [20]. Mit dem theodosischen Codex kommen noch verschiedene zum Theil ächt erhaltene von Theodos II. und Valentinian III., wie von

Constitutionen aufgefunden, welche die 5 ersten Bücher, besonders aber das erste, betreffen. Von beiden ist die Entdeckung von Clossius am wichtigsten, die meisten der entdeckten Constitutionen gehören zu Cod. Theod. Lib. I. tit. 5. u. 6., von welchen 15 sich im justinianeischen Codex befinden. Höchst wichtig für die Geschichte sind die schon benutzten *gesta Senatus* und die beiden das Citirgesetz betreffenden Constitutionen. Die von Peyron aufgefundenen betreffen das 2te bis 5te Buch in einer freilich vom breviarium ganz abweichenden Ordnung. Wichtig für die Geschichte ist die über die Abfassung des codex Theodosianus erlassene zweite Constitution von 435. Beide Entdeckungen sind bereits von Clossius 1824, und Peyron 1823 öffentlich mitgetheilt, dann aber von Pugge 1825 besonders zusammengestellt und geordnet und eine neue Recension der 5 ersten Bücher des Cod. Theod. mit Einschaltung der von Clossius, Peyron und Anderen aufgefundenen Constitutionen ist von Wenk 1825. Als neue Entdeckung für den codex Theodosianus gehört auch hierher Haubold praetermissorum imprimis ad breviarium Alaricianum pertinentium e codicibus a G. Haenelio novissime collatis promulg. I. 1822 und die Fragmente von Mai aus den auf der Vaticanischen Bibliothek gefundenen 11 Blättern über die 3 letzten Bücher dieses Codex. Die dadurch gewonnenen neuen Lesarten sind hinter den Vaticanischen Fragmenten abgedruckt und bildeten mit Peyron's Handschrift ursprünglich ein Ganzes.

20) Zimmern Gesch. d. Röm. Privatrechts §. 47. am Ende und §. 46. am Ende.

ihren Nachfolgern Marcian, Majorian, Sever und Anthemius erlassene spätere Bestimmungen in Betracht, welche *novellae constitutiones* genannt, und jetzt nach ihren verschiedenen Verfassern in 6 Bücher abgetheilt, dem theodosischen Codex hinzugefügt sind [21]). Der schon von Theodos II. im Jahr 429 ausgesprochene Wunsch, daß die künftig von einem der beiden Kaiser erlassenen Constitutionen auch dem anderen zugesandt würden zur desfallsigen Publication für sein Reich, jedoch mit Vorbehalt der ihm freistehenden Verbesserung oder eines gänzlichen Widerrufs, wurde bei Publication des theodosischen Codex wiederholt [22]). Und wiewohl die Zusendung der von Theodos später erlassenen Bestimmungen aus verschiedenen Gründen erst nach 9 Jahren geschah [23]), so daß sie erst im Jahr 448 für den Occident publicirt wurden [24]), so dauerte diese gegenseitige Mittheilung und der auf den theodosischen Codex sich beziehende Name novellae constitutiones für die späteren kaiserlichen Bestimmun-

21) Diese sogenannten *novellae post. theodosianae* wurden zunächst von Sichard mit seiner Ausgabe des breviarium publicirt, insoweit sie sich in diesem vorfanden, ein anderer Theil derselben wurde nach einer Mittheilung des Diselius von Cujas mit dem theodosischen Codex herausgegeben. Durch eine Handschrift von P. Pithou wurden noch 34 neue Novellen 1571 herausgegeben und wiederholt, welche auch bei den späteren Ausgaben des Cujacius hinzugefügt wurden. Rittershus gab sie 1615 besonders heraus, Marwill fügte sie dem theodosischen Codex hinzu, ebenfalls Ritter mit manchen Erläuterungen und Verbesserungen nach einer Vergleichung der Würzburger, Gothanischen und Ottobonischen Handschrift. Noch bereichert, besonders durch letztere Handschrift war die Ausgabe von Zirardinus 1766 und Amadutius 1767. Sie finden sich in Hugo's jus civile antejustinianeum p. 1217—1399. Ueber eine unächte Constitutionensammlung von Sirmond s. Bach histor. jurispr. Roman. p. 536.

22) const. de Theod. Cod. auct. §. 5. und 6.

23) nov. de confirm. leg. Nov. Theod. von 447. (Die erste der theodosischen Novellen im jus civil. antej. p. 1219.)

24) nov. Valent. III. lib. II. tit. 26.

gen dennoch fort bis zur Beendigung der Römischen Herrschaft im Abendlande, von welchen die noch von Leo I. und Anthemius gemeinschaftlich erlassenen Bestimmungen vom Jahr 468 unter den uns bekannten die letzten sind.

§. 36.

Vorjustinianeische Abfassungen im Occident[1]).

Der Einwanderungen jener germanischen Völker ungeachtet dauerte die Gültigkeit des Römischen Rechtes im occidentalischen Kaiserthum für die unter den fremden Völkern wohnenden Römer auf die frühere Weise fort, und dieses veranlaßte die Abfassung des für sie geltenden Rechtes um so mehr, als daneben die eingewanderten Völkerschaften nur ihren bisherigen Gebräuchen und Gesetzen lebten[2]). Das *edictum Theodorici* wurde für die unter den Ostgothen in Italien wohnenden Römer, das *breviarium Alaricianum* für diejenigen unter den Westgothen in Gallien und Spanien, endlich die *lex Romana Burgundionum* für die unter den Burgundern wohnenden Römer verfaßt, welche Gesetzbücher auf gleiche Weise aus dem damals geltenden Römischen Rechte compilirt, aber mehr oder weniger mangelhafte Compilationen genannt werden müssen. Das *edictum Theodorici*[3]) als das älteste wurde von dem ostgothischen König Theodorich ums Jahr 500 zu Rom bekannt gemacht. Es besteht aus 154 Capiteln und sollte nicht bloß für die Römer, sondern ebenfalls für die Gothen gelten; jedoch konnten die

---

1) Vergl. Bach histor. jurisprud. Roman. p. 537 sq. Hugo Gesch. d. Röm. Rechts S. 956 ff. Schweppe Röm. Rechtsgesch. u. Rechtsalterthüm. §. 105 ff. Zimmern Gesch. d. Röm. Privatrechts §. 112 ff. Mackeldey Lehrbuch des heutig. Röm. Rechts §. 59.

2) Die Gesetze dieser germanischen Völkerschaften wurden jedoch um dieselbe Zeit gesammelt, und sind als *leges barbarorum* bezeichnet.

3) v. Savigny Gesch. d. Römisch. Rechts im M. A. Bd. I. S. 11 bis 14. Bd. II. S. 164 ff.

Gothen, wo das Edict nichts ändere, nach ihren bisherigen Gesetzen beurtheilt werden. Als Grundlage dienten die Schriften der durch Valentinian III. ausgezeichneten Juristen [4]) und in Rücksicht der kaiserlichen Constitutionen der *codex Gregorianus, Hermogenianus*, besonders *Theodosianus* und die späteren Novellen. Das Werk kann nur von rechtskundigen Männern zu Stande gebracht sein, allenthalben redet aber Theodorich selbst, wodurch das Römische Recht sehr entstellt und unkenntlich wird [5]). Das *breviarium Alaricianum* [6]) wurde durch eine Commission von Rechtsgelehrten unter der Leitung des comes palatii Gojarich im 22sten Regierungsjahre des Königs Alarich II. 506 zu Aire (Aduris) in der Gascogne vollendet, und in einer Versammlung von Bischöfen und edlen Laien bestätigt. Gewöhnlich *lex Romana* genannt, aber auch nach dem Anfang *lex Theodosii, corpus Theodosianum*, seit dem Mittelalter *breviarium Alaricianum*, oder *Aniani*, oder *breviarium* schlechthin, enthält diese Abfassung nur einen Aus-

4) besonders die *receptae sententiae* des Paulus.

5) Daher gibt dieses Werk nur eine unbedeutende Ausbeute, wie es überhaupt, nur nicht in Betreff des Criminalrechts, dürftig ist. Es findet sich in den Ausgaben des Cassiodor, auch von Pithou, als Anhang zu seiner Ausgabe des Cassiodor 1579, in den Sammlungen der deutschen Rechtsquellen von Lindenbrog codex legum antiquarum (1613) p. 329., besser von Georgisch corpus juris Germanici antiqui (1738) p. 2199., von Canciani barbarorum leges antiquae cum notis et glossariis (1781 ff.) Vol. I. p. 3. und von Walter corpus juris Germanici antiqui (1824) T. I. p. 1. 2.; auch in Rhon comm. ad edictum Theodorici regis Ostrogothorum 1816.

6) Siehe das *commonitorium breviarii* bei Gothofredus prolegom. cod. Theod. c. 5. v. Savigny Gesch. d. Röm. Rechts im M. A. Bd. II. S. 37—40. Und überhaupt v. Savigny Gesch. des Röm. Rechts im M. A. S. 36 ff.

zug aus Schriften des Gajus[7]), Paulus[8]) und Papinian[9]), so wie aus dem *codex Gregorianus*[10]), *Hermogenianus*[11]), *Theodosianus*[12]) und den späteren Novellen[13]), welcher durch Interpretation zu erläutern, so daß die gothische Interpretation (*scintilla*) einen wesentlichen Theil jenes Werkes ausmacht[14]). Das voranstehende Bestätigungspatent (*auctoritas*, auch *commonitorium*) enthält sehr genaue Nachrichten. Gojarich hatte als comes palatinus für die Verbreitung und Anwendung dieses Rechtsbuchs zu sorgen, jedes ausgefertigte Exemplar mußte, um öffentliches Ansehen zu haben, von dem Anianus, vielleicht als Referendar des Königs, eigenhändig unterschrieben sein. Außerdem wird noch Timotheus erwähnt, einer der Grafen, von denen jedem ein Exemplar ausgehändigt wurde. Einen größeren Werth hat diese Abfassung für uns dadurch, daß die einzelnen Quellen von einander getrennt, wiewohl in verschiedenen Abkürzungen und Weglassungen aufbewahrt geblieben sind, wenn auch von den beiden übrigen im Citirgesetz vorkommenden Juristen Ulpian und Modestin gar nichts aufgenommen wurde, aber aus diesem kann auch hier wieder mit großer Sicherheit auf die geringen Fähigkeiten der Verfasser geschlossen werden[15]). Endlich die *lex Romana Bur-*

7) Des Gajus Institutionen in 4 Büchern sind hier in 2 zusammengeschmolzen, so daß das 2te und 3te in eins vereinigt und das 4te ganz weggelassen ist.

8) Seine *receptae sententiae* wurden in allen 5 Büchern benutzt.

9) Nur eine einzige Stelle ist aus seinem *lib. I. responsorum*.

10) in 13 Titeln.

11) in 2 Titeln.

12) in 16 Büchern, wobei fast $\frac{2}{3}$ der Constitutionen weggelassen, die übrigen aber ziemlich unverkürzt benutzt wurden.

13) jedoch mit Ausnahme der von Anthemius.

14) Alle Theile haben die Interpretation, nur nicht die ganz umgearbeiteten Institutionen des Gajus und die Stelle des Papinian.

15) Ueber die vielen Handschriften und Ausgaben dieses Werkes siehe

gundionum [16]), wie sie ebenfalls gewöhnlich *lex Romana* schlechthin, aber auch aus einem von Cujas veranlaßten Irrthum, der sie für die Fortsetzung einer Stelle aus Papinian's responsa hielt, hinter welcher er diese Sammlung vorfand [17]), *Papiniani* oder *Papiani* [18]) *responsorum* oder *responsum* genannt wird, muß zwischen den Jahren 517 und 534 zu Stande gekommen sein. Sie wurde in dem östlichen Frankreich auf Befehl des burgundischen Königs Gundebald für die unter ihm wohnenden Römer verfertigt und besteht aus 47 Titeln. Als Quelle dienten zwar das breviarium besonders mit seiner Interpretation, jedoch nicht ausschließlich, so daß einzelne reine Quellen des früheren Rechtes in dieser an sich dürftigen Bearbeitung aufbewahrt geblieben sind [19]). — Ihrem Werthe ge-

Haubold instit. liter. p. 223. v. Savigny Gesch. d. Röm. Rechts im M. A. Bd. II. S. 56—64. Kämmerer Beiträge zur Gesch. und Theorie des Röm. Rechts Bd. I. No 4. Niebuhr in der Zeitschrift für geschichtliche Rechtswissenschaft Bd. III. No. 13. und Spangenberg daselbst Bd. V. Hft. 3. No. 8. Einige bisher unbekannte Stellen sind noch in einigen Handschriften zu Paris und Orleans von Hänel entdeckt, von Haubold herausgegeben: Haubold praetermissorum imprimis ad breviarium Alaricianum pertinentium promuls. I. 1822. Die älteste auf uns gekommene Handschrift ist in dem ehemaligen Würzburger Codex, welcher sich jetzt auf der Bibliothek zu München befindet, aus dem 6ten oder 7ten Jahrhundert, worüber Hufeland, Nachricht von den juristischen Schätzen der Würzburger Bibliothek, besonders dem Rechtsbuch Alarichs 1805 zu vergleichen ist. Die einzige vollständige Ausgabe ist von Sichard 1528: Codicis Theod. libri XVI. cet. ed. J. Sichard. Basil. — Spätere Umarbeitungen enthalten der im Domarchio zu Utina gefundene *codex Utinensis*, welcher zuerst von Canciani 1789 herausgegeben wurde, die *summa legum* Antwerpen 1517, *breviarium Sichardi* Basel 1528.

16) S. v. Savigny Gesch. d. Röm. Rechts im M. A. Bd. II. S. 1 ff.

17) Nemlich nach dem breviarium Alaricianum.

18) Wie Papinian früher gewöhnlich geschrieben wurde.

19) Die erste Ausgabe war von Cujacius 1566 hinter dem theodosischen Codex, während die spätere Ausgabe von 1586 sie schon nicht

mäß war auch die Dauer dieser Rechtsbücher sehr vorübergehend. Das *edictum Theodorici* galt, bis Italien von Justinian wieder erobert wurde, seit welcher Zeit auch für dieses die justinianeische Compilation das entscheidende Gesetzbuch wurde. Die *lex Romana Burgundionum* verlor ihre Bedeutung schon mit dem Untergang des burgundischen Reiches, durch die Herrschaft der Franken 534. Das *breviarium Alaricianum* endlich behauptete sich einige Jahrhunderte in den Ländern, für welche es promulgirt war, auch unter den Franken, so daß es sich allmälig über das ganze fränkische Reich, demnach auch über das frühere burgundische erstreckte und selbst für Italien zur Anwendung gebracht wurde.

§. 41.

Uebersicht der justinianeischen Compilation.

Bereits zur Zeit des Kaisers Theodos II. erschien durch so vieles Veraltete sowohl in den Sammlungen der kaiserlichen Constitutionen, als in den Schriften jener Römischen Juristen, welche daurend die Hauptquelle des geltenden Rechtes blieben, eine Zusammenstellung des wirklich anwendbaren Rechtes als ein eigentliches Bedürfniß [1]), die Zeit des Kaisers Justinian [2])

---

mehr mit der Stelle des Papinian in Verbindung bringt. Sie wurde dann herausgegeben von Schulting (p. 827.) und findet sich in Hugo's jus civile antejustinianeum T. II. p. 1501. Zuletzt besonders von Barkow 1826, wobei auch das erst von Mai aufgefundene und mit den Vaticanischen Fragmenten abgedruckte Stück (fragm. Vat. p. 104.) benutzt worden ist. Die beste Handschrift ist die Ottobonische, welche von Amabuzzi bei seiner Ausgabe (Novell. anecdotae tit. p. 131 sq.) 1767 benutzt wurde, zu welchem das Blatt in Mai's Palimpsesten gehört. Ueber die Handschriften s. v. Savigny a. a. O. S. 11.

1) Vergl. oben §. 39.

2) Nach so vielen neueren, und dabei durchgreifenden und abändernden, Bestimmungen der Kaiser, nachdem vollens ein sehr großer Theil der

mußte in einem noch höheren Grade dazu auffordern, das in so verschiedenen bereits zum Theil unbekannten Schriften enthaltene Recht durch eine neue Compilation zu vereinigen, der Praxis zu Hülfe zu kommen und dem Staate durch gehörige Rechtspflege neues Gedeihen und Sicherheit zu verschaffen. Kaiser Justinian hatte grade hierauf seine erste Sorge gerichtet [3]), und mit der Schwierigkeit dieses Unternehmens nicht unbekannt [4]), ist es seinem practischen Blick bei Erfahrung und Umsicht, nachdem ihm Männer zur Seite standen, welche seinem Unternehmen entsprachen, den gefaßten Plan bei weitem glänzender durchzuführen gelungen, als es bei dem unmittelbar vorangegangenen Compilationen geschehen war [5]). — Schon unter Theodos enthielten die Sammlungen der Constitutionen so manches Veraltete, um so mehr mußte bis auf Justinian durch so manche spätere Bestimmung, welche das ältere Recht aufhob, auch manches von den älteren Constitutionen unpractisch geworden sein, was die Anwendung der älteren kaiserlichen Bestimmungen, und die Benutzung jener Sammlungen im einzelnen sehr erschwerte, wäh-

in den Schriften der Römischen Juristen enthaltenen Rechtssätze, insoweit sie nemlich die ursprünglichen und einheimischen Rechtsinstitute betrafen, gar nicht mehr beachtet wurde.

3) Nemlich im Jahr 527 zur Regierung gelangt, beginnt er schon im folgenden Jahr 528 mit jener Compilation, indem er sich zugleich über das Bedürfniß, das bereits von so vielen seiner Vorgänger anerkannt sei, genügend ausspricht, const. Haec quae necessario pr. u. §. 1.

4) Die Abfassung der Pandecten wenigstens wird von Justinian selbst gelegentlich als *opus desperatum* bezeichnet, und die Schwierigkeit seines Plans konnte diesem Kaiser nach so verschiedenen früheren vergeblichen Versuchen am wenigsten entgangen sein. Grade das Hauptwerk blieb dem Kaiser Theodos II. unausführbar und so manche frühere Unternehmungen scheiterten in ihrem Erfolge, vergl. Heineccius antiquit. Romanar. syntagm. prooem. §. 12. und Hellfeld histor. jur. Roman. p. 381.

5) Grade die Verarbeitung der Schriften jener früheren Juristen bot bei weitem die größte Schwierigkeit.

rend anderseits die neueren Constitutionen seit Theodos nur zerstreuet vorhanden waren. Noch mehr zerstreuet lag die sonstige Quelle des geltenden Rechtes. Die eigentliche Grundlage desselben blieb bis auf die neueste Zeit herab jenes edictum perpetuum und die aus jenem und besonders nach der Ordnung desselben entstandene Interpretation der Römischen Juristen aus dem Ende der vorigen Periode; diese aber seit Valentinian III. wieder nicht in vollem Umfange, sondern nur nach den Schriften einzelner besonders geachteter Juristen. Jedoch in den Schriften der älteren Juristen überhaupt fand sich bereits vieles Veraltete, daß sogar wenigstens die Hälfte ihres Inhaltes als nicht mehr anwendbar angesehen werden darf [6]), denn was sich auf früheren Aberglauben bezog, alle älteren so überall eingreifenden Formalitäten waren für die Anwendung verschwunden, aber auch eine Reihe jener mit ursprünglichen Gewohnheiten zusammenhängenden oder aus jenen hervorgegangenen Institute entweder völlig getilgt, oder mit anderen verschmolzen oder so durchgreifend verändert, daß kaum etwas Zusammenhängendes von jenem älteren Rechte noch übrig zu bleiben schien. Endlich der für die Bildung der Juristen jetzt allein entscheidende Rechtsunterricht auf jenen Universitäten bezog sich ebenfalls nur auf das aus der Vorzeit vorhandene Material, und mußte für die neueste Zeit um so weniger zweckmäßig erscheinen, als man durch diesen bei so vielem Veralteten keine gründliche und richtige Einsicht des noch Geltenden in seinem Zusammenhange erlangen konnte. Auf alle diese Uebelstände richtete Kaiser Justinian sein bestimmtes Augenmerk [7]). Lob und Tadel, welches beides auch die justi-

---

6) Die vom Kaiser Justinian selbst angegebene Reduction jener von ihm benutzten Schriften der Juristen rechtfertigt diesen Schluß hinreichend, nicht anders ein Ueberblick der noch zur Zeit jener classischen Juristen geltenden Rechtsinstitute selbst.

7) Ein allgemeiner Ueberblick für die Entstehungsgeschichte der justinianeischen Rechtssammlung findet sich auch bei Spangenberg, Einleitung in das Römisch-Justinianeische Rechtsbuch S. 16 ff.

nianeische Compilation von den Neueren in einem so verschiedenen Sinne erfahren hat [8]), werden nach dem Bisherigen ohne gründliche Geschichte voreilig erscheinen, zumal für so manches Einzelne der Schlüssel und das Genauere zur Beurtheilung fehlt. Mag im Einzelnen mancher Mangel gerügt werden, manche Willkür im Einzelnen nicht vermieden sein, was jedoch aus Unkenntniß eben vorzugsweise auf das System bezogen worden ist [9]), was aber die Hauptsache betrifft, Kaiser Justinian hat es vermocht, auch aus den Schriften jener Juristen der Vorzeit das noch zu seiner Zeit Brauchbare vollständig zusammenzubringen, wir verdanken demselben das so wichtige und bewährte Resultat von 13 Jahrhunderten, wie es das Bedürfniß des größten Volkes der Welt, aber auch langes und reifliches Nachdenken bei gediegener Klarheit und Scharfsinn in so vielen Jahrhunderten hervorgebracht hat. Eben in dieser Bedeutung, und weil nur sehr weniges den Stempel der Willkür an sich trägt, ist die justinianeische Compilation in rechtlicher Hinsicht das schönste Denkmal der Vorzeit, daß es selbst in den entferntesten Jahrhunderten ein Gegenstand der Bewunderung, zugleich ein Muster zur Nachahmung bleiben wird; und dieses ganz abgesehen von der practischen Zweckmäßigkeit, durch welche es bei den verschiedensten Völkern der Nachwelt so unbedingte Anwendung gefunden hat. Aber auch der Weg, welchen Kaiser Justinian einschlug, und die Absicht, alles Brauchbare aus dem Vorhandenen zu sondern, darf als zweckmäßig bezeichnet werden, nur auf diese Weise konnte dem bereits Bewährten Anerkennung verschafft, und jeder Nachtheil willkürlicher Reformen möglichst vermieden werden [10]). Mit

8) Eine genauere Angabe in dieser Hinsicht findet sich bei Schweppe Römische Rechtsgesch. u. Rechtsalterthümer S. 219 Note 4. Vergl. Spangenberg a. a. O. S. 148—156.

9) Ueber das System der Pandecten unten §. 45.

10) Nur jenes Verfahren hat sich von den ältesten Zeiten her für die Ausbildung des Römischen Rechtes behauptet und dieses selbst zu einer

der leichteren Arbeit wurde begonnen, der Sammlung der noch geltenden Constitutionen der Kaiser. Alles bereits Veraltete wurde gestrichen oder ganz fortgelassen und die Arbeit nach den 3 früheren codices, welche nun vereinigt und zugleich außer Kraft gesetzt wurden, bei Hinzufügung der späteren Constitutionen leicht zu Stande gebracht [11]). Das bei weitem schwierigere Unternehmen, alles noch Brauchbare aus den Schriften der früheren Juristen, nemlich die Interpretation der vorhandenen und noch geltenden Gesetze, zusammen und in ein Ganzes zu bringen, ist vom Kaiser Justinian bei reger Theilnahme und zweckmäßiger Auswahl der Mitarbeiter ausgeführt worden [12]). Durch beide Sammlungen wäre genau genommen die beabsichtigte neue Compilation des geltenden Rechtes beendigt gewesen, allein Justinian's reger Eifer und die Fürsorge für einen zweckmäßigen Unterricht

---

so schönen Blüthe gefördert. Am wenigsten konnte von Justinian bei practischer Einsicht eine gänzliche Reform, eine Umgestaltung und Umarbeitung des geltenden Rechtes beabsichtigt werden. Was die Jahrhunderte bewährt, das Leben des Volkes und das Bedürfniß fest begründet hatte, dieses konnte nicht nach dem Urtheile Einzelner anderweitig mit Grund bestimmt werden, ohne die größte Verwirrung hervorzubringen. Auch ist durch die Gesetzgebungen der Kaiser bei ihrer sonstigen großen Verschiedenartigkeit hauptsächlich nur da geändert, wo es das Bedürfniß zu erfordern schien.

11) Darüber die const. Haec quae necessario, welcher den Auftrag zu dieser Arbeit ertheilt, und die const. Summa rei publicae, wodurch jene Sammlung bestätigt wurde. (Beide vor dem justinianeischen Codex).

12) Darauf bezieht sich die const. Deo auctore, welche den Auftrag ertheilt, dann aber die const. Tanta und Δέδωκεν, wodurch die Abfassung bestätigt und publicirt wurde. (Alle 3 vor den Pandecten, aber auch als l. 1. 2. 3. C. de veter. jur enucleand.) Außerdem gehört die an die Antecessoren wegen des auf die Pandecten sich beziehenden Unterrichts erlassene const. Omnem reipublicae hierher, welche ebenso vor den Pandecten sich findet).

bewirkte, noch während man mit der Abfassung der zum ersten Unterricht weniger geeigneten Pandecten beschäftigt war, die Institutionen, welche nach dem Vorbilde der Institutionen des Gajus zu Stande gebracht, nur eine kürzere und für den ersten Unterricht zweckmäßige Uebersicht des geltenden Rechtes enthalten, aber ebenfalls von Justinian als Gesetz publicirt wurden [13]). Bei Abfassung der Digesten wurde der Kaiser auf manche neue und durchgreifende Bestimmung geführt, besonders um auch jene aus dem Geist der Römischen Gesetze hervorgegangenen Controversen der älteren Juristen für die neue Compilation zu beseitigen. Durch diesen Umstand wurde manches von den bereits gesammelten Constitutionen antiquirt, welches demnach für die justinianeische Praxis ausgeschieden, wie anderseits die hinzugekommenen Constitutionen hinzugefügt werden mußten, was nur durch die demnach veranlaßte neue Revision des Constitutionen-Codex geschehen konnte, welche die ältere Sammlung entbehrlich machte und außer Kraft setzte [14]). Nur auf diese Sammlungen bezieht sich die justinianeische Compilation [15]), von welchen jedoch noch verschiedene von Justinian erlassene spätere Bestimmungen, *novellae constitutiones* (νεκραι διαταξεις)[16]),

13) Darauf bezieht sich die const. Imperatoriam majestatem (vor den Institutionen).

14) Darauf bezieht sich die const. Cordi nobis (vor dem justinianeischen Codex).

15) Justinian's Sammlungen wurden gleichzeitig in einer großen Menge von Abschriften zu Constantinopel ausgefertigt und von dem *quaestor sacri palatii* beglaubigt, an die einzelnen Behörden mitgetheilt. — Die jetzt von diesen vorhandenen Manuscripte, welche nur spätere Abschriften, sind mit Ausnahme des florentinischen Manuscripts der Pandecten und einer Handschrift von Julian's Novellen jünger, als die Glosse, und nicht frei von deren Einfluß.

16) Zu diesen Novellen Justinian's, von welchen uns vielleicht noch manche unbekannt geblieben sind, gehören auch jene 13 Edicte Justinian's, welche Localverordnungen für gewisse Provinzen und Städte enthalten.

welche das Geltende theils bestätigen, theils verändern, und manche sehr durchgreifende Neuerungen enthalten, getrennt blieben [17]) und auch, wie die Bestimmungen so vieler Nachfolger, fortan nicht unter öffentlicher Auctorität gesammelt wurden [18])

§. 42.

Erster Codex.

Das wichtige Werk der Compilation wurde vom Kaiser Justinian im zweiten Jahre seiner Regierung begonnen und zuerst mit jener einfacheren Sammlung von Constitutionen der Anfang gemacht [1]). Die Ausscheidung des nicht mehr Geltenden, welche schon von Theodos für nothwendig erachtet wurde und bereits vielen Vorgängern unausführbar geblieben war, lag eigentlich in dem Plane des Kaisers, weshalb er im Jahr 528 eine neue Zusammenstellung sowohl aus jenen früheren 3 codices, als den späteren nicht mehr gesammelten mit Inbegriff seiner eigenen Constitutionen [2]) in der Art verordnete, daß alle überflüssige Vorreden, Wiederholungen, alle Widersprüche und alles gänzlich Veraltete ausgeschieden werden soll, wobei Zusätze, zweckmäßig erscheinende Wortänderungen, ein Zusammenziehen der hie und da zerstreueten Sanctionen erlaubt wurde, alles wirklich Brauchbare aber möglichst kurz

---

17) Wie auch diese für die Praxis benutzt wurden, so scheinen sie von Justinian selbst, aber nur zu eigenen Zwecken, gesammelt worden zu sein, Spangenberg a. a. O. S. 22.

18) Sehr bald verfertigte aber Julianus aus Justinian's Novellen einen Auszug in lateinischer Sprache.

1) Vergl. Bach histor. jurisprud. Roman. p. 564 sq. Hugo Gesch. des Römisch. Rechts S. 968. Schweppe Römisch. Rechtsgesch. und Rechtsalterthümer §. 111. Zimmern Gesch. d. Röm. Privatrechts §. 48. Mackeldey Lehrbuch §. 61.

2) const. Haec quae necessar. pr.

gefaßt unter passende Titel, in diesen möglichst chronologisch geordnet werden soll, wobei die persönlichen Constitutionen nunmehr auch die Kraft allgemeiner Gesetze erlangen durften [3]). Diese ziemlich umfassende Autorisation zur Abfassung des unter Justinian's Namen zu publicirenden Codex [4]), wurde 10 Männern in den höchsten Aemtern und Würden ertheilt [5]), unter welchen 2 Advocaten (*togati*), als der 6te der später so angesehene Tribonian und von den Rechtslehrern nur Theophilus vorkommen. An der Spitze stand Johannes exquaestor sacri palatii, welcher sie zum Zweck dieser Arbeit vielleicht im palatium versammelte. Schon im folgenden Jahre wurde die Arbeit vollendet und bereits nach 14 Monaten im Jahr 529 id. April. mit Aufhebung der Gesetzeskraft jener 3 früheren codices, da die neue Sammlung zur Schlichtung aller Streitigkeiten genüge, als Gesetzbuch unter dem Namen des *Justinianus codex* [6]) publicirt [7]). Dieser durch die spätere Publication des neuen Codex aufgehoben [8]) und uns verloren gegangene ältere Codex darf im Einzelnen nur als durchaus übereinstimmend mit dem letzteren angenommen werden, zumal dieser nicht als eine Umarbeitung, sondern nur als eine neue Auflage mit einzelnen Zusätzen, Ergänzungen, wie anderseits Ausscheidungen in Betracht kommt. Demnach wurde auch hier die Anordnung des *edictum per-*

3) Das Genauere findet sich in der const. Haec quae necessar. §. 2. vergl. const. Summa reipublicae §. 1. u. 3.

4) const. Haec quae necessar. §. 3.

5) Die einzelnen Mitarbeiter finden sich ihrer verschiedenen Stellung nach von Justinian wiederholt ausgezeichnet, in der const. Haec quae necessar. §. 1. und const. Summa reipublicae §. 2.

6) const. Summa reipublic. §. 2. const. Cordi §. 4. 5.

7) const. Summa reipublic. Dabei wurden zugleich alle mit der Strafe des *falsum* belegt, welche noch für die Praxis auf jene ältere Sammlungen recurriren würden, const. Summa reipublic. §. 3.

8) const. Cordi §. 5.

petuum befolgt, das Ganze in 12 Bücher abgetheilt. Die in jenem enthaltenen Titel wurden zum Theil beibehalten, nach dem besonderen Inhalte überschrieben, in welchen die einzelnen brauchbaren Constitutionen in chronologischer Ordnung mit ihrer Ueberschrift, von dem Kaiser und dem, an welchen sie gerichtet waren, und mit ihrer Unterschrift von der Zeit ihrer Erlassung nach Datum und Consulat zusammengestellt waren [9]). Durch die vom Kaiser bestimmte Zahl der Mitarbeiter, und die von den Mitarbeitern bestimmte Zahl der Bücher an die Mitarbeiter der 12 Tafel, wie an die Zahl dieser zu erinnern ist gewagt, und daß sie nur mit Rücksichtnahme auf diese bestimmt worden sind [10]), läßt sich wenigstens nicht mit so großer Sicherheit behaupten.

§. 43.

Pandecten.

Die in einem so verschiedenen Sinne von den Neueren beurtheilte und gewiß in jeder Hinsicht wichtigere und schwierigere Abfassung der Pandecten [1]) war ein Gegenstand, worauf Kaiser Justinian nach Vollendung und Bestätigung jenes Codex volle Aufmerksamkeit richtete. Der Auftrag zu jener Compilation des noch Brauchbaren aus den Schriften der classischen Juristen erfolgte im letzten Monat des Jahres 530, es sollte aus den Schriften jener Juristen, denen durch kaiserlich

9) Nach den früheren Sammlungen konnten in diesem ebenfalls nur Constitutionen seit Hadrian enthalten sein, wie es für den codex repetitae praelectionis der Fall ist. Alle älteren Constitutionen nemlich sind für das edictum perpetuum benutzt worden, finden sich demnach auch durch jene Erklärungen der Römischen Juristen den Digesten einverleibt, sofern sie noch für die neueste Zeit Bedeutung behalten hatten.

10) Wie besonders Hugo und mit ihm Schweppe annehmen.

1) Vergl. Bach histor. jurisprud. Roman. p. 585 sq. Hugo Gesch. d. Röm. Rechts S. 972. Schweppe Röm. Rechtsgesch. u. Recht

Auctorität das *jus respondendi* verliehen, somit gleich dem Kaiser das Recht zur Gesetzgebung wie zur Interpretation der Gesetze eingeräumt gewesen sei [2]), überhaupt alles Brauchbare excerpirt werden [3]) bei Weglassung des Veralteten und Ueberflüssigen [4]), bei Vermeidung von Wiederholungen [5]) und Widersprüchen [6]), jedoch mit etwa erforderlicher Veränderung der ursprünglichen Fassung [7]), aus der von früheren Zeiten her so angehäuften Masse ein gereinigtes, practisches und unbestrittenes *jus antiquum* entstehen [8]). Durch diese unter dem Namen *digesta* oder *pandectae* zu publicirende Abfassung [9]) sollte jeder Streit der

---

alterthümer §. 116 ff. Zimmern Gesch. des Römisch. Privatrechts §. 59. u. 60. Mackeldey Lehrbuch des heut. Röm. Rechts §. 62 ff.

2) const. Deo auctore §. 4. const. Tanta §. 20. const. *Δέδωκεν* §. 20. In wieweit den so bezeichneten Juristen von den Compilatoren eine volle Aufmerksamkeit zu Theil geworden sei, bleibt freilich immer ungewiß. Der Grund, welchen Justinian für die alleinige Auswahl dieser Juristen angibt, ist nur scheinbar; denn auch die sonstigen Juristen hatten das vorhandene Civilrecht in seinem Geist entwickelt und waren für die Praxis nicht ohne Einfluß geblieben. Mag bei jenem Befehl des Kaisers Justinian bei weitem das Meiste und Beßte gelesen worden sein, zumal auch jene ausgezeichnete Juristen so vielfach die Meinungen ihrer Vorgänger und Zeitgenossen in ihre Erörterung verwebt haben, gewiß war jene Beschränkung ein Auskunftsmittel, um zu erreichen, was sonst unerreichbar schien.

3) const. Deo auctore §. 4. const. Tanta §. 17. const. Dedit §. 17.; vergleiche auch const. Deo §. 6.

4) const. Deo auctore §. 10.

5) const. Deo auctore §. 9.

6) const. cit. §. 8.

7) const. cit. §. 7.

8) const. cit. §. 1. 5. 7. 8. 10. vergleiche const. Tanta §. 1. 6. 16. const. Dedit §. 1. 6. 16. const. Cordi §. 1. const. Imperatoriam majestatem §. 4.

9) const. Deo auctore §. 12. vergl. const. Tanta §. 1. 12. const.

Meinungen und jede Unsicherheit künftig gehoben werden, und auch hier, wie bei dem Constitutionen-Codex [10]), wurden alle Commentare über dieselbe verboten und nur Verweisungen auf Parallelstellen mit kurzer Angabe ihres Inhaltes (παρατιτλα) zur Erklärung erlaubt [11]), auch beim Abschreiben jede Art von Abbreviaturen untersagt [12]). Diesen Auftrag erhielt Tribonian, damals quaestor sacri palatii [13]), und mit ihm 16 andere Rechtsgelehrte [14]), welche eben Tribonian, dem die Leitung des Ganzen anvertrauet wurde, aus den Professoren und Advocaten zu Mitarbeitern wählen durfte [15]), durch welche

---

Dedit §. 1. 12. §. 2. J. de actionib. Beide Namen waren bereits für Schriften Römischer Juristen hergebracht. Der Name *digesta*, von *digerere*, bezog sich wohl mehr auf die ausführlichere Erörterung, wie sie in jenen Commentaren der älteren Juristen vorkam, ohne daß dabei grade an ein „zertheilen" in partes, libri und tituli, wie sie für die Digesten vorkommen, nothwendig erinnert zu werden braucht. Das Abtheilen in libri u. s. w. war doch sicher nichts Characteristisches für die mit diesem Namen bezeichneten früheren Schriften, und wenn Justinian bemerkt, daß diese Compilation nach Büchern und Titeln ausgeführt werden solle (const. Deo auctore §. 5.), daß 7 partes und 50 Bücher alles zusammenfassen (const. Tanta §. 1. const. Dedit §. 1.), so ist dabei nicht an eine Erklärung des Wortes *digesta* zu denken. Die Bezeichnung *pandectae* dagegen erklärt sich leicht, da das neue Gesetzbuch alles Brauchbare aus den Schriften der Juristen umfaßte und als eine Sammlung verschiedenen Inhalts in Betracht kam (vergl. Gell. N. A. XIII, 9. Plin. H. N. praefat.)

10) const. Cordi §. 5.

11) const. Deo auctore §. 12.

12) const. Deo auctore §. 13. vergl. const. Omnem reipublic. §. 8. const. Tanta §. 22.

13) Deshalb ist die const. Deo auctore an diesen gerichtet.

14) Von welchen in der const. Tanta §. 9. und const. Dedit §. 9. ein Genaueres.

15) const. Deo auctore §. 3.

die Arbeit unter steter Aufsicht des Kaisers in seinem eigenen Palaste zu Stande kommen sollte [16]). Dieses, selbst von Justinian als *opus desperatum* [17]) bezeichnete, Unternehmen wurde in der unerwartet kurzen Zeit von 3 Jahren vollendet [18]), und unter den Verfassern außer Tribonian, der durch seine reiche Bibliothek wichtige Aushülfe gewährte [19]), 16 Mitarbeiter namentlich genannt [20]), unter welchen jedoch nur Constantinus ein Beamter höheren Ranges, außerdem 4 Professoren, nemlich Dorotheus und Anatolius aus Beryt, Theophilus und Cratinus aus Constantinopel und 11 Advocaten vom praefectus praetorio Orientis vorkommen. Die Abfassung wurde dann vom Kaiser Justinian unstreitig für die verschiedenen Unterthanen des Reiches durch eine in lateinischer und griechischer Sprache verfaßte Constitution bestätigt oder vielmehr als Gesetzbuch publicirt [21]), während gleichzeitig [22]) wegen der unzweifelhaften Rücksicht auf den Unterricht dieserhalb noch eine besondere Constitution an die *antecessores* erlassen wurde. Auch noch in diesen findet sich eine sehr genaue Angabe über so vieles Einzelne, der Kaiser rühmt die Anstrengung, mit welcher die Compilatoren verfahren, wie fast 2000 Bücher (*libri*) und über 3000000 Zeilen (*versus, στίχοι*) auf 150000 Zeilen re-

16) const. Deo auctore §. 3.

17) const. Imperatoriam majestatem §. 2.

18) Von welchem man Anfangs kaum glauben konnte, daß es in 10 Jahren vollendet werde, const. Tanta §. 12. const. Dedit. §. 12.

19) Vergl. const. Tanta §. 17. const. Dedit §. 17.

20) const. Tanta §. 9. const. Dedit §. 9.

21) Nemlich *die XVII Cal. Jan.* im Jahr 533 wurde sowohl die const. Tanta als *Δέδωκεν* erlassen. Die gesetzliche Kraft sollte jedoch erst am 30. December desselben Jahres eintreten, const. Tanta §. 23. const Dedit §. 23.

22) Nemlich unter demselben Datum.

ducirt worden sind[23]). Jeder Widerspruch sei für das neue Gesetzbuch verschwunden[24]); dieses aber sollte ausschließlich benutzt werden, so daß auch hier das Zurückgehen auf die älteren Quellen mit der Strafe des *falsum* belegt wurde[25]). Hin und wieder eingeschlichene Wiederholungen werden entschuldigt[26]), bemerkt, man habe die Auszüge immer mit dem *codex* verglichen[27]), es könne höchstens nur etwas übergangen sein[28]), bei allenfalls nicht zu lösenden Bedenklichkeiten habe man sich wie früher an den Kaiser zu wenden[29]). Ueberhaupt sei alles, was hier stehe, als des Kaisers eigene Rede anzusehen wie in jenen Constitutionen, weshalb es entschuldigt werden dürfe, wenn auch da der Name eines *legis auctor* beibehalten worden, wo des besonderen Zweckes wegen Aenderungen nöthig gewesen seien[30]).

---

23) const. Tanta §. 1. const. Dedit §. 1. Davon ist auch in const. Omnem reipublicae §. 1. die Rede. Also der zwanzigste Theil ungefähr kam in die neue Sammlung.

24) const. Tanta §. 15. const. Dedit. §. 15.

25) const. Tanta §. 12. 13. 17. const. Dedit §. 12. 13. 17.

26) const. Tanta §. 14. const. Dedit §. 14. Ueber jene in den Pandecten sich findenden Doppelstellen vergl. F. Blume de geminatis et similibus, quae in Digestis inveniuntur, capitibus. 1820 und Spangenberg Einleitung in das Römisch-Justinianeische Rechtsbuch S. 51.

27) const. Tanta §. 14. in fin. const. Dedit §. 14. in fin.

28) const. Tanta §. 16. const. Dedit §. 16.

29) const. Tanta §. 18 u. §. 21. in fin. const. Dedit §. 18. u. §. 21. fin.

30) const Tanta §. 10. const. Dedit §. 10. Außerdem aber ist den Schriftstellern selbst, wie ihren Schriften auch bei der neuen Sammlung die größte Ehre zu Theil geworden, const. Tanta §. 20 const. Dedit §. 20. Solcher Einschiebsel von den Compilatoren, gemeinhin *emblemata Triboniani*, finden sich in den Pandecten in sehr großer Menge.

Dabei lobt der Kaiser wiederholt die durch die neue Compilation entstandenen Vortheile[31]), das Verbot der Commentare und Abbreviaturen wird wiederholt, nur *paratitla* und wörtliche Uebersetzungen ins Griechische (*κατὰ πόδα*) werden erlaubt, auch hier die Uebertretung als *falsum* bestraft mit Vernichtung der Exemplare[32]).

§. 44.

Inhalt und äußere Anordnung der Pandecten.

Die Pandecten enthalten nach jenem Befehl des Kaisers Justinian alles noch Brauchbare aus den Schriften der früheren Juristen, welche in Folge des ihnen von dem Kaiser verliehenen jus respondendi zur Erklärung des vorhandenen und noch geltenden Rechtes beigetragen hatten, und bei dieser Gelegenheit erst ist unendlich Vieles von den früheren Meinungsverschiedenheiten unter den Juristen auch mit Rücksicht auf die einzelnen Bestimmungen Justinian's in dieser Hinsicht[1]) gestrichen oder in Einklang gebracht worden[2]). Sogenannte reine Fragmente finden wir in den Pandecten nur von 39 Juristen[3]), deren Namen auf Justinian's voraufgegangenem Befehl dem Ganzen vorangesetzt werden sollten[4]) und sich im Florentinischen Index wiederfinden[5]). Dabei bilden

31) const. Tanta §. 12. 13. 17. const. Dedit §. 12. 13. 17.

32) const. Tanta §. 21. 22. const. Dedit §. 21. 22.

1) Dahin gehören insbesondere jene 50 Decisionen, welche später dem Codex am gehörigen Orte eingeschaltet wurden.

2) Demnach finden sich in der justinianeischen Sammlung manche Widersprüche, welche mit den früheren Streitigkeiten jener Schulen zusammenhängen. Vergl. z. B. §. 34. J. de rer. div. und l. 23. §. 3. D. de R. V.

3) Vergl. Zimmern Gesch. d. Römisch. Privatrechts §. 60.

4) const. Tanta §. 20. const. Dedit §. 20.

5) Vergl. Spangenberg Einleitung in das Römisch-Justinianeische Rechtsbuch S. 23 ff.

die Schriften der Juristen jener blühenden Vorzeit den eigentlichen Kern, von den früheren Juristen ist nur manches mittelbar und durch die Angaben jener, und aus der späteren so geistesarmen Zeit nur Einzelnes für die Pandecten benutzt worden. Jene namentlich ausgezeichneten Verfasser sind aber in einem sehr verschiedenen Umfange berücksichtigt, ein ganzes Drittel der Sammlung ist von Ulpian, und von diesem über die Hälfte aus dem Werke *ad edictum perpetuum*, welches somit die eigentliche Grundlage der Pandecten ausmacht, aus den Schriften des Paulus ist ein Sechstel, aus denen des Papinian ein Achtzehntel des Ganzen, während andere Verfasser nur wenig, selbst nur mit einer einzigen Stelle excerpirt sind [6]). Die einzelnen Juristen, die Bücher, wie die Zahl derselben, sollte auch für die neue Compilation genau angegeben werden [7]). Solcher Fragmente oder leges enthalten die Pandecten 9132 [8]), während nur 8134 mit der späteren Glosse versehen sind [9]), und die griechischen Excerpte aus Scävola, Papinian und Modestin sind erst später lateinisch übersetzt worden [10]). Die einzelnen

6) Siehe Spangenberg a. a. O. S. 48. Das Genauere in: Hommelii palingenesia librorum juris veterum s. Pandectarum loca ad mod. Labitti et Ab. Wielingii oculis expos. et ab exempl. Taurel. Flor. descr. 1767.

7) const. Tanta §. 10. const. Dedit. §. 10.

8) oder 9198 S. Spangenberg a. a. O. S. 46.

9) Die früher fehlenden Fragmente sind erst später von Cujacius und Contius mit Hülfe der Basiliken hergestellt, sie betreffen besonders die Titel *de interdictis et relegatis* und *de bonis damnatorum*. — Die größeren Fragmente sind in pr. und §. §. abgetheilt, wie es in vielleicht nicht anderer Art im edictum perpetuum der Fall war.

10) Nicht von Bulgarus, sondern wohl von Burgundio. — Ueber die unbegründete Behauptung von Joh. Jensius, daß wir nur noch die lateinische Uebersetzung einer früheren griechischen Uebersetzung dieses Werkes besäßen, vergl. Bach histor. jurisprud. Roman. p. 571. und Spangenberg a. a. O. S. 54 ff.

Excerpte sind von den Compilatoren ihrem Inhalte nach geordnet und unter einzelne Titel (433[11])) zusammengestellt[12]), wie sie nach der Uebereinstimmung mit denselben im Codex zum großen Theil aus dem edictum perpetuum herübergenommen zu sein scheinen. In Betreff der einzelnen Fragmente ist ein innerer, die Materie betreffender Zusammenhang unleugbar, so viel dieser überhaupt bei den so verschiedenen Bruchstücken erreicht werden konnte[13]), nur insofern bilden die einzelnen Titel ein zusammenhängendes Ganzes. Daß sich dabei gegen die Absicht des Kaisers manches Irrige und Einseitige eingeschlichen habe, ist vielleicht ohne Grund häufig behauptet worden, wie man auch manche Stelle an einem unpassenden Orte und aus ihrem Zusammenhange gerissen (*leges erraticae, fugitivae*)[14]) bloß deshalb ohne weiteres annahm, um den Compilatoren den Vorwurf zu großer Eile machen zu können. Manches mußte freilich dabei dem arbitrium des Einzelnen überlassen bleiben, aber eine desfallsige Rüge läßt sich dennoch im Einzelnen schwer rechtfertigen. Für die Anordnung des Ganzen findet sich das System des *edictum perpetuum* bewährt[15]), jedoch mit verschiedenen zweckmäßigen Veränderungen[16]). Von Justinian wurde die Zahl von 50 Büchern im Voraus bestimmt[17]) und an einen Zusammenhang mit je-

11) Die jedoch in den verschiedenen Ausgaben nicht ganz übereinstimmen.

12) Diese waren schon im Voraus von Justinian in der const. Deo auctore §. 5. angeordnet. Die auch auf diese sich beziehende gegenwärtige Citirart kann hier als bekannt vorausgesetzt werden, vergl. jedoch Mackeldey Lehrbuch §. 65.

13) Ueber den Widerspruch unter den neueren Juristen in dieser Hinsicht s. Spangenberg a. a. O. S. 49.

14) Vergl. Spangenberg a. a. O. S. 51.

15) Vergl. const. Deo auctore §. 5.

16) Siehe unten §. 45. Die Anordnung des Codex war bei weitem mehr mit der des edictum perpetuum übereinstimmend.

17) const. Deo auctore §. 5. u. 14.

nen 50 Decisionen, welche großentheils erst später und zwar nach und nach, je nachdem es die einzelnen zu beseitigenden Controversen erforderten, erlassen worden sind, ist dabei keinesweges zu denken. Eben so wenig ist bei dem ungleichen Umfang der einzelnen Bücher, welche vielleicht vorzugsweise nur durch die einzelnen Materien bestimmt wurden, ein besonderer Grund ersichtlich [18]), und wenn die ersteren Bücher geringeren Umfanges, als die letzteren, anzunehmen, daß dieses mit Rücksicht auf den Unterricht und bloß deshalb geschehen sei, um mehr als die Hälfte derselben erklären zu können. Am auffallendsten ist die Abtheilung der Pandecten in *partes*, deren 7 an der Zahl, und nicht bloß die besondere Bedeutung dieser Zahl [19]), sondern auch das Einzelne dieser partes wird von Justinian nachträglich besonders bemerkt [20]). Sie betrifft eine bloß äußere Abtheilung ohne allen weiteren Zusammenhang mit dem System und den einzelnen Materien, und wiewohl der Unterricht mit Rücksicht auf diese angeordnet wird [21]), so scheint dieselbe nur als ein Andenken nach dem edictum perpetuum für die Pandecten beibehalten worden zu sein [22]). Wahrscheinlich war diese besondere Abtheilung für das edictum perpetuum nach den 10 ersten Tafeln, welche dabei zum Grunde gelegt wurden, beibehalten [23])

18) Die einzelnen Bücher zerfallen in verschiedene Titel, nur nicht das 30, 31 und 32 Buch, welche das Allgemeine von den erst durch Justinian vereinigten Legaten und Fideicommissen enthalten, mithin keine verschiedenartige Gegenstände betreffen.

19) const. Tanta §. 1. const. Dedit §. 1. Diese Zahl findet sich auch sonst als eine heilige erwähnt, Gell. N. A. II, 10. Macrob. somn. Scip. I, 6.

20) Nemlich in const. Tanta §. 2 sq. und const. Dedit §. 2 sq.

21) In der const. Omnem reipublicae.

22) Vergl. überhaupt meine Schrift de ordine et historia Digestorum p. 443 sq.

23) Auch im edictum perpetuum hängen die partes nicht weiter mit dem System zusammen, ungeachtet der Unterricht, und zwar noch bis

und diesemnach bestand jenes edictum perpetuum aus 10 partes, welche von Justinian in 7 verwandelt wurden. Für die drei ersteren partes, welche denen des Edictes correspondiren, gelten dieselben bis dahin üblichen Namen[24]), die erste (Buch I—IV.) heißt *πρῶτα*, die zweite (Buch V—XI.) von der ersten Titelüberschrift *de judiciis*, die dritte (Buch XII—XIX.) ebenfalls von der ersten Titelüberschrift *de rebus* sc. creditis. Die 3 folgenden Bücher wurden von den Compilatoren für das Obligationenrecht eingeschaltet, weshalb nicht weiter von den früheren Namen die Rede und die Compilatoren nun willkürlich den großen Umfang der folgenden Bücher in andere 4 partes zerlegten. Die vierte pars (Buch XX—XXVII.) wird von Justinian gelegentlich und scherzweise, da sie die Mitte des Ganzen bildet, *quasi quidam umbilicus* genannt[25]), sie trat beim Unterricht des dritten Jahres an die Stelle des Papinian, dessen Schriften bis dahin für das dritte Jahr gelesen wurden, deshalb ist zum Andenken an Papinian der Anfang jedes Titels so viel möglich mit Excerpten aus Papinian's Schriften angefüllt worden[26]). Wie aber schon die vierte pars weder von den Compilatoren, noch von Justinian mit einem besonderen Namen genannt worden ist, so fehlt der fünften (Buch XXVIII

auf Justinian, sich auf jene partes desselben bezog (const. Omnem reipublicae §. 1.), unstreitig, weil in dem Zwölftafelgesetz nicht mit jeder Tafel ein bestimmter Abschnitt des System's beendigt wurde.

24) const. Omnem reipublicae §. 1.

25) const. Tanta §. 5.

26) Von Papinian hießen die Studierenden im dritten Jahr *Papinianistae*, diesen Namen sollen sie behalten, wie auch das zum Andenken an Papinian bis dahin gefeierte Fest. Durch seine Excerpte wurde das Andenken an Papinian erhalten und Justinian nennt dies eine *bellissima machinatio*, const. Omnem reipublicae §. 4. Mit Unrecht hat man die vierte pars Antipapinian genannt in dem Sinne, als wenn die drei ersten Bücher Lehren enthielten, die vorher im Papinian studiert wurden.

bis XXXV.), sechsten (Buch XXXVI—XLIV.) und siebenten (Buch XLV—L.) jeder besondere Name. Und nur in der letzten pars werden Buch XLVII. u. XLVIII., da sie von den Verbrechen handeln, aber ohne alle Rücksicht auf jene pars selbst, von Justinian mit dem Namen der *libri terribiles* bezeichnet [27]).

§. 45.

System der Pandecten.

Während es sogar gemeinhin bezweifelt wurde, daß den Pandecten irgend ein bestimmtes System zum Grunde liege, was schon an sich wunderbar genug sein würde, und nur von Einzelnen freilich sich einander ganz widersprechenden Hypothesen [1]) in dieser Hinsicht geltend gemacht wurde, ist im Gegentheil dasselbe mit größter Sicherheit zu ermitteln [2]) und schon um deswillen von dem größten Interesse, weil grade durch dieses eine genauere Kenntniß über die Methode der Römer, aber auch über das Verfahren der Compilatoren erlangt werden kann [3]). Die Anordnung des edictum perpetuum, welche bereits für den neuen Codex, aber auch so viele andere Sammlungen und Bearbeitungen beibehalten war, für diesen heiligen Tempel der Gerechtigkeit zu befolgen war Justinian's bestimmter Befehl [4]). Dieses also hier zum Grunde gelegte System des edictum, welches eben nur die Anordnung des ältesten Grundgesetzes der 12

---

27) const Tanta §. 8. const. Dedit §. 8.

1) Eine historische Uebersicht derselben findet sich in meiner Schrift de ordine et historia Digestorum p. 1—20.

2) Vergl. überhaupt meine Schrift de ordine et historia Digestorum.

3) Nicht ohne Grund hat man auch in unseren Tagen das System der Pandecten zur richtigen Würdigung der einzelnen Lehren, allein in einem verschiedenen Sinne, benutzt. Von dieser Seite ist das System zugleich von der größten Wichtigkeit.

4) Bei jenem Auftrage zu den Pandecten, in const. Deo auctore §. 5.

Tafeln befolgte, mithin das System des bis dahin geltenden Gesetzbuches, bestimmte das Verfahren der Compilatoren bei dieser neuen Redaction im einzelnen [5]). Während im Codex die Anordnung des edictum perpetuum auf das genaueste berücksichtigt wurde, abgesehen nemlich von den vielen neu hinzugekommenen Materien, welche an geeigneten Stellen des Systems eingeschaltet wurden [6]), und deren großer Umfang vielleicht eine verbesserte Anordnung vereitelte, finden sich für das System der Pandecten viele und sehr wesentliche Verbesserungen [7]). Wie im Edict [8]) ist hier nach einer Einleitung der Prozeß behandelt, dann folgen auch hier die einzelnen Abschnitte des Privatrechts, Sachenrecht, Obligationenrecht, Familienrecht und Erbrecht, mit jenem Anhange, welcher schon in den 12 Tafeln sich vorfand, als einem Nachtrag zu den verschiedensten Lehren. Dann ist ebenfalls vom Criminalrecht und dem öffentlichen Rechte die Rede. Die Einleitung (Buch I.) enthält zunächst einige allgemeine Gesichtspunkte und die Lehre von den Magistraturen, aber schon gleich anfangs ist die Anordnung des edictum perpetuum vervollständigt und verbessert; so ist in letzterer Hinsicht das Gewohnheitsrecht, das im Edict erst an einer entfernten Stelle

---

5) Diesem nach macht also die Beurtheilung eine genaue Kenntniß jenes Systems des edictum perpetuum nothwendig, für welches jedoch ungeachtet der Bemühungen von Gothofredus, dem seither so viele gefolgt sind, nur wenig geleistet war, nicht bloß weil er die aus den Commentaren zum edictum perpetuum vorhandenen Fragmente so häufig ganz willkürlich benutzt, sondern auch die so große Uebereinstimmung des Codex ganz übersehen hat.

6) Die kirchlichen Bestimmungen der Kaiser finden sich ohne allen Zusammenhang mit dem Sonstigen im justinianeischen Codex grade zuerst.

7) Die Mängel, welche im Einzelnen noch für das System der Pandecten übrig geblieben sind, fallen einer etwanigen Sorglosigkeit des Julian zur Last.

8) Das Genauere oben §. 26.

Platz fand, bei den Gesetzen berücksichtigt, es sind allgemeine Gesichtspunkte über Person und Sache eingeschaltet, um in diesem Zusammenhang einzelne Lehren zu berücksichtigen, welche im Anhang des edictum perpetuum an unpassender Stelle Platz gefunden hatten, während einzelnes für einen angemesseren Platz hier übergangen wurde [9]. Im Prozeß (Buch II — V, 1.) ist zuerst vom Verfahren und den Personen, welche im Prozeß auftreten, die Rede, dann die *in integrum restitutio* nach der Anordnung des edictum perpetuum eingeschaltet, endlich von den Richtern und dem *forum* gehandelt, aber die Ordnung des Edicts ist im Einzelnen vielfach verbessert, manches hier an dem passenden Orte hinzugefügt, was im edictum perpetuum anderswo Platz gefunden hatte, manches mußte den späteren Veränderungen im Prozeß gemäß entweder übergangen oder verändert werden [10].. Das Sachenrecht (Buch V, 2 — VIII.) handelt nach der Anordnung des edictum perpetuum und weil die Erbschaft selbst früher als Sache angesehen wurde, von den Erbschaftsklagen, unter den verschiedenen Klagen vom wirklichen und prätorischen Eigenthum, vom *jus in agro vectigali* und besonders ausführlich von den Servituten, zuerst von persönlichen, dann von dinglichen [11]. Die superficies findet sich auch in den Pandecten an dieser Stelle nicht, weil diese Lehre von Julian nicht so sehr unzweckmäßig bei Gelegenheit des interdictum de superficiebus unter den Interdicten abgehandelt war [12]; auch nicht das umfassende Pfandrecht, worüber im edictum perpetuum der Anhang das Genauere enthielt, der Pfandcontract findet auch hier im Obligatio-

---

9) Siehe meine Schrift de ordine et histor. Digestorum p. 21—43.

10) Meine angeführte Schrift pag. 43—84.

11) Siehe a. a. O. pag. 84—118.

12) Dieselbe Stelle ist zur Vermeidung anderweitiger Uebelstände von den Compilatoren beibehalten.

nenrecht Platz [13]). Das Obligationenrecht (Buch IX — XXII.) enthält gewissermaßen drei Abschnitte, zunächst die *obligationes ex maleficio*, dann die *obligationes ex contractu*, und neu kam in den Pandecten hinzu ein Anhang von den verschiedenen Materien, welche sich auf die Verbindlichkeiten überhaupt und insbesondere auf die Contracte beziehen, dabei aber im Edict entweder unzweckmäßig eingeschaltet oder in den entfernten Anhang verwiesen waren [14]). Im Obligationenrecht war das System des edictum perpetuum bei weitem am schlechtesten, besonders wegen vieler unzweckmäßiger Einschaltungen, aber namentlich hier ist vielfach von den Compilatoren zweckmäßig geändert worden [15]). Das Familienrecht (Buch XXIII—XXVII.) handelt von der Ehe und allem, was sich auf diese bezieht, von der Tutel und Curatel [16]). Die patria potestas war im edictum perpetuum in einzelnen Umrissen dem Anhang überwiesen, wovon die Pandecten schon bei Gelegenheit der Person in der Einleitung einschalten; die Sclaverei dagegen findet sich nach dem edictum perpetuum bei Gelegenheit der Freilassung nur im Anhange. Auch bei der Tutel und Curatel ist im einzelnen die Anordnung verbessert. Im Erbrecht (Buch XXVIII bis XXXVIII.) handelt der bei weitem größere Abschnitt von der Succession durch letzten Willen, auch von dieser gegen das Testament, dann folgt die *bonorum possessio* und die

---

13) Der Lehre des Pfandrechtes ist aber in den Pandecten eine anderweitige Stelle angewiesen, nemlich im Anhang zum Obligationenrecht, damit diese Lehre von der pigneratitia actio nicht zu sehr entfernt bleibe, const. Tanta §. 5. const. Dedit p. 5.

14) Meine Schrift de ordine et historia Digestorum p. 118—209.

15) Insofern aber die Compilatoren der Hauptsache nach auf die Anordnung des edictum perpetuum basirten, findet sich zugleich in Betreff des Systems so manches Tadelnswerthe, wovon das Genauere hier nicht so sehr interessirt.

16) Meine Schrift de ordine et historia Digestorum p. 209—228.

successio legitima. Das edictum perpetuum dagegen sprach zuerst von der früher bei weitem wichtigeren bonorum possessio und dann von der hereditas ex testamento und ab intestato; und nur der Umfang der verschiedenen Materien scheint jene anderweitige Anordnung in den Pandecten bewirkt zu haben. Bei Gelegenheit der bonorum possessio war im edictum perpetuum vom furtum die Rede, welches von den Compilatoren ins Criminalrecht gestellt wurde, und sonst noch finden sich im Einzelnen manche Veränderungen [17]). Der Anhang zum Privatrecht (Buch XXXIX—XLVI.) enthält ganz verschiedene Materien, welche im Ganzen schon im edictum perpetuum an derselben Stelle sich vorfanden. Nur Einzelnes ist aus den früheren Abschnitten neu hinzugekommen, und die Unordnung, welche dort durch manche unpassende Zwischensätze und Nachträge veranlaßt war, ist hinweggeräumt [18]). Zuerst ist von der Abwendung des Schadens in einem verschiedenen Sinne, von den *publicanis* und den *vectigalia* und der *donatio* [19]), dann von der Freilassung [20]), vom Erwerb und Verlust des Eigenthums [21]), vom richterlichen Urtheil und Concurs

---

17) Ueber das Genauere meine angeführte Schrift p. 228—277.

18) Siehe a. a. O. p. 277—394.

19) Nemlich Buch XXXIX. Diese hier zusammengefaßten ganz verschiedenartigen Lehren befanden sich im edictum perpetuum zum Theil wenigstens nicht an dieser Stelle. Die Lehre von den *publicani* und *vectigalia* war im Obligationenrecht ohne allen Zusammenhang beim Kauf eingeschaltet, die Lehre der Schenkung ganz am Ende des Anhanges nachgetragen, wo wegen so vieler und verschiedenartiger Nachträge die Unordnung grade am größten war.

20) Buch XL. Diese Lehre fand sich im edictum perpetuum an derselben Stelle, aber im Einzelnen ist auch hier die Anordnung verbessert.

21) Buch XLI. Dabei wurde die Anordnung jenes edictum perpetuum beibehalten. Von beiden war beim Eigenthum im System nicht weiter die Rede gewesen.

der Gläubiger[22]), von den Interdicten[23]), von den *exceptiones*[24]) und endlich von der *stipulatio* in ihren verschiedenen Anwendungen[25]) gehandelt. Das Criminalrecht (Buch XLVII — XLIX, 13.) enthält die Erörterung der Delicte und der *crimina;* zuerst sind auch hier die vom Prätor eingeführten *crimina extraordinaria,* dann erst die durch Gesetze ausgezeichneten älteren *crimina* behandelt. Vom Criminalprozeß und den zu exequirenden Strafen ist ohne besonderen Abschnitt das Genauere hinzugefügt, während auch hier in manchem die frühere Anordnung verbessert wurde[26]). Dann ist hier noch gegen das edictum perpetuum ganz zweckmäßig die Lehre der Appellation hinzugefügt, mit Verbesserungen im Einzelnen. Endlich das öffentliche Recht (Buch XLIX, 14 u. L.) begreift das Recht des Fiscus, das Kriegs=

---

22) Buch XLII. Beides fand hier nach der Anordnung jenes edictum perpetuum Platz. Zwischen beiden war noch die Lehre von der Appellation eingeschaltet, welche von den Compilatoren zum Criminalrecht, worauf sie sich ebenfalls bezog, gestellt wurde.

23) Buch XLIII. Von diesen war auch im edictum perpetuum an derselben Stelle die Rede, und das Einzelne findet sich in ganz guter Ordnung.

24) Buch XLIV. Im edictum perpetuum fand sich jene Lehre im Anhange erst nach dem Pfandrecht, welches durch die Compilatoren von dieser Stelle entfernt wurde. Der letzte Titel dieses Buchs *de obligationibus et actionibus* ist von den Compilatoren gewissermaßen als ein Uebergang zu der nun folgenden Lehre eingeschaltet, um nicht zu übergehen, was sich im edictum perpetuum schon im Obligationenrecht an einer sehr unpassenden Stelle fand.

25) Buch XLV und XLVI. Nemlich nach der Anordnung des edictum perpetuum.

26) Siehe überhaupt meine Schrift de ordine et historia Digestorum p. 394 — 424. Daß im edictum perpetuum an eben dieser Stelle vom Criminalrecht gehandelt wurde, kann jetzt nicht mehr zweifelhaft sein, wiewohl jene Commentare ad edictum nur das Privatrecht erläuterten.

wesen, die Municipien und deren Verwaltumg, die öffentlichen Aemter und Ehrenstellen, die Stœuern und Abgaben, welche Gegenstände ebenfalls hier im edictum perpetuum Platz fanden, nur nicht in derselben Ordnumg [27]).

§. 47.

Reihenfolge der Fragmente in den einzelnen Titeln.

Wie man bis dahin über so manches Einzelne nicht mit Zuverlässigkeit zu bestimmen wagte, und nur grade nicht selten überzeugend annahm [1]), daß für die einzelnen Titel eine innere systematische Anordnung, freilich nicht überall auf dieselbe Weise, anzuerkennen sei [2]), wodurch zugleich eine bloß zufällige

---

27) Siehe meine Schrift de ordine et historia Digestorum p. 424 — 442. Die beiden letzten Titel der Pandecten mit ihren so allgemein gefaßten Rubriken enthalten eine Reihe nachträglicher Bemerkungen und beziehen sich nicht mehr auf das öffentliche Recht. Was man gelegentlich noch Gutes und Brauchbares gesammelt hatte, ohne es schon für die neue Compilation benutzt zu haben, fand nemlich schließlich noch seinen Platz.

1) Vergl. Spangenberg Einleitung in das Römisch = justinianeische Gesetzbuch S. 49.

2) Diese kann in der That für die meisten Titel der Pandecten am wenigsten zweifelhaft genannt werden. Denn wie durchweg das Allgemeine zu den einzelnen Lehren grade in dem ersten Titel erörtert worden ist, demnach also schon das System selbst auf eine innere Anordnung Rücksicht nahm, so finden wir fast in jedem einzelnen Titel zunächst allgemeinere Bemerkungen ohne Rücksicht auf die Schriften, aus denen sie entlehnt sind, während das Speciellere und mehr entfernt Liegende erst nachfolgt, siehe auch Spangenberg a. a. O. §. 49. u. 50. Am meisten einleuchtend wird dies außer anderem durch die vielen Titel, welche von den einzelnen Interdicten, den einzelnen Volks= und Senatsbeschlüssen handeln, und überhaupt überall, wo die eigentliche Quelle nach den Angaben der Juristen wörtlich für die neue Compilation benutzt werden konnte, was im Betreff der prätorischen Anordnungen und so vieler der Zeit nach nä=

Reihenfolge der Fragmente für die einzelnen Titel ausgeschlossen würde, so ist man anderseits über die Frage, ob und wie etwa die Compilatoren ihre Arbeit unter sich vertheilt hätten, völlig im Dunkel geblieben [3]). Auf Veranlassung einzelner auch schon früher ausgezeichneter Titel [4]), in welchen es auf innere Anordnung nicht weiter ankommen konnte [5]), hat in unseren Tagen Blume [6]) eine dreifach verschiedene Reihenfolge von Excerpten in jedem einzelnen Titel zu entdecken geglaubt, diesem gemäß eine dreifache Abtheilung der zu lesenden und zu excerpirenden Schriften, wie eine dreifache Abtheilung der Compilatoren angenommen, so daß jede Abtheilung zunächst und für sich das ihr Zugetheilte gelesen und excerpirt habe und dann erst bestimmt sei, welche Masse jener Excerpte für den einzelnen Titel den ersten, zweiten oder dritten Platz einzunehmen habe. Dabei habe ge-

---

her liegender Gesetze der Fall ist. Ueberall findet sich das Gesetz selbst zu Anfang eines Titels angegeben, so daß die Interpretation immer erst nachfolgt, entweder nach den einzelnen Gesetzesworten selbst, oder in der Anordnung, welche das mehr Complicirte und Entferntere der Interpretation dem Einfacheren nachfolgen läßt, wiewohl auch hierbei so vieles dem Ermessen der einzelnen Mitarbeiter überlassen bleiben mußte.

3) Vergl. auch Zimmern Gesch. d. Röm. Privatrechts S. 224. u. 225.

4) Nemlich *de verborum significatione* L, 16. *de regulis juris* L, 17. und *de verborum obligationibus* XLV, 1.

5) Und deren verschiedenartiges Resultat in der That zu keinen weiteren Schlüssen berechtigen konnte.

6) Zeitschrift für geschichtl. Rechtswissenschaft von v. Savigny, Eichhorn und Göschen Bd. IV. S. 257 ff. Blume's Ansicht ist von Hugo an verschiedenen Stellen und von Roßhirt mit Beifall ausgezeichnet und seitdem findet sie sich in den neueren Rechtsgeschichten erwähnt bei Hugo Gesch. d. Römisch. Rechts S. 982 ff. Schweppe Römische Rechtsgesch. und Rechtsalterthümer §. 121. Zimmern Geschichte des Röm. Privatrechts §. 60. Mackeldey Lehrbuch des heutigen Röm. Rechts §. 63.

meinhin der Umfang der Excerpte den vorzüglicheren Platz in jedem Titel bestimmt und danächst erst sei das Ueberflüssige aus den nachfolgenden Massen von Excerpten ausgeschieden. Jene 3 Abtheilungen hat Blume nach den durchweg am meisten benutzten Schriften *ad Sabinum, ad Edictum* [7]) und Papinian's Schriften angenommen, welchen er alle sonstige Schriften von dem verschiedensten Inhalte und über so viele einzelne Materien als mehr untergeordnet zutheilt, und demnach für die Reihenfolge der Excerpte nur eine Sabinusmasse, eine Edictsmasse und eine Papinianusmasse unterscheidet, nach welchen denn auch die vielen Titel von sehr geringem Umfange, in welchen sich selbst aus jenen Hauptschriften nichts vorfindet, auf eine an sich willkürliche Weise und bei sehr vielen Abweichungen von der Regel geordnet worden sind [8]). Zur Unterstützung dieser ganzen Annahme hat aber weiter nichts dienen können, als daß die Schriften *ad Sabinum* mehr syste-

---

7) Grade jene verschiedenen Commentare ad edictum und besonders Ulpian's ausführliches Werk über das edictum perpetuum bildet die eigentliche Grundlage zu den Pandecten. Diese Commentare, zumal bei ihrer großen Ausführlichkeit, zuerst zu lesen und dann das minder Erhebliche damit zu vergleichen, war gewiß eine Regel, worauf die stete Beachtung jener Anordnung des edictum perpetuum so nothwendig führte, und was jene Arbeit selbst so sehr erleichtern konnte. Eben deshalb finden wir die Excerpte aus jenen Commentaren fast regelmäßig zuerst in den einzelnen Titeln, welche wenigstens häufig des Brauchbaren genug lieferten, um das sonst vorhandene Material mit leichterer Mühe und vergleichungsweise lesen zu können, aus welchem dann das etwa noch Erhebliche leicht nachgetragen und auch eingeschaltet werden konnte. Nur an einzelnen wenigen Stellen finden wir jene Regel vernachlässigt, namentlich dort, wo bei ganz verschiedener Stellung im System jene Commentare zum Edict vielleicht nicht grade zuerst zur Hand sein mochten. Das genauere Resultat findet sich in meiner Schrift de ordine et historia Digestorum.

8) Aber noch ein großer Theil von jenen Commentaren ad edictum soll nach Blume zur Sabinusmasse geschlagen sein.

matisch gewesen, weshalb diesen auch alle *institutiones, regulae* u. s. w., überhaupt alle mehr systematische Werke, beigegeben worden, und sich zugleich auf das *jus civile* bezogen hätten, daß die Schriften *ad edictum* mehr Exegese und überhaupt das prätorische Recht enthalten, endlich Papinian's Schriften reich an practischen Erörterungen und Monographieen, das practische Recht zum Gegenstand gehabt hätten, auf welche Weise in jenen drei Massen eine Uebereinstimmung mit dem bis dahin üblichen Unterricht unverkennbar sei [9]). Allein auch die Schriften *ad Sabinum* betrafen alle Lehren des Römischen Civilrechts, weshalb sie eben so durchweg benutzt werden konnten. Die Schriften *ad edictum* betreffen nicht anders das Civilrecht wie das prätorische Recht, weshalb sie ebenfalls überall benutzt worden sind, und wiewohl manche Verfasser vorzugsweise ausführlich zu Werke gingen, kann doch nicht an eine verschiedenartige Interpretation des vorhandenen Rechtes gedacht werden. Endlich Papinian's Schriften, welche wegen verschiedener von ihm erörterter Materien häufig und regelmäßig benutzt wurden, betreffen das geltende Civilrecht in keinem anderen Sinne, als jene bereits erwähnten Commentare *ad Sabinum* und *ad edictum* [10]). Jedenfalls fehlt es obiger Behauptung an einer eigentlichen Basis, so daß die Resultate selbst nur als willkürlich angenommen gelten können [11]), aber auch diese scheinen noth-

9) Von dem Lehrplan unten.

10) Es konnten selbst jene Commentare ad edictum, weil sie nur das Privatrecht betrafen, nicht für das Criminalrecht und das öffentliche Recht benutzt werden; sofern nicht in jenen zufällig und gelegentlich etwas hierher Gehöriges erwähnt war. Und jene so vielen *libri singulares* als Monographien über einzelne Materien sind doch nur an der betreffenden Stelle des Systems für diese benutzt worden.

11) Eine Widerlegung der Blume'schen Ansicht findet sich in meiner Schrift de ordine et historia Digestorum pag. 478—562. Vergl. Reimarus Bemerkungen und Hypothesen über die Inscriptionenrei-

wendig ein ziemlich unzweckmäßiges Verfahren der Compilatoren unterzulegen. Namentlich würden die verschiedenen Abtheilungen, ohne Verbindung mit einander geblieben, bei jener großen Uebereinstimmung der zu excerpirenden Commentare nur völlig Uebereinstimmendes und ohne allen Erfolg zusammengetragen haben, was erst bei hinterheriger Vergleichung hätte ausgeschieden werden müssen. Und wie hätte man unter den sonstigen so verschiedenartigen Schriften und jenen vielen libri singulares über einzelne Materien das mehr Zusammengehörige vereinigen und auch nur einen richtigen Umfang im Voraus bestimmen wollen? Dürfen wir einerseits eine zweckmäßige innere Anordnung wie beim System, so auch in Rücksicht der einzelnen Fragmente, wobei freilich im Einzelnen manches dem Zufall und der Willkür überlassen bleiben mußte, nicht verkennen, und nicht übersehen, daß in manchen Titeln jene Excerpte aus den Schriften *ad Sabinum, ad Edictum* und aus Papinian's Schriften in einer ziemlichen Reihe auf einander folgen in ganz verschiedener Anordnung und bei ganz verschiedenem Umfang, auch untermischt mit Fragmenten aus anderen Schriften, wo es der Zusammenhang zu erfordern schien, so ist anderseits eine Theilung der Arbeit unter den Compilatoren mit Grund anzunehmen, obwohl sich hierüber durch Conjecturen schwerlich ein Zuverlässiges gewinnen läßt. Mußte die Anordnung des System's bei so verschiedenen Abweichungen vom edictum perpetuum im wesentlichen vorausgegangen sein, um das Erforderliche zusammenbringen zu können, so scheint es doch sicher dem Plane am angemessensten, Einzelnen das Nachlesen des über den bestimmten Gegenstand Vorhandenen so wie das nöthige Excerpiren zu überlassen und regelmäßig mit den mehr umfassenden Commentaren zu beginnen. Ob und in wie weit der Einzelne dabei von An-

---

henfolge in den Pandectenfragmenten (1830), welcher Verfasser sich ebenfalls für die Unrichtigkeit der Blume'schen Annahme erklärt, jedoch bei nicht minder unhaltbaren Hypothesen.

deren unterstützt wurde, ob ein Nachlesen oder ein Verbessern des Gesammelten Anderen vorbehalten, ob alle vorhandene Schriften, ob diese stets mit derselben Genauigkeit durchgelesen wurden, wie sie sicher nicht immer in derselben Ordnung gelesen wurden, endlich ob und wie Tribonian sich eine Aufsicht, Leitung oder Controlle vorbehalten habe, muß dahin gestellt bleiben.

§. 47.

Ausgaben der Pandecten.

Die Ausgaben der Pandecten lassen sich ihrer Grundlage nach und mit Rücksicht auf jene erst später aufgefundene florentinische Handschrift, welche als die älteste bezeichnet werden darf, auf doppelte oder vielmehr dreifache Weise classificiren [1]), weshalb man gemeinhin die verschiedenen Lesarten der *lectio vulgaris*, der *lectio Haloandrina* oder *Norica* und die *lectio Florentina* unterscheidet. Die *lectio vulgaris* (daher *codices vulgares, manuscripta vulgaria*) begreift die älteren Ausgaben insgesammt, wie sie zunächst durch critische Auswahl unter den Lesarten der vorhandenen Handschriften von den Glossatoren zu Stande gebracht waren, und auch von den späteren Herausgebern befolgt und zum Grunde gelegt wurden bis zur Auffindung des florentinischen Manuscriptes. Die *lectio Haloandrina* oder Norica kam durch Gregorius Haloander zu Stande, welcher bei seiner Ausgabe Nürnberg 1529 das florentinische Manuscript nach einer bereits geschehenen

---

1) Vergl. Bach histor. jurisprud. Romanae p. 572. Brunquell histor. jur. pag. 220—239. Hellfeld histor. jur. pag. 393 sq. Schweppe Röm. Rechtsgesch. u. Rechtsalterthümer §. 123. Mackeldey Lehrbuch des heutig. Römisch. Rechts §. 99. u. 100 b. In Rücksicht der kritischen Bearbeitung nach den Handschriften besonders: Spangenberg Einleitung in das Römisch-Justinianeische Rechtsbuch S. 404 ff., wie in Rücksicht der Ausgaben selbst: Spangenberg a. a. O. S. 645 ff.

Vergleichung Anderer benutzte, aber häufig nach einer Conjectur verbessert und besonders auf Eleganz Rücksicht nahm. Die *lectio Florentina* endlich ist aus dem florentinischen oder pisanischen Manuscript hervorgegangen [2]) (welches allein den Index zu den in den Pandecten benutzten Schriftstellern und Schriften enthält [3]) und eben besonders bei allen späteren Ausgaben zum Grunde gelegt wurde. Es scheint aus Griechenland herüber gekommen zu sein, wahrscheinlich im 7ten Jahrhundert zu Constantinopel von einem Griechen verfertigt; von Pisa kam es zu Anfang des 15ten Jahrhunderts nach Florenz, wo sich das Original

---

2) Vergl. auch v. Savigny Gesch. d. Röm. Rechts im M. A. Bd. III. S. 86 ff. Ueber das Verhältniß dieser für uns so wichtigen und durch vollständige Inscriptionen ausgezeichneten Handschrift zu den sonstigen Handschriften sind jedoch die Ansichten verschieden, und man hat selbst angenommen, daß alle sonstige vorhandene Handschriften nur fehlerhafte Abschriften der florentinischen Handschrift sind, was jedoch bei dem Trennen und Verbinden verschiedener Titel, bei Verschiedenheit der Inscriptionen und bei großen Verschiedenheiten im Texte nicht füglich angenommen werden kann. Zu den Eigenthümlichkeiten der florentinischen Handschrift gehört die Unordnung der Fragmente im Titel de regulis juris durch das unrichtige Verbinden von 2 Blättern. Lange Zeit hielt man auf die nicht ganz begründete Sage, daß diese Handschrift zu Amalfi gewesen; als diese Stadt 1135 von den Pisanern erobert wurde, sei sie als ein Geschenk des Kaisers Lothar nach Pisa gekommen, und als Pisa im Jahr 1406 unter florentinische Herrschaft kam, nach Florenz gebracht worden. Ueber die richtigere Ansicht s. Spangenberg a. a. O. S. 406. Wohl nicht viel jünger sind die von Gaupp in Neapel gefundenen 4 Blätter eines alten Pandectenmanuscripts; Gaupp diss. de quatuor foliis antiquissimi alicujus Digestorum Codicis rescriptis Neapoli nuper repertis nunc primum edit. 1825.

3) Ob dieser index mit demjenigen völlig übereinstimme, welcher auf Justinian's Befehl zu dem neuen Gesetzbuch angefertigt werden sollte, muß um so mehr dahin gestellt bleiben, als selbst einige Unrichtigkeiten in Betreff der Verfasser vorkommen, s. Spangenberg a. a. O. S. 25.

auch gegenwärtig noch befindet [4]). Während jedoch weniger getreue Ausgaben nach demselben, wie bereits früher, so von Hugo a Porta [5]), Miräus [6]), Russard [7]), Contius [8]), Charondas [9]) besorgt wurden: wurde es zuerst von Lälius und Franz Taurellus (Vater und Sohn) durch den Druck bekannt gemacht [10]). Da auch diese nicht überall die gehörige Sorgfalt verwandt hatten, wurde noch eine neue sorgfältige Vergleichung der florentinischen Handschrift besonders von Brenkmann angestellt, deren Ergebniß dann von Gebauer oder vielmehr nach dessen Tode von Spangenberg mitgetheilt wurde [11]).

§. 48.

Institutionen.

Noch während man mit der Abfassung der Pandecten beschäftigt war [1]), erhielten in Folge des schon im voraus gefaßten Planes [2]) und weil der Unterricht sich nur auf das geltende Recht beziehen soll [3]), Tribonianus und mit ihm 2 bei den Pandecten arbeitende Antecessoren Theophilus und Doro-

4) S. Zeitschrift für geschichtl. Rechtswissenschaft Bd. II. No. 9.

5) 1551 und wiederholt.

6) 1552.

7) im Jahr 1561 und wiederholt.

8) im Jahr 1571 und öfter.

9) 1575.

10) Nemlich 1553 in 3 Folio Bänden.

11) im Jahr 1776. — Ueber die Handschriften der Pandecten vergl. Spangenberg Einleitung S. 497—532.

1) const. Imperatoriam majestatem §. 4.

2) const. Deo auctore §. 11.

3) const. Deo auctore §. 11. const. Imperatoriam majestatem §. 3. §. 2. J. de justitia et jure.

theus[4]) mündlich[5]) den zur Abfassung der Institutionen[6]) erforderlichen Auftrag. Es soll ein kurzgefaßtes System des geltenden Rechtes für den ersten Unterricht abgefaßt werden[7]), weshalb die über die Institutionen vorhandene kaiserliche Constitution an die studierende Jugend gerichtet wird[8]), und diese grade zuerst bei den Institutionen gelesen werden soll[9]). Jene Sammlung erhielt erst mit den Pandecten zugleich Gesetzeskraft, sollte auch mit jenen zu gleicher Zeit in Kraft treten[10]). Ueber die Zeit der Abfassung wissen wir nichts Genaueres, nur daß die Arbeit bereits vollendet war, als jene Pandecten publicirt wurden[11]). Sehr nahe lag es, auch hier an dem Bisheri-

---

4) const. Imperatoriam majestatem §. 3. const. Tanta §. 11. const. Dedit §. 11. Da es hierbei auf den Unterricht ankam, war die ausschließliche Berufung von Antecessoren gewiß zweckmäßig.

5) const. Imperatoriam majestatem §. 3.

6) Vergl. Bach historia jurisprudentiae Romanae p. 576 und 577. Brunquell historia jur. pag. 247 sq. Hellfeld historia juris pag. 410 sq. Hugo Gesch. d. Röm. Rechts S 993 ff. Schweppe Römische Rechtsgesch. u. Rechtsalterthümer §. 124. Zimmern Geschichte d. Röm. Privatrechts §. 48. Mackeldey Lehrbuch d. heutigen Römisch. Rechts §. 67.

7) const. Imperatoriam majestatem §. 3. const. Tanta §. 11. const. Dedit §. 11.

8) Nemlich die den Institutionen vorangehende const. Imperatoriam majestatem.

9) const. Tanta §. 11. const. Dedit §. 11. In diesem Sinne ist jene an die studierende Jugend gerichtete Constitution ein *prooemium* der Institutionen, wie sie auch gemeinhin citirt wird.

10) Insofern beziehen sich auch auf die Institutionen die const. Tanta und Dedit. Vergl. constit. Tanta §. 11. 19. 20. 23. constit. Dedit §. 11. 19. 20. 23.

11) Die erst nach Verfertigung der Institutionen an die studierende Jugend erlassene const. Imperatoriam ist bereits vom 31sten November 533 datirt.

gen anzuknüpfen [12]), die bisher zum ersten Unterricht benutzten Institutionen des Gajus waren die Grundlage dieser neuen Arbeit, so daß auch auf dessen *res quotidianae*, wie auf anderweitige Commentare vielfach Rücksicht genommen wurde [13]). Aber man nahm Bezug auf spätere und die neuesten kaiserlichen Constitutionen [14]), und wiewohl hin und wieder geschichtliche Einleitungen zur Erklärung für nothwendig erachtet wurden [15]), ist dennoch allein zu practischen Zwecken gearbeitet worden. Diese Arbeit ist auf des Kaisers Befehl nach dem Vorgange von Gajus und als die 4 Elemente in 4 Bücher abgetheilt [16]), von dem Kaiser selbst durchgelesen [17]) und in ganz derselben Bedeutung wie die Pandecten publicirt worden [18]), auch diese soll fortan als Gesetzbuch gelten [19])

12) Ueber die Quellen der Institutionen s. auch Spangenberg Einleitung S. 58.

13) Nur dieses enthält die const. Imperatoriam majestatem. §. 4. Aber es bleibt gewagt, diemsemnach noch besonders die sonst vorhandenen Institutionencommentare von Florentin, Marcian und Ulpian als ebenfalls benutzt für diese neue Bearbeitung mit Bestimmtheit anzunehmen. So zweckmäßig dies auch immerhin sein mochte, so fehlt es doch darüber an jeder Zuverlässigkeit. Wenn nemlich manches aufgenommen werden mußte, was sich nicht schon bei Gajus der Zeit nach finden konnte, so kann dieses auch eben sowohl aus anderweitigen späteren Quellen entlehnt sein.

14) Auf diese wird von Justinian durchweg ein besonderes Gewicht gelegt, const Imperatoriam §. 3. 5. 6. const. Tanta §. 11. const. Dedit §. 11.

15) Dahin gehört z. B. die Entstehung der Fideicommisse und der Codicille, die Angabe über die früheren Arten des *furtum*. Vergl. const. Imperatoriam §. 5.

16) const. Imperatoriam §. 4. const. Tanta §. 11. const. Dedit. §. 11.

17) const. Imperatoriam §. 6.

18) const. Tanta §. 19. 20. const. Dedit §. 19. 20.

19) Die gesetzliche Kraft soll nicht sogleich mit der Publication, aber gleichzeitig für Institutionen und Pandecten eintreten, const. Tanta §. 23. const. Dedit §. 23.

und jede ausführliche Bearbeitung derselben bei Strafe verboten sein [20]). Uebrigens sind hier, wie bei den Pandecten und dem Codex, verschiedene die einzelnen Materien betreffende Titelüberschriften gewählt, jeder einzelne Titel bildet ein zusammenhängendes Ganzes [21]), welches dann erst später in *pr.* und §. §. abgetheilt wurde [22]), worauf sich die gegenwärtige Citirart bezieht [23]). Ein Vergleich mit den Institutionen des Gajus zeigt, wie viel von dem, was jetzt nicht mehr practisch war, fortgelassen ist; alles ganz Veraltete ist gestrichen z. B. die Lehre von der manus, vom mancipium, die legis actiones und formulae [24]). Das bei Gajus Fehlende ist durch neue Titel ergänzt [25]), und für diese nur das Privatrecht betreffende Bearbeitung auch schließlich wenigstens in der Kürze auf das öffentliche Recht Rücksicht genommen [26]). Es findet sich eine genaue Berücksichtigung

---

20) Als eine Bearbeitung darf die schon oben berücksichtigte griechische Paraphrase des Theophilus nicht angesehen werden, über welche man besonders früher vielfach hin und her gestritten hat, vergl. Brunquell histor. jur. pag. 298 sq.

21) Solcher Titel gibt es im Ganzen 98 oder 99, weil im 6ten Titel des dritten Buchs nach §. 9. in einigen Ausgaben ein besonderer Titel *de servili cognatione* vorkommt, dieser Titel ist jedoch gegen Theophilus und die besseren Handschriften.

22) Diese Abtheilung rührt aus den Zeiten der Glossatoren, Spangenberg Einleitung S. 61.

23) Vergl. Mackeldey Lehrbuch des heutigen Römisch. Rechts §. 68.

24) Insofern überall von der damaligen Zeit und einem practischen Gesichtspunkte ausgegangen wurde, finden sich ganze Titel über die an die Stelle des älteren Rechtes getretenen neuen Institute eingeschoben.

25) Neu hinzugekommen sind z. B. die Titel *de justitia et jure, de longi temporis possessionibus, de donationibus, de inofficioso testamento, de successione ex SCto Claudiano, de obligationibus quae quasi ex contractu* und *quae quasi ex delicto, de publicis judiciis.*

26) Wenigstens auf die öffentliche Anklage bei Verbrechen in dem Titel *de publicis judiciis.*

des geltenden Rechtes überhaupt, daher der neueren und neuesten kaiserlichen Bestimmungen, von denen manche sich selbst im neuen Codex nicht mehr vorfinden [27]) und viele frühere Streitigkeiten sind beseitigt [28]). Grade bei den neuesten Bestimmungen ist Kaiser Justinian gemeinhin redend eingeführt [29]), daß selbst die ganze Abfassung nur als eine Constitution des Kaisers angesehen werden soll, zu welcher jene Mittheilung an die studierende Jugend als Vorrede in Betracht kommt. Wenigstens sagt Justinian ausdrücklich, wie das Studium sonst nur mit den kaiserlichen Bestimmungen beendigt werde, so soll jetzt mit diesen auch der Anfang gemacht werden, die studierende Jugend sich nicht bloß bei Beendigung, sondern auch beim Anfang ihrer Studien des kaiserlichen Lehrers erfreuen [30]), von dem sie selbst den Namen erhält [31]). Ungeachtet jener Vervollständigung bei die-

27) Spangenberg Einleitung S. 58. §. 27. J. de legat. §. 24. 33. J. de action. pr. J. de bonor. possess.

28) S. §. 13. 34. 37. J. de rer. divis. §. 2. de usucap. pr. J. de hered. instit. §. 10. 14. J. de legat. §. 2. J. de assign. libert. §. 2. J. de emt. et vend. §. 4. J. de loc. et cond. §. 2. u. 9. J. de societ. §. 6. u. 8. J. mand. u. s. w. Es finden sich hier selbst Entscheidungen der älteren Controversen, welche in den Pandecten nicht beigelegt waren, z. B. in §. 3. J. qui et quib. ex caus. manumitt. verglichen mit l. 10. D. qui et a quib. manumiss. Aber auch eine Verweisung findet sich in §. 2. J. de action. auf die Pandecten, in welche das Hierhergehörige entweder gar nicht aufgenommen oder doch später aus denselben entfernt war.

29) Worauf auch die gewöhnlichen Anführungen durch *definimus concedimus* u. s. w. sich beziehen.

30) const. Imperatoriam §. 3. vergl. const. Tanta §. 11. const. Dedit §. 11.

31) Nemlich von dem Lesen der Institutionen Justinian's erhalten die Studierenden für das erste Jahr den Namen *Justinianei novi* in doppelter Beziehung von ihrem Kaiser, während sie bis dahin *dupondii* genannt waren.

ser neuen Abfassung sind immer noch ganz verschiedene Lehren, welche zur Uebersicht des Römischen Privatrechts gehören, ganz übergangen, so fehlt die Lehre von den Sponsalien, der dos u. s. w. Die Lehre vom divortium, das Genauere vom Pfandrecht, die Lehre der pacta ist neben den Contracten ganz übergangen, und außer vielem anderen fehlt der Prozeß und die damit wohl gewöhnlich in Verbindung gebrachte in integrum restitutio [32]). Die Sprache, welche nicht frei von Gräcismen, ist die der neueren Zeit [33]). Das System ist nach Gajus das auch sonst bekannte, das gesammte Recht betrifft die Person oder Sache oder endlich die Obligationen und die damit in Verbindung gebrachten Actionen; das Erbrecht wird dabei als ein Theil des Sachenrechts behandelt [34]). An eine spätere Umarbeitung der Institutionen zu denken, dazu fehlt ein genügender Grund [35]). Ueber die Aechtheit der uns überlieferten Institutionen ist nie ein Zweifel entstanden, auch die Vollständigkeit derselben nicht bestritten worden, jedoch fehlen in den ältesten Ausgaben die griechischen Worte und Verse [36]). Wir

32) Vergl. auch Spangenberg Einleitung S. 61.

33) Spangenberg a. a. O. S. 59.

34) Das Personenrecht findet sich im ersten Buch, das Sachenrecht mit Einschluß des Erbrechts im zweiten und der ersten Hälfte des dritten Buchs. Das Obligationenrecht beginnt mit dem 13ten Titel des dritten Buchs, während von den Klagen u. s. w. vom 6ten Titel des vierten Buchs an gehandelt wird. In Rücksicht des Klagrechtes, wovon bei Gajus das ganze vierte Buch handelt, ist vieles der neuesten Zeit angemessen gekürzt worden.

35) Dieses hat man annehmen wollen, weil in der Paraphrase des Theophilus der erste Titel *de justitia et jure* fehlt, der aber auch aus anderen Gründen übergangen sein konnte. Sicher würde ein solcher Umstand nicht so ganz verschwiegen sein.

36) Vergl. Spangenberg a. a O. S. 62. Jedoch fehlt fast immer in dem Titel *de gradibus cognationum* die Verwandschaftstabelle, auf welche verwiesen wird in §. 9. J. de grad. cogn.

besitzen eine Menge von Handschriften, von denen die ältesten aus dem 9ten oder 10ten Jahrhundert, nemlich das Bamberger, ein Turiner und das Reissensteinsche Manuscript[37]). Die älteste dem Jahre nach bekannte Ausgabe mit der Glosse ist von Petrus Schoyffer de Gernsheym[38]). Zu den späteren gehört die von Haloander[39]) und Cujacius[40]). Zu den neuesten die von Biener[41]), Bucher[42]), welche nach einem Erlanger Manuscript besorgt wurde, von Roßberger mit einer deutschen Uebersetzung, und die von Klenze und Böcking in Verbindung mit den Institutionen des Gajus[43]).

§. 49.

Codex repetitae praelectionis.

Nachdem die Institutionen und Pandecten publicirt waren, wandte Justinian seine Aufmerksamkeit auf jene wiederholte Durchsicht des früheren Codex, *secunda editio* oder *repetita praelectio*, woher der nun entstandene codex renovatus ge-

---

37) Ueber die critischen Bearbeitungen des Textes der Institutionen siehe Spangenberg Einleitung in das Römisch-Justinianeische Rechtsbuch S. 456—463.

38) vom Jahr 1468. Sie ist die *editio princeps*, die erste Ausgabe, welche im Druck erschienen ist.

39) vom Jahr 1529.

40) vom Jahr 1535.

41) Berlin 1812.

42) Erlangen 1826.

43) Beide letztere sind vom Jahr 1829. — Ueber die verschiedenen Ausgaben siehe besonders Spangenberg Einleitung in das Römisch-Justinianeische Rechtsbuch S. 650 ff. Vergl. Mackeldey Lehrbuch des heutigen Röm. Rechts §. 98. — Ueber die Handschriften der Institutionen: Spangenberg Einleitung S. 532—546.

meinhin *codex repetitae praelectionis* [1]) genannt wird [2]). Bei Abfassung der Pandecten hatte Justinian Veranlassung und Gelegenheit, die in den Schriften der älteren Juristen sich vorfindenden Controversen und Meinungsverschiedenheiten durch seine Auctorität zu entscheiden [3]), um auf diese Weise die neue Praxis zu vereinfachen. Solcher Entscheidungen oder *decisiones* werden 50 erwähnt [4]), wiewohl Kaiser Justinian ob-

---

1) Ueber den Namen spricht Justinian sich dahin aus, es sei auch früher schon auf die erste Ausgabe eine zweite gefolgt, welche neue Ausgaben man gemeinhin repetitae praelectiones genannt habe, wie aus Ulpian's Schriften ad Sabinum zu ersehen, const. Cordi §. 3. fin.

2) Vergl. Bach histor. jurisprud. Roman. p. 577 sq. Brunquell histor. jur. p. 257 sq. Hellfeld histor. jur. p. 413 sq. Hugo Geschichte des Röm. Rechts S. 998. Schweppe Röm. Rechtsgesch. und Rechtsalterthümer §. 111 ff. Zimmern Gesch. des Röm. Privatrechts §. 49. Mackeldey Lehrbuch des heutigen Römisch. Rechts §. 69 ff. Spangenberg Einleitung S. 63 ff.

3) Die älteren Streitigkeiten der Sabinianer und Proculejaner hatten auf jene Meinungsverschiedenheiten der späteren Zeit nur etwa noch entfernteren Einfluß. Vergl. Hugo civilist. Magazin Bd. V. No. 6.

4) Von diesen waren im Jahr 530, wo die Abfassung der Pandecten unternommen wurde, bereits wohl 34 erschienen, während die übrigen erst nachher hinzukamen. Nur aus ihrem Inhalte lassen sie sich allenfalls erkennen, sie enthalten die Ueberschrift *Justinianus Juliano* oder *Joanni P. P.* und die Unterschrift *Lampadio et Oreste consulibus*, oder *anno primo, anno secundo post consulatum Lampadii et Orestis*; aber Kaiser Justinian wurde zu ganz derselben Zeit in seinen sonstigen Constitutionen nicht selten auf frühere Widersprüche zurückgeführt. Ist es gleich für die Geschichte mehr gleichgültig, die einzelnen Decisonen selbst genauer zu kennen, so sind sie doch schon von den älteren Juristen, besonders von Merill, mit aller Sorgfalt gesondert und commentirt worden, vergl. Bach histor. jurisprud. Roman. pag. 575 und 576. Brunquell histor. jur. pag. 239 sq. Hellfeld histor. jurispr. pag. 406 sq. Schweppe Röm. Rechtsgesch. und Rechtsalterthümer

nehin für das neueste anwendbare Recht in einem ganz verschiedenen Sinne thätig gewesen war; somit erschienen eine Reihe neuerer Bestimmungen, auf welche bereits in den Pandecten, wie in den Institutionen, die erforderliche Rücksicht genommen war. Diese blieben bis dahin zerstreuet [5]), obwohl durch sie so manches, was für den Codex benutzt war, antiquirt wurde. Um daher die neue Compilation mit einander in Einklang zu bringen [6]), mußte noch für den Codex das Fehlende nachgetragen, das Veraltete ausgeschieden werden, und den dazu erforderlichen Auftrag ertheilte, wie es scheint, der Kaiser auch diesmal wieder nur mündlich [7]). Als Mitarbeiter werden Tribonian, der auch jetzt an der Spitze steht, Dorotheus als Antecessor aus Beryt, und außerdem noch drei ebenfalls schon als Mitarbeiter bei den Pandecten bewährte Advocaten, nemlich Menna, Constantin und Johannes erwähnt [8]). Die neue Arbeit wurde bereits am 16ten November 534 publicirt, gleichzeitig aber die ältere Ausgabe des Codex außer Kraft gesetzt, wie auch die Anwendung jener 50 Decisionen und der sonst erlassenen in den neuen Codex aufgenommenen Bestimmungen

---

§. 125. Mackeldey Lehrbuch des heutigen Römisch. Rechts §. 68. vergl. auch Zimmern Gesch. des Römisch. Privatrechts §. 49. und Spangenberg Einleitung S. 21.

5) Daß jene 50 Decisionen neben jenen sonstigen Bestimmungen des Kaisers Justinian, von denen sie auch noch bei Publication des neuen Codex unterschieden werden (const. Cordi §. 1. 2. 5.), bis dahin als ein für sich bestehendes Ganze zugleich, wie behauptet wird, ein geschlossenes Buch gebildet haben, ist wohl nicht so zuverlässig, da Justinian wenigstens ausdrücklich bemerkt, daß sie zerstreuet gewesen, const. Cordi §. 2. Mochten sie vom Kaiser selbst gesammelt aufbewahrt sein.

6) Die eigentliche Veranlassung zu dieser neuen Bearbeitung findet sich von Justinian selbst angegeben, const. Cordi §. 1. u. 2.

7) Wenigstens kennen wir keine besondere Constitution, wodurch der hierzu erforderliche Auftrag ertheilt worden wäre.

8) const. Cordi §. 2. in fin.

verboten [9]). Ungewiß bleibt freilich im einzelnen, welche der späteren Bestimmungen zu jenen 50 Decisionen gehört haben, ob auch alle spätere Bestimmungen unverändert in den neuen Codex aufgenommen sind, und mit welcher Sorgfalt das bereits Veraltete ausgeschieden sei [10]), aber eine Vergleichung des theodosischen Codex zeigt sehr deutlich, in wie großem Umfang die Compilatoren vielleicht schon nach der ihnen für den ersten Codex gegebenen so ausgedehnten Vollmacht wesentliche Abänderungen gemacht haben [11]). Jenen neuen Constitutionen mußten auch noch die erst nach Abfassung der Pandecten erlassenen hinzukommen [12]). Da nur eine Verbesserung, nicht eine Umarbeitung, beabsichtigt wurde, so läßt sich mit Fug annehmen, daß die äußere Anordnung, wie das System des älteren

9) const. Cordi §. 4. u. 5. Die gesetzliche Kraft trat erst einige Zeit nach der Publication ein, const. Cordi §. 4.

10) Gewiß fand sich manche Constitution im älteren Codex, welche im neuen nicht mehr vorkommt, Nov. XIX. praef. und auch in den Institutionen wird auf solche verwiesen, die wir nicht mehr finden. Dabei bleibt doch im einzelnen immer die Frage, ob sie nicht erst durch spätere Vernachlässigung bei den Abschriften verloren gegangen sind. Andererseits mochte auch manche nicht mehr geltende Bestimmung stehen geblieben sein (Nov. LXXXIX. c. 7.) wiewohl ohne Nachtheil für das Ganze (Nov. CLVIII. c. 1.).

11) Unstreitig wurde noch bei dieser neuen Durchsicht manches beschnitten, fortgelassen, zusammengezogen, verändert und hinzugefügt, wie es für die neue Compilation zweckmäßig erscheinen mochte, so daß auch für den Codex solcher *emblemata Triboniani* eine große Menge angenommen werden darf. Wie jenes geschehen sei und dadurch ein *codex purgatus et candidus* entstanden, bemerkt Justinian ausdrücklich, const. Cordi §. 4.; auch, daß jene Compilatoren zur erforderlichen Umänderung, Verbesserung und Ausscheidung Auctorität gehabt hätten, const. Cordi §. 3.

12) Nach Vollendung der Pandecten bis zur Publication des neuen Codex wurden noch 8 Constitutionen erlassen, unter diesen eine über die Abschaffung der *caduca*, l. un. C. de caduc. tollend.

Coder beibehalten wurde. Das Ganze zerfällt in 12 Bücher, diese in Titel nach den einzelnen Materien. In den Titeln finden sich die verschiedenen Constitutionen, welche bei größerem Umfange in *pr.* und §. §. abgetheilt sind, worauf die gegenwärtige Citirart Rücksicht nimmt [13]), in chronologischer Ordnung, aber einzelne Constitutionen finden sich in verschiedenen Titeln, auch getheilt und am unrechten Ort (*leges fugitivae*) [14]). Jede Constitution hat ihre *inscriptio* von dem Kaiser und dem, an welchen sie erlassen, eine *subscriptio* auch von dem Ort, gewöhnlich aber nur von der Zeit ihrer Erlassung. Die innere Anordnung der einzelnen Materien oder das System des Coder ist dasselbe, das für die Pandecten befolgt wurde, jedoch ist die Anordnung des *edictum perpetuum* hier durchweg auf das Genaueste befolgt, wie die Vergleichung des Coder mit jenen Commentaren ad edictum vollständig ergibt [15]). Mochte es unmöglich erscheinen bei den so vielen neu hinzugekommenen Materien eine zweckmäßigere Anordnung zu treffen, mochte man dem Gewohnten den Vorzug geben, ohne an eine Verbesserung des Systems zu denken, oder eine zu geringe Umsicht bei der ersten Abfassung des Coder die Schuld davon tragen; nothwendig wurden dadurch auch alle jene Unordnungen im einzelnen beibehalten, welche sich im edictum perpetuum vorfanden [16]). Neu kamen hinzu und finden sich

13) Vergl. Mackeldey Lehrbuch des heutigen Römisch. Rechts §. 70. Die Abtheilung in §. §. ist wohl aus der Zeit der Glossatoren, über die Zahl der Titel und der Constitutionen s. Spangenberg Einleitung S. 68

14) Spangenberg Einleitung S. 68. u. 69.

15) Die genauere Vergleichung findet sich in meiner Schrift de ordine et historia Digestorum.

16) Bei Beurtheilung des Systems erlangen wir die erforderliche Sicherheit erst durch genaue und sorgfältige Vergleichung mit der Anordnung in den Pandecten. Manche Materien finden sich im Coder mit großer Ausführlichkeit und unter einer langen fortlaufenden Reihe verschieden-

zuerst die Bestimmungen über das Kirchenrecht (Buch I. Tit. 1 bis 13.), so daß die Einleitung und der Prozeß erst danächst Platz finden (Buch I. Tit. 14. — Buch III. Tit. 27.). Das Sachenrecht (Buch III. Tit. 28—34.) betreffen nur wenigere kaiserliche Constitutionen, und das Privatrecht überhaupt, im Vergleich mit den so vielfachen Bestimmungen über das öffentliche Recht. Das Obligationenrecht (Buch III. 35. — Buch IV. zu Ende) enthält alle Unordnungen und Zwischenschaltungen ganz in der Art, wie sie im edictum perpetuum vorkamen, auch das Familienrecht (Buch V.) und das Erbrecht (Buch VII.) befolgen genau die Anordnung jenes Edicts. Der Anhang zum Privatrecht (Buch VII. u. VIII.) handelt von der Freilassung, Erwerb des Eigenthums, von der *res judicata*, Appellation, Concurs der Gläubiger, den Interdicten, der *operis novi nunciatio* u. s. w. vom Pfandrecht, den *exceptiones*, von der *stipulatio* u. s. w. und noch nachträglich von ganz verschiedenen Lehren geringeren Umfangs, z. B. von der *patria potestas*, *adoptio*, von undankbaren Kindern, vom *jus postliminii*, der Kinderaussetzung, dem Gewohnheitsrecht, der Schenkung, dabei auch von der *mortis causa donatio*, u. s. w. Das Criminalrecht (Buch IX.) behandelt die *crimina ordinaria* und *extraordinaria* und einzelne Delicte, dabei aber auch den Criminalprozeß. Endlich das öffentliche Recht (Buch X — XII.) enthält dieselben Abschnitte, welche in den Pandecten vorkommen, nur in abweichender Ordnung. Unter den Hand-

---

artiger Titelüberschriften, welche in den Pandecten kurz zusammengefaßt werden, umgekehrt findet sich über einzelne Materien sehr wenig, daß wir die eigentliche Bedeutung des Systems ohne die Vergleichung der ausführlichen Erörterung in den Pandecten leicht verfehlen. Sehr erheblich ist jene Vergleichung, wie für die Geschichte überhaupt, so zur leichteren Uebersicht in Betreff derjenigen Materien, welche erst nach dem Zeitalter der classischen Juristen hinzugekommen sind.

schriften des Codex [17]) ist keine so alt, als die florentinische der Pandecten und für die Critik bleibt noch manches zu wünschen übrig. Unter der Herrschaft der deutschen Völker in Italien wurden, ungeachtet das Römische Recht fortdaurend Anwendung fand, die drei letzten Bücher des Codex als unpractisch bei den Abschriften weggelassen [18]), auch viele einzelne Constitutionen, besonders die griechischen, als unverständlich übergangen, andere aber abgekürzt und dabei waren es die *inscriptiones* und *subscriptiones*, denen man eine sehr geringe Aufmerksamkeit schenkte [19]). Zur Zeit der Glossatoren erlangte man wieder vollständigere Ausgaben und auch die drei letzten Bücher des Codex wurden abgeschrieben. Aber dennoch ist manche Constitution, welche sich im Codex befand, durch Nachlässigkeit der Abschreiber verloren gegangen, wovon manches erst im 16ten Jahrhundert aus den Basiliken und in neuester Zeit wiederhergestellt wurde (sogen. *leges* oder *constitutiones restitutae*) [20]); eine große Verschiedenhet findet sich bei

17) Vergl. Spangenberg Einleitung S. 463—470. Wichtig ist die von Becker in Verona entdeckte Handschrift eines Theils des Codex, welche griechische Glossarien, 4 neue Constitutionen und besonders genaue Subscriptionen enthält Goeschen praef. ad Gajum p. LXVI. Ueber das von Niebuhr zu Perugia entdeckte Manuscript siehe Zeitschrift für geschichtl. Rechtswissenschaft Bd. III. No. 13 und über die Erhaltung des Codex auch v. Savigny Gesch. d. Röm. Rechtes im M. A. Bd. III. S. 449.

18) Daher finden sie sich auch zuerst noch nicht bei den Glossatoren.

19) Letztere wurden auch von den Glossatoren für den Codex, wie für die Pandecten als überflüssig fortgelassen, weshalb sie in den glossirten Handschriften und in den älteren glossirten Ausgaben fehlen; s. Spangenberg Einleitung S. 146.

20) Dahin gehört der ganze Titel *de aleatoribus*. Auszuzeichnen sind in dieser Hinsicht die Bemühungen von Hotomann, Augustin, Charondas, Cujacius, Contius und Witte. Siehe besonders Witte die leges restitutae des justinianeischen Codex 1830. Alle diese sind nicht glossirt. Ein Verzeichniß derselben findet sich auch bei Spangenberg Einleitung S. 169—173.

den *inscriptiones* [21]) und *subscriptiones*. Unter den Ausgaben [22]) mögen die von Haloander [23]), Contius [24]), Russard [25]), Charondas [26]) und die im Spangenbergischen corpus juris sich befindet, für welche auch die Lesarten eines göttinger Manuscriptes benutzt sind, erwähnt werden [27]).

§. 50.

Novellen.

Außer den bis jetzt erwähnten Sammlungen des Römischen Rechts, welche durch Kaiser Justinian für das gesammte Römische Reich und somit auch für das wiedereroberte Italien publicirt wurden, sind nur noch einzelne spätere Bestimmungen des Kaisers Justinian und seiner nächsten Nachfolger wichtig, welche ebenfalls unter einem schon früher üblichen Namen als *novellae, novellae constitutiones*, aber auch griechisch als *νεαραι διαταξεις* vorkommen [1]). Während nemlich im Orient noch daurend von den späteren Regenten neue und abändernde Bestimmungen erlassen wurden in der Art, wie es bisher gesche-

---

21) Diese verwechseln häufig die Namen der Gesetzgeber z. B. Constantin, Constantius und Constans, Jovian und Julian Valentinian und Valens, Justin und Justinian.

22) Vergl. Spangenberg Einleitung S. 650 ff.

23) von 1530.

24) vom Jahr 1562.

25) von 1567.

26) von 1572.

27) Ueber die Handschriften des Codex s. Spangenberg Einleitung S. 547—567.

1) Die neueste Schrift über diesen Gegenstand ist Biener Geschichte der Novellen 1824. Vergl. Bach historia jurisprud. Roman. p. 581 sq. Brunquell histor. jur. pag. 271 sq. Hellfeld histor. jurisprud. pag. 417 sq. Schweppe Röm. Rechtsgesch. u. Rechtsalterthümer §. 126 ff. Zimmern Gesch. des Röm. Privatrechts §. 49. Mackeldey Lehrbuch des heutigen Röm. Rechts §. 71 ff.

hen war, konnten diese nur so lange für Italien entscheidend werden, als es der Römischen Herrschaft unterworfen blieb. Nach der Eroberung Italiens durch die Longobarden [2]) erhielt sich die Anwendung des bis dahin geltenden Rechtes nicht anders, wie unter den übrigen eingewanderten Völkerschaften, nemlich durch die justinianeischen Gesetzbücher mit jenen späteren Zusätzen unverändert, weshalb noch nach so vielen Jahrhunderten dasselbe justinianeische Recht von Bologna aus für Deutschland und so verschiedene Reiche entscheidend werden konnte. Nach Abfassung des Codex besonders in den Jahren 535—565 erließ Kaiser Justinian noch eine Menge neuerer Verordnungen, meistens in der damals üblichen griechischen Sprache, manche jedoch besonders mit Rücksicht auf den Occident in beiden Sprachen [3]), wovon die erste bereits vom ersten Januar 535 datirt ist. Von Justinian selbst sind während seiner langen Regierung 159 solcher späterer Bestimmungen erlassen [4]) und durch manche derselben ist das bis dahin noch mangelhafte Recht sehr wesentlich abgeändert worden, dahin gehört z. B. die Bestimmung über die *legitima*, die durchgreifenden Bestimmungen über die verbotene Ehescheidung, die so durchgreifende als gewiß zeitgemäße Reform in Betreff des Erbrechts, sowohl *ab intestato*, als *contra testamentum*, wodurch das Recht der bonorum possessio der Hauptsache nach aufgehoben und nur einzelnes noch sich für die Anwendung behaupten konnte. Nur einzelne Novellen sind von Justin dem jüngern [5]) und von

2) Nemlich unter Justin dem jüngeren.

3) Vergl. Spangenberg Einleitung in das Römisch-justinianeische Rechtsbuch S. 73.

4) Die meisten sind aus den Jahren 535—539, die wenigsten nach dem Jahr 545, dem Todesjahr Tribonian's.

5) Siehe Spangenberg Einleitung S. 72. Außer der Nov. CXL und CXLIV wird diesem Kaiser auch noch gemeinhin die Nov. CXLIX zugeschrieben.

Tiber[6]), und endlich finden sich unter diesen noch einige *edicta* von *praefecti praetorio,* welche vom Kaiser gebilligt ebenfalls eine gesetzliche Kraft erlangt hatten [7]). Diesem nach besitzen wir im Ganzen 168 Novellen in einem häufig dunklen und schwerfälligen Styl und überhaupt nicht selten mit weitläuftigen Erörterungen bei untergeordneten Gegenständen [8]) nach der damals überhaupt gewöhnlichen Schreibart [9]). Seine späteren Bestimmungen nicht abermals dem Coder hinzufügen zu wollen, sondern sie als Novellen in eine besondere Sammlung zu bringen, diese Absicht hat Kaiser Justinian bei Bestätigung des neuen Coder ausdrücklich ausgesprochen [10]). Dieselben mögen für sein Archiv gesammelt aufbewahrt worden sein [11]), aber noch bei seinem Tode existirte keine officiell publicirte Sammlung. Jedoch wurde schon gegen das Ende der Regierung Justinian's von Julian, Antecessor zu Constantinopel, ein lateinischer Auszug aus 125 Novellen als *epitome novellarum* oder *liber novellarum,* welcher demnach nur für den Occident bestimmt sein konnte

6) Diesem wird die Nov. CLXI. CLXIII und CLXIV zugeschrieben.

7) Nemlich Nov. CLXVI. CLXVII und CLXVIII in den jetzt gewöhnlichen Ausgaben.

8) Auch bei den Novellen finden sich, was die äußere Form betrifft, die bei den kaiserlichen Constitutionen überhaupt gewöhnlichen *inscriptiones, praefationes, epilogi* und *subscriptiones*. Es finden sich außer anderm Abtheilungen in Capitel und §. §., wohl erst aus einer späteren Zeit. Auch die Rubriken sind späteren Ursprungs. Ihrem Inhalte nach verbreiten sie sich in einem sehr verschiedenen Sinne wie über das Privatrecht, so über das öffentliche Recht und auch über die kirchlichen Angelegenheiten.

9) Eine Vergleichung der Novellen mit den früheren im Coder aufgenommenen Bestimmungen Justinian's ergibt sehr deutlich, wie viel von der ursprünglichen Fassung durch die Compilatoren geändert und abgekürzt sein muß.

10) const. Cordi §. 4. in fine.

11) Vergl. Nov. XXV. epilog. Nov. XXVI. c. 5. §. 1.

und in diesem später großes Ansehen erlangte, angefertigt. Er reicht nur bis zum Jahr 556 und enthielt sicher für seine Zeit ein vollständiges Ganzes, jedoch sind die 39 ersten Novellen nicht chronologisch geordnet, auch am Ende findet sich ein untergeordneter Anhang, und die Abkürzung wurde zur größeren Bequemlichkeit für die Anwendung besonders durch Weglassen der weitläuftigen Prologen und Epilogen zu Stande gebracht; er wird bei den Glossatoren als Novellen schlechtweg bezeichnet [12]). Jedenfalls erst nach Justinian entstand eine andere Sammlung von 168 Novellen [13]) in der Originalsprache, in welcher den Bestimmungen Justinian's noch Constitutionen von Justin II. und Tiber und noch jene *edicta* der *praefecti praetorio* hinzukamen, und worin ebenfalls nicht alles mit chronologischer Genauigkeit geordnet ist. Sie ist von einem unbekannten Verfasser und erst im Mittelalter bekannt geworden [14]). Au-

---

12) Diese epitome, welche die Glossatoren zunächst nur als die Novellen kannten, wurde in einer Handschrift zu Mantua aufgefunden, zuerst von Boërius, einem französischen Rechtsgelehrten, 1512 und dann 1537 herausgegeben. Dann von Miräus 1560 und in Verbindung mit Anderen 1565, von Augustin 1567 und von Pithou 1576. 1689. Unter den vorhandenen Handschriften ist die des Ranconetus aus dem 8ten Jahrhundert, welche sich noch jetzt zu Paris befindet, die älteste. Vergl. Haubold lineament. jur. Roman. historic. dogmatic. §. 195. Note 0. Haubold Beitrag zur Literairgeschichte des Novellen-Auszugs von Julian, in Zeitschrift für geschichtl. Rechtswissensch. Bd. IV. Biener Gesch. d. Novellen S. 604 ff. und dessen Nachricht über einige ungedruckte Stücke in der Wiener Handschrift von Julian's Novellen-Auszug, in Zeitschrift für geschichtliche Rechtswissenschaft Bd. V.

13) Biener setzt ihre Entstehung in die Zeit des Kaisers Tiberius, zwischen 578—582. Biener Gesch. d. Novellen S. 85 ff.

14) Wegen jener späteren Zusätze und der Sprache war sie gewiß für den Orient bestimmt. In den ersten 120 Novellen ist eine chronologische Ordnung; diese Sammlung hat aber einige Novellen

ßer jenem epitome Juliani war aber schon von Glossatoren eine andere Sammlung eines unbekannten Verfassers von 134 Novellen in einer wörtlichen lateinischen Uebersetzung bekannt geworden, welche zum Unterschied von jener *epitome* nemlich, *corpus authenticum* oder *liber authenticorum* genannt wurde. Die ersten 129 Novellen sind chronologisch geordnet [15]). Grade diese Sammlung ist es, welche die Glossatoren bei ihrer Bearbeitung benutzten, weil sie annehmen, daß sie von Justinian herrühre, aus welcher sie jedoch nur 97 als die brauchbaren auswählten [16]), und entsprechend den 9 Büchern des Codex, diese in 9 Col-

---

doppelt. Sie enthält auch die bloß lateinisch publicirten Novellen in griechischen Auszügen, ist von den byzantinischen Juristen und den Verfassern der Basiliken benutzt und wird nach Zahlen citirt. Erhalten ist sie in einer florentinischen Handschrift aus dem 15ten Jahrhundert mit 168 Novellen und in einer venetianischen aus dem 13ten Jahrhundert, welche zwar nur 162 Novellen, aber dabei als Anhang 13 Edicte Justinian's, 5 Novellen Justin's, eine Novelle Tibers und 4 Präfecturedicte enthält, vergl. Cramer über die im Mittelalter bekannten Novellen, in Hugo's civilist. Magazin Bd. III. Diese Sammlung wurde erst im 16ten Jahrhundert bekannt, seitdem ist sie ins Lateinische übersetzt von Haloander 1531, Agylaeus 1567, endlich Homberg zu Bach 1717.

15) Nur bei den ursprünglich lateinisch erlassenen Novellen enthält sie das Original, im übrigen eine fast wörtliche, mit Gräcismen überladene Uebersetzung des griechischen Grundtextes. Es fehlen die Verordnungen von Justin, Tiber und die Präfecturedicte, und auch diese Sammlung mochte für den Occident bestimmt gewesen sein. Eine Wiener Handschrift aus dem 13ten Jahrhundert ist die älteste. — Vergl. Spangenberg Einleitung in das Römisch-justinianeische Rechtsbuch S. 145. Biener Geschichte d. Novellen S. 52. 243 ff. 263 ff. Zeitschrift für geschichtl. Rechtswissensch. II, 3. und Hugo's civilist. Magazin Bd. III, 2. u. 7.

16) Biener Gesch. d. Novellen S. 262. 271. v. Savigny Gesch. des Röm. Rechts im M. A. Bd. III. S. 453.

lationen (*collectiones*) als den *liber ordinarius* abtheilten [17]). Diese ältere Uebersetzung ist gegenwärtig die sogenannte *versio vulgata*, nachdem neuere griechische Uebersetzungen des wieder aufgefundenen Textes verfertigt wurden. Abgesehen von diesen 3 Sammlungen sind manche Novellen noch einzeln bekannt geworden [18]), uud gegenwärtig besitzen wir die meisten Novellen in der Gestalt des griechischen Grundtextes, nach der *versio vulgata* und jener *epitome*. Wir besitzen jetzt 168 Novellen, mit Rücksicht auf die früheren Sammlungen nicht ganz in chronologischer Ordnung [19]); dabei gewöhnlich nur in der lateinischen Uebersetzung, weil im Occident später nicht der griechische Text benutzt wurde [20]). Die versio vulgata bildet die Grundlage, wo diese aufhört, findet sich die versio Haloandrina und zuletzt jene epitome [21]). Unter den Aus=

---

17) Die übrigen in diese Sammlung nicht aufgenommenen heißen deshalb auch *extravagantes* oder *extraordinariae*. Jede Collation enthält mehrere Titel, von denen jeder eine Novelle in sich faßt, nur die 8te Novelle bildet den 2ten und 3ten Titel der zweiten Collation. — Ueber die verschiedene Citirart vergl. Mackeldey Lehrbuch §. 73.

18) Theils in anderen Arbeiten, theils in Sammlungen des Kirchenrechts u. s. w.

19) Cramer Beiträge zur Geschichte der Novellen in Hugo's civilist. Magazin Bd. III. Dessen analecta literaria ad historiam novellarum Justiniani 1794.

20) In den meisten Ausgaben des corpus juris fehlt der griechische Text. Er findet sich in der Genfer Ausgabe von 1583, in der Pariser von 1628, in der Amsterdamer des Simon van Leuwen 1663. Der griechische Text wurde zuerst von Gregorius Haloander nach dem Manuscript herausgegeben, Nürnberg 1531. Diese Ausgabe enthielt nur 165 Novellen, welche dann Hervagius in Verbindung mit Anderen vervollständigte, Basel 1541 und öfters. Scrimger hat ihn dann nach Handschriften verbessert und vermehrt herausgegeben, Paris 1558 ap. H. Stephanum in Verbindung mit den Edicten Justinian's, den Novellen Justin's und des Kaisers Leo, mit einzelnen Novellen des Zeno und Tiber.

21) Ueber die critische Bearbeitung der Novellen vergl. Span=

gaben [22]) ist die per *Vitum Pücher* mit der Glosse von 1476 die älteste [23]), aber mangelhaft, weil die Glosse nur 97 berücksichtigte, die übrigen Novellen wurden aus verschiedenen Handschriften erst nach und nach hinzugefügt, besonders von Gregorius Haloander [24]), Scrimger [25]), Contius [26]), Simon von Leuwen [27]). Die neueste und beste Ausgabe findet sich im Gebauer-Spangenberg'schen corpus juris [28]).

§. 51.

Corpus juris.

Die einzelnen Stücke der justinianeischen Compilation mit den von Justinian hinzugekommenen Novellen erlangten für

---

genberg Einleitung S. 470—482. Ueber die Hülfsmittel zur Berichtigung des griechischen Textes: daselbst S. 592 bis 594, und über die einzelnen Novellen noch: daselbst S. 75 bis 86.

22) Vergl. Spangenberg Einleitung S. 645 ff.

23) Sie findet sich in Verbindung mit den 3 letzten Büchern des Codex.

24) Nürnberg 1531.

25) vom Jahr 1558. Er lieferte bloß den griechischen Text. Zu den bei Haloander fehlenden Novellen gab Agyläus die lateinische Uebersetzung 1560. 1561.

26) Sie ist griechisch und lateinisch und mit Veränderung der Ordnung der Novellen, bald mit der Glosse, bald ohne diese, wiederholt erschienen, Lyon 1559. 1566. 1571.

27) Amsterdam 1663. Er lieferte auch den griechischen Text.

28) In dieser ist nicht bloß, was man bei Leuwen findet, abgedruckt, sondern auch noch die ganze Hombergk'sche Uebersetzung mit ihren Supplementen und Varianten. — Zuletzt hat noch v. Savigny einige bisher nicht vollständig gedruckte Novellen, nemlich Nov. LXII. u. Nov. CIV., und Biener eine bis dahin unbekannte Bestimmung Justinian's aus einer Wiener Handschrift mitgetheilt; v. Savigny Zeitschrift für geschichtl. Rechtswissenschaft Bd. II. S. 100. Biener daselbst Bd. V. S. 338. — Ueber die Handschriften der Novellen s. Spangenberg Einleitung S. 568 ff.

den Occident Gültigkeit, wurden aber dennoch immer nur einzeln abgeschrieben, bei mancher Willkür und wesentlichen Auslassungen, was durch die damalige Zeit leicht erklärlich wird. So findet es sich noch zur Zeit der Glossatoren, welche sich zudem erst nach und nach die einzelnen Abschnitte des justinianeischen Rechtes verschafften, dabei aber besonders von den Novellen nur das herausnahmen, was ihnen für die damalige Praxis brauchbar zu sein schien [1]). Die einzelnen Abschnitte wurden dann auch einzeln abgedruckt, weshalb für jene Abschnitte die Ausgaben besonders angeführt werden mußten. Alles zusammen nannte man schon früh *corpus juris civilis* [2]), während jeder einzelne Abschnitt seinen früheren Titel behielt. Als eigentlicher Titel findet sich diese Bezeichnung für die Sammlungen des justinianeischen Rechtes erst durch Dionysius Gothofredus [3]), bei der zweiten Ausgabe seines glossirten corpus juris 1604, und

1) Das Studium der Glossatoren in Betreff des Römisch-justinianeischen Rechts, wie es selbst erst im 12ten Jahrhundert wieder erwachte (Heineccius antiqu. Roman. syntagm. p. 29.), hängt mit der practischen Gültigkeit des justinianeischen Rechtes in Italien zusammen. Bei einem so gänzlichen Verfall und unter fremden Nationen war bis dahin an ein Rechts-Studium wenig oder gar nicht zu denken, weshalb auch die Praxis in jener voraufgegangenen Zeit so sehr verkümmern und sich so mangelhaft gestalten mußte. Aber zu jener Zeit waren außer den Bestimmungen der justinianeischen Compilation die Anordnungen des Canonischen Rechtes für die damalige Praxis entscheidend, weshalb in Bologna mit dem Römischen auch das Canonische Recht studiert wurde. Die Päbste, als höchste geistliche Behörde hatten sich, wie in geistlichen so auch in weltlichen Angelegenheiten eine unbedingte Auctorität verschafft, ihre Bestimmungen bezogen sich auf die damalige Praxis und können demnach gewissermaßen als eine weitere Ausbildung des Römischen Rechtes, das selbst schon über kirchliche Angelegenheiten so verschiedene Bestimmungen enthielt, angesehen werden.

2) Vergl. Liv. III, 34. l. un. pr. C. de rei uxor. act. — Der Gegensatz bestimmte sich durch das *corpus juris canonici*.

3) Vergl. Mackeldey Lehrbuch d. heutig. Röm. Rechts §. 97.

seitdem ist jener Name in dem angegebenen Sinne allgemein üblich geworden, obwohl die Ordnung jener einzelnen Abschnitte sehr verschiedenartig blieb und nur in den neueren Ausgaben die gewöhnliche Ordnung der Institutionen, Pandecten, des Codex und der Novellen befolgt wird. Erst seit dieser Zeit finden sich Ausgaben des corpus juris in dem jetzt gewöhnlichen Sinne [4]), sowohl mit der Glosse als ohne diese, aber auch wieder zum Theil mit ganz verschiedenen Anhängen, wie sie theils schon von den Glossatoren, theils erst von den späteren Herausgebern herrühren, man wollte nemlich alles sonst dem Römischen Rechte Angehörige, was jedoch ohne practische Bedeutung war, möglichst zusammenfassen. Die glossirten Ausgaben zerfallen gewöhnlich in 5 Bände, die Pandecten als *digestum vetus* [5]), *infortiatum* [6]) und *novum* [7]) bilden die drei ersten Bände [8]), der vierte Band enthält die zunächst nur allein bekannt gewordenen 9 ersten Bücher des Codex als *codex repetitae praelectionis*, und endlich der fünfte, sogenanntes *volumen parvum*, die 3 letzten Bücher des Codex, die Novellen,

4) Vergl. auch hier Spangenberg Einleitung S. 650 ff. und indicis codicum et editionum juris Justiniani prodromus, cura J. L. G. Beck. 1823.

5) Lib. I. — Lib. XXIV. tit. 2.

6) Lib. XXIV. tit. 3. — Lib. XXXV. tit. 2. und zwar daselbst l. 82. bis zu den Worten *tres partes*. Später wurde diesem Abschnitt noch etwas von dem folgenden hinzugefügt, nemlich bis zum Ende des 38sten Buchs der Pandecten, woburch wahrscheinlich auch der Name jenes zuletzt erhaltenen Abschnittes der Pandecten entstanden ist.

7) Dieser Abschnitt umfaßte später alles Uebrige vom Lib. XXXIX — L. Die Literatur über diese Eintheilung siehe bei Mackeldey Lehrbuch des heutigen Römischen Rechts §. 100 a. Note 6, wozu jetzt hinzukommt: H. Kaulen de origine partitionis Digestorum in Digestum vetus infortiatum cum tribus partibus et digestum novum 1839. u. s. w.

8) Diese Eintheilung der Pandecten erhielt sich in fast allen Handschriften und Ausgaben bis zum 16ten Jahrhundert.

die libri feudorum und die Institutionen. Die libri feudorum, eine Sammlung longobardischer Lehnsgewohnheiten und kaiserlicher Lehnsgesetze, die Hauptquelle des damaligen und gegenwärtigen Lehnrechts, sind wohl nicht von Obertus ab Orto und Henricus Niger, sondern von einem anderen Rechtsgelehrten besonders aus ihren Schriften zusammengestellt, und den Novellen als zehnte collatio von Hugolinus de Presbyteris hinzugefügt [9]). Unter den Ausgaben mit der Glosse mögen hier noch eine 1549 und 1550 zu *Lyon apud fratres Sennetorios* erschienene Ausgabe, die von Ant. Contius Paris 1576, von Dionys. Gothofredus 1589, welche erst 1604 unter dem Titel corpus juris civilis und 1612 noch vermehrt und verbessert erschien, und besonders die von Joannes Fesius Lyon 1627 ausgezeichnet werden. Die nicht glossirten Ausgaben sind theils mit erklärenden Noten, theils enthalten sie nur den Text mit oder ohne Varianten. Zu ersteren gehören die von Russard [10]), Contius [11]), Charondas [12]), Pacius [13]), D. Gothofredus [14]); ausgezeichnet ist die von Simon van Leuwen [15]) und noch mehr die, welche von Schrader unter Beihülfe von Clossius und Tafel [16]) unternommen wurde. Unter den nicht mit Noten versehenen Ausgaben sind die bekanntesten die Amsterdamer aus der Elzevirischen Officin [17]), das *corpus juris civilis academi-*

9) Vergl. Bach histor. jurisprud. Roman. p. 587.

10) Zuerst Lyon 1560 und 1561, dann Antwerpen 1566 u. 1567. und wiederholt 1569 u. 1570.

11) Paris 1562, zu Lyon 1571 und 1581.

12) Antwerpen 1575.

13) Genf 1580.

14) Lyon 1583, 1590, dann Genf 1602. Lyon 1607, auch Genf 1614. Endlich Genf 1624. Auch später noch wiederholt herausgegeben. Von Gothofredus finden sich auch Ausgaben ohne Noten.

15) Zuerst Amsterdam 1663; und öfters nachgedruckt.

16) und später unter Beihülfe von Majer.

17) von 1664, 1681, 1687 und besonders 1700.

cum von Freiesleben[18]) und besonders die kritische Ausgabe von Gebauer und Spangenberg[19]). Unter den neuesten Handausgaben mit den wichtigsten Varianten verdienen noch die von Beck und den Gebrüdern Kringel[20]) bemerkt zu werden, nur ist bei der letzteren auf die Blume'sche Hypothese über die Reihenfolge der einzelnen Fragmente wie auf jene partes ein vielleicht zu großes Gewicht gelegt. — Zu den Anhängen des corpus juris gehören 1) 13 Edicte Justinian's, Localverfügungen über einzelne Städte und Provinzen. Sie sind wirkliche Novellen und verdienen mit mehr Grund einen Platz unter diesen, als jene einzelnen Bestimmungen von Justinian's Nachfolgern und jenen Eparchen. Theils als sogenannte Edicte, theils weil sie den Sammlern weniger bekannt waren, sind sie als Extravaganten in eine besondere Sammlung gebracht. Jedoch befinden sich 4 derselben in der Novellensammlung[21]). 2) 5 Constitutionen von Justin dem jüngeren, wovon 4 bereits der Novellensammlung angehören[22]). 3) 5 Constitutionen von Tiber, wovon aber die 4te fehlt. Auch diese sind in die Novellensammlung aufgenommen[23]). 4) Noch an-

18) von 1721, 1734 und öfters.

19) von 1776 und 1797.

20) Nach dem Tode beider fortgesetzt von Herrmann und Osenbrüggen.

21) Zuerst griechisch mit den Novellen Justinian's und denen des Kaisers Leo, von Scrimger 1558, welche von Agyläus lateinisch übersetzt wurden 1560. Gewöhnlich finden sie sich nur lateinisch, seltener griechisch und lateinisch. Edict 1 ist Nov. VIII., Edict 5 Nov. CXI., Edict 6 Nov. CXXII., Edict 9 endlich Nov. CXXXVI.

22) Die fünfte, der Zahl nach die dritte, enthält nur eine Bestätigung der Nov. CLIV. Griechisch zuerst mit den Novellen Justinian's von Scrimger 1558 herausgegeben, sind sie ebenfalls von Agylaeus übersetzt 1560. Auch diese finden sich gemeinhin nur lateinisch, seltener griechisch und lateinisch.

23) Ebenfalls diese sind von Scrimger griechisch herausgegeben und von Agylaeus übersetzt worden. Seltener finden sie sich griechisch

dere Constitutionen von Justinian, Justin dem jüngeren und Tiber[24]). 5) 113 Novellen des Kaisers Leo als eine von diesem Kaiser selbst veranstaltete Sammlung von Bestimmungen, welche von ihm in den Jahren 887 — 893 für den Orient erlassen waren und wodurch manches vom justinianeischen Rechte geändert wurde. 6) Eine Constitution von Zeno *de novis operibus.* 7) Eine Menge kaiserlicher Bestimmungen von verschiedenen nach=justinianeischen Kaisern, unter dem Namen: *βασιλικαι διαταξεις* oder *imperatoriae constitutiones.* 8) *canones sanctorum et venerandorum apostolorum.* 9) Die *libri feudorum.* 10) Einige Constitutionen des deutschen Kaisers Friedrich II., aus welchen insbesondere die authenticae Fridericianae zum justinianeischen Coder genommen wurden. 11) Zwei Verordnungen Heinrichs VII. über das crimen laesae majestatis und über die rebelles, gemeinhin unter dem Namen *extravagantes,* welche von Einigen als eine 11te collatio genannt werden. 12) Das *liber de pace Constantiae,* die Urkunde über den Costnitzer Frieden, welchen der deutsche Kaiser Friedrich I. mit den verbündeten Städten der Lombardei schloß. In manchen Ausgaben finden sich auch

---

und lateinisch, gewöhnlich nur lateinisch; const. 2 ist Nov. CLXIV., const. 3 Nov. CLXI., const. 5 Nov. CLXIII.

24) Dahin gehört die von Justinian 554 erlassene *pragmatica sanctio,* welche mit den Worten *Pro petitione Vigilii* beginnt und eine Bestimmung *de colonis et adscriptitiis,* ferner eine Bestimmung Justin's *de filiis liberarum,* welche nach Africa gesandt wurde und ein sogen. *sacrum pragmaticum* des Kaisers Tiber, welches eine Bestätigung jener Bestimmung von Justin enthält. Alle finden sich nur lateinisch und sind durch den Antecessor Julian aufbewahrt. — Manche einzelne Constitutionen des Kaisers Justinian hat noch Cujacius aus den Basiliken restituirt, manche kirchliche Bestimmung dieses Kaisers findet sich in den kirchenrechtlichen Sammlungen vergl. Bach histor. jurisprud. Roman. pag. 590 u. 591. Brunquell histor. jur. pag. 287.

noch Fragmente von den 12 Tafeln, des prätorischen Edicts, und aus mehreren Römischen Rechtsgelehrten z. B. Gajus, Paulus und Ulpian, selbst sogar die goldene Bulle des deutschen Kaisers Carl IV.

§. 52.

Vom Rechtsunterricht.

Ein öffentlicher Unterricht [1]) auf öffentlich eingerichteten Universitäten kommt erst unter den späteren Kaisern vor und nur für die letzte Periode läßt sich über diesen ein zusammenhängendes Bild entwerfen. Bis dahin war der Unterricht ein bloßer Privatunterricht, der dem Einzelnen überlassen blieb und dieser war noch zur Zeit der classischen Juristen der alleinige [2]). Erst

1) Vergl. überhaupt Bach histor. jurisprud. Roman. p. 541 sq. Heineccius antiqu. Roman. syntagm. pag. 29 sq. und pag. 254 sq. Hellfeld histor. jur. pag. 205 sq. Hugo Gesch. des Römischen Rechts S. 1008 ff. Schweppe Römische Rechtsgesch. und Rechtsalterthümer §. 127 ff. Zimmern Gesch. des Römisch. Privatrechts §. 68 ff.

2) Diese frühere Zeit ist von der späteren zu unterscheiden, nicht allein deshalb, weil wir über die Art des Unterrichts und so manches Einzelne in Ungewißheit sind. Während in der ältesten Zeit eigentlich wohl nur die Angeseheneren eine genauere Kenntniß des Rechtes besaßen, verbreitete sich diese bei einem späteren Bedürfniß so allgemein, daß sie bei jedem ohne Unterschied angenommen werden konnte. Tiberius Coruncanius war der Erste, der für jedermann das Recht privatim docirte, und nach seinem Beispiele lehrte jeder, der sich durch Kenntniß und Fähigkeiten dazu berufen fühlte, wie die Beispiele zur Zeit der freien Republik, die Schulen seit August und noch das Zeitalter der classischen Juristen hinreichend beweisen. Labeo lehrte die Hälfte des Jahres, Sabinus wurde von seinen Schülern unterhalten u. s. w. Grade die öffentlichen Respondenten lehrten häufig das Recht, was gewiß zu jeder Zeit dem Mann vom Fach in einem hohen Grade zur Ehre gereichte, Cic. Brut. 41. Der Unterricht war ein Freundschaftsdienst, wenigstens auf

für die letzte Periode entstand das Bedürfniß von Staats wegen für den Unterricht Sorge zu tragen, es finden sich vom Staat eingerichtete Lehranstalten und nachdem nur durch diese die eigentliche Bildung verbreitet werden konnte, mußte eben von Kaiser Justinian bei seiner neuen Compilation auch auf die Verbesserung des Rechtsunterrichts Rücksicht genommen werden. Unter den im Römischen Reiche vorhandenen mehreren hohen Schulen [3]) war eigentlich wohl nur in Rom, dann Constantinopel, dem neuen Rom, und in Beryt [4]) für einen eigentlichen

---

Entrichtung eines Honorars konnte nicht geklagt werden, l. 1. §. 5. und 8. D. de extraord. cogn.; wiewohl dennoch der Lehrer von seinen Zuhörern honorirt zu werden pflegte; und schon zur Zeit der classischen Juristen waren die Rechtslehrer in Rom, *juris civilis professores*, frei von Uebernahme der Tutel und Curatel, l. 6. §. 12. D. de excusat. Grade schon früh beförderte eben das Studium des Rechts im Staatsdienst zu den höchsten Aemtern und Ehrenstellen, wozu man sich durch Grammatik, Rhetorik und besonders Philosophie von jeher vorbereitete, Cic. Brut. 90. Suet. de clar. rhetor. 1. u. 2. Großen Einfluß für die frühere Zeit erlangte die griechische Literatur und wer nach Höherem strebte, suchte sich im Auslande die erforderliche Vorbildung zu verschaffen, Cic. in Brut. 91. ad famil. IV, 7. VII, 3. Wie in diesen Zeiten gelehrt wurde, bleibt freilich außer vielem anderen zweifelhaft; sicher bezog sich jedoch der Rechtsunterricht nur auf das geltende Recht, früher insbesondere auf die 12 Tafeln, dann auch auf das prätorische Edict, Cic. de leg. I, 5. II, 23.; und zur Zeit der classischen Juristen bildete gewiß auch für den Unterricht jenes *edictum perpetuum*, wie noch bis auf die neueste Zeit die eigentliche Grundlage. Aber der Unterricht selbst mußte in den verschiedenen Zeiten bei verschiedener Bildung der Juristen ein verschiedener sein.

3) Vergl. Heineccius antiquit. Romanar. syntagm. p. 255 sq.

4) Nur diese 3 juristischen Hochschulen bestanden wie früher, so auch zu Zeit Justinian's. Dieser Kaiser bestätigte die vorhandenen mit dem ausdrücklichen Verbot, anderswo die Rechte zu studieren, const. ad antecessores §. 7. Alexandrien, Caesarea u. s. w., welche der Kaiser gleichzeitig erwähnt, aber bei Strafe verbietet, waren wohl nicht

Rechtsunterricht gesorgt, über die eigentliche Einrichtung jener Lehranstalten finden wir jedoch nur einzelne, im ganzen unzusammenhängende, Nachrichten. Die Lehrer hießen nicht wie früher juris professores, sondern gewöhnlich *antecessores*, wie sie noch von Justinian genannt werden. Als solche wohl *disertissimi* genannt, auch *facundissimi*, gelangten grade sie nicht selten zu höheren Ehrenstellen, namentlich seit Theodos I. nach einer 20jährigen Dienstzeit zur *comitiva primi ordinis*, und wohl deshalb heißen sie *clarissimi* und *illustrissimi* [5]). In Rom, wo eben schon früh das Römische Recht wenigstens gelehrt wurde, blühete die Rechtsschule unter den christlichen Kaisern. Zur Zeit des Theodos scheinen nur 2 Rechtslehrer neben vielen anderen Lehrern [6]) vorhanden gewesen zu sein, welche öffentlich besoldet und im Capitol ihre öffentlichen Auditorien hatten. Diese blieben, wie es scheint, bis zur Herrschaft der Gothen, welche wahrscheinlich nur einen Rechtslehrer für Rom ließen. Als die justinianeische Compilation besorgt wurde, war Rom noch unter fremder Herrschaft, weshalb Niemand aus Rom zu dieser berufen werden konnte [7]). Von dem ostgothischen König Athalarich wird in seiner 534 erlassenen Verordnung, daß den Professoren der Gehalt gehörig gezahlt werden solle, auch des Rechtslehrers gedacht [8]) und noch im 5ten und 6ten Jahrhundert war Rom ein Sammelplatz für

---

eigentlich Universitäten, sondern Orte, wo das Recht von Unerfahrenen, und wie wir annehmen können, ohne weitere Auctorität privatim gelehrt wurde.

5) Schon die Römischen Professoren aber waren *magistri*.

6) Unter den sonstigen öffentlichen Lehrern waren 3 für Rhetorik, 10 für griechische Grammatik und eben so viele für lateinische Grammatik, außerdem aber 5 griechische Sophisten und 1 Philosoph angestellt.

7) Mit Unrecht hat man das Gegentheil aus const. ad antecessores §. 7. ableiten wollen, weil daselbst bestimmt wird, daß wie in Berytus, so *in regiis urbibus* nur das Recht gelehrt werden solle.

8) Cassiod. Var. IX, 21. und X, 7.

Studierende der Rechte. Dabei wissen wir aber nichts von späteren Einrichtungen dieser Lehranstalt, auch nichts darüber, ob sie von Justinian aufs Neue organisirt sei, nur befiehlt auch dieser Kaiser, daß den dortigen Rechtsgelehrten die übliche Besoldung ausgezahlt werden soll [9]) und auch noch für spätere Zeiten blieb diese Lehranstalt erhalten. In Constantinopel scheint um 414 noch kein öffentlicher Rechtslehrer gewesen zu sein [10]) und sie erst unter Theodos dem jüngeren ihre eigentliche Organisation erlangt zu haben [11]), wenigstens erlangte von diesem Kaiser neben anderen Professoren auch der Jurist Leontius die comitiva primi ordinis, welche von jetzt nach einer 20jährigen Dienstzeit erworben werden soll, und die Zahl der Rechtslehrer wird auf 2 festgesetzt. Allein daß die Zahl der Rechtslehrer später vermehrt worden sei, läßt sich nicht bezweifeln, da sowohl aus Constantinopel, wie aus Beryt, also von jeder der damaligen Lehranstalten 2 Antecessoren von Justinian zu seiner Compilation berufen wurden, während doch nicht alle Rechtslehrer abgerufen werden konnten und wenigstens 8 Professoren dieser Lehranstalten in Justinian's Verordnung ad antecessores namentlich erwähnt werden. Auch in Constantinopel wurde in öffentlichen Hörsälen gelehrt und in diesen die Vorlesungen zu halten von Theodos und Valentinian ausdrücklich befohlen, aber allen Nichtangestellten nur ein Privatunterricht gestattet [12]). Die Universität zu Constantinopel blühete unstreitig am längsten. Beryt war bereits

9) In der sanct. pragmatic. c. 22.

10) l. 16. C. Th. de profess. et medic. l. 11. C. u. l. 17. C. Th. eod.

11) Vergl. tit. Cod. Th. de professoribus qui in urbe Constantinopolitana docentes ex lege meruerint. l. 3. C. Th. de stud. liberal. urbis Rom. et Constantinopol. l. un. C. eod. Einzelne weniger erhebliche Bestimmungen finden sich schon in l. 1. u. 2. C. Th. eod.

12) l. 3. C. Th. de stud. liberal. l. un. C. eod. l. ult. C. Th. de oper. public.

gegen Ende des dritten Jahrhunderts als Rechtsschule in großem Ansehen [13]), ohne daß wir über die damaligen Einrichtungen dieser Hochschule und über den Grund ihrer Blüthe irgend etwas Genaueres erfahren. Auch wohl für Beryt wurde die spätere Organisation der Universitäten entscheidend und daurend blieb diese Schule in großem Ansehen [14]). Von dort wurden Lehrer für die justinianeische Compilation berufen und das schöne Beryt als *legum nutrix* für den Rechtsunterricht von Justinian erhalten. Zwar hatte es sich nach einem Erdbeben, welches die Universität unter Constantius in der Mitte des vierten Jahrhunderts erlitt [15]), wiederhergestellt, aber im 28sten Jahre der Regierung Justinian's unterlag es demselben Schicksal und dann wurde die kaum neu erbaute Stadt durch Brand gänzlich zerstört [16]), was auch der Universität wohl für immer ein Ende machte. Für eine spätere Zeit war der Unterricht auf den verschiedenen Universitäten, wie es scheint, übereinstimmend. Er erstreckte sich auf das geltende Recht und aus diesem Grunde bildete vor Justinian das *edictum perpetuum* auch für den Unterricht die eigentliche Grundlage [17]), wobei im einzelnen nur durch kürzere Auszüge eine zweckmäßigere Uebersicht verschafft wurde. Allein durch die zahllosen Veränderungen im Rechte bis auf Justinian war von jener Grundlage so vieles unpractisch geworden, von dem vielen wurde

13) l. 1. C. qui aetat. vel profess. se excus.

14) Darin stimmen die verschiedenen Angaben der Zeitgenossen völlig überein.

15) Cedren. Annal. p. 299.

16) Agath. hist. Just. II. p. 51. Anthol. ep. I, 19.

17) Man hat hier so ganz ohne Grund nicht an jenes edictum perpetuum selbst, als vielmehr insbesondere an jenen Commentar Ulpian's über dieses denken wollen. In der hierher gehörigen Quelle ist nur von ersterem die Rede, welches noch bis auf die neueste Zeit das geltende Gesetzbuch blieb, ungeachtet bisher so vielfache Veränderungen getroffen waren.

nur einzelnes für den Unterricht benutzt, dieses unvollständig und nicht in der gehörigen Ordnung. Der Unterricht bestand in exegetischen Erklärungen des Textes, worüber die Paraphrase des Theophilus für die Zeit des Kaisers Justinian den Beweis liefert [18]), aber es wurde nicht das gesammte Recht erklärt, vielmehr mußte manches dem Privatstudium auf den Universitäten überlassen bleiben, besonders wohl bei unzureichender Anzahl von Lehrern. Zum Studium war ein Quinquennium festgesetzt, jedoch blieben die beiden letzten Jahre dem Privatstudium überlassen [19]) und in dieser Hinsicht finden wir von Diocletian und Maximian für Beryt die besondere Erlaubniß, daß die Studierenden der Rechte bis zu ihrem 25sten Jahre nicht zu anderweitigen Geschäften abgerufen werden sollen [20]). Regelmäßig mochte aber das Studium mit dem 15ten Lebensjahr beginnen, demnach mit dem 20sten beendigt werden, weshalb Valentinian der früheren Sitte gemäß verordnete, daß nur bis zum 20sten Jahre studiert werden solle [21]). Ueber den früheren Lehrplan gibt ebenfalls Justinian die genauere Aus-

18) Daß der Rechtsunterricht auf jenen eingerichteten Universitäten je ein anderer gewesen, läßt sich kaum annehmen. Das Einzelne mochte dem Texte nach von den Studierenden vorgelesen, auch ins Griechische übersetzt werden, wobei die erforderlichen Bemerkungen von den Lehrern hinzugefügt wurden. Wenigstens ist dies nach den Ausdrücken Justinian's das Wahrscheinlichere.

19) Dabei wurden 4 Jahre auf jene *antiqua jurisprudentia*, das edictum perpetuum und die Schriften der älteren Juristen verwandt (const. Omnem §. 1. in fin.), um das noch Brauchbare aus diesen kennen zu lernen, so daß das letzte Jahr mit dem Studium der kaiserlichen Constitutionen zugebracht wurde (prooem. J. §. 3.). Theophilus freilich spricht nur von 3 Jahren, aber mit Rücksicht auf den wirklich ertheilten Unterricht.

20) l. 1. C. qui aetat. vel profess. se excus.

21) l. 1. C. Th. de stud. liber. Vergl. l. 3. §. 5. D. ub. pupill. educ. P. Aegineta Lib. I. c. 14. l. 21. §. ult. D. de annuis legat.

kunst [22]). Im ersten Jahre wurden die Institutionen des Gajus erklärt [23]), zugleich in 4 libri singulares die Lehre von der Ehe, von der Vormundschaft, von den Erbschaften und Legaten vorgetragen, weil diese Lehren erst später im edictum perpetuum vorkamen und in der nur dreijährigen Lehrzeit nicht mehr der Quelle nach in Betracht gezogen wurden [24]). Hierbei bemerkt Justinian, sei vieles unzusammenhängend vorgetragen, manches als überflüssig übergangen, nur einzelnes, aber viel Unnützes zusammengestellt [25]). Die Studierenden hießen in diesem Jahre *dupondii* [26]). Im

22) const. Omnem reipublic.

23) Daß für diese früher die *libri tres de jure civili* von Sabinus benutzt sind, ist eine unbegründete Hypothese.

24) Es ist völlig unbegründet, wenn man annimmt, daß man hier aus des Sabinus libri tres de jure civili dem Edict ganz fremdartige Lehren bei dessen Erläuterung als Einschiebsel und Ergänzungsmaterien mitnahm und als einen eigentlichen Nachtrag zum Edict. Es verräth dies eine Unkenntniß des edictum perpetuum, welches nicht bloß das prätorische Recht, sondern das gesammte zu Hadrian's Zeit geltende Recht enthielt in derselben Anordnung, wie die justinianeische Compilation. Unstreitig waren jene *libri singulares*, wie sie diesemgemäß sich noch bei Justinian's neuer Anordnung vorfinden, zum Zweck des Unterrichts angefertigte Auszüge, mochten auch sie von den Studierenden bei gleichzeitigen Erklärungen der Lehrer gelesen werden oder nur als solche von den Lehrern der Uebersicht wegen mitgetheilt worden sein.

25) Dieses alles bemerkt Justinian ausdrücklich in const. Omnem §. 1. Um seine desfallsigen Bemühungen noch glänzender zu machen, bemerkt er gleich anfangs, wie bis dahin von 2000 Büchern und 3,000,000 Reihen nur 6 Abschnitte, welche ebenfalls *libri* genannt werden, aber in der That nur die halbjährigen Vorlesungen sind, in großer Unordnung und mit wenig Brauchbarem, dabei völlig unzureichend und mangelhaft vorkamen.

26) const. Omnem §. 2. Ueber die Erklärung dieses von Justinian selbst als unpassend und lächerlich bezeichneten Namens siehe meine Schrift de ordin. et histor. Digestorum p. 526. Unsere Bezeichnung Füchse ist wenigstens damit vergleichbar.

zweiten Jahre wurde das *edictum perpetuum* erklärt, und zwar mit der *pars πρωτα* begonnen, wobei Justinian die Reihenfolge tadelt, in welcher das Einzelne gelehrt wurde, auch den Unterricht selbst, da unzusammenhängend nur Einzelnes und manches Unnütze herausgenommen werde. Dann wurde noch für dasselbe Jahr die nachfolgende *pars de judiciis* oder *de rebus*, oder vielmehr Einzelnes ohne Zusammenhang ausgewählt, was nach Justinian's Meinung weniger brauchbar, aber so vieles als zum Unterricht unbrauchbar übergangen, wozu namentlich 7 Bücher in der *pars de rebus* gehörten [27]). Die Studierenden hießen in diesem Jahre *edictales* [28]). Im dritten Jahre wurde erklärt, was in der *pars de judiciis* und *de rebus* übrig gelassen war, was sich abwechselnd auf die eine oder andere pars bezog, und zugleich zu Papinian's *responsa* übergegangen, es wurden aber von 19 Büchern nur 8 gelesen, auch aus diesen nur weniges, dabei abgekürzt und unbefriedigend [29]). Vom Papinian hatten die Studierenden in diesem Jahre den Namen *papinianistae* [30]). Damit war der Unterricht beendigt und jedes weitere Studium blieb dem fortdauernden Fleiß des Einzelnen, nemlich dem Privatstudium auf Universitäten, überlassen. Es lasen regelmäßig im vierten Jahre die Studierenden die *responsa* des Paulus, freilich wieder unvollständig und ohne Zusammenhang, zu Hause und für sich. Damit war die Kenntnißnahme von dem älteren noch geltenden Civilrecht beendigt [31]), während nur noch im fünften Jahre auch vor Justinian die Studierenden jene kaiserli-

27) const. Omnem §. 1.
28) const. Omnem §. 3.
29) const. Omnem §. 1.
30) const. Omnem §. 4.
31) const. Omnem §. 1. in fin.

chen Constitutionen für sich lasen [32]). Wohl nur weil sie ungebunden und für sich studierten, wurden sie im vierten Jahre λυται, und im fünften προλυται, genannt [33]). Justinian seinerseits hat den Lehrplan im Wesentlichen verändert und verbessert, gleichzeitig manche Disciplinaranordnungen hinzufügt [34]). Im ersten Jahre sollen statt der Institutionen des Gajus die vom Kaiser Justinian verfaßten Institutionen gelesen und erklärt werden, außerdem an Stelle jener 4 libri singulares, welche die späteren Lehren des edictum perpetuum betrafen, mit der *pars πρωτα* der Pandecten begonnen werden [35]), zugleich die Studierenden in diesem Jahre nicht mehr mit ihrem unpassenden und lächerlichen Namen, sondern von ihrem kaiserlichen Lehrer *Justiniani novi* genannt werden [36]). Im zweiten Jahre, für welches die frühere Benennung der Studierenden beibehalten wurde, soll entweder die pars *de judiciis* oder *de rebus*, unstreitig nach dem früheren Lehrplan, aber ganz gelesen werden; ebenfalls nach dem früheren Lehrplan jedoch erst in diesem Jahre in 4 libri singulares, mithin in kurzen Auszügen, über die ebenfalls in den Pandecten später vorkommenden Lehren, nemlich die Ehe, die Vormundschaft, die Erbschaften und Vermächtnisse, welche auch jetzt nicht der Quelle nach erklärt werden konnten, das Erforderliche vor-

---

32) prooem. J. §. 3.

33) const. Omnem §. 5. Vergl. meine Schrift de ordine et histor. Digestor. p. 459. Die Erklärung dieses Namens, wie sie sich auch bei Heineccius findet (antiqu. Romanar. syntagm. p. 32.), als seien die Studierenden bereits in diesen Jahren im Stande die Schwierigkeiten der Gesetze zu lösen, dürfte weniger für sich haben.

34) const. Omnem §. 9. u. 10.

35) Daß hierbei durch die pars πρωτα für jene libri singulares ebenfalls 4 Bücher substituirt wurden, ist gewiß zufällig.

36) const. Omnem §. 2.

getragen werden [37]). Im dritten Jahre soll dann die *pars de judiciis* oder *de rebus*, welche von beiden im zweiten Jahr übrig gelassen war, nach dem früheren Vorgange nachgeholt werden, aber statt Papinian's responsa, von dem die Studierenden auch jetzt noch für das dritte Jahr ihren Namen beibehielten, diese das noch dem Obligationenrecht hinzugefügte 20ste, 21ste und 22ste Buch der Pandecten lesen. Mit dem Namen soll das Andenken an Papinian erhalten bleiben, ihm zu Ehren der Anfang der Titel zunächst mit Excerpten aus Papinian's Schriften beginnen und dabei das früher beim Beginnen mit seinen Schriften gefeierte Fest auch ferner beibehalten werden [38]). Im vierten und fünften Jahre blieben die Studierenden auch jetzt noch sich selbst überlassen, während sie die früher üblichen Namen beibehielten [39]), aber statt der dürftigen Lectüre von des Paulus responsa, sollen sie lieber durch das Nachlesen des aus der 4ten und 5ten pars nur summarisch Mitgetheilten sich eine gründlichere Rechtskenntniß bei eigenem Fleiße verschaffen [40]). Für das fünfte Jahr blieb dann dem Privatstudium noch besonders das Lesen der kaiserlichen Constitutionen, wie früher, übrig, von Anfang bis zu Ende nach dem justinianeischen Codex [41]). Von den Pandecten wurden somit nur die ersten 36 Bücher studirt, für das Nachfolgende genügte die Uebersicht in den Institutionen keineswegs [42]), weshalb das hinter-

37) const. Omnem §. 3. Genau genommen heißen sie *de dotibus, de tutelis et curationibus, de testamentis de legatis et fideicommissis.*

38) const. Omnem §. 4.

39) const. Omnem §. 5.

40) const. Omnem §. 5. cit.

41) const. Omnem §. 5 und 6.

42) Da in den Institutionen nichts vom Criminal-Recht und dem öffentlichen Rechte vorkam. Wieviel von den Lehrern über diese Gegenstände schon bei den Institutionen vorgebracht werden konnte, muß dahingestellt bleiben.

herige Lesen jener späteren Abschnitte den Studierenden auch von Justinian ausdrücklich ermpfohlen wird [43]).

---

43) const. Omnem §. 5. Jedenfalls war in Betreff des Unterrichts von Justinian vieles verbessert, wenn auch noch manches zu wünschen übrig blieb. Zur Zeit der Glossatoren war bereits jener gesetzlich vorgeschriebene Lehrplan schon längst nicht mehr beachtet, und wegen jenes früheren Nichtgebrauchs auch von diesen als nicht mehr verbindlich erachtet (v. Savigny Zeitschrift für geschichtl. Rechtswissenschaft Bd. V. No. 2). Von ihnen wurde das gesammte Römische Recht, so weit es brauchbar schien, auf eine eben nicht so verschiedene Weise erklärt.

Anhang.

Fortbildung des Römischen Rechtes seit Justinian bis auf unsere Zeiten.

§. 53.

Uebersicht.

Während im Orient das justinianeische Recht, freilich nur in einem höchst untergeordneten Sinne, sich bis zu der Zeit fortbildete, wo derselbe von den Türken erobert wurde [1]) und dabei durch neue Redactionen des geltenden und zerstreuet liegenden Rechtes für die unmittelbare Anwendung gesorgt werden mußte [2]), hat sich dieses im Occident und für Italien, nachdem auch hier durch Justinian dasselbe zur Anwendung gebracht wie in den

1) Auch in diesem langen Zeitraum entwickelte sich das Römische Recht fast nur durch die Auctorität der späteren Römisch-griechischen Kaiser. Die Arbeiten der Juristen waren im Ganzen sehr unerheblich und sind, wie schon vor Justinian, bloße Zusammenstellungen des geltenden Rechtes, welche sich zunächst grade auf das justinianeische Recht beziehen.

2) Am wichtigsten in dieser Hinsicht ist die Compilation der Basiliken, welche mit dem justinianeischen Rechte auch die späteren abändernden Bestimmungen aufnahm, demnach auch vielfach zur Herstellung des justinianeischen Rechtes benutzt werden kann.

Schulen gelehrt wurde [3]) daurend behauptet. Unter den Longobarden und Franken hat das justinianeische Recht unverändert seine Anwendung behalten [4]), wiewohl unter jenen fremden Völkern bei einem gänzlichen Verfall der Künste und Wissenschaften an eine eigentliche Fortbildung des Rechtes nicht füglich zu denken war, man sich auf das Nothwendigste beschränkte, unter dem wirklich Geltenden das mehr Brauchbare auszuwählen suchte, wodurch wesentliche Mängel wie in den Abschriften jener Sammlungen, so für die Anwendung entstehen mußten. Der Codex und die Novellen erlangten ein viel größeres Ansehen, als die Digesten, und auch von jenen wurde manches als unbrauchbar fortgelassen [5]). Unter der Herrschaft der Franken ist auch das *breviarium Alaricianum* für Italien zur Anwendung gebracht und für Italien neu bearbeitet worden [6]). Allein als die Grundlage der italienischen Praxis erscheint auch später noch das Römisch-justinianeische Recht, das für Italien durch die Anordnungen der Päbste, welche aus den

3) Nemlich nach Besiegung der Ostgothen in Italien im Jahr 554. const. pragmat. pr. petit. Vigilii §. 11.

4) v. Savigny Geschichte d. Römisch. Rechts im M. A. Band I. II. vergl. Mackeldey Lehrbuch d. heutig. Röm. Rechts §. 75.

5) Auf diesem Wege erklären sich die schon oben erwähnten Mängel jener Abschriften des justinianeischen Rechts und in demselben Geiste ist von den Glossatoren bei sonstigem Eifer für das Studium des Römischen Rechts besonders in den Novellen manches als unbrauchbar übergangen, nachdem ihre Bemühungen nur auf die unmittelbare Anwendung gerichtet sein konnten. Wie sehr übrigens der rechtliche Zustand vor den Glossatoren gesunken war, zeigt der Umstand, daß der Schule jener Glossatoren die Theile des justinianeischen Rechtes erst nach und nach bekannt wurden.

6) z. B. im *codex Utinensis* zuerst von Canciani leges Barbar. Vol. IV. p. 463. herausgegeben, findet er sich auch in Walter corp. jur. Germanici antiqui Bd. IV. S. 470. Vergl. auch v. Savigny Geschichte des Röm. Rechts im M. A. Bd. I. S. 363 und Bd IV. S. 470.

früheren Bischöfen hervorgegangen jetzt unabhängig von weltlicher Macht die höchste Gewalt in sich vereinigen [7]), eine vielfache Erweiterung, aber auch Veränderung erlangte. Gewissermaßen eine neue Fortbildung gewann das damals geltende Recht durch das Studium und die Interpretation der Glossatoren seit dem 11ten oder 12ten Jahrhundert, indem mit dem von neuem erwachenden Studium des Alterthums sich neue Kräfte dem geltenden Rechte, dem Römischen wie dem Canonischen, zuwandten. Die hohe Schule von Rom war zuerst nach Ravenna und von dort nach Bologna verlegt worden, wo von jenen Glossatoren das Römische Recht mit neuem Eifer gelehrt wurde. Bologna erlangte bald zu einer Zeit, wo Bildung und geistige Cultur überall so sehr in den Hintergrund getreten war, die größte Bedeutung und auch im Auslande das höchste Ansehen. Studierende aus allen Ländern, namentlich auch aus Deutschland, versammelten sich auf jener Universität in Menge und das Gedeihen derselben mußte durch die vom Kaiser Friedrich I. sowohl für die Lehrer als die Lernenden angeordneten Begünstigungen in einem hohen Grade gefördert werden [8]). Nur hier konnten zahlreiche Deutsche durch gelehrte juristische Bildung

7) Vergl. Dabelow Gesch. sämmtl. Quellen 5te Abth. §. 21.

8) Dies geschah durch die sogenannte *authent. Habita* vom Jahr 1153, welche wörtlich als auth. ad l. 5. C. ne fil. pr. patre bekannt ist. Bei der Herrschaft des deutschen Kaisers Friedrichs I. über Italien wurde seine zu Gunsten der hohen Schulen erlassene Bestimmung auch für Bologna entscheidend und seine Bestimmungen, wie die Friedrichs II., konnten mit Recht als für Deutschland wichtig dem geltenden Römischen Rechte einverleibt werden, weshalb sie als sogenannte *authenticae Friedericianae* dem Codex eingeschaltet sind. Mit Zuziehung der geistlichen und weltlichen Großen hatte Friedrich I. bestimmt, es sollten alle Lehrende und Lernende in besonderem kaiserlichen Schutze stehen, eine ihnen zugefügte Beleidigung schwer bestraft, kein Schade ihnen zugefügt werden. Dabei war den Lernenden die Wahl gelassen, ob sie vor ihren Lehrern oder dem Bischof des Orts belangt werden wollten. Vergl. Hugo Literairgeschichte §. 81

zu ihrem künftigen Beruf unbedingte Brauchbarkeit erlangen, welche zurückgekehrt zu den höchsten Ehrenstellen befördert wurden [9]) und in ihrem Wirkungskreise, bei dem so großen Mangel einheimischer Rechts-Grundsätze, das Römische wie das Canonische Recht zur Anwendung brachten. So befestigte sich die Anwendung jener fremden Rechte für Deutschland anfangs nur durch Gewohnheit [10]), bis durch Einrichtung des Reichskammergerichtes [11]) diese fremden Rechte als die bereits geltenden ausdrücklich bestätigt wurden [12]), seit welcher Zeit dann auch die niederen Gerichte in den einzelnen deutschen Territorien dem Beispiele des höchsten Gerichtes von selbst folgten [13]). Nach

9) Besonders wurden diejenigen nach deutscher Sitte zu den höheren richterlichen Stellen berufen, welche in Bologna bereits die juristische Doctorwürde erlangt hatten.

10) Nemlich seit dem Anfange des 13ten Jahrhunderts.

11) im Jahr 1495.

12) Die Beisitzer des Gerichtes sollen nach des Reichs und gemeinen Rechten richten, worunter man das Römische und Canonische Recht verstand. R. K. G. O. v. 1495. §. 3. Vergl. auch die R. H. R. O. von 1654. Tit. 1. §. 15. und J. R. A. §. 105. Die deutschen Regenten konnten der Anwendung des Römischen Rechtes auch abgesehen von besonderem Interesse, das man ihnen untergelegt hat, am wenigsten hinderlich sein, da es einer fortschreitenden Bildung völlig entsprach und die einheimischen Rechtsgrundsätze bald unzureichend wurden. Ob das Ansehen der Geistlichen, für welche die kirchlichen Bestimmungen der Päbste schon früher entscheidend waren, der Reception des Römischen Rechtes förderlich gewesen sei, mag dahin gestellt bleiben; aber auch die verbreitete Ansicht, als wenn das deutsche Reich nur eine Fortsetzung des Römischen, in welchem Sinne Kaiser Maximilian z. B. im R. A. v. 1494 Constantin und Justinian seine Vorfahren im Reiche nennt, mag wenigstens für die Einführung des Römischen Rechtes in Deutschland nicht so erheblich gewirkt haben.

13) Dies geschah um so mehr, als die Gerichte in den einzelnen Ländern nur nach dem Muster des Reichsgerichtes angeordnet wurden. Vergl. auch in Betreff der verschiedenen Ansichten über die Einführung des Römischen Rechts in Deutschland: Spangenberg Einleitung S. 111 ff.

diesem war die Anwendung des Römischen Rechtes für Deutschland nicht mehr zweifelhaft, schon früh wurden in Deutschland und sonst Universitäten nach dem Muster der italienischen eingerichtet [14]), wo das Römische wie das Canonische Recht studiert wurde [15]) und welche der unmittelbaren Anwendung in den verschiedenen Ländern zu Hülfe kamen. Das Zeitalter der Glossatoren reicht bis zur Mitte des 14ten Jahrhunderts; die nachfolgende Zeit tritt gegen die Leistungen der Glossatoren nicht wenig in den Hintergrund, und man begnügte sich mit dem, was bereits die Glossatoren überlieferten. Seit der Mitte des 15ten Jahrhunderts gedieh unter manchen äußeren Einflüssen das Studium des Alterthums, indem die nächste Sorgfalt auf Herstellung der Quellen des Römischen Rechtes verwandt wurde. Eine mehr wissenschaftliche Bearbeitung des Römischen Rechts verbreitete sich seit der Mitte des 16ten Jahrhunderts, in Spanien, Frankreich [16]), der Niederlande und in Deutschland blühete eine berühmte Rechtsschule, welche mit regem Eifer, besonders durch Critik und Exegese, einem gründlichen Studium Eingang verschaffte. Die Rechtswissenschaft in Deutschland trug immer mehr den Sieg davon, besonders seit Thomasius in der Mitte des 17ten Jahrhunderts, während die italienischen Hochschulen und die des sonstigen Auslandes immer mehr in den Hintergrund traten und nur in der Niederlande sich das Studium des Römischen Rechtes einigermaßen behauptete. Die Behandlung übrigens war zu den Zeiten der Glossa-

---

14) Schon im 13ten Jahrhundert waren zu Montpellier und Paris Universitäten. Im 14ten Jahrhundert wurden Prag, Wien, Heidelberg, Cöln, Erfurt eingerichtet, im 15ten Jahrhundert Leipzig, Ingolstadt, Rostock, Löwen, Mainz, Basel, Freiburg, Tübingen u. s. w. vergl. auch Hugo Literairgeschichte §. 129.

15) Außerdem auch das longobardische Lehnrecht als ein Anhang des ersteren.

16) besonders durch Cujacius.

toren die exegetische, in nicht anderer Art, wie sie bei den Römern selbst vorkam, wiewohl schon durch diese manche Mißverständnisse des Römischen Rechtes sich verbreiteten. Dieselbe Methode befolgte man noch lange Zeit hinterher in Italien, Frankreich u. s. w., und selbst in Deutschland. Allein bei dem so großen Umfang des Römischen Rechtes und seinem so tief eingreifenden Detail suchte man dann seit dem 16ten und 17ten Jahrhundert durch kürzere Uebersichten das Studium zu erleichtern, indem man zunächst über die einzelnen Abschnitte des Römischen Rechts, besonders über die Pandecten und Institutionen, und zwar nach der Anordnung der Quellen, Lehrbücher abfaßte, wodurch die dogmatische Behandlung allgemein Eingang fand. Jene legale Ordnung wurde sehr lange in Deutschland wie in den Vorträgen, so in den verschiedenen Lehrbüchern befolgt, und erst in neuerer Zeit ist bei den Lehrbüchern über die Institutionen und Pandecten eine anderweitige systematische Anordnung befolgt [17]), obwohl die Geschichte zur richtigen Würdigung des geltenden Privatrechts bis dahin wenig benutzt wurde [18]). In unseren Tagen hat das Studium der Rechtsgeschichte allgemein Anklang gefunden, dennoch ist

17) Diese neueren Systeme sind jedoch in Form und Inhalt sehr von einander verschieden, und nur in der Hauptsache hat man sich den Anordnungen angeschlossen, welche selbst den justinianeischen Rechtsbüchern zum Grunde liegen.

18) Dem deutschen Studium blieb es von jeher die Hauptaufgabe, das anwendbare Röm. Civilrecht in seinem heutigen Geiste zu bearbeiten, in welchem Sinne man auf die Abweichungen des Canonischen Rechtes und der deutschrechtlichen Bestimmungen besondere Rücksicht nahm. Die Theorie ist mit der Praxis Hand in Hand gegangen, und es sind die Vorgänger nicht anders als entscheidende Auctorität für die Anwendung benutzt worden, obgleich sich manche Mißverständnisse des Römischen Rechtes behaupteten. Das geschichtliche Studium bezog sich dabei fast nur auf die äußere Rechtsgeschichte, um nicht zu übergehen, was zum Verständniß der Quellen erforderlich schien.

durch dieses für ein gründliches Rechtsstudium überhaupt bis jetzt wenig geleistet, und nachdem das Römische Recht in einzelnen deutschen Ländern durch Landrechte der Form nach ersetzt ist, hat man sich bei dem Studium des Römischen Rechts mehr in freieren geistigen Anschauungen bewegt und von der bindenden Fessel der unmittelbaren Anwendung losgesagt, wodurch die neueste Doctrin bei Ungründlichkeit und selbst bei Unkenntniß des geltenden Rechtes in manchem Betracht gegen die Vorzeit um einen Schritt zurückgetreten zu sein scheint. Nicht durch blindes Zusammenreihen eines unzusammenhängenden Materials, wie es bis dahin bei jener rein dogmatischen Methode so häufig geschah, sondern durch eine geschichtliche Behandlung ist das für uns anwendbare Römische Recht in seiner inneren und eigentlichen Bedeutung aufzufassen [19]). Durch die Geschichte nemlich gelangen wir zu jenen Grundgesichtspunkten, von welchen aus sich das so tiefe Detail des geltenden Rechtes durch logische Folgerungen der Römischen Juristen entwickelt hat, wir sind unzähligen Controversen überhoben, in welche man bei jener früheren Behandlung verwickelt wurde; aber auch nur, indem wir uns im Sinn und Geist des Römischen Rechtes bewegen, kann eine richtige und sichere Praxis herbeigeführt werden, auch da, wo das Römische Recht durch die aus demselben hervorgegangenen Landrechte ersetzt sein soll. Und es steht nichts im Wege, der unmittelbaren Anwendung zu Hülfe zu kommen, wo das neueste Römische Recht durch spätere Gesetzgebungen modificirt oder abgeändert ist.

§. 54.

Schicksale des Römischen Rechts im Orient.

Im Orient [1]) dauerten die bisherigen Verfassungen wie die früheren Einrichtungen fort, und für den langen Zeitraum von

19) Vergl. meine innere Geschichte des Römischen Rechts 1838.

1) Vergl. Bach histor. jurisprud. Rom. p. 549 sq. Brunquell histor. jur. p. 295 sq. Hellfeld histor. jur. p. 433. Schweppe

Justinian bis zur Eroberung von Constantinopel durch die Türken im Jahr 1453, welchen wir hier zusammenfassen [2]), hat sich das Römisch-justinianeische Recht theils durch die späteren Bestimmungen jener Römisch-griechischen Kaiser, theils durch die Juristen dieser Zeit fortgebildet. Aber wie durch jene nur für das nothwendigste Bedürfniß gesorgt wurde, so war durch diese eine eigentliche wissenschaftliche Fortbildung des Rechts unmöglich geworden; man bemühete sich der Praxis zu Hülfe zu kommen und schon durch die Bemühungen dieser Juristen waren manche noch später hervorgebrachte Mißverständnisse des justinianeischen Rechtes üblich geworden [3]). Zunächst was das Oeffentliche betrifft, an neue Staatseinrichtungen war nicht mehr zu denken, das Reich erschlafft, mußte unter den jetzt sich einander folgenden meist schlechten Regenten, welche so häufig mit Unrecht sich des Thrones bemächtigten, immer mehr seinem gänzlichen Untergange entgegengehen. So sind denn für diesen ganzen Zeitraum nur etwa Kriege mit den auswärtigen Völkerschaften wichtig, welche in das Römische Reich einfielen, dieses verheerten und plünderten. Indem das Römische Kaiserthum immer mehr außer Stand gesetzt wurde den feindlichen Angriffen zu widerstehen, gingen schon nach und

---

Röm. Rechtsgesch. und Rechtsalterthüm. §. 131 ff. Ueber die ältere und neuere Literatur: C. E. Zachariae historiae juris graeco-romani delineatio cum appendice ineditorum (1839) §. 3.

2) Bei Bach, und sonst, zerfällt dieser Zeitabschnitt in zwei Perioden, wobei man mit Basilius Macedo wegen seiner neuen Redaction einen neuen Abschnitt beginnt.

3) Manche Mißverständnisse des justinianeischen Rechtes, welche sich unter den Glossatoren zu Bologna vorfinden, waren bereits unter den griechischen Interpreten hergebracht. Das Abendland blieb auch späterhin mit dem Orient wenigstens in einiger Verbindung, wenn auch Constantinopel und überhaupt die Jurisprudenz im Orient in Verfall gerathen mußte. Noch im 12ten Jahrhundert lernte dort Irnerius das Recht.

nach einzelne Theile des Reiches verloren, bis endlich Constantinopel von den Türken erobert und damit dem griechischen Kaiserthum ein Ende gemacht wurde. Die nächsten Nachfolger Justinian's sind bereits oben im Zusammenhange erwähnt worden, nemlich Justin, unter welchem Italien mit Ausnahme des Theils, in welchem Ravenna der Hauptsitz war, verloren ging, Tiberius und Mauricius. Dann folgen [4]) bis auf den unter den Regenten gewiß am meisten hervorragenden Basilius Macedo nach einander: Phocas [5]), Heraclius [6]), Constans II. [7]), Constantinus IV. [8]), Justinianus II. [9]), Philippicus [10]), Arthemius Anastasius [11]), Theodo-

4) Vergl. besonders Bach histor. jurisprud. Roman. pag. 556 sq. Eine Uebersicht findet sich bei Zachariae histor. jur. graeco-roman. delin. §. 5.

5) Im Jahr 602. Drückender Zustand, auch durch Verheerung der Feinde, besonders der Perser. Er bestätigte das Ansehen und die unbeschränkte Gewalt der Bischöfe in Rom; getödtet durch seinen Nachfolger.

6) Im Jahr 610.

7) Im Jahr 642, nachdem Constantinus III. und Heracleones getödtet waren. Unter diesem Wütherich und Brudermörder: Zerrüttung des Staats, unglücklicher Krieg mit den Longobarden in Sicilien.

8) Im Jahr 669. Genannt Pogonatus. Einfall der Bulgaren.

9) Mit dem Beinamen Rhinotmetus. Zur Alleinregierung gelangte er im Jahr 685. Unglücklich gegen die Saracenen. Ins Exil geschickt, verlor er die Regentschaft, welcher sich Leontius bemächtigte 695. Dann 697 folgte Tiberius Apsimarus, welcher von dem aus der Gefangenschaft entwichenen Justinian, nachdem dieser durch Hülfe der Bulgaren nach Constantinopel gekommen war, getödtet wurde, so daß Justinian vom Jahr 705 von neuem regierte, höchst grausam gegen seine Feinde, als der letzte des heraclischen Stammes von seinem Nachfolger ebenfalls getödtet.

10) Mit dem Beinamen Bardanes. Er folgte 711.

11) Im Jahr 713.

sius III.[12]), Leo Isaurus[13]), Constantinus V.[14]), Leo IV.[15]), Constantinus VI.[16]), Nicephorus[17]), Michael[18]), Leo Armenius[19]), Michael Balbus[20]), Theophilus[21]) und Michael III.[22]). Im Jahr 867 gelangte Basilius Macedo zur Regierung[23]), welcher durch ein sel-

---

12) Im Jahr 715. Nach einem Jahre legte er die Regentschaft freiwillig nieder und wurde Clericus.

13) Im Jahr 715. Zum Verdruß des Römischen Bischofs verhinderte er das Anbeten der Bilder, woher auch der Name Iconomachus; er starb im 24sten Jahre seiner Regentschaft.

14) Der Sohn des Leo, mit dem Beinamen Copronymus, 741. Auch er war gleich seinem Vater gegen die Bilderverehrung.

15) Mit dem Beinamen Porphyrogennetus, Sohn des Constantin, 775.

16) Ebenfalls Porphyrogennetus, 780. Regierte als impubes nach des Vaters Testament mit der Mutter Irene. Letztere stellte den Cultus der Bilder wieder her, tödtete ihren Sohn, und blieb seit 797 Alleinregentin. Der Pabst Leo in Rom ernannte den Frankenkönig Carl den Großen zum Römischen Kaiser, wider Willen der orientalischen Monarchen. Irene starb im Exil auf der Insel Lesbos.

17) Im Jahr 802. Den Türken einen Tribut zahlend, bestätigte er Carl den Großen als Römischen Kaiser und starb im Feldzuge gegen die Bulgaren.

18) Im Jahr 811. Von den Bulgaren besiegt, mußte er ins Kloster gehen.

19) Im Jahr 813. Er entfernte die Bilder aus den Tempeln; wurde von seinem Nachfolger getödtet.

20) Im Jahr 820. Sicilien, Creta, Dalmatien gingen unter ihm verloren.

21) Im Jahr 829; der Sohn des Michael.

22) Er regierte als der Sohn des Theophilus seit 842 zunächst unter der Vormundschaft seiner Mutter Theodora, dann wählte er 860 seinen Onkel Barda zum Caesar und nachdem er diesen hatte tödten lassen, den Basilius Macedo zum Caesar 866, von dem er 867 getödtet wurde.

23) Vergl. Bach histor. jurisprud. Rom. p. 611 sq. Zachariae histor. jur. graeco-roman. delineatio §. 23.

tenes Glück zum Kaiser erhoben wurde, seinen Sohn Constantinus [24]) und dann auch seinen Sohn Leo [25]) zu Mitregenten machte [26]); wovon jedoch ersterer schon vor ihm starb, so daß bei seinem Tode 886 nur Leo allein als Regent übrig blieb [27]), welcher wegen seines Eifers für Kunst und Wissenschaft *sapiens* oder *philosophus* genannt [28]), auch als Schriftsteller erwähnt wird [29]). Die späteren Regenten waren Constantinus mit dem Beinamen Porphyrogennetus [30]), Romanus der Jüngere [31]), Nicephorus Phocas [32]), Joannes Tzymisces [33]), Basilius der Jüngere und

24) Noch im Jahr zuvor war er unter den Gefangenen zum Verkauf nach Constantinopel gebracht.

25) Er wurde 868 zum Caesar ernannt.

26) seit 870.

27) Glückliche Kriege gegen die Manichäer und Saracenen. Des Basilius Schrift an seinen Sohn Leo ist Paris 1584 griechisch und lateinisch herausgegeben und findet sich seitdem in verschiedenen Ausgaben.

28) Jedoch mit seinem jüngeren Bruder Alexander, der schon seit dem Tode des Constantinus an der Regierung Theil nahm. Unglücklicher Krieg mit den Bulgaren.

29) Er schrieb *libri τακτικῶν* und *de aucupio*, welche ebenfalls urkundlich vorhanden sind.

30) Bei dem Tode seines Vaters erst 7 Jahre, führte er die Regentschaft zunächst unter Tutel seiner Mutter, machte dann seinen Schwiegervater Romanus Lakopenus, dieser seinen Sohn Christophorus 920 und später noch 2 andere Söhne, nemlich Stephanus und Constantinus, nach dem Frieden mit den Bulgaren, 923 zu Mitregenten. Romanus mit seinen Söhnen mußte dann für widerrechtliche Anmaßung im Exil seine gerechte Strafe dulden und Constantinus suchte unter Beihülfe seines Sohnes Romanus des Jüngeren den Staat wiederherzustellen. Ueber die Schriften des Constantinus s. Bach histor. jurisprud. Rom. p. 614.

31) Seit 959, nachdem er seinen Vater durch Hinterlist aus dem Wege geräumt hatte; ein schlechter Regent.

32) Seit 963. Durch List zum Throne gelangt, war er im Kriege theils glücklich, theils unglücklich. Namentlich besiegte er die Saracenen Der Krieg wegen Sicilien und Calabrien machte Calabrien dem

Constantinus [34]), beide Enkel des Porphyrogennetus, Romanus Argyrus [35]), unter der Mitregentschaft seiner Frau Zoe, Michael IV. [36]), Michael V. [37]), Constantinus IX. [38]), Michael VI. [39]) und als Gegenkaiser vom Militair ernannt Isaac Comnenus [40]), Constantinus X. [41]), Romanus Diogenes [42]), Michael VII. [43]), Constantinus XI. [44]) und Nicephorus Botoniates [45]), Alexius [46]), Joannes [47]), Manuel [48]), Alexius II. [49]),

---

Otto tributair. Er schrieb über das Kriegswesen; wurde durch seinen Nachfolger getödtet.

33) Seit 969. Glücklich im Kriege gegen die Barbaren; durch Gift getödtet.

34) Seit 975. Nach dem Tode des ersteren im Jahr 1025 regierte Constantinus noch 3 Jahre allein, welcher 3 Tage vor seinem Tode dem Romanus seine Tochter Zoes verheirathete und somit die Regentschaft übertrug.

35) Seit 1028. Unglücklich im Kriege.

36) Paphlago; seit 1034. Unglück im Innern. Ganz Sicilien und Italien ging mit Ausnahme weniger Städte verloren.

37) Calaphates; seit 1041. Schwestersohn seines Vorgängers und bereits von diesem zum Cäsar ernannt.

38) Monomachus; seit 1042. Einfälle der Russen und Türken. Nach seinem Tode 1054 succedirte noch auf kurze Zeit die Theodora.

39) Stratioticus; seit 1056.

40) Welcher seit 1057 allein regierte.

41) Ducas; seit 1059. Starb 1067.

42) Als Mann der Eudoxia, der Frau seines Vorgängers, welche mit ihren 3 Söhnen Michael, Andronicus und Constantinus die Regentschaft überkam. Regent seit 1068. Sieg über die Türken.

43) Ducas; seit 1071.

44) Ducas.

45) Seit 1072.

46) Comnenus; seit 1081. Gottfried von Bouillon König von Jerusalem 1099.

47) Comnenus gemeinhin Calo-Joannes; seit 1118. Glücklich gegen die Türken und Barbaren.

48) Comnenus; seit 1143.

Isaac[50]), Alexius III.[51]), Michael Palaeologus, Andronicus Palaeologus[52]), Andronicus II.[53]), Joannes V.[54]), Emanuel II.[55]), Joannes VII.[56]), der letzte war Constantinus XIV., welcher 1448 zur Regierung gelangte. Wie die nächsten Nachfolger des Kaisers Justinian zu neuen gesetzlichen Anordnungen wiederholt Veranlassung fanden, in derselben Bedeutung hat die Gesetzgebung der späteren Kaiser bis zum Untergang des Reiches fortgedauert. Die Römisch-griechischen Kaiser behielten die höchste Auctorität wie in

---

49) Comnenus; seit 1180. Getödtet von seinem Vormund Andronicus, welcher 1183 die Regentschaft an sich riß, aber nur 1 Jahr regierte.

50) Angelus; seit 1185. Unter ihm wurde Jerusalem den Christen vom Saladin, dem Anführer der Türken, entrissen 1187.

51) Angelus; seit 1195; ein Bruder des Isaac. Jedoch erlangte Isaac mit seinem Sohne Alexius durch Hülfe der Latinen 1203 die Regierung wieder. Nach 6 Monaten wurde Alexius strangulirt; Alexius Ducas Murzuphlus gelangte 1204 zur Regierung und mußte nach 2 Monaten den Latinen die Herrschaft überlassen. Zu dieser Zeit herrschte große Verwirrung; in Constantinopel herrschten die Latinen unter Balduin von Flandern, seinem Sohne Heinrich 1206, Petrus 1216, Robertus 1222, Balduin II. 1229; die Familie der Comnenen regierte in Trapezunt; die Angeli besaßen Epirus; während zu Nicäa in Bithynien andere Regenten waren, nemlich Theodoros Lascaris 1206, Joannes Ducas Vatatzes 1222, Theodorus Lascaris II. 1255, Joannes Ducas unter der Tutel des Michael Paläologus 1258.

52) Michael Paläologus jagte den Balduin in die Flucht, wurde in Constantinopel als Kaiser begrüßt, er selbst regierte 24 Jahre und seine Familie im Orient bis zur Zerstörung durch die Türken.

53) Seit 1283. Kirchenstreitigkeiten, Verheerungen der Türken u. s. w.

54) Seit 1341, unter der Tutel des Joannes Cantacuzenus.

55) Seit 1392.

56) Seit 1425.

allen weltlichen, so auch in geistlichen Angelegenheiten und diese blieb unstreitig die Hauptquelle zur Fortbildung des geltenden Rechtes. Eine genauere Angabe in dieser Hinsicht [58]) würde jedoch hier eben so überflüssig als unmöglich sein; und nur einzelne bekannte Bestimmungen mögen an diesem Orte nicht unberücksichtigt bleiben. Von Heraclius kennen wir verschiedene Bestimmungen, über die *fides*, über die Juden und über das competente *forum* der Bischöfe und der sonstigen Geistlichen, von Leo Isaurus Bestimmungen über die Hebraeer und Montaner, über das Vermögen der Tempel zu Rom und über das Kopfgeld der Kinder, über eine Abgabe an die Administratoren der Provinzen; von Constantin V. eine Bestimmung, wodurch die Ehrenbezeugungen der Reliquien und das Niederknien vor den Heiligen untersagt wurde; von Nicephorus Bestimmungen über den Kriegsdienst der Unvermögenden, außer anderem über das Finden des Schatzes, über die Zinsen, über die heiligen Gefäße und die *res ecclesiasticae*. Dann von Leo Armenius kennen wir eine Bestimmung über Bestrafung des Ehebruchs, und verschiedene Bestimmungen des Kaisers Theophilus, über die Heiligen-Bilder, über Vertilgung der Mönche, über die Ehe der Perser mit den Römern, über die Tonsur und über die Strafe des Pferderaubes findet sich ein Decret dieses Kaisers [59]). Jedenfalls wichtiger als jene Vorgänger waren Basilius Macedo und sein Sohn Leo Philosophus durch die neue Redaction, welche sie mit dem

58) Vergl. Bach histor. jurisprud. Roman. p. 592 sq. Brunquell histor. jur. pag. 304 sq. Zachariae histor. jur. graeco-roman. delineatio §. 9.

59) Die einzelnen Bestimmungen dieser Kaiser finden sich in den Sammlungen des griechisch-römischen Rechts von Bonefidius, Leunclav, Freser; auch in den Sammlungen des älteren Kirchenrechts, besonders aus Justellus und Voellus.

geltenden Rechte vornahmen [60]). Von ersterem sind ganz verschiedene Constitutionen erlassen [61]), wie sonst, so in Betreff der neuen Abfassung; namentlich sind außer anderen bekannt seine Bestimmungen über die 4te Ehe, über die Concubinen, über den Zwang zur Eingehung der Ehe, über die nicht heimlich zu vollführende Einsegnung der Ehe, ferner Bestimmungen über das Intestaterbrecht, über die Strafe des Mordes, über die Gewalt des Vaters bei Verheirathung der großjährigen Tochter, über die Ausschließung des Eides zum Beweise im Prozeß, weshalb alle Verträge schriftlich in Gegenwart von Zeugen zu Stande gebracht werden mußten. Noch nach Abfassung der Basiliken aber traf Kaiser Leo wesentliche Veränderungen des justinianeischen Rechtes durch eine Reihe in den Jahren 889—911 erlassener Bestimmungen; welche als *novellae Leonis* bekannt, dabei in griechischer Sprache gegeben wurden und den Novellen Justinian's sehr vergleichbar sind [62]). Außer jenen 113 Novellen erließ Kaiser Leo noch verschiedene sonstige Bestimmungen auch in Rücksicht des Militairdien-

60) Davon besonders im folgenden §.

61) Ueber einzelne Bestimmungen sowohl dieses Kaisers, als seiner Nachfolger: Bach histor. jurisprud. Roman. p. 627 sq. Brunquell histor. jur. p. 306 sq. und p. 323 sq. Zachariae histor. jur. graeco-roman. del. §. 31. u. 32. Auch sie finden sich in den Sammlungen des griechisch-römischen Rechtes.

62) Ueber diese vergl. Bach histor. jurisprud. Rom. p. 633. Brunquell histor. jur. pag. 313 sq. Hellfeld histor. jur. pag. 451. Mackeldey Lehrbuch des heutig. Röm. Rechts §. 76. Zachariae histor. jur. graeco-roman. del. §. 31. Griechisch zuerst von Scrimger Par. 1558 mit Justinian's Novellen u. s. w. herausgegeben, lateinisch von Agylåus 1560; und seit dieser Zeit gemeinhin in beiden Sprachen den Ausgaben des corpus juris hinzugefügt. — C. A. Beck de novellis Leonis lib. sing. cur. C. T. Zepernick 1779. Daß diese Novellen gleich den sonstigen kaiserlichen Bestimmungen für den Orient volle Auctorität gehabt haben, läßt sich am wenigsten bezweifeln.

stes, in Verbindung mit seinem Bruder Alexander in den Jahren 911 und 912 noch eine Bestimmung über die Richter wie über die Verpachtung der emphyteutischen Grundstücke des Waisenhauses, und er bestimmte in einer besonderen Verfügung über die Einrichtung der dem Patriarchen von Constantinopel untergebenen Kirchen. Von Romanus dem Aelteren sind verschiedene Bestimmnngen über den Kauf vorhanden, besonders zu erwähnen aber sind die vielen Bestimmungen des Kaisers Constantinus Porphyrogennetus, welche ganz verschiedene Materien betreffen, auch das Militair u. s. w. Nicht minder sind noch verschiedene Bestimmungen von späteren Kaisern aus den Jahren 963 bis 1282 bekannt geworden, welche auch ihrem Inhalte nach an diesem Orte nicht weiter angedeutet zu werden brauchen, namentlich von Nicephorus, Basilius, Romanus dem Jüngeren, Michael VI. und Isaac Commenus, Michael VII., Nicephorus, besonders von Alexius und Joannes; wiederum eine Menge von Bestimmungen sind von Manuel, nur eine ist von Alexius, mehrere von Isaac, und noch einzelnes von Joannes Ducas und Michael Palaeologus vorhanden. Gewiß sehr vieles von den kaiserlichen Bestimmungen dieser Zeit ist uns unbekannt geblieben, aber in demselben Sinne blieb die gesetzgebende Gewalt in den Händen der Kaiser, bis durch die Eroberung Constantinopel's von den Türken ihrer Herrschaft ein Ende gemacht wurde, manches von den späteren Bestimmungen jener Kaiser ist sicher auf immer verloren gegangen, manches vielleicht in noch ungedruckten Manuscripten erhalten. Jene Bestimmungen selbst bildeten einzelne Zusätze zu den Basiliken, und waren eine Quelle des geltenden Rechtes; aber unter den Türken wenigstens ist der Gebrauch des Römischen Rechtes sicher immer mehr und mehr erloschen und vielleicht kaum noch in einzelnen Spuren sichtbar [63]). Anderseits sind die Bemü-

63) Ueber das griechisch-römische Recht nach Eroberung von Constanti-

hungen der Juristen[64]) in diesem ganzen Zeitraum nur untergeordnet zu nennen, ihre Arbeiten sind mehr bloße Zusammenstellungen als eigentliche Bearbeitungen und dabei hatte Justinian's Befehl gewiß nicht so großen Einfluß. Nur griechische Uebersetzungen der von Justinian in lateinischer Sprache publicirten Rechtsbücher waren erlaubt und wurden von den Zeitgenossen und Nachfolgern vorgenommen, weil die griechische Sprache im Orient allein die herrschende war. In diesem Sinne characterisiren sich die verschiedenen Arbeiten der schon früher erwähnten Juristen, die griechischen Uebersetzungen oder wohl nur Auszüge zu den Pandecten von Thalelaeus, Stephanus, Cyrillus und Dorotheus, die griechischen Uebersetzungen des Codex von Thalelaeus, Theodorus Hermopolita, Anatolius und Isidor[65]); und Julians epitome novellarum war wohl nur in diesem Geiste verfaßt. Alle jene Privatarbeiten aber wurden gewiß mehr benutzt, als das Original selbst[66]). Nach Justinian gehören etwa noch hierher Heros Amblichus, Gobidas, Leo Anamargeus[67]). Nachdem die justinianeische Gesetzgebung für

nopel bis auf die neueste Zeit siehe Zachariae histor. jur. graeco-roman. delin. §. 52 sq.

64) Vergl. Bach hist. jur. Roman. pag. 595—610. u. pag. 644—658. Zachariae histor. jur. graeco-romani delineatio §. 13—21. und §. 34—50.

65) Sie sind schon oben für die justinianeische Zeit berücksichtigt worden.

66) Dieses veranlaßte der große Verfall der Wissenschaft.

67) In die Zeit nach Justinian, aber vor den Basiliken, fällt die griechische Sammlung von *leges militares*, welche zuerst von Sichard 1561, verbessert aber von Leunclav in s. jus graeco-romanum Tom. II. p. 249 sq. herausgegeben wurde; ferner die griechische Sammlung der *leges rusticae*, zuerst griechisch und lateinisch mit einem Commentar 1542 von Balduin herausgegeben, dann von Sichard 1561, endlich von Leunclav im jus graeco-roman. Tom. II. p. 256 sq.; auch eine Sammlung von *leges navales*, bei Leunclav jus graeco-romanum Tom. II. p. 265 sq.

den Orient durch die neue Redaction, nemlich die Basiliken, überflüssig geworden war, wurden von den späteren Juristen diese durch Scholien und Glossen erklärt [68]). Zu diesen Scholiasten gehören außer anderen Joannes Briennius, Calocyrus, Doxopater, Eustathius Romanus, Patzus, Pythiodorus, Salomon Baphius. Bekannter sind Garidas, welcher *περὶ διαιρέσεως φόνων* und ein *βιβλίον περὶ τῶν ἀγωγῶν* schrieb, und Constantinus Nicaeus, welcher auch die Novellen und die Basiliken commentirte. In die Zeit nach den Basiliken fällt jene *synopsis basilicorum* oder *ἐκλογὴ βασιλικῶν*, ein nach dem Alphabet geordnetes Inhaltsverzeichniß von einem unbekannten Verfasser [69]). Im Jahr 1070 verfertigte Michael Psellus, der Lehrer des Kaisers Michael Ducas, auf Befehl des Kaisers eine *σύνοψις τῶν νόμων* in Versen, wovon einiges unter dem Namen von Scholien bekannt gemacht wurde [70]). Eine andere *synopsis basilicorum* lieferte Michael Attaliata, judex und proconsul, im Jahr 1073, ebenfalls auf Befehl des Kaisers Michael Ducas, unter dem Titel *ποίημα νομικὸν, ἤτοι πραγματικὴν* [71]). Der Antecessor Eustathius schrieb ein Werk *de diversis temporalibus praescriptionibus* unter dem Titel: *περὶ τῶν χρονικῶν διαστημάτων*, in welchem alle Zeitabschnitte, sofern sie

68) Was von diesen Erklärungen vorhanden ist, wurde von Fabrot mit den Basiliken herausgegeben; die Worterklärungen zu den Basiliken von Labbäus 1606, nach dessen Tode 1679 und wiederholt.

69) Von Leunclav mit einer lateinischen Uebersetzung 1675 herausgegeben, findet sie sich jedoch nach der Ordnung der Bücher der Basiliken. Bemerkungen und Verbesserungen dazu schrieb Labbäus 1607.

70) Von Leunclav jus graeco-romanum Tom. II. p. 1 sq. — Mit einer lateinischen Uebersetzung zuerst herausgegeben von Bosquet 1632. Sie findet sich bei Meermann thesaur. jur. civil. et canon. T. I. pag. 37 sq.

71) Lateinisch übersetzt und herausgegeben von Leunclav jus graeco-romanum Tom. II.; wovon viele Manuscripte.

rechtliche Bedeutung, theils nach dem justinianeischen Rechte, theils nach den Basiliken zusammengestellt sind [72]). Gregorius Phorbenus aus ungewisser Zeit schrieb *περὶ ὑποβόλου* und *περὶ ἀποτυχίας*. Demetrius Chartophylax, welcher später Erzbischof wurde, schrieb griechische *quaestiones*, Nicolaus Hagiotheodoretus gegen das Jahr 1155 Scholien zu den Basiliken. Ausgezeichnet zu werden verdient Constantinus Hermenopolus, welcher im Jahr 1345 ein *promptuarium juris* oder *πρόχειρον τῶν νόμων* in 80 Titeln zur Ergänzung eines vom Kaiser Basilius Macedo bereits angefertigten promptuarium juris als ein kurzgefaßtes System des geltenden Rechtes herausgab, worin theils das justinianeische Recht, theils die Basiliken, theils die späteren kaiserlichen Bestimmungen benutzt waren [73]). Aus ungewisser Zeit und von einem ungewissen Verfasser ist die *commentatio de nudis pactis* oder *μελέτη περὶ ψιλῶν συμφώνων* [74]). Manches von den Arbeiten dieser Zeit ist noch in Handschriften aufbewahrt z. B. des Josephus Tenedius *index βασιλικῶν κατὰ στοιχεῖον* und *πρόχειρον βασιλικῶν κατὰ στοιχεῖον* und das *πρόχειρον* des Antiochus Balsamon. Auch wurde sicher das Recht in

---

72) Griechisch von Cujacius in oper. Tom. I.; griechisch und lateinisch bei Freser jus graeco-romanum Tom. II. Von Simon Sichard wurde es griechisch mit seiner Uebersetzung 1561 herausgegeben, welches dann 1671 erschien, in Verbindung mit den leges rusticae, nauticae und militares; u. s. w.

73) Zuerst griechisch herausgegeben von Theodoricus Amadäus Sualemberg 1540; lateinisch von Bernhard a Rey 1547, wiederholt 1549, besser von Joannes Mercerius 1556, wiederholt 1590; griechisch und lateinisch von Dionys. Gothofredus 1587. Die beste Ausgabe ist von Reitz 1780 mit einer lateinischen Uebersetzung. Wir besitzen von diesem einzelne Manuscripte. — Eben dieser Verfasser lieferte den Auszug des canonischen Rechts; und noch andere Schriften, Fabric. biblioth. graec. vol. X. p. 273.

74) Abgedruckt bei Leunclav jus graeco-roman. Tom. II. p. 192 sq.

Constantinopel fortdaurend gelehrt, bis es von den Türken erobert wurde. In Rücksicht der späteren Arbeiten der Juristen muß schließlich nur noch einiges über die Sammlungen des Kirchenrechtes bemerkt werden. Als Grundlage dienten auch später für den Orient die justinianeische Abfassung im Codex und die durch jene kirchlichen Versammlungen hinzugekommenen *canones*. Zusätze entstanden durch die späteren über kirchliche Gegenstände erlassenen Bestimmungen der Kaiser[75]), durch die späteren Synodalversammlungen, die Meinungen der Kirchenväter u. s. w. Es sind die späteren Bestimmungen besonders gesammelt[76]) und den bisherigen einverleibt worden. Die erste uns bekannte Sammlung eines *nomocanon* aus den bisherigen canones und leges war die *collectio canonum* von Joannes Scholasticus[77]), welcher von Justinian 564 zum Patriarchen von Constantinopel ernannt wurde. Dann gehört hierher eine *collectio constitutionum ecclesiasticarum* aus der Zeit des Heraclius zwischen den Jahren 610—641[78]), der *nomocanon* des Photius, welcher ebenfalls Patriarch zu Constantinopel war, vom Jahr 833. Derselbe ist von Constantinus Porphyrogenneta von neuem durchgesehen[79]). Einen Commentar zum

75) Bis auf die späteste Zeit nemlich blieb die geistliche Gewalt der weltlichen im Orient untergeordnet, wie es der bisherigen Verfassung gemäß war; und es ist nur aus der gänzlichen Umwälzung früherer Verfassung und Verhältnisse unter den eingewanderten Völkerschaften zu erklären, wie aus zu großer Nachgiebigkeit damaliger Regenten, wenn der Pabst in Rom in geistlichen Angelegenheiten jene unbegränzte Auctorität erlangte, welche bei Mißbrauch später den Regenten gefährlich wurde.

76) Das Einzelne findet sich in den Sammlungen des Kirchenrechts.

77) Herausgegeben in Voelli et Justelli biblioth. jur. canon. veter. Tom. II. pag. 789 sq.

78) Vergl. Schweppe Röm. Rechtsgesch. u. Rechtsalterthüm. §. 134 a.

79) Er ist aus der Zeit vor den Basiliken. Zuerst lateinisch her-

Photius als Scholien verfertigte Theodorus Balsamon, Patriarch von Antiochien, in der Mitte des 12ten Jahrhunderts [80]), welcher auch eine kürzere Sammlung der kirchlichen Bestimmungen, die unter dem Namen von Paratitlen bekannt ist, verfaßte [81]); ebenfalls in Betreff des früheren Kirchenrechts einen *liber μελετῶν καὶ ἀποκρίσεων* [82]) u. s. w. Außer anderen mag hier Matthäus Blastares Hieronomachus wegen seines *syntagma alphabeticum canonum atque legum* vom Jahr 1335 erwähnt werden [83]). Endlich besitzen wir von Constantinus Hermenopulus eine *epitome juris canonici Graecorum* [84]).

§. 55.

Fortsetzung.

Besondere Würdigung erfordern nur noch die bereits oben im Zusammenhang erwähnten Basiliken [1]). Als Basilius

ausgegeben aus der Bibliothek des Titius von Hervetus 1561, dann von Agyläus. Griechisch und lateinisch von Justellus 1615; er findet sich in Voelli et Justelli bibliotheca juris canon. veter. Vol. II. pag. 789 sq.

80) Mit dem Photius herausgegeben von Justellus 1615, findet er sich in Voelli et Justelli biblioth. Tom. II. p. 789 sq.

81) Zuerst lateinisch herausgegeben von Leunclav 1593; griechisch zuerst von Justellus bibl. jur. canon. veter. Tom. II. p. 1217 sq.

82) Er findet sich bei Leunclav, jus graeco-roman. T. I. p. 442 sq.

83) Griechisch herausgegeben in Beveregii synodico s. pandectis canonum Tom. II. P. II. p. 1.

84) Herausgegeben in Leunclav. jus graeco-roman. Tom. I. p. 1—71.

1) Vergl. Bach histor. jurisprud. Roman. pag. 628 sq. Brunquell histor. jur. p. 307 sq. Hellfeld histor. jur. pag. 443 sq. Hugo Geschichte d. Röm. Rechts S. 1015 ff. Schweppe Röm. Rechtsgesch. u. Rechtsalterthümer §. 133. Mackeldey Lehrbuch d. heutig. Röm. Rechts §. 75. Zachariae histor. jur. graeco-roman. delineatio §. 25 sq.

Macedo im Jahr 867 zur Regentschaft gelangete, bildeten die justinianeischen Rechtsbücher die Grundlage der Praxis, aber da sie in lateinischer Sprache abgefaßt waren, mehr die nach jenen von den Juristen angefertigten griechischen Auszüge und Uebersetzungen mit ihren Erklärungen. Vieles war in jenen schon mit Rücksicht auf die Novellen Justinian's und den Bestimmungen seiner Nachfolger geändert; deshalb mochte um so mehr zur Zeit dieses Kaisers eine neue alles umfassende Zusammenstellung des geltenden Rechtes zeitgemäß erscheinen, wenn auch nicht wie früher durch die Bearbeitungen der Juristen die unmittelbare Anwendung so sehr verwickelt geworden sein konnte. Zu diesem Ende wurde zuerst im Jahr 878 ein aus 40 Titeln bestehender kurzer Inbegriff des gesammten Römischen und neugriechischen Rechtes [2]) unter dem Namen *πρόχειρον τῶν νόμων ἐκλογή* mit verschiedenen Vorreden nicht bloß im Namen des Kaisers Basilius, sondern auch seiner Söhne als Mitregenten publicirt [3]), welcher ähnlich den justinianeischen Institutionen wohl nicht bloß als Lehrbuch für den ersten Unterricht, sondern auch als Gesetzbuch dienen sollte [4]). Die umfassendere Arbeit, eine neue Compilation des geltenden Rechtes in griechischer Sprache, wodurch bei Benutzung der bereits erschienenen Uebersetzungen und Erklärungen des justinianeischen Rechtes die Rechtssammlungen Justinian's mit seinen Novellen und

2) Dabei ist denn auch eine frühere *ecloga legum*, welche von Leo Isaurus und Constantinus Copronymus bereits im Jahr 740 zu Stande gebracht wurde (Zachariae histor. jur. graeco-roman. delin. §. 10.), benutzt worden.

3) Obgleich in verschiedenen Handschriften vorhanden, ist sie erst von Zachariä 1837 unter dem Titel: *ὁ πρόχειρος νόμος* herausgegeben.

4) Eine *repetita praelectio* dieses Procheiron (*ἐπαναγωγὴ τοῦ νόμου*) wurde von Basilius Macedo zu Stande gebracht um das Jahr 885; Zachariae histor. jur. graeco-roman. delin. §. 26.

den späteren Bestimmungen seiner Nachfolger u. s. w. zugleich in Betreff der geistlichen Angelegenheiten die Concilienbeschlüsse und Meinungen der Kirchenväter zu einem alles umfassenden Rechtsbuch verarbeitet wurden, kam erst als *opus* τῶν βασιλικῶν διατάξεων nach dem Tode des Basilius unter seinem Sohne Leo Philosophus im Jahre 886 zu Stande, von welchem es als Gesetzbuch publicirt wurde. Ueber eine Commission, welche diese Arbeit besorgte, wissen wir nichts Genaueres, nur wird hierbei die Bemühung eines Sabbathius Protospatharius erwähnt [5]). Das Ganze bestand aus 6 *volumina* (τεύχη), und 60 Büchern [6]), in welchen alles nach Titeln materienweise geordnet, jedoch die Inscriptionen und Subscriptionen der einzelnen Gesetze getilgt wurden. Eben jener Leo verfaßte eine ἐκλογὴ τῶν νόμων [7]) und noch sonst einen Auszug, welcher nur Definitionen und Regeln enthielt [8]). 20 Jahre später, oder wohl erst nach dem Jahre 945, wurde dann von Constantinus Porphyrogenneta eine verbesserte Ausgabe der Basiliken veranstaltet, *basilica repetitae praelectionis*, τῶν βασιλικῶν ἀνακάθαρσις und eben diese ist es, welche uns erhalten geblieben ist. Zur Interpretation und Emendation des justinianeischen Rechtes ist dieses neue Rechtsbuch von großem Nutzen, wiewohl für uns ohne practische Bedeutung. Dabei darf es immer nur mit großer Vorsicht benutzt werden, weil das justinianeische Recht nach jenen griechischen Bearbeitungen oder Uebersetzungen bald abgekürzt, bald weitläufiger behandelt, manches aber übergangen

---

5) Diesen nennt Matthäus Blastares in Fabric. biblioth. graec. Vol. XII. p. 371.

6) Daher auch die Bezeichnungen: ἑξηκοντάβιβλος und ἑξάβιβλος.

7) Von Freser herausgegeben, bei Leunclav im jus graec.-roman. Tom. II. p. 79 sq.

8) In der *bibliotheca Palatina* befindlich, Suares. notit. Basil. §. 11.

und zeitgemäß geändert wurde. Auch jetzt noch besitzen wir aber dasselbe nur zum größeren Theil und immer noch unvollständig [9]).

§. 56.

Schicksale des Römischen Rechts im Occident.

Mit den späteren Schicksalen des Römischen Rechts im Occident [1]) hängt die Aufnahme und Fortbildung desselben in Deutsch-

---

9) Von jenen 60 Büchern besitzen wir 36 vollständig, 7 unvollständig, und von den übrigen 17 nur Auszüge, wiewohl Cujacius eine vollständige Handschrift besessen haben soll. Einzelne Handschriften enthalten nur Bücher, andere nur Titel und Capitel, welche selbst ohne Ordnung aus den Basiliken excerpirt sind; manches hat aus den Werken griechischer Juristen hergestellt werden müssen. Zuerst gab Hervetus nach einem Pariser Manuscript aus der Bibliothek des Ant. Augustinus 1557 6 Bücher lateinisch heraus, nemlich das 45ste bis zum 48sten Buch vollständig, unvollständig Buch 28 und 29. Cujacius fügte das 60ste Buch in einer lateinischen Uebersetzung hinzu 1566, und dieses, wie die bereits früher bekannten, finden sich in der Ausgabe des Dionysius Gothofredus von 1606. Labbäus in seiner Ausgabe von 1669 hatte noch das 38ste und 39ste Buch nach einer Uebersetzung des Cujacius, mit einem Index der Titel des 38sten bis 42sten Buchs. Fabrot erst gab im Jahr 1647 die Basiliken griechisch und lateinisch heraus, letzteres theils nach der Uebersetzung des Cujacius, wo diese fehlte, der eigenen, in 7 Foliobänden; durch Benutzung der Pariser Manuscripte. Zu dieser Ausgabe sind dann noch Nachträge von Ruhnken (Meermann. thesaur. Tom. III. und V.) und Reitz (Meermanni thes. Tom. V.), welche beide auch 1765 besonders gedruckt wurden, erschienen. Der Titel *de diversis regulis juris* ist erst 1826 vollständig von Witte herausgegeben. Eine neue vollständige Ausgabe ist von C. W. E. Heimbach unternommen, wovon seit 1833 bereits mehrere Abschritte erschienen sind. — Zur Vergleichung des justinianeischen Rechts mit den Basiliken endlich gehören hierher noch Haubold manuale basilicorum 1819 und Car. Guil. Ern. Heimbach basilicorum cum jure justinianeo collatorum specimen 1828.

1) Vergl. Bach histor. jurisprud. Roman. pag. 659 sq. Brunquell histor. jur. pag. 329 sq. Hellfeld histor. jur. pag. 452 sq.

land zusammen. Beides kann daher nicht füglich von einander getrennt werden, zumal zur richtigen Würdigung der Römischen Jurisprudenz für die heutige Anwendung in Deutschland. Auch die öffentlichen Verhältnisse, zunächst von Italien, und dann von Deutschland, sind dabei nicht ohne Einfluß geblieben. Unter den im Occident eingewanderten Völkerschaften und deren Regenten zeigte sich gänzlicher Verfall der Römischen Einrichtungen, wodurch alles in den Hintergrund trat, und es dem Pabst in Rom gelingen konnte, eine so unabhängige Stellung zu erlangen, daß sie selbst den späteren Regenten Gefahr brachte. Bei den zu dieser Zeit durch die Völkerwanderung fast überall hervorgebrachten Veränderungen der bisherigen Wohnsitze interessiren uns die neu entstandenen Reiche deutscher Völkerschaften, welche den größten Theil des Occidents im Besitz nahmen, das Ostgothische [2]), das Westgothische Reich besonders in Gallien, das Longobardische im oberen Italien [3]), endlich das Fränkische [4]) am meisten [5]). Die Gränzen der einzelnen Reiche wa-

---

Schweppe Römisch. Rechtsgesch. und Rechtsalterthümer §. 135 ff. Mackeldey Lehrbuch des heutigen Röm. Rechts §. 78 ff., besonders Hugo's Literairgeschichte und auch Spangenberg Einleitung in das Römisch-justinianeische Rechtsbuch S. 89 ff.

2) Welches bald nach dem Untergang des Römisch-occidentalischen Reichs (491) entstand.

3) Seit dem Jahr 568.

4) Gestiftet durch Clodwig.

5) Die in diesen Reichen vorkommenden Beamten und Staatseinrichtungen, und die des späteren Deutschlands, sind jedoch an diesem Orte weniger erheblich, ebenso die unter jenen Völkern hergebrachten Sitten, Gewohnheiten und Gesetze. Letztere jedoch sind, wie die Gesetze und Gewohnheiten der übrigen deutschen Völker, gesammelt worden, während das Kirchenrecht auch von den späteren Beschlüssen und Versammlungen der abendländischen Kirche und den Decretalen der Römischen Päbste abhing. Aber daneben entschieden viele kirchliche Gewohnheiten.

ren sehr veränderlich; die fränkische Monarchie jedoch vereinigte unter Carl dem Großen [6]) die verschiedenen einzelnen Territorien zu einem einzigen großen Reich, das nicht bloß das alte Deutschland zum größeren Theil, sondern auch Italien, Gallien u. s. w. in sich faßte und allein übrig blieb, weshalb diesem Regenten zunächst wiederholt die Würde des Römischen Patriciats, und dann die Römische Kaiserwürde (800) übertragen wurde, welche letztere Würde mit der eines fränkischen Königs später daurend verbunden ist. Durch den Vertrag zu Verdun 843 wurde das fränkische Reich unter die Söhne Ludwigs des Frommen vertheilt. Lothar erhielt als Kaiser Italien nebst der Herrschaft über Rom und alle Länder zwischen dem Rhein und der Schelde bis an die Nordsee und vom Ursprung der Maaß bis zum Einfluß der Saone in die Rhone und längs dieser bis an das mittelländische Meer; Ludwig ganz Deutschland diesseit des Rheins und jenseit des Rheins Speyer, Worms und Mainz mit den dazu gehörigen Districten; endlich Carl der Kahle den Rest der fränkischen Länder. Dadurch wurde Deutschland ein für sich bestehendes und von den übrigen Theilen der fränkischen Monarchie unabhängiges Reich. Ludwig, mit dem Beinamen der Deutsche, war der erste Regent des fortdaurenden deutschen Staates [7]), aber sehr bald wurde Italien, wenn gleich als ein für sich bestehendes Kö-

6) Schon vorher war vom fränkischen König Pipin der Exarchat dem Pabste zum Geschenk gemacht worden.

7) Die verschiedenen Regenten des deutschen Thrones sind bis auf Carl IV. nach Ludwig dem Deutschen, dessen 3 Söhne Ludwig, Carlmann und Carl III., Arnulf, Ludwig das Kind, Conrad I., Heinrich I., Otto I., Otto II., Otto III., Heinrich II., Conrad II., Heinrich III., Heinrich IV., Heinrich V., Lothar II., Conrad III., Friedrich I. genannt Barbarossa, Heinrich VI., Philipp und Otto IV., Friedrich II., Conrad IV., Richard von Cornwall, Rudolph von Habsburg, Adolph, Albert I., Heinrich VII. und Ludwig von Baiern.

nigreich, mit dem deutschen Reiche verbunden, so daß die deutschen Regenten auch über Italien noch daurend die höchste Gewalt behielten, und auch manches von deutscher Verfassung auf Italien übertragen wurde [8]). Seit dem Jahre 1346 und schon

8) Für das deutsche Reich entschieden zunächst wie die sonstigen früheren im fränkischen Reiche hergebrachten Einrichtungen, so die Gesetze und Gewohnheiten der alten germanischen Völkerschaften nebst den Capitularien der fränkischen Könige. Aber erstere gingen mit jenen dann entweder nach und nach zu Grunde, oder wurden verbessert, auch wohl nur als bloße Observanz beibehalten, letztere wurden besonders durch die deutschen Reichsgesetze verdrängt, durch Veränderung der Staatsverfassung und die immer mehr zunehmende Vorliebe für die fremden Rechte. Eigentliche Reichsabschiede kommen zwar jetzt noch nicht vor, dennoch mehrere allgemeine Gesetze und kaiserliche Constitutionen. Bei der Dürftigkeit der Reichsgesetzgebung bildeten sich desto mehr die Territorial- und Collegial-Rechte in Deutschland aus, auf welchem Wege der Sachsenspiegel, der Schwabenspiegel, das oesterreichsche und baierische Landrecht u. s. w. neben vielen Stadtrechten, z. B. dem lübischen, dem soester, dem hamburgischen, zu Stande kamen. Manches beruhete nach wie vor auf bloßen bisherigen Gewohnheiten; besonders im Lehnrecht, über welches in Deutschland der *vetus auctor de beneficiis*, vor 1122, das sächsische Lehnrecht, der Richtsteig-Lehnrecht von Johann von Buch, das schwäbische Lehnrecht nach und nach zu Stande kamen, während in Italien die longobardischen Lehnrechtsgewohnheiten von einem ungenannten Verfasser zwischen 1158 und 1168, größtentheils nach einer früheren Sammlung zweier mailändischer Bürgermeister Obertus ab Orto und Gerardus Niger, zusammengestellt wurden. Die kirchlichen Angelegenheiten wurden durch die Kirversammlungen und Synoden dieser Zeit noch genauer bestimmt, unter denen die Synode zu Corduba (832), die Kirchenversammlung zu Augsburg (952), die Synode zu Burgos (1080), mehrere zu Rom (1122, 1139, 1179), die zu Worms (1122) und noch eine zu Rom (1302) hervorzuheben, aber die christliche Religion zählte bereits eine Reihe von Mißbräuchen bei zügelloser Anmaßung der Päbste. Die Decretalen der Päbste wurden jetzt

unter Carl IV. erlangte Deutschland eine festere Staatsconstitution und seit dieser Zeit erfolgte die völlige und gesetzmäßige Ausbildung jenes deutschen Staats. Freilich sind auch die Grenzen Deutschlands noch seit dieser Zeit manchen Veränderungen unterworfen gewesen; — an die Stelle der ehemaligen Provinzen des Reichs sind für die neuere Zeit selbstständige, mit Landeshoheit versehene, Territorien getreten, welche uns gegenwärtig nach Aufhebung des deutschen Reiches allein interessiren, an die Stelle der ehemaligen kaiserlichen Bedienten die nunmehrigen souverainen Landesherrn. Insofern sind, wie jene fremden recipirten Rechte, so die vom Kaiser für das deutsche Reich nach und nach erlassenen früheren Bestimmungen und Anordnungen nothwendig auch für die einzelnen deutschen Länder entscheidend geblieben, wiewohl bei verschiedener Fortbildung des Rechtes in den einzelnen Ländern auch diese im einzelnen verschiedenen Veränderungen unterworfen gewesen sind [9]).

---

um so wichtiger, seitdem öffentliche Sammlungen davon veranstaltet, die Decretalen auf Befehl Gregor's IX. wurden 1230 zu Stande gebracht von Raimundus a Pennaforte aus den älteren Compilationen und den eignen Constitutionen dieses Pabstes, diese durch Bonifacius VIII. im Jahr 1297 u. 98. (*liber sextus decretalium*) ergänzt, wie durch Clemens 1313 (*clementinae* oder *liber septimus decretalium*), welche letztere Sammlung von Johann XXII., dem Nachfolger des Clemens, 1317 ebenfalls an die Universität zu Bologna gesandt wurde. Die Bestimmungen der Päbste enthielten aber auch sonstige Rescripte, Mandate, Constitutionen. Außerdem ist die vom Mönch Grabian 1140 begonnene und im folgenden Jahr vollendete Sammlung der kirchlichen Gesetze, bekannt als *decretum Gratiani* oder *concordiae discordantium canonum*, von größter Wichtigkeit geworden. Sie benutzt die Bibel, die *canones apostolorum, conciliorum*, die Decretalen bis auf Pabst Innocenz II., die griechischen und lateinischen Kirchenväter, das *breviarium Alaricianum*, Justinian's Gesetze, die Capitularien der fränkischen Könige u. s. w.

9) Indem wir hier die spätere Regentenfolge als weniger erheblich über-

In dem durch die Kriege so sehr zerrütteten Occident, welches eine Beute der Franken, Burgunder und Gothen geworden war, behauptete sich zu Justinian's Zeit und später das Römische Recht, nicht das justinianeische, sondern wie es vor Justinian galt und durch jene neuen Redactionen für die einzelnen Länder entscheidend wurde. Nur für das von Justinian wiedereroberte Italien und Africa wurde das justinianeische Recht eingeführt, wiewohl in Africa durch die Be-

gehen, muß über den späteren rechtlichen Zustand Deutschlands noch folgendes im allgemeinen bemerkt werden. Die Gesetze der Vorzeit haben seit Carl IV. nach und nach immer mehr ihre frühere Bedeutung verloren, eben so die früheren Verordnungen der deutschen Kaiser zum größeren Theil, wie durch die fremden recipirten Rechte, so durch die bei jener neuen Staatseinrichtung veranlaßten deutschen Reichsgrundgesetze und sonstige Reichsgesetze (Reichsabschiede, Reichs-Deputations-Abschiebe, Reichsschlüsse u. s. w.). Dahin gehört vor allen die goldene Bulle Carl's IV. als Reichsgrundgesetz, um für die Zukunft allen Irrungen vorzubeugen, welche bei Kaiser- und Königswahlen etwa entstehen könnten, wiewohl viele Stücke derselben nie zur Anwendung gekommen, andere durch spätere Reichsgrundgesetze abgeändert sind; die peinliche Gerichtsordnung Carl's V., die vielen Kammergerichtsordnungen, wovon die letzte, alles enthaltende, im Jahr 1555 zu Augsburg publicirt wurde, sind in manchen Punkten später nicht mehr zur Anwendung gebracht, in anderen durch Abänderungen und Zusätze modificirt. Außerdem erwähnen wir nur noch die sogenannte Notariatsordnung Kaiser Maximilian's I., die Polizeiordnung von 1575, den sogenannten jüngsten Reichabschied von 1654. Weniger wurde für die Ausbildung des Lehnrechts gethan. Für das Kirchenrecht der Katholiken entscheiden die späteren Kirchenversammlungen und Synoden, auch Concordate des deutschen Reichs mit dem Stule zu Rom, für die Protestanten aber mußten besonders nach dem westphälischen Frieden ganz andere Rechtsansichten entscheidend werden. Völlig erlangte jedoch erst das deutsche Reich seine Auflösung und verschwand der Name des deutschen Kaisers im Jahr 1806 durch den rheinischen Bund.

sitznahme der Saracenen mit der Römischen Herrschaft auch das justinianeische Recht zu Grunde ging. In Italien erhielt sich das justinianeische Recht fortwährend, auch nach Einwanderung der Longobarden galt es nicht bloß im Exarchat, sondern auch in den longobardischen Districten, indem die Longobarden, dem Beispiele der übrigen Völker folgend, den besiegten Römern nicht ihre bisherigen Rechte und Gesetze entzogen [10]); und als später das longobardische Reich durch Besiegung des Königs Desiderius von den Franken unter Carl dem Großen zerstört wurde, ließ er ebenfalls das bisherige Recht bestehen, das auch von seinen Nachfolgern keinesweges aufgehoben wurde [11]). So galt für Italien das Römisch-justinianeische Recht unverändert unter den fremden Herrschern, und nur erst

10) Während jedoch die Longobarden selbst nach ihren eigenen Gesetzen lebten. König Rotharis nemlich ließ zuerst 643 das Gewohnheitsrecht seines Volkes in ein Gesetzbuch zusammentragen, das unter den folgenden Königen und später ebenfalls unter den fränkischen Königen, besonders von Carl dem Großen und seinen Nachfolgern, vermehrt und verbessert wurde. — Eben weil unter den Longobarden für die ihnen unterworfenen Römer sich das justinianeische Recht behauptete, ist in den Gesetzen der Longobarden nicht selten auf Römisches Recht verwiesen, auch im longobardischen Lehnrecht. Wie überhaupt in denjenigen Ländern, wo fremde Völker sich mit den Römern vereinigten, die Sprache eine gemeinschaftliche wurde, wenn auch so manches Ursprüngliche sich erhalten hat, so haben sich auch für die Privat-Verhältnisse derselben Römische Sitten, Gebräuche und Rechtsansichten allmälig eingeschlichen. Dies gilt besonders von den Longobarden, Gothen und Franken.

11) Auch Carl's des Großen Sohn Pipin ließ das Röm. Recht für Italien, und obwohl Lothar auf die Abschaffung desselben dachte, blieb es durch Vermittlung des Pabstes Leo IV. nicht bloß gültig, sondern es wurde auch jedem in Italien die Wahl gelassen, nach welchem Rechte er beurtheilt werden wollte, was selbst zu großen Verwirrungen die Veranlassung gab. Eben so fehlt es nicht für die späteren Jahrhunderte an bestimmten Nachrichten über die Anwendung des Römischen Rechts.

später wurde es nach und nach bei der unbedingten Auctorität der Päbste in manchem modificirt. Bei einem gänzlichen Verfall der Künste und Wissenschaften war auch an eine wissenschaftliche Bearbeitung nicht zu denken [12]), dadurch wurde die Anwendung des so umfassenden justinianeischen Rechtes mangelhaft, zumal bei dem Zusammenleben der Römer mit jenen fremden Völkern, welche nach anderen Gesetzen beurtheilt wurden. Auf diese Weise ist es leicht erklärlich, daß namentlich unter dem Einfluß der Geistlichen der Codex und die Novellen, aus welchen jene ihre Rechte und Befugnisse herleiten, ein größeres Ansehen erlangten, als die Pandecten, in welchen von diesen nicht die Rede war. So blieb die Sache, bis im 12ten Jahrhundert das Studium des Alterthums, und des geltenden Rechtes, in Italien mit neuen Kräften begonnen und von der Schule aus die Anwendung des justinianeischen Rechtes von Neuem befestigt wurde [13]). Dieses geschah unter deutschen Kaisern, unter

---

12) Als eine Arbeit aus dieser Zeit darf jedoch nicht jene Umarbeitung der Institutionen unter dem Titel: *summa novellarum constitutionum Justiniani imperatoris*, welche die Herausgeber als *corpus legum per modum institutionum* (1549) oder *brachylogus juris civilis* (1553) auch *epitome institutionum* (1570) bezeichneten, übersehen werden. Es ist ein kurzes System des justinianeischen Rechts, wobei die Institutionen zum Grunde gelegt, aber auch die Pandecten, der Codex und die Novellen benutzt sind. Der Verfasser ist unbekannt. Es bezog sich auf das lombardische Italien, und die Entstehung fällt um das Jahr 1100. Eine der besten Handschriften befindet sich auf der Wiener Hofbibliothek, die neucste kritische Ausgabe ist von Böcking 1829, vergl. Mackeldey Lehrbuch §. 79. und Spangenberg Einleitung S. 578.

13) War also das justinianeische Recht unverändert geltendes Recht für Italien geblieben, so brauchte es nicht erst, was früher so allgemein, aber ohne allen Grund, angenommen wurde, von Lothar II. als geltendes Recht im 12ten Jahrhundert für Italien eingeführt zu werden. Man nahm gemeinhin an, Kaiser Lothar II. habe befohlen, daß das justinianeische Recht für Italien gelehrt werde, und habe diesem zu-

welchen die Hochschule in Bologna sich eben besonderer Begünstigungen erfreute. Bei der Verbindung Deutschlands mit Italien wurde die Einführung des Römischen Rechtes für Deutschland um so leichter, als aber dieses bereits für Deutschland recipirt geworden war, mußte wie deutsche Gewohnheit, so die deutsche Gesetzgebung für die Anwendung des Römischen Rechts von großem Einfluß werden, aber auch manches geändert werden, wo Römische Gesetze und Einrichtungen mit deutschen Verhältnissen nicht in Einklang gebracht werden konnten; es entstand seit dieser Zeit für Deutschland das Bedürfniß Hochschulen nach dem Muster der italienischen einzurichten, und die deutsche Interpretation hat für die Anwendung des Römischen Rechtes in Deutschland im ganzen Erhebliches geleistet, die Stimme der Interpretation ist für Deutschland zur Auctorität geworden, was auch dort nicht ohne vielfache Bedeutung geblieben ist, wo besondere Landrechte an die Stelle des früheren gemeinen Rechtes getreten sind.

§. 57.

Glossatoren und deren Bemühungen.

Das Zeitalter der Glossatoren [1]) und jener neue Eifer für das Studium des Römisches Rechts in Italien oder vielmehr

---

gleich bei Abschaffung aller sonstigen Rechte unbedingte Kraft verliehen, was Andere irrigerweise damit in Verbindung brachten, als sei das justinianeische Recht damals erst bekannt geworden, nachdem man bei Eroberung von Amalphi die florentinische Handschrift der Pandecten gefunden habe. Aber bereits vor Auffindung jener Handschrift wurde das justinianeische Recht in Italien nicht bloß angewandt, sondern auch gelehrt, und eine hierauf sich beziehende Constitution des Kaisers Lothar ist völlig unbekannt.

1) Vergl. Bach hist. jurispr. Roman. p. 667. Brunquell histor. jur. p. 342 sq. Hellfeld histor. jur. p. 461 sq. Mackeldey Lehrbuch §. 80 ff. Spangenberg Einleitung S. 254 ff. besond. Hugo Literairgeschichte. Zweiter Zeitraum.

Bologna beginnt im 12ten und dauert bis in die Mitte des 14ten Jahrhunderts. Characteristisch ist für diese ganze Zeit jene Sach- und Wortinterpretation des Textes, wie sie in nicht anderer Art bei den Römern selbst üblich gewesen war, obwohl sich die neuen Interpreten nicht weiter durch die Vorschriften des Kaisers Justinian gebunden fühlten. Nachdem schon Popo als früherer Lehrer der freien Künste im 11ten Jahrhundert in Bologna das justinianeische Recht gelehrt hatte, war Irnerius[2]) (Guarnerius, Warnerius, Wernerius, Wernher), von Geburt ein Deutscher, der erste, welcher als Lehrer der freien Künste zu Ravenna nach Bologna gerufen wurde, und eben weil er, wie man gemeinhin angenommen, selbst in Constantinopel die Rechte studiert hatte[3]), hier als Rechtslehrer das größte Ansehen erlangte, eine solche Menge von Studierenden um sich versammelte, daß dadurch selbst das Studium der Theologie vernachlässigt wurde[4]). Dem Beispiele des Irnerius folgten ausgezeichnete Schüler, besonders Bulgarus, Martinus Gosia, Hugo oder Hugolinus (*a porta Ravennate*) und Jacobus, welche insgesammt von jenem auf eine würdige Weise erwähnt werden, so daß jedoch nur der letzte als sein eigentlicher Nachfolger angesehen werden konnte[5]). Als Lehrer im größten Ansehen, wurden sie von dem deutschen Kaiser Friedrich I. in den Roncali-

2) Als früherer Sachwalt heißt er *lucerna juris*.

3) Durch einen Streit über das Wort *ass*, worüber er auch durch die Pandecten völlig belehrt wurde, soll er sich der Rechtswissenschaft gewidmet haben.

4) Deshalb wurde das Röm. Recht den Geistlichen und namentlich den Päbsten in einem hohen Grade verhaßt.

5) Sie sollen von Irnerius selbst durch folgenden Vers bezeichnet sein, als sie von dem Sterbenden ein Urtheil über die Nachfolge im Lehramt erbaten:

Bulgarus os aureum, Martinus copia legum,
Mens legum Hugo, Jacobus idem quod ego.

schen Versammlungen als Rathgeber zugezogen, ihre Entscheidungen galten auch sonst dem Kaiser als Recht und ihre Meinungen wurden in ganz Italien als Gesetz beachtet [6]). Bulgarus schrieb nicht bloß Glossen, sondern auch einen Commentar über die *regulae juris*, zu welchem Placentin Noten verfertigte. Sein Gegner war Martinus Gosia, der manches im Römischen Rechte zu hart hielt, und selbst mit Rücksicht auf die Bibel zu ändern suchte. Dieser Gegensatz, ähnlich dem unter den Juristen zur Zeit des Kaisers August [7]), verbreitete sich auch über die Schüler derselben, und führte zur Unterscheidung der Bulgarianer und Gosianer. Als Bulgarianer gehören unter die Zahl der Glossatoren besonders Royer von Benevent, Guilelmus de Cabriano, Joannes Bassianus, Nicolaus Furiosus Bagarottus, Lotharius Cremonensis, Azo [8]), Presbyteri, Homobomus Hostiensis, Rofredus Beneventanus, Odofredus und Accursius; als Gosianer: Placentinus, Albericus a Porta Ravennate und Pyleus. Und außerdem gab es noch Glossatoren zu derselben Zeit in großer Menge [9]). Die Glossatoren erklärten nicht bloß das

6) Eben weil die Anordnungen der deutschen Kaiser auch für Italien gelten, sind die Bestimmungen Kaiser Friedrich's I. und II. dem Römischen Rechte von den Glossatoren einverleibt worden.

7) Martinus Gosia, ein Günstling des Kaisers Friedrich, soll diesem bei seiner Regentschaft ein völliges Eigenthum zugesprochen haben, was Bulgarus auf das bestimmteste verneinte.

8) Zu seiner Zeit sollen 10,000 Schüler in Bologna gewesen sein.

9) Dahin gehören für die Zeit vor Accursius noch Henricus de Baila, Guilelmus de Cabriano, Anselmus ab Horto, Otto Papiensis, Lothar von Cremona, Carl de Tocco, Bandinus Familiatus oder Pisanus, Burgundio in Pisa, Jacobus Balduinus, Jacob Arditionis, Bonifacius Bonconsilius, Martin von Fano, Hugaccio, Bernhard von Pavia oder Circa, Joannes Teutonicus.

Römische, sondern auch das Canonische Recht, welches ebenfalls durch die Auctorität der Päbste für Italien practische Bedeutung erlangt hatte, besonders das *decretum Gratiani* [10]. Darauf bezog sich unter den Glossatoren die Unterscheidung der Legisten und Decretisten, welcher Gegensatz im 12ten Jahrhundert von größter Bedeutung wurde. Die in Bologna creirten Doctoren des Römischen Rechtes nemlich begünstigten in vollem Umfange die Gewalt der Kaiser, weshalb sie auch von diesen nur begünstigt wurden; deshalb mißfiel den Päpsten die Auctorität des Römischen Rechts um so mehr, welche sie dadurch zu beschränken suchten, daß sie das vom Gratian in der Mitte des 12ten Jahrhunderts abgefaßte decretum ebenfalls für den Lehrunterricht bestimmten. Auf diese Weise bildete sich jener Gegensatz unter den Lehrern, indem die eine Parthei die Auctorität des Kaisers, die andere die unbedingte Auctorität der Päbste mit größter Heftigkeit vertheidigte, nachdem sich bereits im 12ten Jahrhundert unter Conrad III. in Italien dieser Gegensatz durch die Parthei der Welphen und Gibellinen gebildet hatte [11]. Ungefähr 100 Jahre nach Irnerius gab es der Glossen über

10) Das canonische Recht wurde zuerst von Gratian bald nach Irnerius gelehrt, aus dessen Schule mehrere hervorgingen. Von seinen unmittelbaren Schülern ist Pauca Palea berühmt durch die die Zusätze, die er gleich anderen zu Gratian's Decret machte. Unter den Canonisten dieser Zeit kommen viele außerhalb Italien vor. Joannes Teutonicus, den man auch Semeca nennt, trug noch vor Accursius, da er vor 1240 starb, Glossen über das Decret zusammen. — Das longobardische Lehnrecht wurde wegen der kaiserlichen Verordnungen schon seit Joannes Bassianus oder doch Hugolinus Presbyteri als die zehnte *collatio* der Novellen betrachtet, daher mit diesen glossirt. Carl de Trico ist der Verfertiger der Glosse über dasselbe.

11) Die Legisten waren nemlich auf der Seite der Gibellinen, die Decretisten auf Seite der Welphen. Beide wurden benutzt zur Entscheidung öffentlicher Streitigkeiten.

das justinianeische Recht in solcher Menge, daß es ein Bedürfniß wurde das Ueberflüssige zu verbannen. Accursius[12]) aus Florenz faßte die erheblichen Meinungen seiner Vorgänger mit seinen eigenen zusammen und verfertigte somit eine über alle Theile des Römischen Rechtes sich verbreitende und alles in sich fassende Glosse, ohne die Widersprüche der Vorgänger zu vertilgen, welche er vielmehr selbst der Reihe nach zusammenstellt und dabei unter der Menge von Erklärungsversuchen die Wahl überläßt. Diese Glosse ist als *glossa ordinaria* bekannt, hat als solche bei Scharfsinn des Verfassers das größte Ansehen erlangt[13]) und ist später durch den Druck bekannt geworden. Mit Accursius hat man gemeinhin eine neue Schule begonnen[14]), weil seit dieser Zeit neben den Glossen auch weitläuftigere Commentare üblich wurden; allein auch späterhin noch hat die Glosse verschiedene Zusätze erhalten. Unter den Nachfolgern des Accursius müssen als Glossatoren außer seinen beiden Söhnen Franziscus und Franziscus Cervotius noch besonders genannt werden: Odofredus, ein Gegner des Accursius, Ubertus Bosius aus Parma, Joannes Columbinus, Jacobus Ardizonus aus Verona, Dinus Rossanus, Petrus de Bella Pertica, Oldradus, Jacobus de Belviso, Butrigarius Cinus, Albericus de Rosate, Vivianus aus Toscana, Guido Suzarius, Guilelmus Durantis, Rolandinus Passagerius, Jacobus a Ra-

12) Er war ein Zeitgenosse Kaiser Friedrichs II., ein Schüler des Azo, und soll erst als ein Vierzigjähriger zur Rechtswissenschaft übergegangen sein. Zuerst Rechtslehrer in Bologna, überließ er sich später dem Privatstudium.

13) Um so mehr ist es daher erklärlich, wenn die Glosse auch bei der Reception des justinianeischen Rechts in Deutschland als erheblich für die Gültigkeit desselben angesehen wurde.

14) Vergl. Bach histor. jurisprud. Roman. p. 670. Brunquell histor. jur. Rom. p. 362. Spangenberg Einleitung in das Römisch-justinianeische Rechtsbuch S. 259.

vanis, Ricardus Malumbrá, außerdem Franziscus Tigrinus, Franziscus Ramponius, Nicolaus Mattarellus u. s. w., wenn auch die Canonisten an diesem Orte keiner genaueren Erwähnung bedürfen sollten [15]). Jene kürzeren Sach- und Wortbemerkungen wurden theils am Rande, theils neben, theils unter dem Texte hinzugefügt (*glossae interlineares*), mit welchen man den Text selbst abschrieb und später ebenso abdruckte. Daher erklärt sich der Name der Glossatoren oder Glossographen, wie er zur Bezeichnung der Bearbeiter des Römischen Rechtes für diesen Zeitraum gebräuchlich ist, wiewohl späterhin auch weitläuftigere Abhandlungen (*apparatus*), ausführliche Erläuterungen einzelner Stellen (*casus legum*), Commentare und sonstige Schriften [16]), auch jene sogenannten *summae* oder Auszüge über einzelne Theile des *corpus juris* [17]) vorkommen. Eben bei jenen exegetischen Erörterungen war man denn besonders bemühet sich einen guten und richtigen Text zu bilden, den man nach guten Manuscripten, aber ganz verschiedenen, oft auch nach eigenem Gutdünken herstellte. Die dadurch entstandenen Abschriften gaben zu jener späteren Unterscheidung der *lectio vulgata* Veranlassung, welche auch noch lange nach den Glossatoren lediglich benutzt blieb. Schon Irnerius lehrte das Römische Recht

---

15) Nur mag rücksichtlich dieser hier bemerkt werden, Raymund von Pennaforte, Lehrer des Decrets in Bologna, wurde von Gregor IX. zur Abfassung der Decretalensammlung gebraucht, über welche Vincentius Hispanus und Bernhard Bottoni aus Parma schrieben. Bartholomäus Brixiensis schrieb practische Erläuterungen zu den Decreten und *quaestiones dominicales*.

16) Namentlich kommen vor Bücher *de ordine judiciario*, *diversitates dominorum in jure*, *quaestiones Sabbathinae* (welche an einzelnen Sabbath-Tagen vorgekommen waren), *regulae juris generales*.

17) Ganz ähnlich den von Justinian nur erlaubten Paratitlen.

nach allen seinen Theilen, wiewohl er erst nach und nach zu den einzelnen Abschnitten desselben gelangte, was in Betreff der Digesten den Gegensatz des *digestum vetus, novum* und *infortiatum* veranlaßte [18]). Den Glossatoren wird dabei die Uebersetzung der griechischen Stellen in den Quellen zugeschrieben [19]), weil überhaupt die Kenntniß des Griechischen in jenen Zeiten so sehr mangelte. Ebenfalls wird die Eintheilung der Novellen in 9 Collationen [20]), wie schon oben bemerkt, als ein Werk der Glossatoren genannt, welche namentlich aus diesem nur auswählten, was für die italienische Praxis nützlich und brauchbar zu sein schien. Eben nur mit der Erleichterung des Studiums scheinen die aus den Novellen gemachten Auszüge, die dem Codex an den betreffenden derogirten oder abgeänderten Stellen eingeschaltet sind, zusammenzuhängen; sie sind gewiß nicht anders ein Werk der Glossatoren [21]). Solcher Authentiken (*authenticae*) finden sich in den 9 ersten Büchern des justinianeischen Codex aus Novellen des Kaisers Justinian 210, außerdem 13 sogenannte *authenticae Fridericianae* aus den das Römische Recht modificirenden Bestimmungen der deutschen Kaiser dieser Zeit, nemlich Friedrichs I. und II., welche auch gemeinhin als solche in den späteren Ausgaben der Quellen bezeichnet sind [22]). Fast in demselben Sinne aber finden sich authenticae zu den Institutionen, Auszüge aus den derogirenden Novellen, welche sich in einzelnen glossir-

---

18) Spangenberg Einleitung S. 116 ff.

19) Spangenberg a. a. O. S. 144.

20) Vergl. Spangenberg Einleitung S. 129.

21) Vergl. Mackeldey Lehrbuch §. 81 u. 82. Spangenberg Einleitung S. 133 ff.

22) Vergl. Spangenberg Einleitung S. 139 ff. Von Friedrich I. rührt die auth. Habita u. Sacramenta puberum her, andere 11 von Friedrich II.

ten Ausgaben der Institutionen, bei weitem jedoch nicht in allen gedruckten Ausgaben derselben befinden, und mit dem Text selbst verbunden sind [23]). Ueber den Unterricht der Glossatoren, welche als Lehrer gewöhnlich mit dem Namen *doctores* genannt werden, wissen wir im Ganzen wenig Genaueres; jedoch bestand die Bemühung der Lehrer nur in Erklärung des Textes. Bei den so verschiedenen Controversen, in welche schon die Glossatoren bei dem Studium des Römischen Rechtes verwickelt wurden, sind außer anderen diese besonders benutzt, um das Interesse und den Scharfsinn der Zuhörer zu wecken und besonders üblich war unter diesen das Vertheidigen gegen gemachte Einwürfe. Jedenfalls findet sich bei Critik ein gründliches Studium unter den Glossatoren, weshalb die Glosse noch lange für spätere Zeiten als Grundbasis bei dem Studium des Römischen Rechtes betrachtet werden konnte und auch noch gegenwärtig als ein wichtiges Hülfsmittel zur Interpretation genannt werden muß. Allein auch manche Zweifel und Bedenklichkeiten, manche grobe Irrthümer und Mißverständnisse, manche höchst seltsame Behauptungen, welche noch in späteren Zeiten zum Theil ausführlicher vertheidigt oder bestritten wurden, sind durch die Glosse verbreitet worden. Die Geschichte des Römischen Rechts wurde von den Glossatoren so gut als ganz vernachlässigt [24]).

---

23) Mackeldey Lehrbuch §. 83. Spangenberg Einleitung S. 141 ff. Endlich fällt den Glossatoren noch die Weglassung der Inscriptionen und Subscriptionen der einzelnen *leges*, deren Nutzen sie nicht einsahen, zur Last, Spangenberg a. a. O. S. 146.

24) Ueber den Werth der Glosse sind die neueren Juristen von jeher sehr verschiedener Ansicht gewesen, und wie es nicht an großen Lobeserhebungen gefehlt hat, so hat es anderseits auch nicht an bitterem Tadel gemangelt. Vergl. Spangenberg Einleitung S. 266 ff.

§. 58.

Verbreitung des Römischen Rechts außer Italien.

Während auch später noch die Hochschule in Italien sich behauptete [1]), wurde das Studium des Römischen Rechts nach dem Vorbilde der Glossatoren auch in anderen Ländern üblich, und hat sich als solches hin und wieder auch abgesehen von unmittelbarer Anwendung erhalten. Unter den in Frankreich [2]) durch die Einwanderungen deutscher Völker entstandenen neuen Völkerschaften galt das Römische Recht für die dort wohnenden Römer, allein nicht das justinianeische, sondern die aus dem vorjustinianeischen Recht zu Stande gebrachten Compilationen; die justinianeische Compilation blieb bis ins 12te Jahrhundert fast unbekannt, weil Frankreich nie wieder unter Römischen Scepter gelangte. Für das auch hier in Glaubensangelegenheiten geltende canonische Recht konnte zwar die damit in Verbindung stehende justinianeische Compilation nicht unberücksichtigt bleiben, und zu diesem Zwecke soll der heilige

1) Nach und nach wurden außer Bologna noch andere Hochschulen in Italien errichtet, und gleich jener von den Ausländern besucht, wie dann auch die Universitäten Frankreichs. In Italien aber, wo von den Glossatoren außer dem Römischen Recht, als der Hauptsache, auch das canonische Recht und das longobardische Lehnrecht gelehrt wurde, verschwanden die Rechte der germanischen Völker im zwölften Jahrhundert, Localstatute fingen an zu entstehen, und das Römische Recht wurde immer allgemeiner, indem es theils für die Statuten der Städte benutzt, theils zur Ergänzung derselben gebraucht wurde. So blieb das Römische Recht auch in den späteren Staaten Italiens als subsidiarisches Recht, was auch für Sicilien und Calabrien der Fall war, bis es durch die neueste Gesetzgebung von französischer Willkür auf eine Zeit lang verdrängt wurde. Vergl. Spangenberg Einleitung S. 94 ff.

2) Vergl. Spangenberg Einleitung S. 100 ff. und Mackeldey Lehrbuch des heutig. Röm. Rechts §. 84. und 85.

Lanfranc, Erzbischof von Canterbury, als Abt zu Bec in der Normandie, das Römisch-justinianeische Recht in der Mitte des 11ten Jahrhunderts, mithin schon vor den Glossatoren, gelehrt haben [3]). Daß man schon vor den Glossatoren auf die justinianeischen Rechtsbücher Rücksicht nahm, dafür liefert auch der von einem unbekannten Verfasser bereits aus dem 11ten Jahrhundert vorhandene Auszug aus den justinianeischen Rechtsbüchern, welcher als *Petri exceptiones legum Romanarum* bekannt ist [4]), den besten Beweis [5]). Um so mehr konnte das Aufblühen der Universität Bologna für Frankreich von Einfluß werden, so daß das fremde Recht daselbst nicht bloß auf den Rechtsschulen gelehrt, sondern auch in den Gerichten zur Anwendung gebracht wurde. Der sogenannte *Ulpianus de edendo* [6]), eine kurze Darstellung des Prozesses aus den justinianeischen Rechtsbüchern [7]), rührt wahrscheinlich

---

3) Schon im 9ten Jahrhundert wurde vom Erzbischof Hincmar von Rheims auf die justinianeische Compilation recurrirt.

4) Nach v. Savigny, dem neuesten Herausgeber dieses Werkes, ist es in der Gegend von Valence im südlichen Frankreich zu Stande gekommen, siehe jedoch Hugo Literairgeschichte §. 69. Die Arbeit handelt in 4 Büchern über Personenrecht, Contracte, Delate und Prozeß, und ist eine systematische Darstellung des geltenden Rechts. Vergl. auch Spangenberg Einleitung S. 583.

5) Auch Ivo von Chartres († 1115) berücksichtigte in verschiedenen Schriften das justinianeische Recht.

6) Den Namen führt diese Schrift, weil die erste Stelle aus Ulpian's Schrift *de edendo* entlehnt ist.

7) Bis jetzt sind nur 2 Handschriften dieses Werkes bekannt, nach deren einer es erst 1809 zum Theil von Gr. Aug. Meywerth und Ernst Spangenberg herausgegeben ist, zuletzt aber verbessert und mit Bemerkungen von G. Hänel 1838. Vergl. Hugo's civilist. Magazin Bd. I. No. 7 u. 16. und Bd. V. No. 12. und Spangenberg Einleitung S. 584.

aus dieser Zeit, von einem unbekannten Verfasser her. Der bereits unter den Glossatoren erwähnte Placentinus († 1192) lehrte zu Montpellier. Im Jahr 1220 wurde das justinianeische Recht in Paris gelehrt, jedoch vom Pabst Honorius verboten [8]). Ludwig der Heilige ließ eine französische Uebersetzung der Römischen Rechtsbücher verfertigen (1226—1270) [9]); und Pierre Desfontaines verglich 1253 bei Bearbeitung des Gewohnheitsrechts [10]) die Pandecten und den Codex, u. s. w. Ganz vorzüglich bewirkte aber die spätere glänzende Periode der Universitäten, daß das justinianeische Recht sich von diesen aus nach und nach als Gewohnheitsrecht in die Gerichte einschlich. Dabei blieb es bis auf die neueste Zeit bestritten, ob dasselbe wirklich für Frankreich als subsidiarisches Recht in Betracht kommen könne. Durch den im Jahr 1804 abgefaßten *code civil* oder *Napoléon* hat das justinianeische Recht für Frankreich jede subsidiarische Anwendung verloren und kann nur als *raison écrite* gelten. — In Spanien [11]), wo früher vorjustinianeisches Recht neben dem der Gothen galt, wurde später das Römische Recht ganz aufgehoben, bis Alphons IX. oder X. ein meistens aus dem Römischen Rechte entnommenes Gesetzbuch in spanischer Sprache publiciren ließ. Nie ist das justinianeische Recht für Spanien ausdrücklich recipirt, sondern scheint nur durch die später darüber gehaltenen Lehrvorträge Eingang gefunden zu haben, wes-

---

8) Jedoch blieb selbst ein wiederholtes Verbot ohne Wirkung.

9) Noch jetzt befindet sich auf der königlichen Bibliothek zu Paris das Manuscript einer französischen Uebersetzung des *digestum vetus*.

10) In seinem Buche *le conseil que Pierre Desfontaines donna à son ami*, herausgegeben von Du Cange hinter Joinville histoire du St. Louis.

11) Spangenberg Einleitung S. 106.

halb die Anwendbarkeit desselben in jeder Hinsicht auch gegenwärtig immer noch sehr bestritten bleibt. Portugal [12]) wurde ebenfalls von den Westgothen in Besitz genommen und so neben dem breviarium die sonstigen westgothischen Gesetze hier zur Anwendung gebracht. Später ist das Studium des justinianeischen und des canonischen Rechtes eingeführt und für die Anwendung entscheidend geworden durch König Dionysius, auch ist eine portugiesische Uebersetzung des Codex mit den Glossen des Accursius und Bartolus angefertigt worden; jedoch durch spätere Gesetzbücher verdrängt, ist bei diesen überhaupt der Einfluß des justinianeischen und canonischen Rechtes unverkennbar; ersteres war durch Gesetzgebung als subsidiarisches Recht anerkannt, bis 1769 demselben jede Bedeutung entzogen wurde und man nur nach dem vaterländischen Rechte und dem Naturrecht entscheiden sollte. In der Niederlande und Holland [13]), welche nie den Römern unterworfen gewesen, blieb das Römische Recht unbekannt bis zu jenem Aufblühen von Bologna; seit dieser Zeit gelangten auch hierher Lehrer des justinianeischen Rechts, und nachdem es von den Schulen aus in die Gerichte sich verbreitet hatte, ist es später als subsidiarisches Recht anerkannt worden. Im Jahr 1436 entstand die Universität zu Löwen, 1562 die zu Douay, 1575 die zu Leiden, 1585 die zu Franecker u. s. w., auf welchen das Römische Recht gelehrt wurde. Für die Lehranstalten in der Niederlande mußten die neuesten Umwandlungen manche Veränderung hervorbringen, nur Leiden erhielt sich, für die südlicheren Theile des neuen Königreichs sind Löwen, Gent und Lüttich neu eingerichtet. Für England, Schottland und Irland [14])

12) Spangenberg Einleitung S. 106 und 107.

13) Spangenberg Einleitung S. 108.

14) Hugo Literairgeschichte §. 118. Spangenberg Einleit. S. 104 ff. Mackeldey Lehrbuch §. 56.

war das vorjustinianeische Recht bis auf Arcadius und Honorius gültig, wurde aber durch den Einfall der Barbaren völlig verdrängt. Dennoch finden sich zur Zeit der Glossatoren auch hier Spuren einer wissenschaftlichen Bearbeitung des Römischen Rechts. Ein lombardischer Rechtsgelehrter Vacarius, welcher in Bologna das Recht studiert hatte, wurde 1136 von Theobald, Erzbischof zu Canterbury, mit nach England gebracht, lehrte zu Oxford das justinianeische Recht und verfaßte einen Auszug aus den Digesten und dem Codex[15]), aber wohl nur um den Geistlichen das Römische Recht zu erklären. Als ein subsidiarisches Recht ist das justinianeische niemals in England anerkannt worden, vielmehr vom König Eduard vor 1307 gänzlich abgeschafft; dennoch gilt es in einigen besonderen Gerichten als stillschweigend recipirt. In Irland und Schottland finden sich nur schwache Spuren des justinianeischen Rechtes, wiewohl es in den Schottischen Gerichten in Ansehen steht. Auch in Dänemark[16]) hatte sich von den auswärtigen Universitäten her das justinianeische Recht eingeschlichen, obwohl es schwerlich noch in den Gerichten zur Anwendung gebracht wird; im Holsteinschen gilt das justinianeische als subsidiarisches Recht, nur nicht in einzelnen Districten; ebenfalls in Schleswig als subsidiarisches Recht. In Polen[17]) ist manches aus dem justinianeischen Rechte in das von Sigismund 1520 abgefaßte Gesetzbuch aufgenommen worden, dennoch ist jenes niemals als solches recipirt und kann nur zur Erklärung benutzt werden. Ungarn[18]) war als Rö-

---

15) Sein Werk unter dem Titel: *libri ex universo enucleato jure excerpti et pauperibus praesertim destinati* befindet sich in einer Handschrift des Klosters Bec, und besteht aus 9 Büchern.

16) Spangenberg Einleitung S. 110 und 111.

17) Spangenberg a. a. O. S. 108.

18) Spangenberg a. a. O. S. 109.

mische Provinz nach und nach verschiedenen Eroberungen unterworfen, bis 567 die Hunnen den Besitz behaupteten; dabei trägt aber das Ungarische Landrecht vom Jahr 1514 Spuren des justinianeischen Rechtes und es scheint der Gebrauch desselben auch jetzt noch nicht erloschen zu sein. In Böhmen gilt das justinianeische Recht als Subsidiar-Recht; ebenso in Lithauen, Liefland u. s. w. [19]); aber in Schweden, wie in dem alten Rußland, findet sich kaum eine Anwendung desselben, obwohl es hier bei neueren Rechtsbestimmungen nicht unberücksichtigt blieb.

§. 59.

Fortsetzung.

Grade am meisten interessirt uns die Verbreitung des justinianeischen Rechtes über Deutschland [1]), für welches es sich in einem größeren Umfange, als in den sonstigen europäischen Ländern, behauptet hat [2]). Wiewohl es ebenfalls hier nur von Bologna aus zur Anwendung gebracht und anfangs stillschweigend angewandt wurde [3]), bis es bei Einführung des Reichs-

19) Spangenberg a. a. O. S. 109 und 110.

1) Vergl. Brunquell histor. jur. p. 388 sq. Mackeldey Lehrbuch des heut. Röm. Rechts §. 87 ff. Spangenberg Einleit. S. 111 ff.

2) Auch in der Schweiz, diesem früher so eng mit Deutschland verbundenen Reiche, hat das Römisch-justinianeische Recht seine Kraft als subsidiarisches Recht behauptet; wiewohl anfangs auch hier dagegen viel Widerspruch erhoben wurde. Doch scheint in einigen Cantonen der Gebrauch desselben geringer zu sein, als in anderen. Spangenberg Einleitung S. 115.

3) Der Weg, auf welchem dieses geschah, ist schon oben berücksichtigt worden. Zur Geltendwerdung des Römischen Rechts trugen auch manches die deutschen Regenten bei durch die Achtung, welche sie ihrer italienischen Hochschule schenkten, durch die Auszeichnung, welche

kammergerichts 1495 durch Kaiser Maximilian I. ausdrücklich bestätigt wurde, so schien es dem Aufblühen Deutschlands bei so großem Mangel einheimischer Gesetze eben in einem hohen Grade und dauernd zu entsprechen, weshalb auch das Studium des Römischen Rechtes grade hier nach und nach immer mehr die Oberhand gewinnen mußte. Für Deutschland, und somit für die später in Deutschland entstandenen einzelnen Staaten, ist das Römisch-justinianeische Recht in Verbindung mit dem Canonischen Recht und dem longobardischen Lehnrecht von Bologna aus recipirt und als subsidiarisches Recht zur Anwendung gebracht worden [4]), soweit es mit deutschen Sitten, Einrichtungen, Verfassung und Gesetzen nicht in Widerspruch trat. In so fern ist bei dem Mangel einheimischer Rechtsbestimmungen nicht bloß das Römische Privatrecht in allen seinen Theilen und Abschnitten für die deutsche Praxis entscheidend geworden, auch der Römische Proześ bildet die Grundlage für das gerichtliche Verfahren in Deutschland, wiewohl Mißverständnisse und deutsche Gebräuche mit Hülfe deutscher Gesetzgebungen hier im einzelnen so manches anders gestaltet haben. Ebenso ist das Römische

---

den dortigen Gelehrten und ihren Schülern zu Theil wurde. Carl IV. gründete in Italien einzelne neue Universitäten, die *academia Ticinensis* und *Florentina*, hatte den Bartolus und viele andere Römische Rechtsgelehrte zu Räthen; wie es damals überhaupt Sitte war, sich des Rathes gelehrter Juristen zu bedienen, so soll selbst Bogislaus X. als Herzog von Pommern den Petrus von Ravenne und seinen Sohn mit sich gebracht haben. Vieles wurde veranlaßt durch die damals von den Regenten so gewöhnlich unternommenen Reisen nach Italien. So konnte es geschehen bei jenem Studium des Römischen Rechts im Auslande, daß schon die im 13ten und 14ten Jahrhundert zu Stande gebrachten Sammlungen vaterländischer Gesetze mit Römischem Rechte untermischt wurden. Dies gilt vom Sachsenspiegel, Schwabenspiegel, der goldenen Bulle u. s. w.

4) Vergl. Spangenberg Einleitung S. 176 ff.

Criminalrecht die Grundlage geblieben [5]), während jene die Römische Staatseinrichtung betreffenden Bestimmungen natürlich für Deutschland keine Anwendung finden konnten. Jedoch blieben einzelne Institute des Römischen Rechtes mit den deutschen Einrichtungen unvereinbar [6]), manches behauptete sich nach deutschen Grundsätzen, was nach Römischem Rechte unzulässig war [7]), und überall aus dem Römischen Rechte nur das, was der größeren Billigkeit entsprach, während so manches als unerheblich betrachtet wurde, was von ursprünglichen Eigenthümlichkeiten noch zu Justinian's Zeit übrig blieb; und manche Gegensätze des Römischen Rechts wurden als bloße Subtilitäten für überflüssig gehalten [8]). Dabei gilt das Römische Recht seinen einzelnen Theilen nach in derselben Bedeutung, in welcher es zu Justinian's Zeit gelten sollte; freilich mit den Modificationen und Abänderungen des Canonischen Rechts [9]); während die

---

5) Insofern ist in der peinlichen Halsgerichtsordnung Kaiser Carl's V. von 1532 ausdrücklich auf dieses Bezug genommen, und der Kaiser betrachtet es sogar als von seinen Vorfahren im Reiche erlassen.

6) Z. B. die Sclaverei, die *legitimatio per oblationem curiae.*

7) Z. B. die Erbverträge. Deutsche Institute, welche dem Römischen Rechte unbekannt, können nur nach deutschem Recht beurtheilt werden z. B. die Gütergemeinschaft, Wechsel, Assecuranzen, der Adel, Bürger- und Bauernstand.

8) Dies betrifft zahlreiche Beispiele, besonders im Obligationenrecht. So begründet jedes *pactum* Klagbarkeit, die *stipulatio* hat ihre Eigenthümlichkeiten verloren. — Aber während das Römische Recht bei einzelnen Lehren als Hülfsrecht die eigentliche Basis bildet, konnte es bei anderen nur zur Ergänzung des deutschen Rechts benutzt werden.

9) Spangenberg Einleitung S. 184 und 185. Jedoch gilt bei der Lehre von den Zinsen nur das Römische Recht, mit Ausschluß des Canonischen.

ebenfalls für Italien entscheidenden longobardischen Lehnsgewohnheiten nicht mit demselben in Widerspruch traten [10]. Wie nun das Römische Recht, und dasselbe gilt von den sonst recipirten fremden Rechten, zunächst nur benutzt wurde zur Beurtheilung derjenigen Verhältnisse, für welche es an besonderen Rechtsgrundsätzen fehlte, so ist es auch hinterher stets nur als subsidiarisches Recht für Deutschland in Betracht gekommen, aber auch manches ist durch deutsche Reichs-Gesetzgebung, später durch landesherrliche Bestimmungen, durch Provinzial- und statutarische Rechte im einzelnen modificirt worden [11]; nur hin und wieder ist das Römische Recht mit Hintenansetzung des bisherigen Rechtes recipirt worden [12]. Dabei gilt das als Ganzes (*in complexu*) recipirte Römische Recht seinem ganzen Umfange nach, nicht bloß einzelne Theile und Stellen desselben, sofern es überhaupt zur Anwendung gebracht werden kann, weshalb in deutschen Gerichten bei Berufung auf einzelne Stellen des Römischen Rechtes eine sogenannte *fundata intentio* gilt [13]. Endlich bei der so großen Auctorität der Glossatoren, welche sie auch hinterher noch lange behaupteten, und weil das Römische Recht nur zur Anwendung gebracht wurde, so weit es in Bologna gelehrt wurde, ist nach hinterheriger gesetzlicher Bestäti-

10) Allein es können die als subsidiarische Quelle ebenfalls durch die Reichsgesetze bestätigten libri feudorum nur gelten, insofern sie Bestimmungen über in Deutschland vorhandene Lehre enthalten; unvereinbar ist aber auch alles, was mit dem öffentlichen Rechte des deutschen Reichs in Widerspruch tritt. Spangenberg a. a. O. S. 178.

11) Welche daher den Vorzug haben. Vergl. Spangenberg a. a. O. S. 179 ff.

12) Dies geschah in der Mark, durch Recesse von 1527, 1534, 1538 und 1572 mit Zurücksetzung des Sachsenrechts, ebenso in den Braunschweig-Lüneburgischen Staaten unter Herzog Heinrich dem Jüngeren im Jahr 1567.

13) Brunnquell histor. jur. p. 405 sq.

gung des bisherigen Gebrauchs die Praxis niemals auf diejenigen einzelnen Theile des Römischen Rechts ausgedehnt worden, welche nicht mit der Glosse versehen waren. Daher hat sich in allen deutschen Ländern der Satz behauptet: *quidquid non agnoscit glossa, nec agnoscit curia*, was sich nicht anders auf die als Anhang des corpus juris in Betracht kommenden libri feudorum bezieht [14]). Aus diesem Grunde gelten einzelne Stellen in den Pandecten [15]) für Deutschland nicht, eine Reihe von Constitutionen des Codex [16]), selbst ganze Titel desselben, wie auch alle leges restitutae sind für Deutschland ohne Bedeutung. Am wichtigsten ist dies in Betreff der Novellen, indem nur 97 mit der Glosse versehen [17]), dagegen 71 nicht glossirt sind. Die aus jenen von den Glossatoren angefertigten Authentiken haben als bloße Privatarbeit am wenigsten gesetzliche Kraft [18]), wie die sonstigen Privatarbeiten der Glossatoren und

14) Spangenberg Einleitung S. 167 ff.

15) Zu den nicht glossirten Stellen der Pandecten gehören l. 7. §. 5. l. 8—11. D. de bon. damnator. l. 17—19. D. de interdict. et relegat.

16) Aufgezählt finden sie sich von Spangenberg Einleit. S. 169—172.

17) Welche eben nur in jene 9 Collationen von den Glossatoren gebracht wurden. Sie sind nach der jetzt gewöhnlichen Ordnung Nov. 1. 2. 3. 4. 5. 6. 7. 8. 9. 10. 12. 14. 15. 16. 17. 18. 19. 20. 22. 23. 33. 34. 39. 44. 46. 47. 48. 49. 51. 52. 53. 54. 55. 56. 57. 58. 60. 61. 63. 66. 67. 69. 70. 71. 72. 73. 74. 76. 77. 78. 79. 80. 81. 82. 83. 84. 85. 86. 88. 89. 90. 91. 92. 93. 94. 95. 96. 97. 98. 99. 100. 105. 106. 107. 108. 109. 110. 111. 112. 113. 114. 115. 116. 117. 118. 119. 120. 123. 124. 125. 127. 128. 131. 132. 134. 143. 159. Die Novellen 63 und 110, welche sich nicht in allen Handschriften oder Ausgaben finden, gehören wahrscheinlich nicht zu dem eigentlichen, damals erläuterten, corpus authenticarum.

18) Sie können nur gelten, insofern sie mit der Quelle, aus welcher sie entlehnt sind, übereinstimmen. Widersprüche finden sich in auth. ad l. ult. C. de bon. proscriptor. verglichen mit Nov. CXXXIV. c. ult. und auth. ad l. 7. C. de episcop. et cleric. verglichen mit Nov. CXXIII. c. 7.

jene Glosse selbst unverbindlich sind; auch jene versio vulgata kann als bloße Privatarbeit nicht dem griechischen Texte der Novellen vorgezogen werden; und die von den Glossatoren herrührenden Titel und Rubriken der Novellen haben für Deutschland keine verbindliche Kraft. Unglossirt, daher in deutschen Gerichten ungültig, sind endlich auch die 13 Edicte des Kaisers Justinian, die Novellen von Justin und Tiberius, die imperatoriae constitutiones, die 113 Novellen des Kaisers Leo, die canones apostolorum. In einzelnen deutschen Ländern sind bei der so zerstreut liegenden Masse des geltenden Rechtes, bei der nicht selten verwickelten Anwendung neue Redactionen des geltenden gemeinen Rechtes zu Stande gekommen, und, wie es nicht ohne Grund scheinen mag, aus dem Bedürfniß der Zeit hervorgegangen, das Oesterreichische, das Preußische Landrecht sind in den einzelnen Staaten an die Stelle des gemeinen Rechtes getreten, eben zur Erleichterung der unmittelbaren Anwendung, aber auf gleiche Weise sind sie aus den bis dahin geltenden gemeinen Rechten zu Stande gebracht. Dabei hat das justinianeische Recht in allen deutschen Staaten als subsidiarisches Recht seine Anwendung behauptet, nur nicht in den preußischen Staaten, nachdem die Publication des Landrechts diesem ausschließliche Auctorität ertheilte; und in denjenigen deutschen Staaten, wo der code civil zur Anwendung gebracht wurde, hat das Römische Recht nur die Bedeutung einer raison écrite behalten. Für die Anwendung des preußischen Landrechts hat das Studium des Römischen Rechtes seine große Bedeutung, aber über die Zweckmäßigkeit der in ersterem getroffenen Aenderungen kann nur das Bedürfniß des Volkes entscheiden und von diesem aus werden etwanige Mängel zu beseitigen sein.

§. 60.

Bearbeitung des Römischen Rechts seit den Glossatoren.

Nach dem Bisherigen sind die späteren Bearbeiter des Römischen Rechts [1]) am wenigsten auf Italien beschränkt geblieben, vielmehr das südliche und westliche Europa und dann ganz Deutschland wurden von Bologna aus mit demselben gemeinsamen Bande umschlungen. Nur, während zunächst noch Italien den Vorrang behielt, zeichnete sich dann zunächst Frankreich, aber auch die Niederlande und Spanien durch das Studium des Römischen Rechtes aus, bis in den neuesten Zeiten Deutschland bei eigenem Bedürfniß immer mehr vor den benachbarten Ländern die Oberhand gewonnen hat. Die einzelnen hier seit den Glossatoren zu erwähnenden Juristen hat man gleich den Glossatoren, für welche man die Schule des Irnerius und des Accursius kennt, nach den verschiedenen Zeiträumen und der Art der Behandlung der Rechtswissenschaft durch Schulen zu unterscheiden gesucht. So nennt man die Schule des Bartolus, des Cujacius und die sogenannte Ramistische Schule [2]), wiewohl dabei manches nur willkürlich

---

1) Vergl. Bach histor. jurisprud. Rom. p. 671 sq. Brunquell histor. jur. p. 365 sq. Hellfeld histor. jur. p. 485 sq. Spangenberg Einleitung S. 259 ff. besonders Hugo Literairgeschichte §. 121 ff., während hinsichtlich der Bücherkunde immer noch auf Lipenii bibliotheca realis juridica 1679, welche von Gottl. Struve 1720, Jenichen 1737, dann von Aug. Friedr. Schott 1775 vermehrt und verbessert, und von Carl Renat v. Senkenberg 1789 mit einem besonderen Nachtrage versehen wurde, zu verweisen ist.

2) Diese Schule benannt von dem Philosophen Petrus Ramus, characterisirt sich durch die demselben eigenthümliche Behandlungsweise. Wie seine Lehrmethode für Theologie und Medizin von Einfluß wurde, so ist sie von Matthaeus Wesembec für das Recht zur Anwen-

geordnet scheint und in welchem Sinne sich für die neueste Zeit noch andere Schulen unterscheiden lassen möchten. Die Bemühungen der Einzelnen lassen sich mehr den verschiedenen Zeitaltern nach classificiren und für diese nach der verschiedenartigen Tendenz ein Gemeinsames auszeichnen. Hierzu mag eine kürzere Angabe einzelner Juristen aus den verschiedenen Zeiten genügen, weil es an sich schwer ist die Verdienste des Einzelnen hinreichend zu würdigen, auch die Verfasser durch Angabe ihrer Schriften am wenigsten genügend gewürdigt werden. Seit der Mitte des 14ten Jahrhunderts findet sich in den Arbeiten der Juristen eine fade und abgeschmackte Weitschweifigkeit, indem man unter Einfluß der arabischen Dialektik nicht mehr wie früher das Recht erklärte, sondern sich in leeren Subtilitäten und Eintheilungen ohne allen Zweck erschöpfte [3]). Unwissenheit in der Geschichte verbreitete zudem

---

dung gebracht, und durch ihn fand jene Ramistische Behandlungsweise unter den Juristen des 16ten und 17ten Jahrhunderts besonders in Deutschland Anklang, bis auch hier die seit Cujacius üblich gewordene elegante Bearbeitung des Rechts siegte, und allgemein die Unzweckmäßigkeit anerkannt wurde aus philosophischen Gesichtspunkten und Gegensätzen die einzelnen Rechtsmaterien deduciren zu wollen. Vergl. Bach histor. jurisprud. Roman. pag. 678. Brunquell histor. jur. pag. 385. Auch späterhin haben in Deutschland die Systeme der Philosophen ihren Einfluß wie auf die sonstigen Wissenschaften, so auf das Studium des Rechts ausgeübt, und namentlich für das Studium des Römischen Rechts ist philosophische Bildung ein nicht unwesentliches Erforderniß, wie es von jeher unter den Römern selbst anerkannt war. In jedem Detail des Römischen Rechts zeigt sich philosophische Consequenz, durch welche eben das Einzelne sich entwickelt hat; aber aus Grundgesichtspunkten philosophischer Systeme das aus dem Bedürfniß des Römischen Volkes hervorgegangene Römische Recht auch nur einigermaßen richtig beurtheilen zu wollen, muß in unseren Tagen um so mehr als ein seltsames Unternehmen erscheinen.

3) Ueber diese seine Vorgänger urtheilt Cujacius: Interpretes sunt

große und sehr wesentliche Fehlgriffe, gothische und longobardische Barbarei hatte ächte Latinität, wie eigentlich wissenschaftliche Bestrebungen so ganz in den Hintergrund gedrängt, was auch auf die Schreibart in jener Zeit den größten Einfluß hatte [4]). Der Erste, welcher diese ganz entgegengesetzte Tendenz einschlug, war Bartolus de Saxoferrato, ein Schüler des Cinus und Butrigarius, welcher zuerst in Pisa und dann in Perugia mit großem Beifall lehrte, eine Menge von Schriften hinterließ [5]), und als Gesandter von Perugia zu Carl IV. gesandt, von diesem zur Anfertigung der goldenen Bulle berufen [6]), Rath des Kaisers und überhaupt sehr ausgezeichnet wurde [7]). Sein ebenso ausgezeichneter Schüler und Gegner war Baldus [8]), ein Schüler des letzteren Paullus Castrensis, diesem folgte Alexander Tartagnus, von Imola, welcher zuerst in Ferrara, dann Patavia, wo Bartholomäus Cäpolla sein großer Nebenbuhler wurde, und endlich in Bologna

---

verbosi et prolixi, in re futili multi, in difficili muti, in angustia diffusi.

4) Dennoch ist durch die Juristen dieser Zeit manche practisch wichtige Streitfrage mit Glück beantwortet, man findet bei ihnen Scharfsinn und richtiges Urtheil.

5) Durch ungemeine Sorgfalt, mit welcher er die Institutionen, Pandecten und den Codex erläutert hatte, erlangte er in den Gerichten die größte Auctorität, und besonders galt in Spanien seine Stimme. Von seinen Schülern und Nachfolgern *lucerna juris, lumen ardentissimum juris civilis, optimus auriga in civili scientia, illuminator juris, lux coecorum, dux universorum* genannt, wird er doch später überhaupt sehr getadelt.

6) Um so mehr wird es erklärlich, wenn manches aus dem Römischen Recht für diese benutzt ist.

7) Manche Vortheile sind ihm vom Kaiser ertheilt worden.

8) Welcher noch sehr jung seinem Lehrer so spitzfindig widersprochen haben soll, daß dieser sich Bedenkzeit zur Antwort erbitten mußte.

lehrte. Berühmte Schüler des Alexander waren Bartholomäus Socinus und Jason Mainus [9]). Jedoch mögen außer diesen noch genannt werden: Angelus und Petrus Baldus, beide Brüder des Erstgenannten, Bartholomäus Salicetus, Jacobus Algarottus, Franziscus Curtius, Hippolytus Riminaldus, Raphael Cumanus, Alexander ab Alexandro, Joannes Bertachinus, als auriga in feudis Andreas von Iserina und unter den Canonisten besonders Joannes Andreä. Die angegebene ganz veränderte Bearbeitung des Römischen Rechtes dauerte bis in die Mitte des 16ten Jahrhunderts, allein schon seit der Mitte des 15ten Jahrhunderts gedieh das Studium des Alterthums unter dem Schutz der Regenten, die Reformation wirkte vortheilhaft, die inzwischen in Deutschland aufgekommene Buchdruckerkunst diente zur schnelleren und richtigeren. Verbreitung wissenschaftlicher Bestrebungen und die deutsche Gesetzgebung bestimmte manches vom Römischen Recht zweckmäßiger für die Anwendung. Grade eine besondere Aufmerksamkeit wurde von dem Studium des Alterthums aus schon um diese Zeit darauf gerichtet, wie sonstige Quellen, so die einzelnen Theile des corpus juris richtiger und vollständiger zu liefern [10]). In dieser Hinsicht müssen besonders Politianus, Bologninius, Haloander, Sichard, Viglius von Zuichem, Theodor Amadäus aus Suallemberg, Dütillet, dann besonders Antonius Augustinus und Taurellus, Lelio und Franz (Vater und Sohn) Scrimger, Agyläus, noch später Russard, Contius und manche andere erwähnt werden. Das allmälige Wiederaufblühen der Wissenschaften und die Verbreitung einer classischen Literatur gab dann auch

9) Ludwig XII., König von Frankreich, war unter seinen Schülern; auch verschiedene Gesandtschaften zum Kaiser und Pabst machten ihn berühmt.

10) Vergl. Hugo Literairgeschichte §. 163 ff.

zu einer gründlichen und geschmackvollen Bearbeitung des Römischen Rechtes die Veranlassung, während sich ebenfalls eine bessere Latinität unter den Juristen verbreitete, und anderweitige verschiedene Hülfsmittel zum Studium des Rechts benutzt wurden, namentlich gründliche Sprachkenntniß und Geschichte [11]). Dieses hat zur Unterscheidung der Humanisten von den Realisten geführt [12]), welche erstere man gemeinhin mit Alciat beginnen läßt, wiewohl schon andere vor ihm denselben Weg betraten [13]) und diese besonders erst durch Cujacius und seine Anhänger würdige Vertreter fanden. Die italienischen Rechtsgelehrten treten immer mehr

---

11) Die Zeit des Wiederaufblühens datirt man gewöhnlich von der Eroberung Constantinopel's. Durch das Aufhören des griechischen Kaiserthums nahmen eine Reihe von griechischen Juristen ihre Zuflucht nach Italien, namentlich Emanuel Chrysoloras Byzantinus, Theodorus Gaza, Johann von Trapezunt, Constantinus Lascaris, Marullus, Chalcondylas (vergl. Hugo Literairgesch. §. 121 ff.), welche selbst eine Menge von Hülfsmitteln zum Studium des Römischen Rechts mit nach Italien brachten, z. B. die Basiliken, Theophilus, Hermenopul, durch welche und andere das Feld der Bearbeitung und die Kenntniß vom Römischen Recht besonders erweitert wurde. Auch das jetzt aufgefundene florentinische Manuscript trug viel dazu bei, die bisherigen Kenntnisse zu berichtigen, wie die neu hinzugekommenen Universitäten und die Errichtung neuer Lehrstühle für die Jurisprudenz zu einer zweckmäßigeren Bildung beitragen mußten.

12) Letztere kämpften hartnäckig gegen alle Neuerung. Diese Gegensätze haben sich späterhin zu einem gemeinschaftlichen Zwecke ausgeglichen, und letztere darf man nicht Praktiker in einem jetzt üblichen Sinne nennen, da auch jene Humanisten bei einem mehr wissenschaftlichen Studium, bei erweiterten Rechtskenntnissen und neuen Ansichten am wenigsten die practische Seite des Rechts übersahen.

13) Zu diesen gehören Castilioneus, Raphael Cumanus Fulgosius, Alexander ab Alexandro u. A., welche jedoch bei dem gewohnten Treiben jener Zeit weniger Gehör fanden.

in den Hintergrund, die französische Schule unter Cujacius siegt, neben welcher auch die niederländische, die spanische und die deutsche erheblich genannt werden müssen. Jede dieser Schulen hat man auch mit besonderen Namen bezeichnet [14]) und nach diesen die einzelnen Gelehrten zu rubriciren gesucht, doch werden sich schwerlich für jede derselben besondere Eigenthümlichkeiten auffinden lassen. Andreas Alciatus, ein Schüler des Jason Mainus, erlangte durch seine freiere Bildung [15]) als Lehrer des Rechts zu Ticinum, dann zu Avignon und Bourges, aber auch zu Bologna und Ferrara, einen Namen († 1550). Zeitgenosse desselben war Aemilius Ferretus, dessen Schüler Antonius Goveanus, welcher in Portugal geboren, an verschiedenen französischen Universitäten lehrte und von Cujacius sehr gelobt wird. Ausgezeichnet war Guilelmus Budäus, aus Paris von einer vornehmen Familie, Antonius Augustinus aus Spanien, ebenfalls von vornehmen Eltern; vor allen aber Cujacius [16]). Bourges

14) So hat man die italienische als die Alciatische Schule bezeichnet, die französische als die Cujas'sche, die niederländische als die Zuichem'sche, die spanische als die Rames'sche und die deutsche die Zasische genannt.

15) Welche er besonders unter Laurentius Valla, Janus Parrhasius, Angelus Politianus, Bembus und Erasmus von Rotterdam, welche damals insgesammt in größtem Ansehen standen, sich verschafft hatte.

16) Unter seinen Zeitgenossen zeichnete sich Cujacius bei weitem durch Gelehrsamkeit und die Menge seiner Schriften aus. Im Jahr 1522 geboren zu Toulouse, studierte er in seiner Vaterstadt besonders unter Ferretus, ging bei Widerwärtigkeiten auf der Universität seiner Vastadt als Nachfolger des Balduin nach Bourges, wo er auch als Lehrer 1590 verstarb. Bei großem Ansehen erlangte er heftige Feinde und Gegner besonders an Duaren, daß er selbst zu einer temporären Entfernung von Bourges veranlaßt wurde, Hotoman, Robertus, Gordonius, Faber u. s. w. Seine Tochter Susanne war

war gleich dem früheren Beryt die *mater et nutrix legum*, wo außer Alciat und Cujacius, Baro, Duaren, Hugo Donellus, Balduinus, Contius, Boërius, Russardus, Raguellus, Hortensius, Joannes und Jacobus Nercerius, Merillius und viele andere lehrten. Ebenfalls übete Toulouse durch ausgezeichnete Lehrer, unter denen Arnoldus Ferretus, Joannes Bellonus, Joannes Corasius, Petrus Faber, Bertrand, Antonius Guiselnus Costanus, Philippus Partherius, Stephanus Durantius, Guilelmus Maranus, Vincentius Dabotius, Janus a Costa, Innocentius Cironius, Petrus Fermatus, Anton. Dadin. Alteserra u. a. genannt werden müssen. Außerdem sind für Frankreich theils als Zeitgenossen, theils als Nachfolger des Cujacius, als Lehrer an sonstigen französischen Universitäten und gelehrte Juristen zu erwähnen Franciscus Hotomannus, Barnabas Brissonius, Guilelmus und Radulphus Fornerius, Franziscus Connanus, Antonius Mornacius, Petrus und Franciscus Pithreus, Franciscus Florens, Joannes Dartis, Joannes Doviatius, auch noch Dionysius und Jacobus Gothofredus Vater und Sohn, Jacobus Lectius, Molinaeus, Henricus Scrimger, Muretus, Petrus Faber, Antonius Faber, Gruchius u. s. w. [17]) Unter den Bearbeitern des Römischen Rechts zeichneten sich in der Niederlande um dieselbe Zeit besonders aus Viglius Zuichemus, Jacobus Rävardus, Julius Pacius, Jacobus Curtius, Antonius Perez, Eberh. Bronchhorst,

---

eine berüchtigte Person. Nicht bloß zur Erklärung des Römischen Rechtes, sondern auch für das vorjustinianeische Recht, für die Basiliken u s. w. hat er viel geleistet. Vergl. Hugo Literairgesch. §. 242 und 243.

17) Ueber die Schüler des Cujacius siehe Hugo Literairgeschichte §. 244 ff.

Arnoldus Vinnius, Joannes Jacob. Wissenbachius, Antonius Matthaei, Marc. Lyclama, Cornelius van Eck, Paulus Voetius, Henr. Agyläus, Gerardus Noodt, Antonius Schulting, Henricus Brencmann, Joannes Ortwin Westenberg, Huber, Eberhard Otto, Cornelius van Bynkorshoek, Abraham Wieling u. s. w. [18]). Unter den Spaniern mögen hier außer dem bereits erwähnten Antonius Augustinus nur noch Suarez de Mendoza, Franz Ramos von Manzano, Nic. Antonius, Joseph Fernandez de Retes, Jos. Finestres de Monsalvo bemerkt werden [19]). Unter den Deutschen folgten besonders dem Beispiele des Cujacius: Udalricus Zasius, Gregorius Haloander, Markward Freser, Borcholt, Val. Forster, Joannes Leunclavius, Nicolaus Cisner, Johann Sichard, Gipsanius, Ritterhuus, Vultejus, Goeddäus, Harprecht, Bocer, Basold, Bachow von Echt, Hunnius, Brummer, Hilliger, Ungepaur, Carpzov, Brunnemann, Mevius, Ziegler, Strauch, Schilter, Lauterbach, Struve, Pufendorf u. s. w. [20]). Endlich als italienische Rechtsgelehrte dieser Zeit nahmen außer anderen Menoch, Merendon, Galvani [21]) Rücksicht auf Cujacius.

§. 61.

Fortsetzung.

Später verlor sich das Ansehen der französischen Gelehrten [1]), während das Studium sich noch in der Niederlande

18) Hugo Literairgeschichte §. 311 ff.

19) Hugo a. a. O. §. 332 ff.

20) Hugo Literairgeschichte §. 277 ff. und §. 270 ff.

21) Hugo a. a. O. §. 333 ff.

1) Ueber die seit Thomasius etwa auszuzeichnenden französischen Schriftsteller des 18ten Jahrhunderts vergl. Hugo Literairgesch. §. 342 ff.

eine Zeit lang erhielt [2]) und für eine neuere Zeit trugen die Deutschen immer mehr den Sieg davon. Bereits seit der Mitte des 17ten Jahrhunderts, seit Thomasius scheint Deutschlands Uebergewicht entschieden zu sein, wenn auch in der Wissenschaft sich durch die Art der Bearbeitung eben keine wesentliche Verschiedenheiten vorfinden [3]). Seit Thomasius und der durch ihn veranlaßten Stiftung der Hochschule zu Halle siegte der Gebrauch der Landessprache, wiewohl auch nachher noch lateinisch geschrieben wurde; und das Besuchen der hohen Schulen im Auslande verschwand nun gänzlich. Lange Zeit behauptete Halle in Deutschland den Vorrang, so daß auch bei Errichtung von Göttingen so manches nachgeahmt wurde, Seckendorf, Samuel Stryk, von Ludewig, Gundling, Just Henning Böhmer, besonders Heineccius gaben dieser Hochschule vorzügliche Bedeutung, wo Christian Wolf eine philosophische Schule stiftete; eine Reihe von Juristen müssen als Schüler des Thomasius gerühmt werden [4]). Leider hat Halle hinterher seine frühere Bedeutung verloren, nur Dan. Nettelbladt († 1791) hatte großen Beifall und eine Menge preußi-

---

Montesquieu, Voltaire und Rousseau sind die bekanntesten. Wie in Frankreich, was unmittelbar vorher noch so sehr hervorragte, so war in Italien nach und nach der Eifer für das Studium des Alterthums erkaltet. Genannt werden mögen hier Scipio Maffei in Verona († 1755), Alex. Spennach. Mazochi († 1771), Alex. Machiavelli († 1766), Marini, Jan. Vinc. Gravina († 1717), Averanius († 1738), Beccaria († 1794). Vergl. Hugo Literairgeschichte §. 353 ff.

2) Als Juristen mögen nächst den bisher genannten für die Niederlande noch genannt werden Wilh. Otto Reitz, v. Meerman Voorda († 1767), Nordkerk († 1771), Herm. Cannegieter († 1804) vergl. Hugo Literairgeschichte §. 370 ff.

3) Nur wurde freilich nach ihm das Studium der Rechtsgeschichte mehr als früher gewöhnlich.

4) Hugo Literairgeschichte §. 381.

scher Geschäftsmänner sind aus seiner Schule hervorgegangen [5]). Nach der Schlacht bei Jena wurde diese hohe Schule geschlossen, dann wiederhergestellt, die Aufhebung im Jahr 1813 war vorübergehend, indem bald hinterher die zu Wittenberg mit Halle vereinigt wurde. Harter Schicksale ungeachtet hat sich grade in Preußen das Studium des Römischen Rechts am wenigsten vermindert, vielmehr sind neue Universitäten den bisherigen hinzugekommen, und eben für die Verbreitung einer gelehrten Bildung ist daselbst auf eine würdige Weise gesorgt worden. Eine gründliche Rechts-Bildung durch Römisches Civilrecht ist neben dem preußischen Landrecht am wenigsten für überflüssig, vielmehr zur richtigen Anwendung des letzteren für dringend nothwendig erkannt, und daneben hat es nicht an Bearbeitungen des preußischen Landrechts gefehlt. Die gelehrte Kenntniß des Römischen Rechts hat seither vorzugsweise hier einen neuen Aufschwung erlangt, welche noch in unseren Tagen durch manche neue Auffindungen besonders erweitert wurde; nur scheinen zum Nachtheil der Wissenschaft selbst und der Anwendung einzelne Tendenzen zu allgemein verbreitet zu sein [6]). Auch außerhalb

5) Insofern ist Nettelbladt nicht ohne großen Einfluß auf die Abfassung des preußischen Landrechts geblieben.

6) S. Thibaut über die historische und nicht-historische Schule 1838. Auch im Archiv für civilistische Praxis abgedruckt. Vergl. Hallische Jahrbüch. 1839. No. 76. Wie sehr aber dem gegenwärtigen Bedürfniß für Preußen die Entfernung der Theorie von der Praxis nachtheilig sei, darüber scheint die von practischen Juristen laut gewordene Stimme wohl um so mehr Gewicht zu haben, als sie nur der Sache und dem Bedürfnisse ohne alle Anmaßung das Wort redet, und wohl mit Recht hat man behauptet, daß das Studium der Geschichte grade in unseren Tagen sich zu sehr in bloße Mikrologien verloren habe, daher für die Anwendung unerheblich geworden sei. Vergl. Hallische Jahrbücher 1838. No. 123 ff. 253. 278. 280. Neues Archiv für preuß. Recht und Verfahren so wie für deutsches Privatrecht, von Ulrich, Sommer und Boele VI. Jahrgang 2tes Hft S. 312 ff.

Preußen hat die Römische Rechtswissenschaft würdige und ausgezeichnete Vertreter bis auf die gegenwärtige Zeit gefunden, namentlich in Baden, Sachsen, Hannover, Hessen und Baiern [7]). Die einzelnen Gelehrten der nächsten Vorzeit und der Gegenwart zu nennen, wie ihre Bestrebungen und Verdienste auch nur im allgemeinen würdigen zu wollen, würde hier um so mehr überflüssig erscheinen [8]).

7) Die gegenwärtigen Universitäten der genannten Länder dürfen als bekannt vorausgesetzt werden.

8) Genauere Angaben in dieser Hinsicht finden sich in Hugo's Literairgeschichte, und nur einzelne unter den deutschen Gelehrten aus der Vorzeit mögen hier noch nachträglich genannt werden, nemlich Bach, v Leyser, die Gebrüder Hoffmann, beide Freiesleben, v. Cocceji, v. Balthasar (ein mütterlicher Ascendent des Verfassers), Gebauer, Brunquell, Mascov, v. Senkenberg, Spangenberg, Hofacker, Grolmann, Koch, Höpfner, Weber, Hombergk zu Vach († 1748), v. Dabelow, Glück, Haubold.

Bei dem Verleger dieses Werkes sind noch folgende Bücher erschienen:

Tigerstroem, Fr. G. de, de judicibus apud Romanos. Commentatio historico-juridica. 8. maj. $1\frac{2}{3}$ Thlr.

— — de ordine et historia digestorum libri II. 8. maj. $2\frac{1}{6}$ Thlr.

Tigerström, F. W. v., die bonae fidei possessio oder das Recht des Besitzes. Eine civilistische Abhandlung. gr. 8. $1\frac{1}{2}$ Thlr.

— — die innere Geschichte des Römischen Rechtes. Nach den Quellen bearbeitet. gr. 8. $3\frac{1}{6}$ Thlr.

Monumenta legalia antiquitatis Romanae extra libros juris Romani sparsa, quae in aere, lapide, aliave materia, vel apud veteres auctores extraneos, partim integra, partim mutila, sed genuina supersunt. Delectu, forma et variarum lectionum adnotatione usui expeditiori accommodavit tum notitiam historico-literariam omnium, quotquot ex illo genere exstant, monumentorum tam legalium, quam aliorum praemisit C. H. Haubold. Opus ex adversariis defuncti auctoris, quantum fieri potuit, restituit E. Spangenberg. 8 maj. 2 Thlr. Appendix 5 Sgr.

Mayer, Dr. M. S., die Lehre von dem Erbrecht nach dem heutigen römischen Rechte. 1ster Theil. gr. 8. 2 Thlr.

FSC
www.fsc.org
MIX
Papier | Fördert gute Waldnutzung
FSC® C083411

Kolibri 360 GmbH
Ferdinand-Jühlke-Straße 7
99095 Erfurt, Deutschland
produktsicherheit@kolibri360.de